名古屋高等学校

〈収録内容〉

2024 年度 ………………………… 一般（数・英・理・社・国）

2023 年度 ………………………… 一般（数・英・理・社・国）

2022 年度 ………………………… 一般（数・英・理・社・国）

2021 年度 ………………………… 一般（数・英・理・社・国）
※国語の大問二は、問題に使用された作品の著作権者が二次使用の許可を出していないため、問題を掲載しておりません。

2020 年度 ………………………… 一般（数・英・理・社・国）

DL 2019 年度 ………………………… 一般（数・英・理・社）

DL 平成 30 年度 ………………………… 一般（数・英・理・社）

便利な DL コンテンツは右の QR コードから

解答用紙　過去年度　非対応 リスニング ⇒

※データのダウンロードは 2025 年 3 月末日まで。
※データへのアクセスには、右記のパスワードの入力が必要となります。 ⇒ 733167

〈合格者平均点〉

	文 理	文理選抜
2024年度	299.9点	339.1点
2023年度	304.7点	351.5点
2022年度	非公表	非公表
2021年度	非公表	非公表
2020年度	315.9点	367.6点
2019年度	306.1点	356.6点
2018年度	297.6点	358.6点

本書の特長

実戦力がつく入試過去問題集

- 問題 …………… 実際の入試問題を見やすく再編集。
- 解答用紙 …… 実戦対応仕様で収録。
- 解答解説 …… 詳しくわかりやすい解説には、難易度の目安がわかる「基本・重要・やや難」の分類マークつき（下記参照）。各科末尾には合格へと導く「ワンポイントアドバイス」を配置。採点に便利な配点つき。

入試に役立つ分類マーク

基本 確実な得点源！
受験生の90％以上が正解できるような基礎的、かつ平易な問題。
何度もくり返して学習し、ケアレスミスも防げるようにしておこう。

重要 受験生なら何としても正解したい！
入試では典型的な問題で、長年にわたり、多くの学校でよく出題される問題。
各単元の内容理解を深めるのにも役立てよう。

やや難 これが解ければ合格に近づく！
受験生にとっては、かなり手ごたえのある問題。
合格者の正解率が低い場合もあるので、あきらめずにじっくりと取り組んでみよう。

合格への対策、実力錬成のための内容が充実

- 各科目の出題傾向の分析、合否を分けた問題の確認で、入試対策を強化！
- その他、学校紹介、過去問の効果的な使い方など、学習意欲を高める要素が満載！

解答用紙ダウンロード 解答用紙はプリントアウトしてご利用いただけます。弊社ＨＰの商品詳細ページよりダウンロードしてください。トビラのＱＲコードからアクセス可。

UD FONT 見やすく読みまちがえにくいユニバーサルデザインフォントを採用しています。

名古屋高等学校

▶交通　名古屋市営地下鉄名城線「砂田橋」駅下車
駅の3番出口に隣接

〒461-8676　名古屋市東区砂田橋2-1-58
☎052-721-5271

沿　革

1887年米国人宣教師F.C. クライン先生により「名古屋英和学校」として創立。1896年に内村鑑三が教員として着任し神学部長を兼務した。1947年新制「名古屋中学」設立，1948年新制「名古屋高等学校」設立，1968年校名を「名古屋学院中学校・名古屋学院高等学校」に変更，1985年人文語学コース設置，1986年理数コース設置，2000年校名を「名古屋中学校・名古屋高等学校」に戻す，2011年新校舎，北グラウンド(人工芝)竣工。2012年120周年記念事業完成。

建学の精神

「敬神愛人」

教育課程

●文理コース

難関国公立大・難関私立大への進学を目標とする生徒が多く在籍し，学習と課外活動の両立を目指し学校生活を送っている。１年次に「文理選抜クラス」を２クラス設置し、超難関大学合格レベルまで徹底したハイレベルな指導を展開している。

I for Japan;
Japan for the World;
The World for Christ;
And All for God.

内村鑑三の墓碑銘

２年次からは，文系大学志望の「人文語学コース」と，理系大学志望者の「理数コース」に分かれる。選抜クラスも同様に，人文語学・理数コースに分かれる。

キリスト教に基づく人間教育

クラブ活動

2023年度は，サッカー部，硬式テニス部，水泳部競泳部門，ゴルフ部，自転車競技部が全国大会に出場した。また，文化系では俳句甲子園，ディベート甲子園に出場した。

●運動部

陸上競技，サッカー，ラグビーフットボール，水泳（競泳・水球），バレーボール，空手道，硬式野球，軟式野球，硬式テニス，卓球，剣道，柔道，弓道，ゴルフ，ソフトボール，バスケットボール，バドミントン，自転車競技

●文化部

吹奏楽，オーケストラ，地球科学，青少年赤十字，写真，演劇，書道，生物，英語研究会，鉄道研究，囲碁将棋，美術，新聞，人文・社会科学研究，文学（古典研究会，近現代部門）

オーケストラ部

●同好会

ギター，クイズ，フットサル，ダンス，オセロ

年間行事

１学期　春季伝道週間，初夏の読書週間
芸術鑑賞

夏休み「サマーエクステンション」
イギリス：ラグビー校，カナダ：セント・マイケルズ・ユニバーシティスクール，オーストラリア：アイオナカレッジ

２学期　愛校祭（文化祭・体育祭），秋季伝道週間，秋の読書週間，クリスマス礼拝，修学旅行（２年）

３学期　新春かるた会，マラソン大会

進　路

同志社大，関西学院大，立命館大との間に特別協定を結び，計67名の特別推薦枠を有する（2023年度入試実績）。

●主な合格大学（過去３年間）

〈国公立大学〉

東京大，京都大，名古屋大，北海道大，東北大，大阪大，九州大，東京工業大，名古屋工業大，愛知県立大，名古屋市立大，筑波大，神戸大，岐阜大，信州大，三重大　など

〈私立大学〉

早稲田大，慶應義塾大，上智大，東京理科大，明治大，立教大，青山学院大，中央大，法政大，南山大，同志社大，立命館大，関西大，関西学院大　など

◎2024年度入試状況◎

学　科	文理コース	文理選抜クラス
募集定員	257	
志願者数	396	927
受験者数	386	910
第一希望合格者数	159	585
第一希望合格倍率	2.43	1.56

※推薦枠は募集定員の30%。

過去問の効果的な使い方

① **はじめに**　入学試験対策に的を絞った学習をする場合に効果的に活用したいのが「過去問」です。なぜならば，志望校別の出題傾向や出題構成，出題数などを知ることによって学習計画が立てやすくなるからです。入学試験に合格するという目的を達成するためには，各教科ともに「何を」「いつまでに」やるかを決めて計画的に学習することが必要です。目標を定めて効率よく学習を進めるために過去問を大いに活用してください。また，塾に通われていたり，家庭教師のもとで学習されていたりする場合は，それぞれのカリキュラムによって，どの段階で，どのように過去問を活用するのかが異なるので，その先生方の指示にしたがって「過去問」を活用してください。

② **目的**　過去問学習の目的は，言うまでもなく，志望校に合格することです。どのような分野の問題が出題されているか，どのレベルか，出題の数は多めか，といった概要をまず把握し，それを基に学習計画を立ててください。また，近年の出題傾向を把握することによって，入学試験に対する自分なりの感触をつかむこともできます。

過去問に取り組むことで，実際の試験をイメージすることもできます。制限時間内にどの程度までできるか，今の段階でどのくらいの得点を得られるかということも確かめられます。それによって必要な学習量も見えてきますし，過去問に取り組む体験は試験当日の緊張を和らげることにも役立つでしょう。

③ **開始時期**　過去問への取り組みは，全分野の学習に目安のつく時期，つまり，9月以降に始めるのが一般的です。しかし，全体的な傾向をつかみたい場合や，学習進度が早くて，夏前におおよその学習を終えている場合には，7月，8月頃から始めてもかまいません。もちろん，受験間際に模擬テストのつもりでやってみるのもよいでしょう。ただ，どの時期に行うにせよ，取り組むときには，集中的に徹底して取り組むようにしましょう。

④ **活用法**　各年度の入試問題を全問マスターしようと思う必要はありません。できる限り多くの問題にあたって自信をつけることは必要ですが，重要なのは，志望校に合格するためには，どの問題が解けなければいけないのかを知ることです。問題を制限時間内にやってみる。解答で答え合わせをしてみる。間違えたりできなかったりしたところについては，解説をじっくり読んでみる。そうすることによって，本校の入試問題に取り組むことが今の自分にとって適当かどうかが，はっきりします。出題傾向を研究し，合否のポイントとなる重要な部分を見極めて，入学試験に必要な力を効率よく身につけてください。

数学

各都道府県の公立高校の入学試験問題は，中学数学のすべての分野から幅広く出題されます。内容的にも，基本的・典型的なものから思考力・応用力を必要とするものまでバランスよく構成されています。私立・国立高校では，中学数学のすべての分野から出題されることには変わりはありませんが，出題形式，難易度などに差があり，また，年度によっての出題分野の偏りもあります。公立高校を含め，ほとんどの学校で，前半は広い範囲からの基本的な小問群，後半はあるテーマに沿っての数問の小問を集めた大問という形での出題となっています。

まずは，単年度の問題を制限時間内にやってみてください。その後で，解答の答え合わせ，解説での研究に時間をかけて取り組んでください。前半の小問群，後半の大問の一部を合わせて50％以上の正解が得られそうなら多年度のものにも順次挑戦してみるとよいでしょう。

英語

英語の志望校対策としては，まず志望校の出題形式をしっかり把握しておくことが重要です。英語の問題は，大きく分けて，リスニング，発音・アクセント，文法，読解，英作文の5種類に分けられます。リスニング問題の有無(出題されるならば，どのような形式で出題されるか)，発音・アクセント問題の形式，文法問題の形式(語句補充，語句整序，正誤問題など)，英作文の有無(出題されるならば，和文英訳か，条件作文か，自由作文か）など，細かく具体的につかみましょう。読解問題では，物語文，エッセイ，論理的な文章，会話文などのジャンルのほかに，文章の長さも知っておきましょう。また，読解問題でも，文法を問う問題が多いか，内容を問う問題が多く出題されるか，といった傾向をおさえておくことも重要です。志望校で出題される問題の形式に慣れておけば，本番ですんなり問題に対応することができますし，読解問題で出題される文章の内容や量をつかんでおけば，読解問題対策の勉強として，どのような読解問題を多くこなせばよいかの指針になります。

最後に，英語の入試問題では，なんと言っても読解問題でどれだけ得点できるかが最大のポイントとなります。初めて見る長い文章をすらすらと読み解くのはたいへんなことですが，そのような力を身につけるには，リスニングも含めて，総合的に英語に慣れていくことが必要です。「急がば回れ」ということわざの通り，志望校対策を進める一方で，英語という言語の基本的な学習を地道に続けることも忘れないでください。

国語

国語は，出題文の種類，解答形式をまず確認しましょう。論理的な文章と文学的な文章のどちらが中心となっているか，あるいは，どちらも同じ比重で出題されているか，韻文(和歌・短歌・俳句・詩・漢詩)は出題されているか，独立問題として古文の出題はあるか，といった，文章の種類を確認し，学習の方向性を決めましょう。また，解答形式は，記号選択のみか，記述解答はどの程度あるか，記述は書き抜き程度か，要約や説明はあるか，といった点を確認し，記述力重視の傾向にある場合は，文章力に磨きをかけることを意識するとよいでしょう。さらに，知識問題はどの程度出題されているか，語句(ことわざ・慣用句など)，文法，文学史など，特に出題頻度の高い分野はないか，といったことを確認しましょう。出題頻度の高い分野については，集中的に学習することが必要です。読解問題の出題傾向については，脱語補充問題が多い，書き抜きで解答する言い換えの問題が多い，自分の言葉で説明する問題が多い，選択肢がよく練られている，といった傾向を把握したうえで，これらを意識して取り組むと解答力を高めることができます。「漢字」「語句・文法」「文学史」「現代文の読解問題」「古文」「韻文」と，出題ジャンルを分類して取り組むとよいでしょう。毎年出題されているジャンルがあるとわかった場合は，必ず正解できる力をつけられるよう意識して取り組み，得点力を高めましょう。

数学 出題傾向の分析と合格への対策

●出題傾向と内容

本年度の出題数は大問5題，小問数にして19題と，昨年同様の問題数であった。難度の高い問題はなく，時間配分に気をつけたい。

出題内容はⅠが数式，方程式，式の値，関数，確率，円周角，資料の活用などの基本題，Ⅱは規則性と方程式の応用，Ⅲは2次関数・1次関数と図形の融合問題，Ⅳは平面図形，Ⅴは三角柱の切断で，数学各分野から出題されている。

全体的に標準レベルの問題で構成されているが，必要な公式や解法を的確に選択して利用する力や，面倒な計算を速く正確に実行する力が必要とされている。

学習のポイント

過去問題に出てきた解法や定理・公式などはすべて理解して利用できるようにするとともに，計算力を高める練習を心がけよう。

●2025年度の予想と対策

来年度も，出題数・問題レベルともに大きな変化はないと考えられる。中学数学全般から広く出題されるが，関数と図形については大問として大きく扱われる上に，深く考える力が要求されるので，様々な応用問題に取り組んでおく必要があるだろう。

対策として，教科書に出てくる公式・定理・性質などを数多く把握するのはもちろんのこと，参考書などで紹介される解法にも目を通しておこう。特に，関数とグラフ，平面図形，空間図形，確率などの問題を重点的に解き，経験を十分に積んでおこう。また，過去問を必ず解き，同傾向の問題に備えよう。

▼年度別出題内容分類表 ……

出題内容			2020年	2021年	2022年	2023年	2024年
数と式		数の性質	○	○	○	○	
		数・式の計算	○	○	○	○	○
		因数分解	○	○	○	○	
		平方根	○	○	○	○	
方程式・不等式		一次方程式	○	○	○	○	○
		二次方程式	○	○	○	○	○
		不等式					
		方程式・不等式の応用	○	○	○	○	○
関数		一次関数	○	○	○	○	○
		二乗に比例する関数	○	○	○	○	○
		比例関数					○
		関数とグラフ	○	○	○	○	○
		グラフの作成					
図形	平面図形	角度	○	○	○	○	○
		合同・相似	○	○	○	○	○
		三平方の定理	○	○	○	○	
		円の性質	○	○	○	○	○
	空間図形	合同・相似					○
		三平方の定理			○		
		切断		○	○		○
	計量	長さ	○	○	○	○	○
		面積	○	○	○	○	○
		体積		○			
		証明			○	○	○
		作図					
		動点			○		
統計		場合の数					
		確率	○	○		○	○
		統計・標本調査	○	○		○	○
融合問題		図形と関数・グラフ	○		○	○	○
		図形と確率		○			
		関数・グラフと確率					
		その他					
その他							○

名古屋高等学校

英語 出題傾向の分析と合格への対策

●出題傾向と内容

本年度は，リスニング問題，会話文・メール文読解問題，長文読解問題，レポート作成問題の計4題が出題された。

リスニング問題は，単語の説明文聞き取り，対話文に続く英文選択，説明文の内容理解を問われる問題であった。

読解問題では，対話文，メールのやり取りとその資料読解が出題された。いずれも内容理解が問われる問題であった。長文読解問題も内容理解に関する問題がほとんどである。日本語の記述問題も出題された。

レポート作成問題では，語句補充問題と与えられた条件での20～25語の英作文問題が出題された。

全体を通して，中学で学習する基本的なレベルの問題となっている。

学習のポイント

長文読解問題の対策として，代名詞の内容は何を表すか普段から文脈を意識して読むようにしよう。

●2025年度の予想と対策

出題形式が多少変化する可能性はあるが，長文読解問題が中心になると思われる。

長文読解問題では細かい部分まで内容理解が求められるので，内容吟味だけでなく，代名詞や語句の内容を記述するという問いにも対応できるようにしておきたい。また資料の読み取り問題の対策として，表や情報を素早く把握する訓練もしておきたい。

条件英作文の対策としては，「この英文を言い換えるとどうなるか」という書き換えパターンをおさえることから始めるのがよいだろう。

リスニングの出題形式も多様なため，様々な問題形式に慣れておきたい。

▼年度別出題内容分類表……

	出題内容	2020年	2021年	2022年	2023年	2024年
話し方・聞き方	単語の発音					
	アクセント					
	くぎり・強勢・抑揚					
	聞き取り・書き取り	○	○	○	○	○
語い	単語・熟語・慣用句			○		○
	同意語・反意語					
	同音異義語					
読解	英文和訳(記述・選択)					
	内容吟味	○	○	○	○	○
	要旨把握	○	○	○	○	○
	語句解釈	○		○	○	○
	語句補充・選択	○	○	○	○	○
	段落・文整序					
	指示語	○			○	
	会話文	○	○		○	○
文法・作文	和文英訳					
	語句補充・選択				○	○
	語句整序	○	○		○	
	正誤問題					
	言い換え・書き換え					○
	英問英答	○				
	自由・条件英作文	○	○	○	○	○
文法事項	間接疑問文		○			
	進行形					○
	助動詞			○		
	付加疑問文					
	感嘆文					
	不定詞	○	○			○
	分詞・動名詞	○	○			○
	比較				○	○
	受動態				○	
	現在完了	○				○
	前置詞	○				
	接続詞					
	関係代名詞				○	

名古屋高等学校

理科 出題傾向の分析と合格への対策

●出題傾向と内容

問題数は大問が4題，小問が30題程度であった。試験時間は40分である。全体的には標準～やや難のレベルの問題である。特に計算問題にやや難易度の高い問題が出題される。

力や運動，化学反応の量的関係などの計算問題が多い。見慣れた問題も多いが，基礎知識を組み合わせて解く，思考力を要する問題が目立つ出題となっている。

教科書の内容理解はもちろん，資料などもしっかりと見ておく必要はある。基本問題でしっかりと得点することがポイントである。

✔学習のポイント

教科書の要点をしっかりと理解し，必要な事項は確実に覚えよう。

●2025年度の予想と対策

教科書を中心とした学習をまず行うこと。基本や原理をきちんと理解しないと解けない問題が多い。グラフや化学反応式にも日ごろから慣れておきたい。

物理分野や化学分野の計算問題にやや難しい問題が出題されるので，過去問やその類題を問題集で十分演習するようにし，典型的な計算問題では時間をかけずに解けるように練習を重ねておきたい。

また，問題数は適量であるが，思考力を要する問題では時間がかかることもあるので，時間を測って過去の問題に取り組むなど，時間配分にも心掛けるようにしたい。

▼年度別出題内容分類表……

	出題内容	2020年	2021年	2022年	2023年	2024年
第一分野	物質とその変化					
	気体の発生とその性質	○			○	○
	光と音の性質		○			
	熱と温度					
	力・圧力			○		○
	化学変化と質量	○	○			○
	原子と分子			○		○
	電流と電圧				○	
	電力と熱				○	
	溶液とその性質					
	電気分解とイオン					
	酸とアルカリ・中和					
	仕事					○
	磁界とその変化	○				
	運動とエネルギー	○				○
	その他					
第二分野	植物の種類とその生活					
	動物の種類とその生活					
	植物の体のしくみ				○	
	動物の体のしくみ					
	ヒトの体のしくみ	○		○		○
	生殖と遺伝	○	○			
	生物の類縁関係と進化					
	生物どうしのつながり					○
	地球と太陽系					
	天気の変化	○				○
	地層と岩石			○	○	○
	大地の動き・地震		○			
	その他		○			○

名古屋高等学校

社会 出題傾向の分析と合格への対策

●出題傾向と内容

解答形式は，記号選択が多いが，語句記述の問題もあった。

地理的分野では，世界地理が地形・産業・諸地域の特色などが出題され，日本地理が地形・産業・環境問題などが出題された。

歴史的分野では，政治史や外交史を中心に出題された。

公民的分野では，政治のしくみや経済生活などについて出題された。

学習のポイント

地理：諸地域の特色や産業の特徴をつかもう！

歴史：テーマ別の通史に慣れよう！

公民：国内外の政治・経済のしくみを理解しよう！

●2025年度の予想と対策

解答形式は，来年度も記号選択中心になると思われるが，語句記述の出題もあるので対応できるようにしておきたい。

地理的分野では，教科書の重要事項を把握するとともに，地図や統計などをもとに，諸地域の特色をよく考察しておきたい。

歴史的分野では，各時代の重要な出来事や人物について細かな知識を正誤判別形式で問う問題が多いので，教科書を精読し，正確な知識を身につけたい。また，年表を用いた出題もみられるため，年表を考察して，時代の流れや日本史と世界史の関連などを正確に把握しておくことが重要である。

公民的分野では，国内外の政治・経済のしくみについて整理しておこう。その際，インターネットなどで取り上げられる今日的課題や時事問題を分析して，それと関連した重要事項をまとめておきたい。

▼年度別出題内容分類表……

出題内容			2020年	2021年	2022年	2023年	2024年
地理的分野	(日本)	地形図					
		地形・気候・人口		○	○	○	○
		諸地域の特色			○	○	○
		産業		○	○	○	○
		交通・貿易		○			
	(世界)	人々の生活と環境					○
		地形・気候・人口	○	○	○	○	
		諸地域の特色	○		○	○	○
		産業	○	○	○	○	○
		交通・貿易	○	○			○
	地理総合						
歴史的分野	(日本史)	各時代の特色	○				
		政治・外交史	○	○	○	○	○
		社会・経済史	○	○	○	○	○
		文化史	○	○	○	○	○
		日本史総合					
	(世界史)	政治・社会・経済史	○	○	○	○	○
		文化史					
		世界史総合					
	日本史と世界史の関連		○	○	○	○	○
	歴史総合						
公民的分野	家族と社会生活						
	経済生活		○	○	○	○	○
	日本経済		○	○	○		
	憲法（日本）		○	○	○	○	○
	政治のしくみ		○	○	○	○	○
	国際経済			○	○		
	国際政治			○	○		○
	その他			○	○	○	○
	公民総合						
各分野総合問題							

名古屋高等学校

国語

出題傾向の分析と 合格への対策

●出題傾向と内容

本年度も，論説文と小説という現代文の読解問題が2題という大問構成であった。

論説文では，脱文・脱語補充，内容吟味が中心に問われている。漢字の書き取り，文法的説明も大問に含まれる形で出題されている。

小説は，登場人物の心情を問う問題や，場面の様子を問う設問が目立つ。鑑賞力が試される。

解答形式は，記号選択式と記述式が併用されており，記述式は抜き出し以外に，50字程度の記述問題が出題されている。

学習のポイント

さまざまな設問や文章に取り組むとともに，日頃から読書に親しみ，鑑賞力もつけておこう。論理的文章では，要約をする練習も積んでおこう。

●2025年度の予想と対策

現代文の読解が出題の中心になるだろうが，このところ出題のない古文にも注意したい。

論理的文章では，接続語や指示語に留意して文脈をたどり，筆者の主張をしっかりとらえることが肝要である。傍線部の具体的内容を明らかにさせる設問や，本文の要約をさせる設問が今後も問われていくと予想されるので，問題集を活用して様々な設問と文章に触れておきたい。

文学的文章は，小説・随筆のほか過去には俳句に関する出題もあったため，小説にかぎらず幅広い作品に取り組んでおくことが求められる。小説・随筆では登場人物の心情について問われることが多く，状況や会話の内容，地の文で使われている表現を精読して読み取る力をつけておきたい。

古文については，教科書程度の知識は身につけ，対策を怠らないように。

漢字や語句，表現技法などの国語の基礎知識についても，教科書や問題集で確認しておこう。

▼年度別出題内容分類表……

出題内容			2020年	2021年	2022年	2023年	2024年
内容の分類	読解	主題・表題	○				
		大意・要旨	○		○	○	○
		情景・心情	○	○	○	○	○
		内容吟味	○		○	○	○
		文脈把握	○	○	○	○	○
		段落・文章構成					
		指示語の問題	○				
		接続語の問題	○	○	○	○	○
		脱文・脱語補充	○	○	○	○	○
	漢字・語句	漢字の読み書き	○	○	○	○	○
		筆順・画数・部首					
		語句の意味	○	○	○	○	○
		同義語・対義語					
		熟語					
		ことわざ・慣用句	○			○	
	表現	短文作成					
		作文(自由・課題)					
		その他					
	文法	文と文節	○			○	
		品詞・用法			○	○	○
		仮名遣い					
		敬語・その他					
	古文の口語訳						
	表現技法		○	○			
	文学史						
問題文の種類	散文	論説文・説明文	○	○	○	○	○
		記録文・報告文					
		小説・物語・伝記	○	○	○	○	○
		随筆・紀行・日記					
	韻文	詩					
		和歌(短歌)					
		俳句・川柳					
	古文						
	漢文・漢詩						

名古屋高等学校

2024年度 合否の鍵はこの問題だ!!

数学 Ⅴ (2)

正三角柱を4点M，N，E，Fを通る平面で切断する問題であるが，点Aを含む方の立体に注目すると，実は三角錐を△AMNで切断した錐台であることがわかる。錐台の体積を求めるためには，直線DA，EM，FNを延長して，切断されている部分を元に戻してから計算する必要がある。直線DA，EM，FNの交点をVとする。AM//DE，AN//DFであることから，三角錐V－AMN∽三角錐V－DEFである。点M，Nはそれぞれ線分AB，ACの中点であるから，AM＝AN＝3(cm)となるので，三角錐V－AMNと三角錐V－DEFの相似比はAM：DE＝AN：DF＝MN：EF＝3：6＝1：2である。よって，三角錐V－AMNと三角錐V－DEFの体積比は$1^3：2^3$＝1：8であるから，立体AMN－DEF＝$\frac{7}{8}$三角錐V－DEFとなる。三角錐V－AMNと三角錐V－DEFの相似比が1：2であることから，VA：VD＝1：2となるので，VA：AD＝1：1　したがって，VA＝AD＝6(cm)であるから，VD＝12(cm)　また，三角錐V－AMNと三角錐V－DEFの相似比が1：2であることから，△AMN∽△DEFで，面積比は$1^2：2^2$＝1：4　△AMN＝$\frac{1}{2}\times3\times\frac{3\sqrt{3}}{2}=\frac{9\sqrt{3}}{4}$ (cm^2)　したがって，△DEF＝$\frac{9\sqrt{3}}{4}\times4=9\sqrt{3}$ (cm^2)　よって，立体AMN－DEF＝$\frac{7}{8}\times\frac{1}{3}\times9\sqrt{3}\times12=\frac{63\sqrt{3}}{2}$ (cm^3)である。

英語 Ⅳ

Ⅳ 🄲は条件英作文問題である。指定された語句に続けて20から25語の英文を作る。英作文問題の配点は比較的高いことが予想されるので，最終問題の限られた時間で正確な英文を作れるか否かが合否を分ける。英作文問題では，条件に合う内容であることは必須条件だが，減点方式で採点されることが多い。大文字小文字，ピリオド抜けやスペルミスなどのケアレスミスでの小さな減点には十分気をつけること。最後に語数のチェックも忘れないようにしよう。

If I go to study abroad in the future「将来もし留学するとしたら」という文に続けるので，I want to ～，I would like to ～，などＩを主語に置き「…したい」という文を作るとよい。英文では〈主語＋動詞〉を明確にすることが大切である。主語はここではＩ以外には考えられないので，内容に合わせて動詞を選ぼう。

20語から25語は語数としては多くないので，I would like to ～，I want to ～ と具体的に行きたい国を書いてみよう。そしてそこでやりたいこと，その理由を続ける文を作るとまとまった内容となるが，Because と because で始める文を作るのは文法的に誤りなので気を付けよう。自分が正確に書ける単語や話を広げやすい題材を選ぶことが最も重要である。日ごろから自分の好きなこと，やりたいことやその理由を簡単な英文で書く練習を重ねて対策をしておこう。

(他の解答例)

・If I go to study abroad in the future, I want to go to Australia because I'm interested in nature, especially wild animals. I want to study about wild animals living in Australia.「将来もし留学するとしたら，私はオーストラリアに行きたい。なぜなら自然，特に野生生物に興味があるからだ。オーストラリアに住む野生生物について勉強したい。」

・If I go to study abroad in the future, I want to go the US and watch Major League Baseball games. I also want to play baseball with students from many other countries.「将来もし留学するとしたら，僕はアメリカに行ってメジャーリーグ野球を観戦したい。他の国々から来た学生とも野球をしてみたい。」

理科　Ⅱ 問2(1)・(2)

大問が4題で，各分野からの出題であった。問題レベルは標準的なレベルからやや難しい問題であり，特に化学・物理分野の計算問題にやや難しい問題が出題されている。

今回合否を分ける鍵となった問題として，Ⅱ問2(1)・(2)を取り上げる。運動とエネルギーの問題である。

仕事率とは，1秒間に行われる仕事の量である。仕事率30Wのモーターを3.0秒間動かすと，物体に行なわれる仕事は30×3.0＝90(J)である。物体の重力をx(N)とすると，物体は垂直方向に3.0m持ち上げられたので，行なわれた仕事は3x(J)である。これが等しいので，x＝30Nとなる。質量100gの物体にはたらく重力を1Nとするので，物体の質量は3.0kgである。

左側の斜面上の物体がもつ位置エネルギーは30×3.0＝90(J)であり，物体は斜面を滑り落ち摩擦のある斜面を登る。物体は2.7mの高さで止まる。このとき物体の持つ位置エネルギーは30×2.7＝81(J)である。力学的エネルギーは摩擦などがなければ保存されるが，ここでは摩擦力によってなされた仕事の分だけ減少する。物体が受ける摩擦力は90Nであり，物体が摩擦を受けながら進んだ距離をx(m)とすると90x＝9より，x＝0.1(m)になる。

物理分野の計算問題にやや難しい出題が見られるので，練習問題を行いしっかりと演習しておきたい。全般的には標準的なレベルの出題であるが，実験や観察に基づきデータの処理を行う問題も出題されており，読解力や思考力が求められる。

社会　Ⅰ (4)

本校では，基本的な知識事項の丸暗記だけでは対応できない「思考力」や「読み取り力」が試される問題が出題される。自分自身で持っている知識を活用したり，まとまった分量のリード文や資料データを読解することが求められている。このような力は一朝一夕では身につかないものなので，日々の継続的なトレーニングの積み重ねが不可欠となってくる。設問が変わってもしっかり対応できるような汎用性の高い力をつけることができるかが大切になってくる。

Ⅰ(4)の設問は，以上のような出題傾向を象徴している問題であり，過去問演習等で対策してきた受験生とそうでない受験生とではっきり差がつくことが予想される。形式に慣れていないと試験本番で焦ってしまう可能性がある。この設問は，「世界各国の産業の特徴」に関する問題であるが，一定時間内に正確にできるかどうかがポイントとなってくる。「スピード」と「慎重さ」がともに求められる設問となる。本校の社会の問題は全体的に設問数が多く，この問題に必要以上に時間を割いてしまうと，制限時間切れになってしまう危険性もある。

この設問の配点自体が他の設問と比べて高いということはないが，合格ラインに到達するためにはこのような問題で確実に得点することが求められ，「合否を左右する設問」といっても過言ではない。

国語　一　問七

★ なぜこの問題が合否を分けるのか

本入試において，唯一の記述問題であり，本問は五十字以内に記述する問題である。両立しない意見から，一つを決める場合，どうすればいいのか。「みんなちがってみんないい」というわけにもいかず，また「わかりあえない」からといって切り捨てるわけにもいかない際に，どのような対応をするのか，そのような解決策について，文章の中から解答に必要な箇所を見つけ出し，また字数内に文章を書く能力があるかどうかが問われている。

★ こう答えると合格できない

まず，本問にある「そんなとき」とは，どのようなときを意味するのかを理解しておかなければならない。それは，先程も述べたように，両立しない意見から，一つを決めるときである。また問題文に「本文の主張をふまえて」とあることから，本文の中でその内容が述べられている箇所を探そう。

★ これで合格！

よく言われるのが，傍線部の前後を確認したり，筆者の主張は本文の最後に書かれていることが多いということである。しかし，本文はどちらにもあてはまらない。しかし，「ここであらかじめ結論だけ述べておけば」と書かれているので，ここにある以下の内容をしっかりと理解しよう。線を引いたり，四角で囲うなど，重要ポイントであることを際立たせよう。また何の結論かといえば，「多様な他者と理解し合うため」の方法に対するまとめである。本文では，科学者を例に挙げているが，客観的な答えを出してくれそうな科学であっても，科学者それぞれが「『自分が正しいと考える答え』しか教えてくれない」としている。これは様々な意見がある中，どれを「正しい」と思い，選択していくのかということと共通している。よって，この箇所で述べられる筆者の結論は，傍線部②で疑問を投げかけたことに対する筆者の答えと言って差し支えないので，当箇所の内容を制限字数内でまとめよう。

2024年度

★★★★★★★★★★★★★★★★★★★★★★★★★★★★★★

入　試　問　題

2024
年
度

2024年度

名古屋高等学校入試問題

【数　学】（50分）　　＜満点：100点＞

【注意】 円周率はπとします。

I　次の問いに答えよ。

⑴　$(-2b)^3 \div \frac{1}{3}a^3b^4 \times \{-(a^3b)^2\}$ を計算せよ。

⑵　連立方程式 $\begin{cases} \frac{x+y}{3} - \frac{y}{5} = -1 \\ \frac{x+y}{2} - \frac{y}{10} = -1 \end{cases}$ を解け。

⑶　$x = \frac{5}{11}$，$y = -\frac{1}{11}$のとき，$4x^3y - 4x^2y^2 + xy^3$の値を求めよ。

⑷　方程式$8(x-1)^2 = 5$を解け。ただし，解は分母を有理化して答えること。

⑸　yはxに反比例し，zはy^2に比例している。$x=4$のとき$y=6$であり，$y=4$のとき$z=9$である。$x=3$のときzの値を求めよ。

⑹　大小２つのさいころを同時に投げるとき，出る目の数の積が奇数または５の倍数になる確率を求めよ。

⑺　次の図において，$\angle x$の大きさを求めよ。

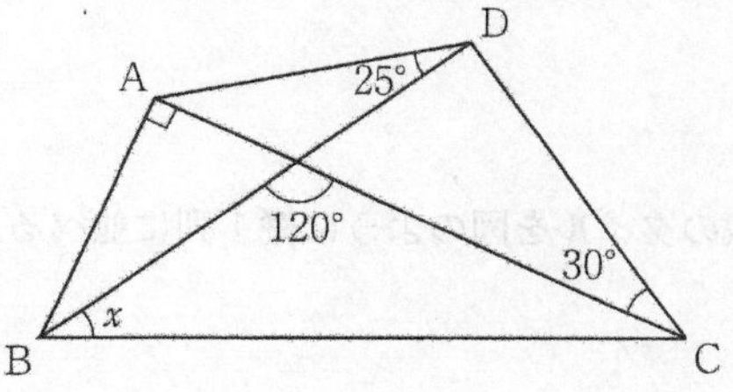

⑻　あるクラスの生徒全員が20点満点の数学の確認テストを行った。下の図は，点数と人数の関係を表したものである。この図から読み取れるものとして，**誤っているもの**を次のページのア～エのうちからすべて選び，記号で答えよ。ただし，すべて正しい場合は「なし」と答えること。

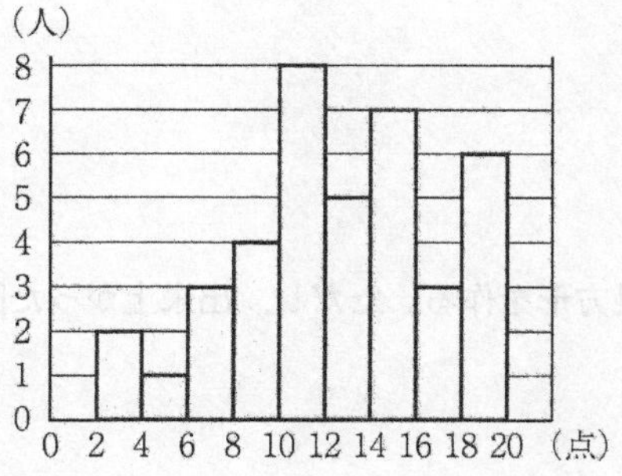

ア　このデータの第３四分位数が含まれる階級は14点以上16点未満である。
イ　最頻値は11点である。
ウ　テストを受けた生徒は39人である。
エ　平均値は10点である。

Ⅱ　長辺が a cm，短辺が b cmの長方形のタイルを以下の〈並べ方〉に従ってすきまなく並べる。以下の問いに答えよ。ただし，a，b は整数で，$0 < b < a$，$0 < b < 5$ とする。

〈並べ方〉

①　タイルの長辺を横向きにし，横１列に並べる。

②　①で並べたタイルの下側に，タイルの長辺を縦向きとして，①で並べたタイルより７枚少ないタイルを図のように縦１列に並べる。

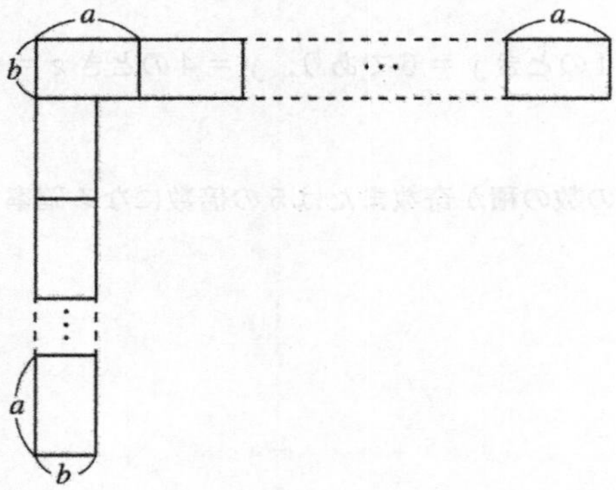

③　１つ前の手順で並べたタイルの右隣りに同じ枚数のタイルを図のように縦１列に並べる。

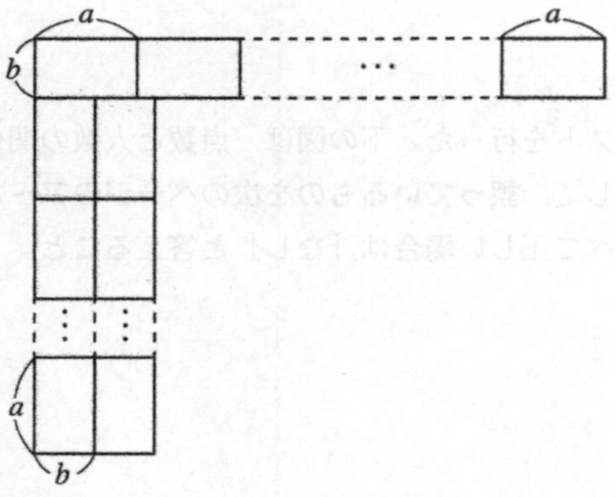

④　③の作業を繰り返し，図（次のページ）のような長方形を作る。ただし，出来上がった図形は長方形になるように a，b の値は定められている。

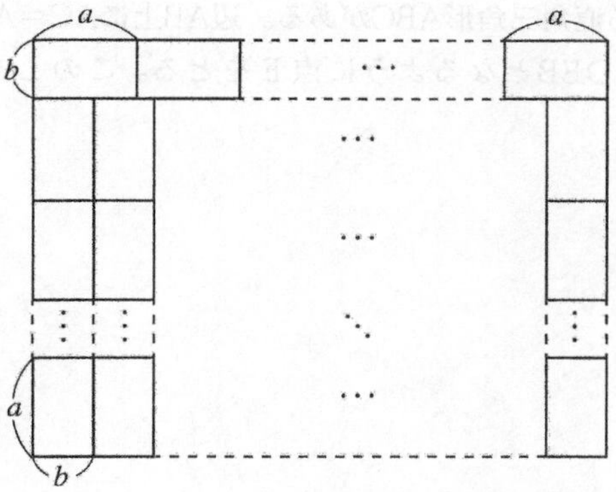

⑤　出来上がった大きな長方形を長方形Aとする。

⑴　$a=7$，$b=3$のとき，長辺を横向きに並べたタイルは15枚であった。このとき，長方形Aの面積を求めよ。

⑵　$a=4$，$b=2$のとき，この長方形Aの面積は560㎠であった。このとき，長方形Aの短辺の長さを求めよ。

⑶　長方形Aの短辺の長さが166㎝，長辺の長さが288㎝であった。このとき，aの値を求めよ。

Ⅲ　図のように，放物線$y=x^2$と直線$y=-3x$が，点Aおよび原点で交わっている。このとき，次の問いに答えよ。

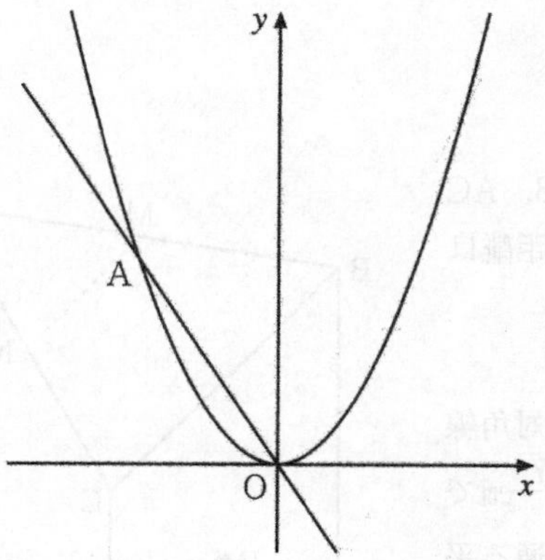

⑴　２つの関数$y=x^2$と$y=-3x$について，xの値が-5からaまで増加するときのそれぞれの変化の割合は一致する。このとき，aの値を求めよ。ただし，$a>-5$とする。

⑵　点Aを通り，傾きが$\frac{1}{3}$である直線と放物線との交点のうち，点Aと異なる点を点Bとする。

①　△ＯＡＢの面積を求めよ。

②　点Cを四角形OACBが平行四辺形となるようにとるとき，点Cを通り，△OABの面積を二等分する直線の式を求めよ。

Ⅳ　AB＝8，AC＝4，BC＝$4\sqrt{5}$，∠A＝90°である直角三角形ABCがある。辺AB上にAC＝ADとなるように点Dをとり，辺BC上に∠ACD＝∠DEBとなるように点Eをとる。このとき，DC＝$4\sqrt{2}$となった。次の問いに答えよ。

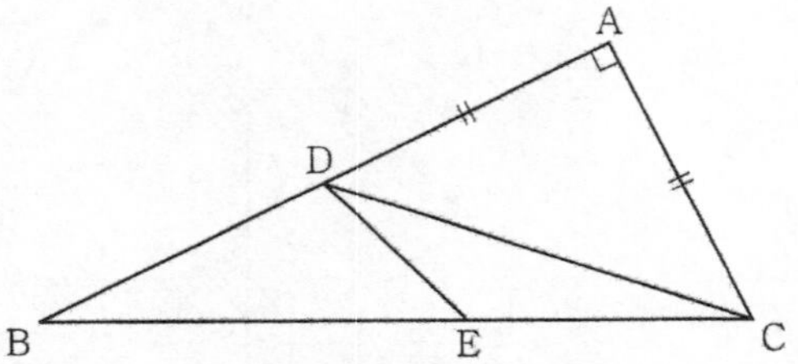

⑴　△BDCと△DECが相似であることを証明せよ。
ただし，「△BDCと△DECについて，共通な角であるから，∠BCD＝∠DCE……①」に続けて書くこと。

⑵　線分ECの長さを求めよ。

⑶　下の図のように辺BC上にDE＝DFとなるように点Fをとる。このとき，△ABCと△DEFの面積の比を最も簡単な整数の比で表せ。

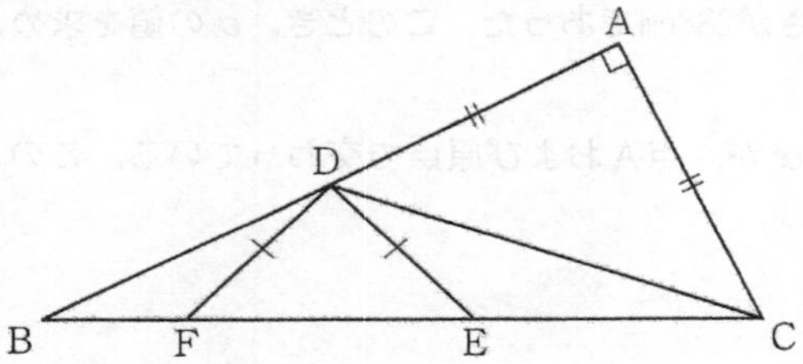

Ⅴ　AB＝AD＝6㎝の正三角柱ABC－DEFがある。辺AB，ACの中点をそれぞれM，Nとするとき，点Aと線分MNの距離は$\dfrac{3\sqrt{3}}{2}$㎝であった。次の問いに答えよ。

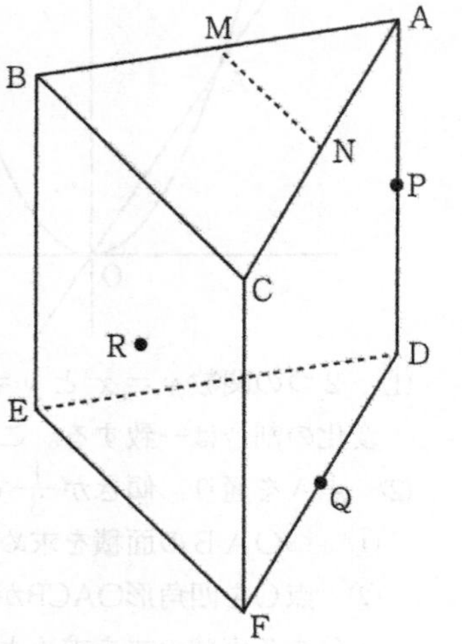

⑴　辺AD，DFの中点をそれぞれP，Q，四角形BEFCの対角線の交点をRとするとき，点Pと線分MNの距離は$\dfrac{3\sqrt{7}}{2}$㎝であった。正三角柱ABC－DEFを点M，Nと次の1点を通る平面で切るとき，その切り口の図形の面積が小さい順にア～ウの記号を並べよ。解答は，左から順に書くこと。
ア　点P　　**イ**　点Q　　**ウ**　点R

⑵　この正三角柱を4点M，N，E，Fを通る平面で2つに分けたとき，点Aを含む方の立体の体積を求めよ。

【英　語】（50分）　＜満点：100点＞

Ｉのリスニング問題は試験開始から数分後におこなう。それまで他の問題を解いていること。

Ｉ　【リスニング問題】放送をよく聞いて，問いに答えよ。

Part 1

これから流れる放送を聞き，その英語が表す語として最も適当なものをそれぞれ下の表のＡ～Ｏより１つ選び，記号で答えよ。なお，英語はそれぞれ２度読まれる。

A. father	B. CD	C. technology	D. dog	E. book
F. smartphones	G. serious	H. baseball	I. aunt	J. researcher
K. soccer	L. brother	M. basketball	N. rabbit	O. magazine

(1) ＿＿＿＿＿＿

(2) ＿＿＿＿＿＿

(3) ＿＿＿＿＿＿

(4) ＿＿＿＿＿＿

(5) ＿＿＿＿＿＿

Part 2

これから放送する対話を聞き，続きの内容として最も適切なものをそれぞれア～エより１つ選び，記号で答えよ。なお，英語は１度だけ読まれる。

(1) ア　I'll be there at twelve.　イ　On the bus stop.
　ウ　Under the golden clock.　エ　I want a new t-shirt.

(2) ア　Can I borrow it?　イ　Sure. I understand.
　ウ　Great! I love science fiction books.　エ　I'll read it again.

(3) ア　OK. See you later.　イ　I think I'll pass.
　ウ　I can't go there.　エ　Do you think so?

(4) ア　I think I want to try something new.　イ　That's right.
　ウ　I decided last week.　エ　You are always practicing hard.

(5) ア　I really enjoyed the town festival.　イ　I played with friends every day.
　ウ　I didn't remember to study.　エ　It was too hot to go outside.

Part 3

これから流れる放送では，名古屋高校の先生が，生徒に修学旅行の説明をしている。放送をよく聞き，下の問いに対する答えとして最も適切なものをそれぞれア～エより１つ選び，記号で答えよ。なお，英語は１度だけ読まれる。

(1) When will the students leave Nagoya?
　ア　The day before they return　イ　August 3rd
　ウ　August 2nd　エ　Two weeks from now

⑵ What advice does the teacher give to the students for their time on the airplane?

ア Sleep a lot. イ Don't use Japanese.

ウ Wear a mask. エ Study or read.

⑶ What time will the students arrive at Greenfield School?

ア 14:00 イ 16:00 ウ 18:00 エ 19:00

⑷ In England, what will the students do in the afternoons?

ア Study in their rooms with a foreign student.

イ Take classes in English.

ウ Take part in a variety of activities.

エ Watch Harry Potter movies.

⑸ What is the teacher looking forward to?

ア Going to see a sports event.

イ Meeting Harry Potter.

ウ Studying with students from other countries.

エ Returning to Japan with stronger Japanese.

〈英語リスニング問題　スクリプト〉

Part 1

A. father	B. CD	C. technology	D. dog	E. book
F. smartphones	G. serious	H. baseball	I. aunt	J. researcher
K. soccer	L. brother	M. basketball	N. rabbit	O. magazine

1. This is a very popular sport in America and Japan. Shohei Otani is the most famous player now.

2. We can buy this at a convenience store or a bookstore. It has a lot of information and nice color pictures. It can be about fashion, sports or music. A new one is made every week or month.

3. This is my grandfather's son, but not my uncle.

4. This animal is very cute. It has big ears. If we have one at home, we should give it carrots to eat.

5. This is always changing. Scientists at companies and universities learn new things and make new products.

Part 2

1．A：Shall we go shopping tomorrow?

B：That's a great idea. Where shall we meet?

A：(BEEP)

2. A：Have you read this book?
   B：No. What is the book about?
   A：It's about the environment.
   B：(BEEP)
3. A：What are you going to do tonight?
   B：I have to finish my English homework.
   A：You are always studying!
   B：(BEEP)
4. A：What club will you join at high school?
   B：I'm not sure.
   A：Why don't you continue to play baseball?
   B：(BEEP)
5. A：How was your summer vacation?
   B：It wasn't very exciting this year.
   A：Why not?
   B：(BEEP)

Part 3

Is everyone listening because I'll only say this once? I'm going to talk about our school trip to Greenfield School in England. We will fly from Haneda Airport to London on August 3rd. Our flight is very early in the morning, so we have to go to Tokyo from Nagoya the day before we fly. We will be on the airplane for fourteen hours so please bring a book, or some homework. We will arrive in London and then take a bus to Greenfield School at 4pm. The bus trip takes 3 hours. I think you will be very tired so you can sleep on the bus. After we arrive at school, the staff will guide you to your rooms. Greenfield school has many rooms for two people. You will share a room with a student from France, Spain or China. Please try hard to communicate with them in English. We will stay at Greenfield School for two weeks. In the mornings you will take English classes. In the afternoons we will do a lot of interesting activities. I'm really looking forward to visiting the Harry Potter Museum in London, and I can't wait to see an English Premier League soccer game. Let's try not to speak any Japanese for two weeks in England. If we can do it, I'm sure our English skills will improve.

Ⅱ　次のA，Bの問いに答えよ。

A　次のKenとMaryの対話を読んで，あとの問いに答えよ。

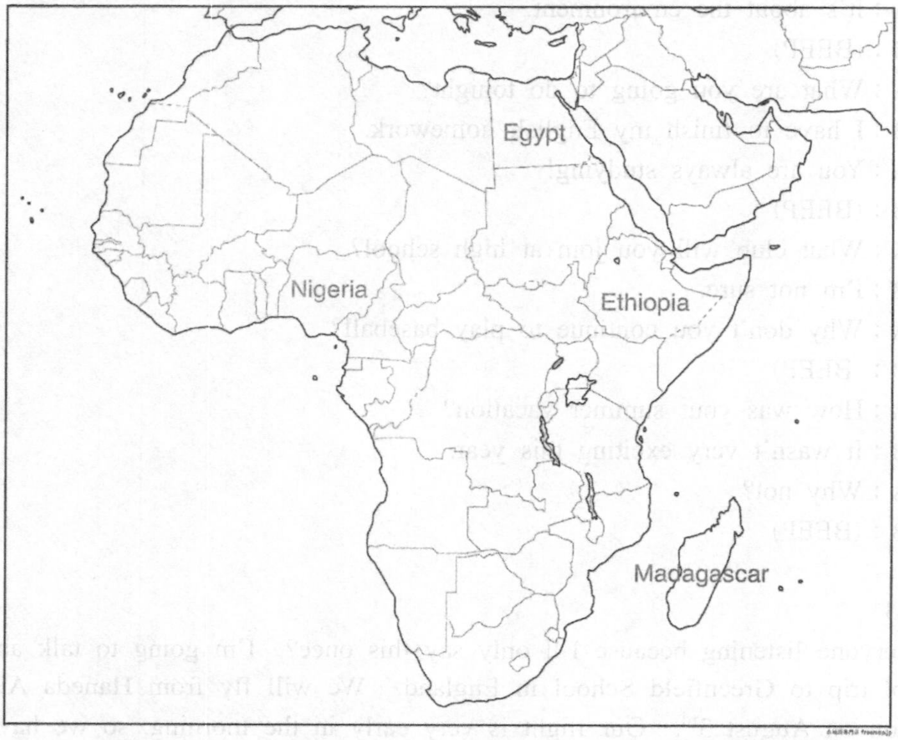

出典：白地図専門店　アフリカ大陸　白地図を加工して作成

Ken　: Hi Mary! How are you?

Mary : I'm great, Ken. I just had a really interesting social studies class.

Ken　: What did you learn?

Mary : We learned about some of the countries in Africa.

Ken　: I don't know much about Africa. Could you tell me some of the things you learned?

Mary : Why don't I give you a quiz?

Ken　: OK. That sounds like fun. I'm ready.

Mary : How many countries are there in Africa?

Ken　: Oh, that's a difficult question! Twenty?

Mary : Actually, there are fifty-four countries. Six of them are island countries like Madagascar.

Ken　: That's a lot of countries. Please ask me another question.

Mary : OK. Which country has the highest population? You can look at this map to help.

Ken　: Thanks. Just a moment... Well, is the answer Egypt?

Mary : That's a good effort but it's not the right answer.

Ken : Let me guess again! Is it Ethiopia?

Mary : Good effort again. Ethiopia has about the same population as Japan now, but the answer is Nigeria. Now more than 220,000,000 people live there. And the population is rising 2.5% every year.

Ken : Wow! Thanks for teaching me.

Mary : Well, I think we should all know more about the countries in Africa. In the year 2050, Africa will have a quarter of the global population. Also, many people in Africa are slowly becoming richer.

Ken : If that is true, Japanese companies should try to sell many things to people living in Africa.

(1) How many countries are there in Africa without counting island countries?

ア 54　イ 6　ウ 48　エ 60

(2) Which one of these is true?

ア Mary thinks that Egypt has the highest population in Africa,

イ Mary thinks that people in Japan should increase their knowledge about Africa.

ウ In the year 2050, Nigeria will have a quarter of the global population.

エ Until recently, Ethiopia had a bigger population than Japan.

(3) Japanese companies should try to sell many things to people living in Africa because

ア the number of countries in Africa will rise in the future.

イ a lot of African people visit Japan for a trip every year.

ウ it will make Japanese more popular in Africa.

エ they are getting more money than before.

(4) What is true about Ken?

ア He originally thought he knew a lot about Africa.

イ He didn't know the answers to any of Mary's questions.

ウ He is happy that he went to the class about Africa.

エ He thinks that people in Africa will have a bright future.

B 次の Yumi と David のメールのやり取りを読んで，あとの問いに答えよ。

From:	Yumi Tanaka
To:	David King
Date:	Thursday June 26, 2023
Subject:	Your visit to Japan

Hi David,

I had a great time in New York. The Kings were the best host family! Please say thank you from me again to your parents. My mother, father and little brother Yuta are very excited to welcome you to Japan in August. We live in

Nagoya. It's near the center of Japan so we can go to visit many places easily. I hope you will enjoy lots of Japanese food when you come. Please look at this survey of the favorite foods of foreign tourists in Japan. Let me know which ones you want to try.

Japanese Food	Number of People
sushi	110
ramen	68
tempura	28
Japanese curry	24
okonomiyaki	18
shabu shabu	15
yakitori	15
soba	12
yakiniku	8
onigiri	4

From:	David King
To:	Yumi Tanaka
Date:	Saturday June 28, 2023
Subject:	My trip to Japan

Hi Yumi,

Thanks for your mail. I can't believe I'll be in Japan very soon. Thanks for the information about Japanese food. I also checked some dishes on the internet. I'm not surprised that sushi is the most popular Japanese dish for foreign people. It looks delicious! I want to eat many different kinds. Also, Japanese curry sounds interesting to me. In New York, I have eaten ramen and Indian curry. I especially want to try curry in Japan. I have never heard of some of the food on the list. Please tell me what soba and onigiri are. Finally I want to try one more food in Japan, natto. I heard many foreigners don't like it but it is very healthy and it looks cool!

See you soon,

David

From:	Yumi Tanaka
To:	David King
Date:	Sunday June 29, 2023
Subject:	Your visit to Japan

David,

I spoke to my parents, and we decided to take you to a nice sushi restaurant near our house. You can have lots of different raw fish. To answer your questions, soba is traditional Japanese noodles and onigiri is a ball of rice with some fish, vegetable, meat or seaweed inside. We always have natto at home so you can try it any time. Are there any places you want to visit during your trip? Please tell me soon. My family will make a plan.

Yumi

From:	David King
To:	Yumi Tanaka
Date:	Tuesday July 1, 2023
Subject:	My trip to Japan

Yumi,

Thanks again. I'm thinking about Japanese food every day. I'm hungry! There are some places I want to visit in Japan. I really want to see the golden temple in Kyoto. It looks so beautiful. Also I want to go to USJ in Osaka and of course I'd like to go to an outdoor onsen. Finally, I want to go to karaoke with you and your friends. Let's sing some Japanese and English songs together.

David

(1) Why does Yumi say that they can go to visit many places easily?

ア Because Nagoya is one of the biggest cities in Japan.

イ Because Nagoya is in the middle of Japan.

ウ Because many tourists come to Nagoya.

エ Because there are many kinds of transportation in Nagoya.

(2) Which is NOT true about the survey?

ア Shabu shabu was as popular as yakitori for foreigners in Japan.

イ Okonomiyaki was less popular than yakitori among foreigners.

ウ Tempura was the third most popular Japanese food for foreigners.

エ Japanese curry was twice as popular as soba.

(3) What will David probably eat in Japan?

ア natto　イ soba　ウ onigiri　エ ramen

(4) Which one of these is NOT true?

ア David will go to a sushi restaurant and eat a lot of different raw fish.

イ David would like to go to Kyoto and Osaka.

ウ David wants to experience an outdoor onsen.

エ David wants to go to karaoke with his host family.

(5) Which one of these is true?

ア Yumi's family have already made a plan to take David to Kyoto.

イ David sometimes eats Indian curry and makes onigiri in New York.

ウ It took David two days to reply to Yumi' s last mail,

エ Yumi has visited USJ in Osaka before.

Ⅲ 次の英文を読んで，あとの問いに答えよ。

Japanese manga culture is becoming very popular all around the world. People of all ages in many countries love these Japanese comic books. Maybe manga has spread to many countries because it has many different types of stories. There are action stories, love stories, history stories and, of course, fantasy stories. Another reason is the many different types of characters. When we read manga, it is easy for us to connect with one of them. Moreover, the unique and stylish art in Japanese manga makes it [A] from other comics. The exciting pictures have a lot of detail. This improves the story and creates an amazing experience for fans in many countries.

Manga was born over two hundred years ago but it [B] only become popular globally since the development of the internet. Now, fans all over the planet can find manga and watch anime by using a smartphone or computer. Then they can share their experiences with other fans in different places. The Japanese government is also using manga as part of its "Cool Japan" campaign. They hope that fans of manga will become interested in other parts of Japan's rich history and culture.

Japanese manga culture has also changed other kinds of entertainment* and pop culture. Many video games use the characters and ideas of manga, and singers make cool anime videos. Also, there are now many big Cosplay (wearing the same clothes as manga characters) events held in big cities [C] Sydney to London. These events will probably help to make manga culture grow even bigger in the future.

When people thought of Japan thirty years ago, they imagined kimonos, cameras and cars. However, now they will probably be thinking about the young ninja *Uzumaki* in *Naruto*, or the adventures of *Son Goku* in *Dragon Ball*.

【注】 entertainment：芸能

⑴ A ～ C に当てはまる語を本文中からそれぞれ1語で抜き出せ。

⑵ 本文において，日本の漫画が世界中に広まった理由として間違っているものを1つ選び，記号で答えよ。

ア Because manga has many kinds of story.
イ Because people can learn Japanese history through manga.
ウ Because we can connect with the characters when we read manga.
エ Because people are attracted to the art.

⑶ 次の英文の空所に入る最も適切なものを1つ選び，記号で答よ。

Japanese manga wasn't popular globally before the internet developed because (　　　　).

ア stories weren't interesting for foreign people
イ it was easy for fans to share their comments about manga
ウ it was difficult for people to find
エ people always enjoyed manga or anime at home

⑷ 日本政府は，漫画が「クールジャパン」にどのような影響を与えることを期待しているか，35～40字の日本語で説明せよ。

ことを期待している。

⑸ 次の質問の答えとなるよう，空所に適切な語を書き入れよ。

What can you guess about the influence of Cosplay events?
They (　　　)(　　　)(　　　)(　　　) bigger in the future.

Ⅳ 以下の資料は，2023年に調査された日本人留学生に人気のある留学先ランキングである。調査結果を元に，下のワークシートの A ～ C の英文を完成させよ。ただし，A と B の空欄には表の内容を正しく表現する英単語1語を書け。C については指定された語数で回答せよ。

日本人留学生に人気のある行き先ランキング　2023年		
Rank	Country	%
1	Canada	23
2	the US	22
3	Australia	17
4	the UK	10
5	the Philippines	7
6	New Zealand	4

Introduction ・導入 ・資料の紹介	A	Last year many Japanese students went (1　　　) to study English. The data (2　　　) the (3　　　) most popular countries.
Body ・説明 ・データの比較	B	Canada had the highest number of (1　　　). The US was second with 22%. Also, 5% more Japanese studied in the US than in (2　　　). The only country in the list that has a first (3　　　) different from English was the Philippines.
Conclusion ・感想や意見	C	If I go to study abroad in the future, (自分の意見を20～25語の英語で完成させよ。)

【理　科】（40分）　＜満点：100点＞

I　⑴　気体に関する記述として下線部に誤りを含むものを，次のア～オから１つ選び，記号で答えよ。

ア　メタンは，空気より軽い無色・無臭の気体である。

イ　二酸化炭素を水に溶かした溶液は，酸性を示す。

ウ　アンモニアを溶かした水溶液は，緑色のBTB溶液を青色に変える。

エ　硫化水素は，有毒な無色・腐卵臭の気体である。

オ　塩化水素は水に溶けやすいため，上方置換法で気体を集める。

⑵　図１は赤ワインからエタノールを蒸留することを目的に組み立てた装置である。この実験に対する指摘として正しい文章を，次のア～オから１つ選び，記号で答えよ。

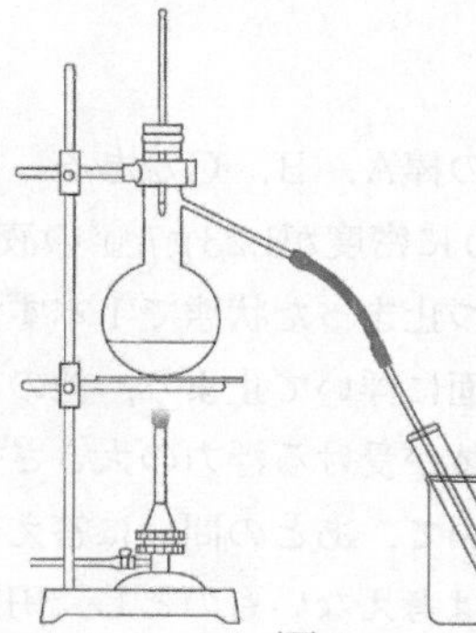

図１

ア　温度計の液だめは，蒸気の温度を正確に測るために，もっと液面に近づけるべきである。

イ　静かに加熱すれば突発的な沸騰は起こらないので，沸騰石を入れる必要はない。

ウ　加熱しても沸騰が起こらなかった場合，途中でゴム栓を開けて沸騰石を入れる。

エ　液量は枝付きフラスコの半分より少なく入れる。

オ　ビーカーの中に水を入れ，さらに空の試験管を入れて，そこに出てきた蒸気が逃げないように冷やし，さらにガラス管と試験管の口を，ゴム栓を使って密閉する。

⑶　原子は，中心にある原子核と，原子核のまわりを取り巻くいくつかの電子とからできている。原子核は，さらにいくつかの陽子と中性子とからできている。原子核に含まれる陽子の数を原子番号という。また，原子核に含まれる陽子と中性子の数の和を質量数という。ここで，原子番号13のアルミニウム原子の質量数が27のとき，このアルミニウム原子の陽子の数，電子の数，中性子の数をそれぞれ整数で答えよ。

⑷　炭酸水素ナトリウムの加熱について次の各問いに答えよ。

①　試験管に炭酸水素ナトリウムを入れて加熱すると熱分解し，気体と液体と炭酸ナトリウムが生成する。生成した気体と液体が何であるか確認するために必要なものを，次のア～カからそれぞれ１つずつ選び，記号で答えよ。

ア　赤色リトマス紙　　**イ**　青色リトマス紙　　**ウ**　塩化コバルト紙

エ　石灰水　　**オ**　フェノールフタレイン液　　**カ**　火のついた線香

②　炭酸水素ナトリウムを加熱する実験において，加熱前の炭酸水素ナトリウムと加熱後の試験管に残った固体の質量を２回調べた。加熱前の炭酸水素ナトリウムの質量は5.4ｇとした。

１回目は，ある程度のところで加熱をやめた。２回目は，しっかり加熱をしようと思い，十分な時間をとって気体が出なくなるまで加熱をした。それぞれ残った固体の質量を調べると１回目は4.4 g，２回目は3.4 g であり，１回目は炭酸水素ナトリウムと炭酸ナトリウムの混合物が得られ，２回目は炭酸ナトリウムのみが得られた。このとき，１回目で得られた混合物に含まれる反応せずに残った炭酸水素ナトリウムの質量は何 g であったと考えられるか。小数第１位まで求めよ。

⑸ 「2050年カーボンニュートラル」の実現に向けて，ガスについても脱炭素化の動きが加速している。その方法の一つとして有望視されているのが二酸化炭素と水素からメタンCH_4を合成する「メタネーション」技術である。合成したメタンは天然ガスの代わりに利用できる。このメタネーションでの反応を化学反応式で示せ。ただし，この反応で生成するのはメタンCH_4と水である。

Ⅱ 次の各問いに答えよ。

問１ 大きさや質量の異なる３つの円柱の棒Ａ，Ｂ，Ｃがある。それぞれの底面の半径，全長，質量は表の通りである。ここで，図１のように密度が1.23 g/㎤の液体で満たした容器の中に，これらの棒を液面にちょうど触れさせた状態かつ止まった状態で１本ずつ静かに離し，その様子について観察した。その結果，ある１つだけは液面に浮いて止まり，他の２つは液体中を落下し，容器の底に沈んだ。この状態を状態Ｐとする。物体が受ける浮力の大きさは，その物体がおしのけた液体にはたらく重力の大きさに等しいことを用いて，あとの問いに答えよ。ただし，円柱の棒にはたらく力は重力と液体から受ける浮力以外の力は考えないものとし，円周率は3.14とする。

円柱	半径（mm）	全長（cm）	質量（g）
A	2.0	10	2.0
B	1.0	80	2.5
C	3.0	5.0	4.5

表

円柱の棒（止まった状態）　　　　（状態P）

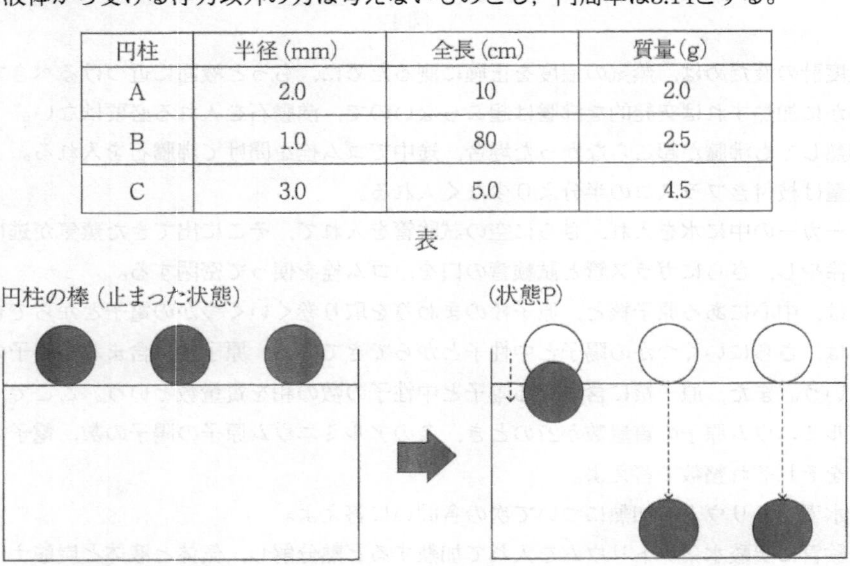

※円柱を正面から見た様子である。
※A～Cの半径の違いを考慮していない。
※液面にちょうど触れさせた状態かつ止まった状態から静かに離す。

※円柱を正面から見た様子である。
※A～Cの半径の違いを考慮していない。
※3つのうち1つは液面に浮き，2つは沈んだ。

図1

⑴ Ａの密度は何 g/㎤か。小数第２位を四捨五入して，小数第１位まで答えよ。

⑵ 浮いた棒はＡ～Ｃのどの棒か。記号で答えよ。また，その棒が液体中に沈んでいる部分は，全

体の体積の何%か。小数第1位を四捨五入して，整数で答えよ。

⑶　状態Pにおける棒A～Cがそれぞれ受ける浮力の大きさの大小関係として，最も適当なものを，次の**ア**～**カ**から1つ選び記号で答えよ。

ア　A ＞ B ＞ C　　**イ**　A ＞ C ＞ B　　**ウ**　B ＞ A ＞ C
エ　B ＞ C ＞ A　　**オ**　C ＞ B ＞ A　　**カ**　C ＞ A ＞ B

⑷　沈んだ2つの棒に関して，次の①，②それぞれにおける液体中を落下する様子について述べたものとして最も適当なものを，あとの**ア**～**カ**から1つずつ選び，記号で答えよ。

①「離してから円柱全体が完全に液体の中に入る瞬間まで」
②「①の後から容器の底に沈むまで」

ア　速さが一定の割合でだんだんと速くなる。
イ　速さが一定の割合でだんだんと遅くなる。
ウ　常に一定の速さである。
エ　液体から受ける浮力が増えていき，やがて一定の速さになる。
オ　液体から受ける浮力が増えていき，だんだんと速くなる。
カ　液体から受ける浮力が増えていき，だんだんと遅くなる。

問2　仕事率が30Wのモーターがある。このモーターで力のつり合いを保ちながら，糸を巻きとる装置を作った。図2のように，この装置を使い，糸の先端に取りつけられた大きさの無視できる物体を，摩擦力を無視できるなめらかな斜面に沿って，地上から3.0mの位置まで引き上げた。引き上げるのに要した時間は3.0秒だった。その後しばらくして，糸を切断し，物体は静止した状態から徐々に加速して斜面を下り，摩擦力の無視できる水平面を進み，反対側の斜面を地上から2.7mの高さまで登ると，再び斜面を下ってきた。反対側の斜面の一部は摩擦力がはたらくあらい斜面であり，物体は斜面と平行な向きに90Nの一定の摩擦力を受ける。質量100gの物体にはたらく重力の大きさを1Nとして，あとの問いに答えよ。ただし，糸の質量は考えないものとする。

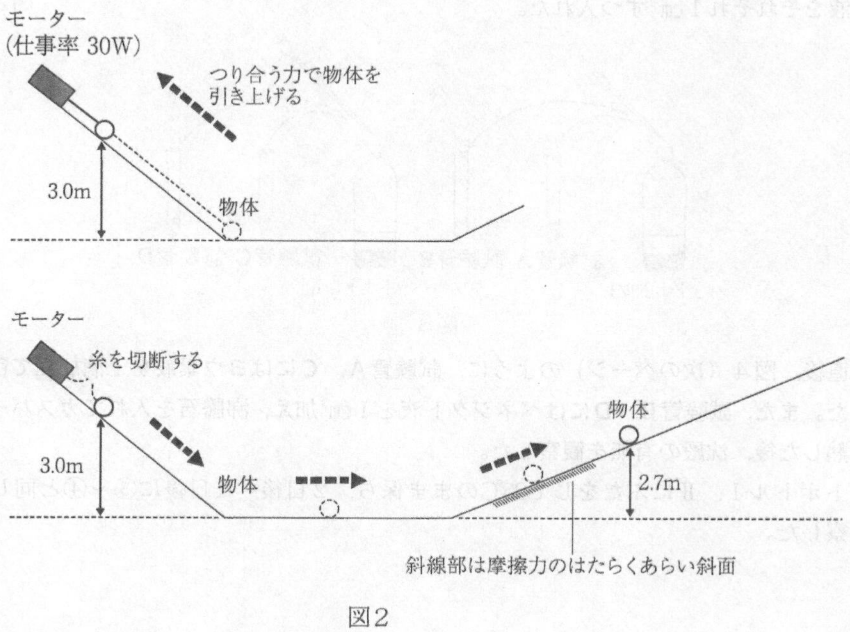

図2

⑴　物体の質量は何kgか。

⑵　摩擦力のはたらくあらい斜面の距離は何mか。

Ⅲ　問１　次の文章を読んで，各問いに答えよ。

冬の雑木林の中には，新しい落ち葉がたくさん堆積しており，土に混じって菌類や細菌類などが生息している。この土を用いて，次の実験を行った。

［実験１］

①　図１のように，採集した後の土に白熱電球を太陽に見立てた装置を使って光を当てると，土が徐々に表面から乾いていった。

②　光を３日間当て続けるとビーカー内に小動物が落ちていた。

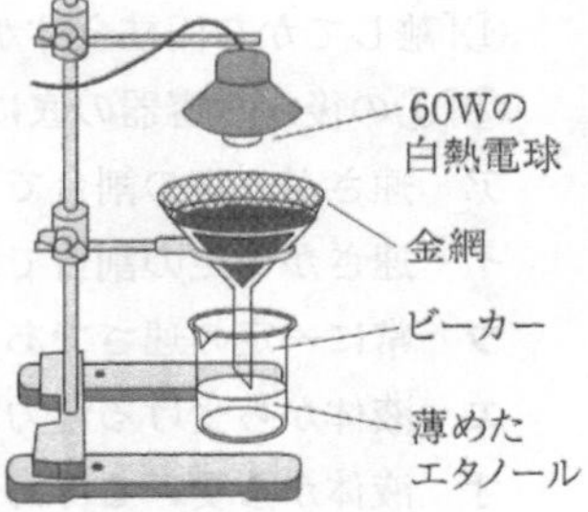

図1

［実験２］

①　実験１の②で光を当てた後の土を，100ｇはそのままペットボトルⅠに入れ，別に分けた100ｇは十分に加熱してからペットボトルⅡに入れた。

②　図２のように，ペットボトルⅠ，Ⅱのそれぞれにデンプンのりを入れて混ぜ合わせ，25℃に保った。

③　②の直後，図３のように，試験管Ａ～Ｄを用意し，試験管Ａ，ＢにはペットボトルⅠの上澄み液を，試験管Ｃ，ＤにはペットボトルⅡの上澄み液をそれぞれ１cm³ずつ入れた。

図2

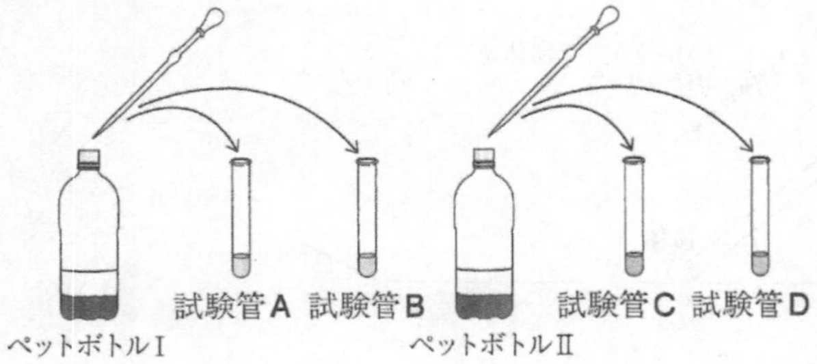

図3

④　③の直後，図４（次のページ）のように，試験管Ａ，Ｃにはヨウ素液を１滴加えて色の変化を観察した。また，試験管Ｂ，Ｄにはベネジクト液を１cm³加え，沸騰石を入れてガスバーナーで十分に加熱した後，沈殿の有無を観察した。

⑤　ペットボトルⅠ，Ⅱにふたをして25℃のまま保ち，２日後，４日後に③～④と同じ操作を行い，観察した。

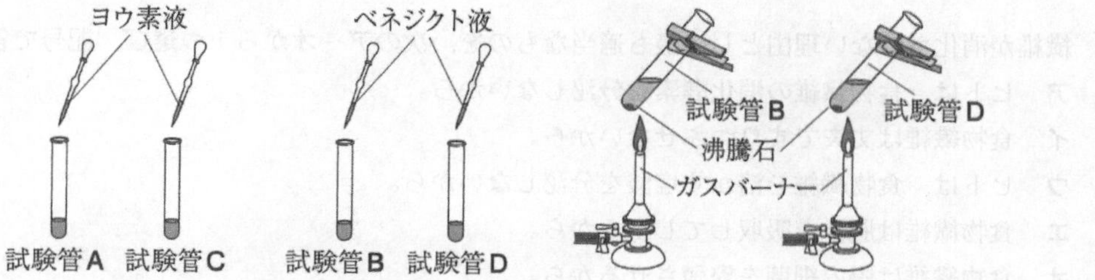

図4

⑴　実験１の②において，ビーカー内に落ちてきた小動物を双眼実体顕微鏡で観察したところ，ダンゴムシやトビムシが確認できた。これらの小動物がビーカー内に落ちてきた理由として以下の文中ａ，ｂに当てはまる語をそれぞれ答えよ。

ダンゴムシやトビムシは，温度が［ａ］く，湿度が［ｂ］い環境を嫌うため。

⑵　実験２の④において，反応が見られなかった試験管はどれか。Ａ～Ｄからすべて選び，記号で答えよ。

⑶　実験２の⑤において，ある１つの試験管では，デンプンのりを入れた直後は変化が見られなかったが，２日後では変化が見られ，４日後には再び変化が見られなくなった。その試験管をＡ～Ｄから１つ選び，記号で答えよ。また，その理由として最も適当なものを次のア～ウから１つ選び，記号で答えよ。

ア　土の中の菌類や細菌類によって，実験開始から２日後ではデンプンのりが分解されて糖ができ，４日後には菌類や細菌類が死滅したため。

イ　土の中の菌類や細菌類によって，実験開始から２日後ではデンプンのりが分解されて糖ができ，４日後では糖がなくなったから。

ウ　土の中の菌類や細菌類によって，実験開始から２日後では糖がなくなり，４日後にはデンプンがつくられたから。

⑷　土の中の生物には，何種類もの生物どうしの間に「食べる・食べられる」の関係があり，その関係は複雑に絡み合ってつながっている。このように複雑に絡み合うつながり（ネットワーク）を何というか。漢字で答えよ。

問２　ヒトの体内での消化と吸収のはたらきについて，各問いに答えよ。

⑴　下のア～コは，人の体内に存在する部位である。この中から，消化管に属するものを記号で選び，それらを食物の通る順番に正しく並びかえよ。

ア　ぼうこう　　**イ**　小腸　　**ウ**　肝臓　　**エ**　胃　　**オ**　だ液腺
カ　大腸　　**キ**　じん臓　　**ク**　十二指腸　　**ケ**　食道　　**コ**　すい臓

⑵　胃液に含まれている消化酵素を答えよ。

⑶　右の表は，ヒトの消化部位Ａ～Ｄが，栄養分の分解にどのようにかかわっているかを示したものである。○はその栄養分が消化作用を受け，×は消化作用を受けないことを示している。表中の消化部位Ａ～Ｄを生成している部位を⑴のア～コからそれぞれ選び，記号で答えよ。

	デンプン	タンパク質	脂肪
消化部位Ａ	×	○	×
消化部位Ｂ	○	○	○
消化部位Ｃ	○	○	×
消化部位Ｄ	○	×	×

⑷　消化されない食物は直腸にためられて便になるが，食物繊維はその代表的なものである。食物

繊維が消化されない理由として最も適当なものを，次のア～オから１つ選び，記号で答えよ。

ア　ヒトは，食物繊維の消化酵素を分泌しないから。

イ　食物繊維は丈夫ですりつぶせないから。

ウ　ヒトは，食物繊維を溶かす塩酸を分泌しないから。

エ　食物繊維は胆汁を吸収してしまうから。

オ　食物繊維は腸内細菌を繁殖させるから。

⑸　肝臓について述べた文章として誤っているものを，次のア～エから１つ選び，記号で答えよ。

ア　タンパク質が体内で分解されるときにできるアンモニアを，尿素に作りかえる。

イ　胆汁をつくり，蓄える。

ウ　心臓からの動脈血と小腸からの静脈血の両方が流れ込んでいる。

エ　自己再生能力が高く，一部を切り取っても，大きさやはたらきが再生される。

Ⅳ　次の各問いに答えよ。

問１　都市が周りに比べて高温になる現象をヒートアイランド現象という。愛知県の名古屋周辺の2023年７月25日から７月27日までの３日間の気温観測データを用いて，都市化の進んでいる名古屋が周辺の観測地点に比べ高温だったか確認したい。図１は愛知県内のいくつかの気象観測地点の位置図である。図２は名古屋から伊良湖にかけての南北４地点，名古屋・大府・南知多・伊良湖の気象観測地点で計測された気温の推移を表している。図３は名古屋の東西にあたる稲武と愛西の気温の推移を表している。

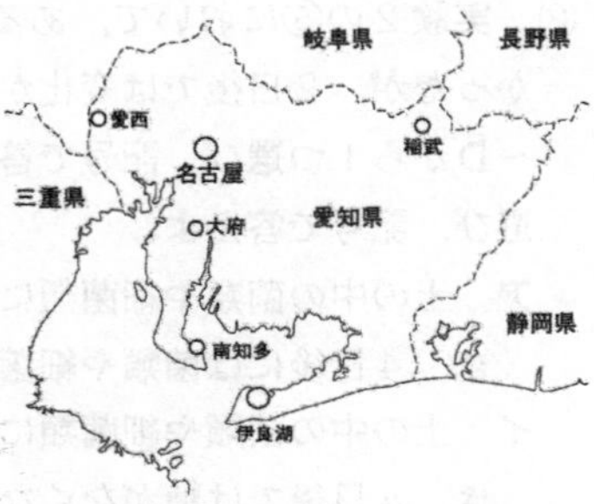

図１　気象観測地点の位置

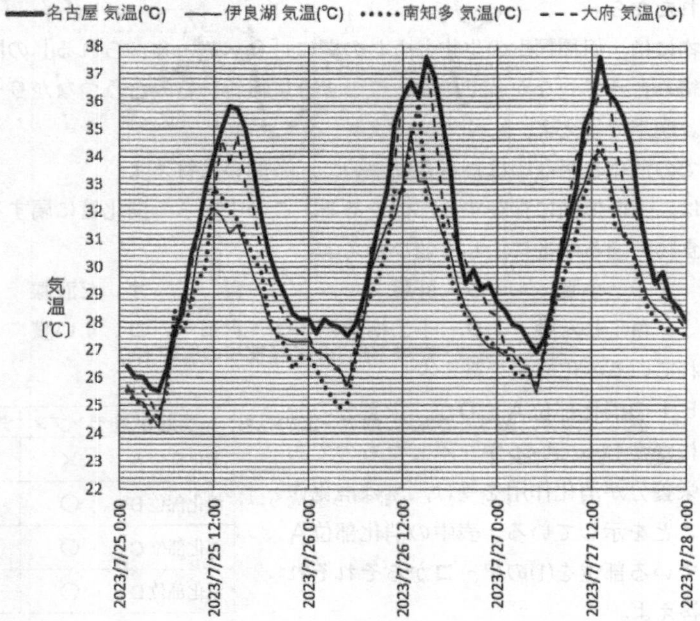

図２　4地点の気温推移の比較（2023年7月25日～7月27日）

(1) 図2の観測結果について述べた次の文章の空欄 A ～ C に入る観測地点名を，次のア～エからそれぞれ1つずつ選び，記号で答えよ。

ア 名古屋　イ 大府　ウ 南知多　エ 伊良湖

2023年7月25日から7月27日までの気温推移グラフを見ると，各時刻において，4地点のうちの最も高い気温を記録しているのはほぼ A であり，最も低い気温が記録されているのは，ほぼ B か C かのどちらかである。3日間の4地点の最高気温を比較すると，3日とも A の最高気温が最も高かった。4地点の最低気温を比較すると，7月25日と27日は B が，7月26日は C が最も低かった。

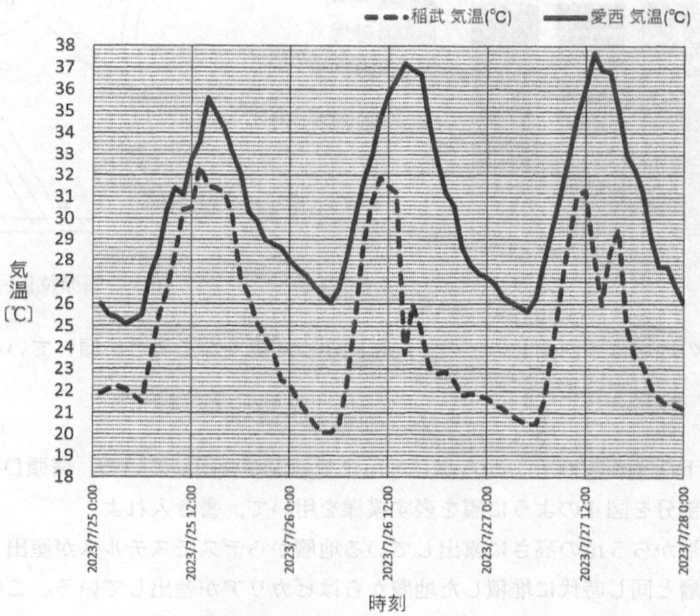

図3　稲武・愛西2地点の気温推移の比較（2023年7月25日～7月27日）

(2) 図2と図3に関する次の文章ア～エのうち，下線部が適当でないものはどれか。1つ選び，記号で答えよ。

ア 愛西と名古屋は海からの距離も標高もほぼ同程度であり，毎日の最高気温もほぼ同じであるが，毎日の最低気温は愛西の方が必ず低い。

イ 稲武の毎日の最低気温はそれぞれ南知多の同日の最低気温よりも3℃から5℃程度低くなっている。

ウ グラフから読み取れる1日の最高気温と最低気温の差を南知多と大府で比較すると，南知多の方が小さい。これは，南知多の観測地点は海に細く突き出した半島の先端にあり，周囲の海水の影響を受け，気温が変化しにくいからである。

エ 南知多・稲武・愛西の観測地点それぞれの最低気温は，2日間続いて上昇しているが，8月にはよくあることであり，この気温上昇が地球規模の気候変動のあらわれであるとは言えない。

問2　露頭下端の高さが標高180mの露頭A，露頭下端の高さが標高200mの露頭B，露頭下端の高さが標高200mの露頭Cでそれぞれ柱状図を作成した。（柱状図は図4，露頭位置図は図5）露頭Dの下端は標高200mである。ABとBCは直角で，B，C，Dは一直線に並んでいる。図5の範囲の地層は互いに平行に重なっており，ある方向に向かって一定の割合で低くなるように傾いている。その傾きは小さいため，露頭における地層の上面の高さと下面の高さの差は地層の厚さに一致すると考えて良い。また，地層には上下の逆転や断層はないものとする。

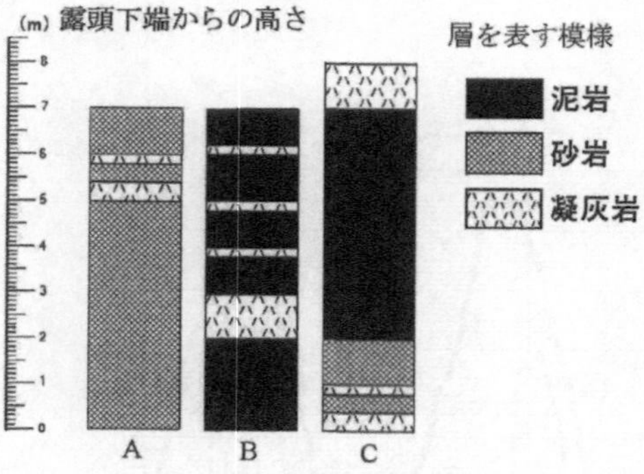

図4　露頭柱状図

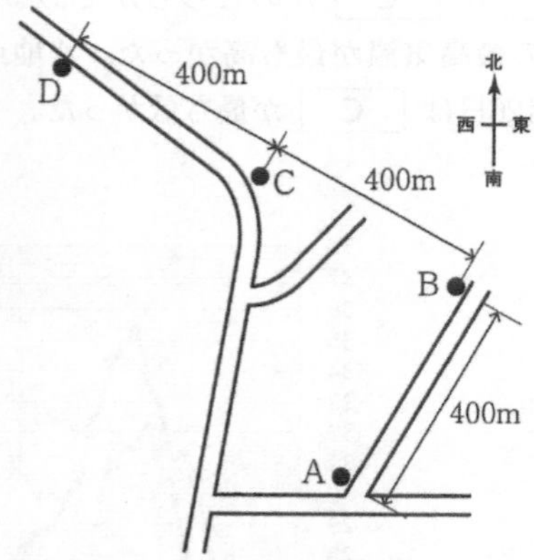

図5　露頭位置図

⑴　図5の地域の地層は東西南北のどの方向に向かって低くなるように傾いているか。次のア～エから1つ選び，記号で答えよ。

ア 東　　イ 西　　ウ 南　　エ 北

⑵　露頭Dでは下端（標高200m）から高さ8mまで地層が露出している。露頭Dの柱状図に，凝灰岩が露出する部分を図4のように層を表す模様を用いて，書き入れよ。

⑶　露頭Cの下端から5mの高さに露出している地層からデスモスチルスが産出している。また，この地域の地層と同じ時代に堆積した地層からはビカリアが産出している。この地域の地層が堆積した年代を次のア～エから1つ選び，記号で答えよ。

ア　古生代より前　　イ　古生代　　ウ　中生代　　エ　新生代

⑷　凝灰岩は何が堆積し，かたまってできる岩石か。漢字3文字で答えよ。

【社　会】（40分）　＜満点：100点＞

【注意】 教科書中に漢字で書かれている語句は，全て漢字で答えなさい。

I 次の文章と図１を読み，あとの問いに答えよ。

地理学は，地球の表層で生じる①自然現象や地表を舞台に展開する②人間活動を対象にし，自然と人間の関わりを動態的にとらえるとともに，その③地域的特色を解き明かそうとする学問である。私たちが居住する地表は，人間の手が加わっていない原野や原生林，人間の手が加わった農地や林地，人間が造り出した建物・道路・橋といった人工物など，多種多様な地物＊で覆われている。地理学の研究は，「地表のどこにどんな地物が存在し，それぞれがどのように関わってくるか」を探ることから始まる。それゆえ，④絶対位置（緯度経度），⑤距離，方向，スケール，分布，密度，さらには関係位置や相互作用，相互依存といった空間的な概念を理解しておくことが肝要である。最近では，気候変動，大気汚染，生態系破壊，経済格差，難民問題，感染症といった地球規模の課題に社会の関心が注がれている。俯瞰《ふかん》的見方やシステム的考察を重視する地理学はこれらのテーマと親和性が高く，その解決に学術的リーダーシップが期待される。

＊地上に存在するもの。岩石・植物などの自然物および建物・物件など人工構築物のこと。

（出典：日本地理学会編『地理学事典』丸善出版）

図１

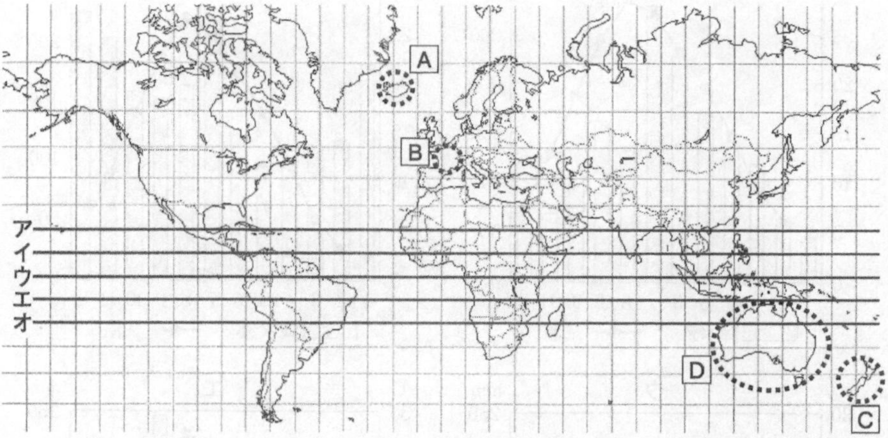

Craft MAPより作成（http://www.craftmap.box-i.net/）

⑴　図１の緯線と経線は等間隔で引かれている。緯線・経線の間隔として正しいものを，次のア～オから一つ選べ。

ア　5度　　イ　10度　　ウ　15度　　エ　20度　　オ　25度

⑵　図１に引かれたア～オの太線のうち，地球上の実際の距離が最長のものを，一つ選べ。

⑶　図１のＣの国は，グリニッジ標準時に対して＋12時間の時差がある。東京の羽田国際空港からＣの国の北島への航空機の所要時間は11時間である。現地時間の午前９時発の航空機は，その日の何時に東京の羽田国際空港に到着するか。午前と午後の区別をつけて到着地の時間で答えよ。サマータイムはないものとする。

※Ｉ⑶について，問題文中に往路と復路の所要時間を同じとする条件が記載されていなかったた

め，条件不備により計算できず，成立しません。

その点を鑑みて，本間を採点対象から除外します。

⑷　次のX～Zの文章は，図1のA・B・Cの国の特徴について述べた文である。A・B・CとX～Zの組み合わせとして最も適当なものを，あとのア～カから一つ選べ。

X　平野が多く，国土の半分以上が農地であり，小麦，ぶどう，とうもろこしの輸出が盛んである。

Y　牧畜業が盛んであり，飼育される羊の数が人口より多い国として知られる。果樹栽培においては，キウイフルーツの生産が有名である。

Z　国土の一部が氷河に覆われ，火山と溶岩台地のため，農業には不向きであるが，1人当たりの魚介類の消費量は世界有数である。

	ア	イ	ウ	エ	オ	カ
A	X	X	Y	Y	Z	Z
B	Y	Z	X	Z	X	Y
C	Z	Y	Z	X	Y	X

⑸　下線部①について，次の問いに答えよ。

a　次のア～エは，広島・浜松・盛岡・新潟の気温と降水量の平年値を示したグラフである。広島の平年値を表しているグラフを，次のア～エから一つ選べ。

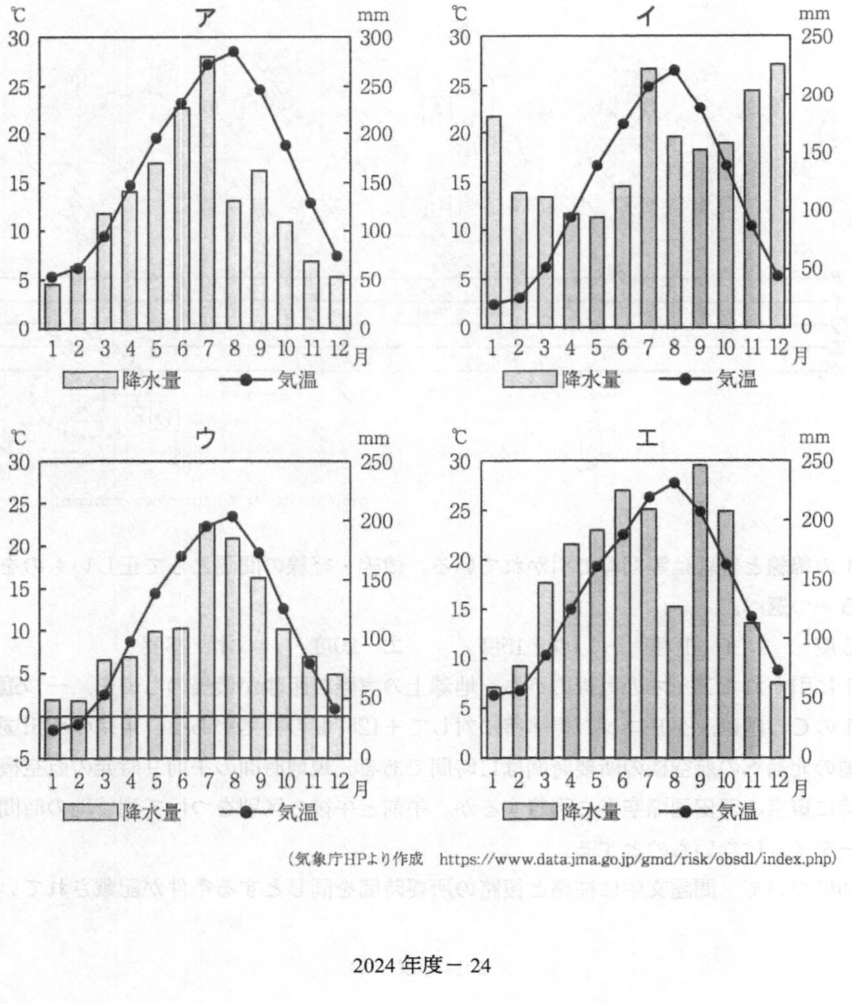

（気象庁HPより作成　https://www.data.jma.go.jp/gmd/risk/obsdl/index.php）

b　初夏から秋にかけて東北地方の太平洋岸に吹く，寒冷で湿潤な北東からの風を何というか答えよ。

(6)　下線部②について，次の問いに答えよ。

a　次の表は，**図１**中の**C**国と**D**国におけるエネルギー別発電量を示したものである。表中の**ア**～**エ**は，火力，水力，太陽光，地熱のいずれかに対応している。水力に該当するものを，次の**ア**～**エ**から一つ選べ。

単位：億kWh

	ア	イ	風力	ウ	エ
C国	79	263	21	1	80
D国	2199	160	152	99	0

（『世界国勢図会2021／2022年版』より作成）

b　次の**X**～**Z**は，鉄鉱石，銀鉱，銅鉱のいずれかの生産量の割合を示したものである。**X**～**Z**と資源名との正しい組み合わせを，あとの**ア**～**カ**から一つ選べ。

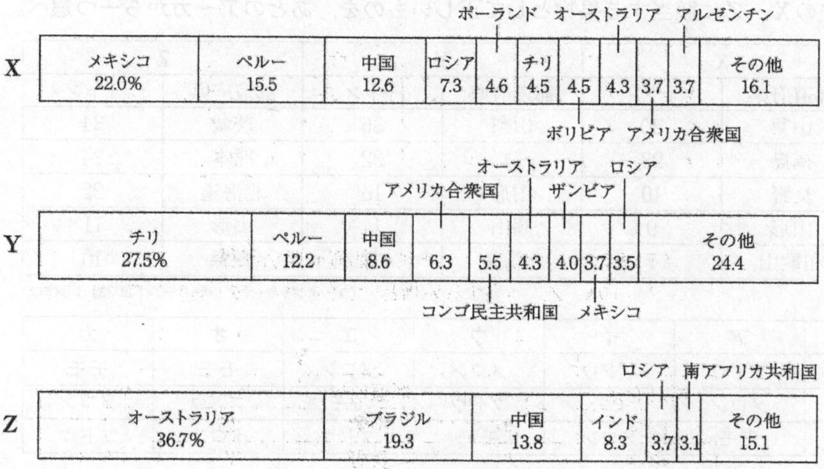

	ア	イ	ウ	エ	オ	カ
鉄鉱石	X	X	Y	Y	Z	Z
銀鉱	Y	Z	X	Z	X	Y
銅鉱	Z	Y	Z	X	Y	X

（『データブック・オブ・ザ・ワールド2023』より作成）

(7)　下線部③について，次の問いに答えよ。

a　次のページの表**X**～**Z**は，フランス，ハンガリー，イタリア，いずれかの国の伝統料理とその説明を示している。**X**～**Z**に該当する国の組合せとして最も適当なものを，あとの**ア**～**カ**から一つ選べ。

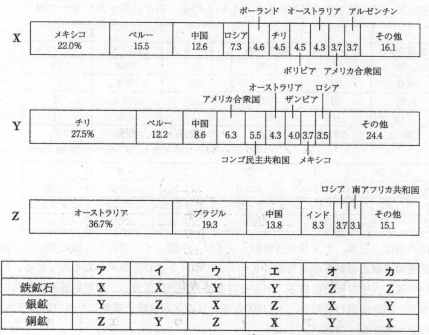

	料理名	説　明
X	ポタージュ	小麦粉をバターで炒めたルウを使ってとろみをつける。仕上げに生クリームを使う。
Y	ミネストローネ	オリーブオイルで炒めた野菜をトマトで煮込む。
Z	グヤーシュ	豚の油で炒めた牛肉をブイヨンとパプリカでじっくり煮込む。

	ア	イ	ウ	エ	オ	カ
X	フランス	フランス	ハンガリー	ハンガリー	イタリア	イタリア
Y	ハンガリー	イタリア	フランス	イタリア	フランス	ハンガリー
Z	イタリア	ハンガリー	イタリア	フランス	ハンガリー	フランス

b　次の表は，ブドウ，メロン，モモの都道府県別収穫量の上位５位までを示したものである。表中の**X**～**Z**に該当する果物として正しいものを，あとの**ア**～**カ**から一つ選べ。

X		Y		Z	
都道府県	千トン	都道府県	千トン	都道府県	千トン
山梨	30	山梨	35	茨城	34
福島	23	長野	32	熊本	24
長野	10	山形	16	北海道	22
山形	9	岡山	14	山形	11
和歌山	7	北海道	7	青森	10

（『データブック・オブ・ザ・ワールド2023』より作成）

	ア	イ	ウ	エ	オ	カ
X	ブドウ	ブドウ	メロン	メロン	モモ	モモ
Y	メロン	モモ	ブドウ	モモ	ブドウ	メロン
Z	モモ	メロン	モモ	ブドウ	メロン	ブドウ

c　次の表は，日本，アメリカ合衆国，ドイツ，中国，インドの５カ国について，2015年における鉄道輸送量と自動車保有台数（トラック・バスを含む）を示したものである。鉄道輸送量については，人キロ単位の旅客，トンキロ単位の貨物に区分し，自動車保有台数については，トラック・バスを含む総数と，人口100人当たりの保有台数を掲載した。中国に該当するものを，次のア～オから一つ選べ。

	鉄道輸送		自動車保有台数	
	旅客 （億人km）	貨物 （億トンkm）	保有台数 （千台）	人口100人当たり の保有台数（台）
ア	4,416	194	78,289	61.5
イ	11,613	6,543	56,466	4.2
ウ	13,457	28,821	232,312	16.3
エ	980	1,131	50,848	61.2
オ	320	23,641	281,499	86.1

（『世界国勢図会2021／2022年版』より作成）

d　次に示す群馬県，岐阜県，島根県，兵庫県の面積・人口のデータと世界遺産に関する文について，正しいものの組み合わせを，次の**ア**～**ク**から一つ選べ。

［面積・人口］

① 10,621km² 198万人

② 8,401km² 547万人

③ 6,708km² 67万人

④ 6,362km² 194万人

（『データでみる県勢2022』より作成）

［世界遺産］

あ　五層七階の大天守閣をもつ城。白鷺城の別名で知られる。

い　日本初の本格的な機械製糸工場。お雇い外国人と工女が従事。

う　合掌造と呼ばれる伝統的な民家。屋根裏は養蚕に使われた。

え　江戸幕府の直轄の銀山。17世紀の前半が採掘の最盛期。

ア　①－あ　**イ**　②－え　**ウ**　③－う　**エ**　④－い

オ　①－え　**カ**　②－う　**キ**　③－い　**ク**　④－あ

e　次の表は，いくつかの言語の中で，日本語の「おやすみなさい」にあたる表現をまとめたものであり，その言語を公用語としている国の一部を示したものである。表中のAとBに当てはまる国名の正しい組合せを，あとの**ア**～**エ**から一つ選べ。

「おやすみなさい」にあたる表現	公用語としている例
bonne nuit	フランス・コートジボワール
buenas noches	スペイン・アルゼンチン
boa noite	ポルトガル・A
góða nótt	アイスランド
godnat	B
god natt	ノルウェー

ア　A：ブラジル　B：デンマーク　**イ**　A：ブラジル　B：ロシア

ウ　A：モロッコ　B：デンマーク　**エ**　A：モロッコ　B：ロシア

(8)　下線部④について，次の問いに答えよ。

a　次の県の組合せのうち，2県の境界が陸上で接しているものを，次の**ア**～**ク**から**2**つ選べ。

ア　熊本県－佐賀県　**イ**　長野県－埼玉県　**ウ**　福井県－富山県

エ　山梨県－群馬県　**オ**　岩手県－山形県　**カ**　愛知県－長野県

キ　岐阜県－新潟県　**ク**　島根県－岡山県

b　次のページの**地図2**における4つの◆のうち，県庁所在地の位置として間違っているものを，図中の**ア**～**エ**から一つ選べ。

地図2

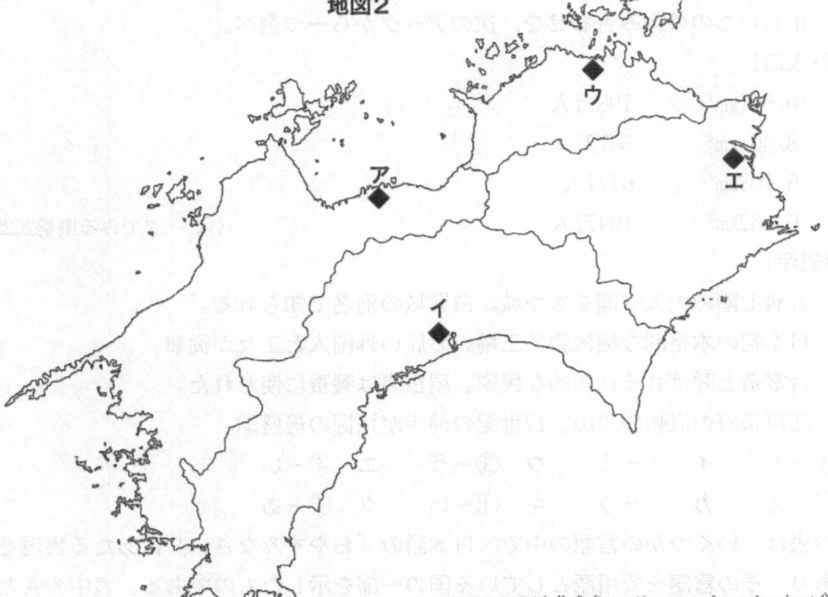

Craft MAPより作成（http://www.craftmap.box-i.net/）

(9)　下線部⑤について，地理太郎さんの自宅の周辺には，４つの公園がある。地理太郎さんの自宅からそれぞれの公園までの距離を，地図を用いて測定したところ，次のようになった。地理太郎さんの自宅から最も近い公園を，あとのア～エから一つ選べ。

公園Ａ：５万分の１の地図上で３㎝

公園Ｂ：２万５千分の１の地図上で７㎝

公園Ｃ：１万分の１の地図上で16㎝

公園Ｄ：５千分の１の地図上で28㎝

ア　公園Ａ　　**イ**　公園Ｂ　　**ウ**　公園Ｃ　　**エ**　公園Ｄ

Ⅱ　次の年表を見て，あとの問いに答えよ。

1206年　チンギス＝ハンがモンゴルを統一する

〈　A　〉

1642年　ピューリタン革命がはじまる（～1649）

1688年　名誉革命がはじまる（～1689）……………………①

〈　B　〉

1748年　モンテスキューが『法の精神』を著す

1789年　フランス革命が始まる（～1799）…………………②

〈　C　〉

1840年　アヘン戦争がはじまる（～1842）

〈　D　〉

1853年　クリミア戦争がはじまる（～1856）………………③

1861年　アメリカ南北戦争が始まる（～1865）……………④

⑴　年表中〈A〉の時期に起きたできごとにあてはまらないものを，次のア～エから一つ選べ。

ア　コロンブスが西インド諸島に着く。

イ　最初の十字軍の派遣が始まる。

ウ　コペルニクスが地動説を発表する。

エ　ルターの宗教改革が始まる。

⑵　年表中〈B〉の時期の江戸幕府の政策について，あてはまるものを，次のア～エから一つ選べ。

ア　幕府は，財政再建のために，貨幣の質をもとにもどし，長崎での貿易を制限して，金・銀の海外流出をおさえた。

イ　幕府は，大名や大商人に海外渡航を許可する朱印状を与え，貿易を幕府の統制下においた。

ウ　武家諸法度を改正し，参勤交代を制度として導入した。

エ　幕府は，旗本や御家人の生活苦を救うため，札差からの借金を帳消しにした。

⑶　年表中〈B〉の時期の日本の文化について，誤っているものを，次のア～エから一つ選べ。

ア　松尾芭蕉は，俳諧（俳句）の芸術性を高め，各地を旅して『おくのほそ道』などの紀行文を著した。

イ　『風神雷神図屏風』や『燕子花図屏風』などの作品で知られる俵屋宗達が，屏風のほかにもまき絵などに優美な装飾画を描いた。

ウ　歌舞伎では，上方の坂田藤十郎や江戸の市川団十郎などの役者が人気を集めた。

エ　近松門左衛門は，人形浄瑠璃の脚本家として，義理と人情の板ばさみに悩む男女を描き，人々を感動させた。

⑷　年表中〈C〉の時期に日本で起きたできごとにあてはまるものを，次のア～エから一つ選べ。

ア　島原・天草地方で，天草四郎を大将にして一揆が起こった。

イ　薩摩藩の島津氏が琉球を武力で征服した。

ウ　生類憐れみの令で動物愛護が命ぜられ，違反した者が厳しく罰せられた。

エ　大塩平八郎が「救民」をかかげて，門人とともに挙兵した。

⑸　年表中〈D〉の時期に，洪秀全を指導者として起きた乱を答えよ。

⑹　次の条文は，①の際に発布された権利の章典（一部要約）である。条文中の（　）にあてはまる語句の正しい組み合わせを，あとのア～カから一つ選べ。

第1条　（　甲　）の権限によって，（　乙　）の同意なく，法律を停止することは違法である。

第4条　（　甲　）大権と称して，（　乙　）の承認なく，（　甲　）の使用のために税を課すことは違法である。

第6条　（　乙　）の同意なく，平時に常備軍を徴用し，維持することは法に反する。

ア	甲＝国　王	乙＝人　民	イ	甲＝国　王	乙＝議　会
ウ	甲＝義　会	乙＝人　民	エ	甲＝議　会	乙＝国　王
オ	甲＝人　民	乙＝国　王	カ	甲＝人　民	乙＝議　会

⑺　年表中②の時に日本で進められていた改革について詠んだ短歌（狂歌）を，次のア～エから一つ選べ。

ア　水引て十里四方はもとの土

イ　世の中に蚊ほどうるさきものはなし ぶんぶといふて夜もねられず

ウ　上げ米といへ上米は気に入らず 金納ならばしじうくろふぞ

エ　浅間しや富士より高き米相場 火のふる江戸に砂の降るとは

(8)　年表中③の1853年のできごとを，次のア～エから一つ選べ。

ア　幕府は，来航する外国船に燃料や食料を与えて帰すよう法令を出した。

イ　幕府は，外国船の砲撃を批判した渡辺崋山や高野長英を処罰した。

ウ　ラクスマンが根室に来航し，日本との貿易を求めた。

エ　ペリーが，４隻の軍艦を率いて浦賀に来航した。

(9)　年表中③の時に従軍看護師として活躍した人物で，世界初の看護学校の設立や医療制度改革に大きく貢献したイギリスの看護師を答えよ。

(10)　次の英文は，年表中④の時期に当時のアメリカ大統領がおこなった演説の一節である。（　）にはいずれも同じ英単語があてはまる。その１語をアルファベットで答えよ。

「Government of the (　　　), by the (　　　), for the (　　　)」

Ⅲ　次の文を読み，あとの問いに答えよ。

京都の鴨川に，松原橋という橋が架かっている。ここに立つ松原橋の駒札（説明板）には，次のように書かれている。

> 松原通は平安時代の五条大路であり，当初は嵯峨天皇の勅命により橋が架けられたともいわれる。①清水寺の参詣道でもあったことから，人の往来が多く，大変賑わった都の目抜き通りであった。
>
> 元来，この地に架かっていた橋が五条橋であり，通りの両側に見事な松並木があったことから五条松原橋とも呼ばれていた。
>
> 安土桃山時代，②豊臣秀吉が方広寺大仏殿の造営に当たり，この地に架かっていた橋を③平安京の六条坊門小路（現在の五条通）に架け替え，五条橋と称した。そのため，この地の橋の名前からは「五条」が外れ，以後，松原橋と呼ばれるようになった。
>
> この通りは，歴史的・伝承的に話題が豊富である。伝説に謳《うた》われる牛若丸と弁慶の決闘，「京の五条の橋の上」は，当地のことを指す。
>
> また，この橋を東へ進むと清水寺に行き着くが，途中，冥界へ通じると言われる井戸で有名な六道珍皇寺がある。
>
> 現在架かる橋は，昭和十年（1935年）鴨川の大洪水による倒壊流出後に架け替えられたものである。　　京都市

この松原橋を西から東へと渡ると，六波羅と呼ばれる地域に入る。ここは，葬送地である④鳥辺野に入る際の入口にあたることから，六道珍皇寺など多くの寺院が建立されて，信仰の地として栄えた。「六波羅」といえば，1221年の⑤承久の乱後に「⑥六波羅探題」が設置されたことでも知られる。それ以前の院政期には，平氏政権の中心地として多くの邸が建ち並んだ場所でもあった。そのような関係からであろうか，この地にある六波羅蜜寺という⑦真言宗寺院には，⑧平清盛と伝わる坐像が残されている。この寺は，天暦５年（951）に醍醐天皇の第二皇子と伝わる空也上人によって開かれたと伝わり，空也上人像があることでも知られている。宝物館には，平清盛坐像，空也上人像のほかにも，運慶・湛慶親子の坐像や弘法大師坐像，定朝作とも伝わる地蔵菩薩像など，貴重な文化財が並び，歴史を感じさせられる空間となっている。

⑴ 下線部①には，「阿弖流為（アテルイ）・母禮（モレ）之碑」が建っている。阿弖流為は，蝦夷の首長，母禮はその母親である。当時の征夷大将軍は，降伏したこの二人の助命を朝廷に願い出たが，受け入れられずに二人は処刑された。この征夷大将軍が清水寺の創建に大きく関わっていたと伝わることから，平安遷都千二百年を期して1994年に有志によって建立されたものである。この征夷大将軍を答えよ。

⑵ 下線部②について，**誤っているもの**を，次のア～エから一つ選べ。

ア　村ごとに役人を派遣して検地を実施し，田畑の面積や土地のよしあしを調べて，その生産量を石高で表すようにした。

イ　長崎がイエズス会に寄進されていることを知ると，バテレン追放令を発して，宣教師の国外追放を命じた。

ウ　刀狩令を発して，百姓が一揆をくわだて，年貢をとどこおらせないように，百姓から刀・やりなどの武器を取り上げた。

エ　文禄の役・弘安の役の二度にわたって朝鮮へ大軍を派遣したが，結果的に豊臣政権の没落を早めることとなった。

⑶ 下線部③へ遷都した桓武天皇についての文章（甲・乙）の正誤を判断し，その正誤の正しい組み合わせを，あとのア～エから一つ選べ。

甲　桓武天皇は，平城京で貴族や僧侶の権力闘争が起こったことから一旦藤原京に都を移した後，さらに平安京に遷都した。

乙　桓武天皇は，班田収授の実施に力を入れるほか，国司の不正の取締りを行って，地方政治の引き締めに努力した。

ア　甲＝正　乙＝正　　イ　甲＝正　乙＝誤

ウ　甲＝誤　乙＝正　　エ　甲＝誤　乙＝誤

⑷ 下線部③について，**誤っているもの**を，次のア～エから一つ選べ。

ア　都の正門である羅城門から都へ入ると，真っ直ぐに北へ延びた朱雀大路が朱雀門まで続いている。

イ　羅城門から入ると，都を守る寺として建てられた東寺が右手に，西寺が左手に見られる。

ウ　都の中央を南北に通る朱雀大路は，幅が約85mあり，都を東側の右京と西側の左京に分けている。

エ　平安宮を正門の朱雀門から出て南へ向かい，七条大路付近に来ると，左手に東市，右手に西市が見られる。

⑸ 下線部④とは，西の葬送地「あだし野」に対する東の葬送地「鳥部山」をいい，日本三大随筆のひとつの「あだし野の露消ゆる時なく，鳥部山の烟《けぶり》立ち去らでのみ住み果つるならひならば，いかにもののあはれもなからん。」という一節に出てくる。この随筆は，「仁和寺にある法師」の話でよく知られている随筆でもある。この著書名を答えよ。

⑹ 次の演説は，下線部⑤に先立ち，鎌倉で行われた演説である。この演説を行った人物を答えよ。

> みな心を一つにして聞きなさい。これが最後の言葉です。頼朝公が朝廷の敵をたおし，幕府を開いて以来，官位や土地など，その御恩は山よりも高く海よりも深いものです。その御恩に報いる志が浅くてよいはずがありません。ところが今，朝廷から，執権の北条義時を討

てという命令が出されました。名誉を大事にする者は，上皇に味方する武士をたおし，幕府を守りなさい。上皇に味方したい者は，今，申し出なさい。（『吾妻鏡』より一部要約）

⑺ 下線部⑥は，何をする役所か。簡潔に説明せよ。

⑻ 下線部⑦について，次のア～エのうち，真言宗寺院を一つ選べ。

ア 延暦寺　イ 興福寺　ウ 東大寺　エ 金剛峯寺

⑼ 下線部⑧について，誤っているものを，次のア～エから一つ選べ。

ア 平清盛は，鳥羽法皇の死後，後白河天皇側に味方して保元の乱に勝利した。

イ 平清盛は，平治の乱で源義朝を破り，その子源頼朝を伊豆に流罪とした。

ウ 平清盛は，太政大臣就任後，娘を安徳天皇の后にし，一族で高位高官を独占した。

エ 平清盛は，瀬戸内海航路や大輪田泊を整備して日宋貿易に力を入れた。

Ⅳ 次の文章は，「Chat GPT」を用いて作成した文章である。一読すると，簡潔によくまとまっていると思われるが，所々に表現として適切か迷う箇所がある。Chat GPTのような生成AIによって，私たちの生活は便利になっていくだろうが，作られたものが本当に正しいかどうかを自分で判断できることが今後重要になっていくだろう。自立した主権者になるためには，作成された文章を自ら吟味しながら読み進めていく必要があるだろう。この文章を読み，あとの問いに答えよ。

A「人権を分かりやすく説明して」と指示し，作成された文章

人権とは，私たち人間が生まれながらにして持っている特別な権利のことです。これは，どんな国や文化でも持つべき普遍的な権利です。

みんな平等：人権の一つは「みんな平等」です。これは，①性別，人種，宗教，国籍などによらず，全ての人が同じように大切にされるべきということです。だれもが尊重され，差別を受けずに暮らす権利があります。

生きる権利：私たちは，生まれながらにして生きる権利を持っています。他の誰かによって意図的に傷つけられることがないように，命が守られる権利です。

教育の権利：学ぶことや知識を得ることは重要な権利です。②みんなが教育を受けることができるようにすることが大切です。

自由な意見：自分の考えや意見を持つことが自由にできる権利があります。ただし，他の人を傷つけたり，暴力を扇動するような悪い行為は含まれません。

家族との結びつき：家族との絆を持ち，家族と一緒に暮らす権利があります。家族の愛や支援はとても大切です。

人権は大切なものであり，私たちの個性や尊厳を守るために存在します。他の人の権利を尊重することも大切です。もし，③人権が侵されるようなことがあったら，信頼できる大人に相談したり，助けを求めることが大切です。みんなが幸せに暮らせる社会を作るために，人権を大切にしましょう。

B「人権の歴史について分かりやすく説明して」と指示し，作成された文章

人権は，昔から人々が生きる上で大切な考え方でした。たくさんの人が，自分たちの権利を守るために闘ってきました。

昔，人々は王様や支配者によって搾取されたり，不当な扱いを受けたりすることがよくありました。でも，そのようなことに反対する人々が現れました。

例えば，④アメリカでは「独立戦争」という戦いがありました。アメリカの人々は，イギリスの王様による不当な支配に対して，「自由と平等」を求めて戦いました。そして，アメリカ合衆国が誕生し，⑤アメリカの憲法には人々の権利を守るための法律が書かれました。

同じように，⑥フランスでは「フランス革命」という大きな出来事がありました。フランスの人々は，貴族による特権階級に反対して立ち上がり，「自由・平等・博愛」という考え方を広めました。これによって，フランスの憲法にも人権を尊重する内容が盛り込まれました。

その後も世界中で人権のための戦いが続きました。⑦奴隷制度の廃止や，⑧女性の参政権の獲得，⑨子どもたちの権利の保護など，たくさんの改革が行われました。

現在，国際的な団体や法律によって，人権を守る取り組みが進んでいます。人権は，誰もが尊重される権利であり，誰もが平等に大切にされるべきだという考え方です。

だから，私たちはお互いを尊重し，優しく接することが大切です。⑩みんなが幸せに暮らすために，人権を守ることを忘れずにいきましょう。

⑴　下線部①について，「平等」に関する日本の取り組みについて述べた次の**ア**～**エ**の文のうち，**誤りを含むもの**を一つ選べ。

ア　戦後，同和対策審議会が出した答申には，同和問題の解消は国の責務であり，国民の課題であると宣言されたが，今もなお差別は解消されておらず，2016年には，部落差別解消推進法が制定された。

イ　1997年に制定されたアイヌ文化振興法では，アイヌの伝統を尊重することが求められた。2019年にはアイヌ民族支援法にかわり，アイヌ民族が先住民族として法的に位置づけられた。

ウ　1985年に男女共同参画社会基本法が制定され，雇用面での女性への差別が禁止された。さらに，1999年には男女雇用機会均等法が制定され，男性も女性も対等な立場で活躍できる環境が整った。

エ　現代では，障がいがあっても教育や就職の面で不自由なく生活できるといったインクルージョンの実現が求められており，例えば，公共の交通機関や建物では，誰でも利用しやすいようにするバリアフリー化が進められている。

⑵　下線部②を実現するために，日本国憲法では何を無償と定めているか。次の**ア**～**エ**から一つ選べ。

ア　幼児教育　　**イ**　義務教育　　**ウ**　中等教育　　**エ**　高等教育

⑶　下線部③について，人権侵害の例として「ハラスメント」が考えられ，2022年4月からパワーハラスメント防止措置が全企業で義務化されるなど，ハラスメント防止策の整備が日本でも進められている。しかし，まず私たち一人一人が「ハラスメント」に何が該当するのかを理解し，判断できるようにすることが重要である。次の**ア**～**エ**のうち，ハラスメントに該当するものとして適当なものを一つ選べ。

ア　労働者を育成するために現状よりも少し高いレベルの業務を任せる。

イ　労働者への配慮を目的として，労働者の家族の状況等についてヒヤリングを行う。

ウ　遅刻など社会的ルールを欠いた言動が見られ，再三注意しても改善されない労働者に対して一定程度強く注意する。

エ　業務の遂行に関する必要以上に長時間にわたる厳しい叱責を繰り返し行う。

⑷ 下線部④について，次の史料は独立戦争時に出された「アメリカ独立宣言」の一部である。史料中の下線部に大きな影響を与えたと考えられる思想家とその著作物として適当なものを，あとのア～カからそれぞれ一つずつ選べ。

> アメリカ独立宣言（1776年）
>
> われわれは，自明の真理として，すべての人は平等に造られ，造物主によって，一定の奪いがたい天賦《てんぷ》＊の権利を付与され，そのなかに生命，自由および幸福の追求の含まれることを信ずる。また，これらの権利を確保するために人類のあいだに政府が組織されたこと，そしてその正当な権力は被治者の同意に由来するものであることを信ずる。そしていかなる政治の形体といえども，もしこれらの目的を毀損《きそん》＊＊するものとなった場合には，人民はそれを改廃し，かれらの安全と幸福とをもたらすべしとみとめられる主義を基礎とし，また権限の機構をもつ，新たな政府を組織する権利を有することを信ずる。『人権宣言集』岩波文庫より
>
> ＊天賦…生まれつき備わっている。天から賦与《ふよ》されたもの。
>
> ＊＊毀損…こわれること。こわすこと。傷つけること。

ア ジョン＝ロック　イ ホッブズ　ウ ルソー

エ 『リバイアサン』　オ 『統治二論』（『市民政府二論』）　カ 『社会契約論』

⑸ 下線部⑤の記述には，誤りが含まれていると考えられる。内容を訂正するとしたらどのような文章が正しいか。次のア～エから一つ選べ。

ア アメリカの憲法には人々の権利を守るための条例が書かれました。

イ アメリカの憲法には人々の権利を守るための政令が書かれました。

ウ アメリカの憲法には人々の権利を守るための大統領令が書かれました。

エ アメリカの憲法には人々の権利を守るための条文が書かれました。

⑹ 下線部⑥について，フランス革命時に国民議会で採択された「フランス人権宣言」に書かれている内容として適当なものを，次のア～エのうちから一つ選べ。

ア あらゆる主権の原理は，本質的に国民に存する。いずれの団体，いずれの個人も，国民から明示的に発するものでない権威を行い得ない。

イ すべて人は生来ひとしく自由かつ独立しており，一定の生来の権利を有するものである。これらの権利は人民が社会を組織するに当り，いかなる契約によっても，人民の子孫からこれを［あらかじめ］奪うことのできないものである。

ウ 自由人は，その同輩の合法的裁判によるか，または国法によるものでなければ，逮捕，監禁，差押，法外放置，もしくは追放をうけまたはその他の方法によって侵害されることはない。

エ 国王は，王権により，国会の承認なしに法律の効力を停止し，または法律の執行を停止し得る権限があると称しているが，そのようなことは違法である。

⑺ 下線部⑦について，アメリカ合衆国において，1863年に奴隷解放宣言を発表した大統領は誰か。次のア～エから一つ選べ。

ア ジェファーソン　イ ワシントン　ウ トランプ　エ リンカン

⑻ 下線部⑧について，日本で初めて女性参政権が認められたのは何年か。次のア～エから一つ選べ。

ア 1889年　イ 1919年　ウ 1925年　エ 1945年

(9) 下線部⑨について，1989年に国際連合で「子どもの権利条約」が採択され，日本は1994年に批准しました。子どもの権利条約について述べた文のうち，**誤りを含むもの**を，次の**ア**～**エ**から一つ選べ。

ア すべての子どもは，子ども自身や親の人種や国籍，性，意見，障がい，経済状況などどんな理由でも差別されず，条約の定めるすべての権利が保障される。

イ 子どもに関することが決められ，行われる時は，「その子どもにとって最もよいことは何か」を，保護者だけでなく，裁判所や行政当局など公的機関も同様に，子どもにとっての最善の利益を第一に考える。

ウ すべての子どもの命が守られ，もって生まれた能力を十分に伸ばして成長できるよう，医療，教育，生活への支援などを受けることが保障され，高校･大学までの段階的な無償化を進める。

エ 子どもは自分に関係のある事柄について自由に意見を表すことができ，平和的な集会を開いたり，団体を設立したりすることができ，おとなはその意見を子どもの発達に応じて十分に考慮する。

(10) 下線部⑩について，現在日本では，憲法には明文規定はないが，社会の変化にともなって，「新しい人権」が主張されるようになっている。新しい人権について述べた文のうち，**誤りを含むもの**を，次の**ア**～**エ**から一つ選べ。

ア 新しい人権は主に，日本国憲法第13条に定められている「幸福追求権」に基づいて主張されている。

イ 延命治療をしない選択をして死に至る尊厳死や，不治の病気で耐えがたい苦痛を感じている人が，医師の力を借りて死を選ぶ安楽死が，自己決定権として主張されている。

ウ 現代では情報化の進展によって，多くの情報が国や地方の役所に集まっているため，こうした情報を手に入れる権利としてアクセス権が主張されている。

エ 深刻な公害の発生により，住みやすい環境を求める環境権が主張されるようになり，住居への日当たりの確保を求める日照権もその一つと考えられている。

V

次の(1)～(5)のことがらについて述べた文A・Bの正誤の組み合わせを判断し，解答例にしたがって記号で答えよ。

【解答例】 A・Bどちらとも正しい場合…………ア
Aが正しく，Bが誤りである場合………イ
Aが誤りであり，Bが正しい場合………ウ
A，Bどちらとも誤りである場合………エ

(1) 為替相場について

A 円高は，輸出が中心の企業にとっては不利になることが多いが，輸入が中心の企業にとっては有利になることが多い。

B 多くの物資を輸入に頼る日本に暮らす私たちにとっては，円高の方が物価が上昇しにくいと考えられ，家計の支出への影響は少ないと考えられる。

(2) 日本銀行の金融政策について

A 不景気のとき，国債などを銀行から買い，銀行から企業への資金の貸し出しを増やそうとする。

B　好景気のとき，国債などを銀行へ売り，銀行から企業への資金の貸し出しを減らそうとする。

(3)　近年の日本政府が進めた金融政策について

A　アベノミクスでは，大胆な金融緩和を進めて市場に出回る通貨量を増やし，人々がお金を使いやすくすることで，インフレを達成しようとしていた。

B　アベノミクスでは，大胆な金融緩和によって金利が下がり，為替市場において円が買われるようになることで，円高を進めようとしていた。

(4)　衆議院について

A　衆議院が内閣不信任案の決議を可決した場合は，内閣は10日以内に衆議院の解散を行うか，総辞職する必要がある。

B　衆議院と参議院の議決が異なる場合，予算の議決，条約の承認，内閣総理大臣の指名については，衆議院で出席議員の３分の２以上の賛成で再び可決されれば成立する。

(5)　現代社会について

A　製品やサービスが，言語や性別，障がいの有無などにかかわらず，誰でも利用しやすいように工夫した，エディトリアルデザインが広がってきている。

B　働くことと子育てとの両立の難しさや，晩婚化などによって合計特殊出生率が増加傾向にあり，日本は現在，少子高齢化が進んでいる。

縄をかけ、馬のわきにつなぎ、むちをあげて駈《か》けだした。ついに引きずり殺しに殺してしまった。

が、忠次が蔵している信康への怒りは、そういうことがじかの原因ではない。信康は、忠次に対し、家累代のオトナとして重んずる作法を、すこしもとらなかった。信康にすれば当然であった。かれはうまれついての徳川氏の後継者であり、かれにすれば父の家康が松平時代から経てきた労苦や、あるいは家康がそのオトナたちや三河の豪族たちからうけた忠誠や援助については、それを知らずともよい。父の家康の地位は三河人の押したてによって浮力を保っている。家康はそれをよく知っている。が、信康はうまれながらの三河人のあるじであった。頭ごなしに三河人どもを追いつかえばよく、殺すも活《い》かすも自在である、とおもっていた。三河人の代表者である酒井忠次からみれば、

――笑止な。

という一言に尽きた。忠次は、信康にそれをわからせるよう、態度を※傲岸《ごうがん》にした。そのため、摩擦がしばしばおこった。信康は忠次などを家の飼猫程度にしかみておらず、忠次がこの若殿の前でオトナとしての重味をみせればみせるほど、信康は忠次を憎み、※嘲弄《ちょうろう》し、ときには衆の前で※面罵《めんば》した。

(注) ※左衛門尉＝酒井忠次、徳川家康の重臣。
※桟敷＝祭礼などを見物するために、地面より一段高く作られた観覧席。
※傲岸＝おごり高ぶっていばっていること。
※嘲弄＝ばかにすること。
※面罵＝面と向かってののしること。

(1) X に入れるのに最も適当な言葉を、次のア～オから一つ選び、記号で答えよ。

ア 狡猾《こうかつ》　イ 卑劣　ウ 冷淡　エ 狂暴　オ 勇敢

(2) 【文章Ⅰ】と【文章Ⅱ】において信康の人物像はどのように描かれているか。その説明として最も適当なものを、次のア～オから一つ選び、記号で答えよ。

ア 【文章Ⅰ】では、孤独で誰からも理解されないながら、表情豊かで人間味のある人物として描かれるが、【文章Ⅱ】では、人を人とも思わない無慈悲な行動を取る人物として描かれる。

イ 【文章Ⅰ】では、強さにあこがれを抱きながら、実際には弱さを持つことを自覚した人物として描かれるが、【文章Ⅱ】では、武勇にすぐれ様々な戦果を上げた人物として描かれる。

ウ 【文章Ⅰ】では、大胆な行動を取りながら、周囲の人間に対する気配りができる人物として描かれるが、【文章Ⅱ】では、家臣を軽んじて士卒を愛することのない人物として描かれる。

エ 【文章Ⅰ】では、父家康に反抗的ながら、武勇の話を熱心に聞く純粋な思いを持つ人物として描かれるが、【文章Ⅱ】では、父との関係に苦しみながら傲慢に生きる人物として描かれる。

オ 【文章Ⅰ】では、劣等意識を持ちながら、それを克服しようとするひたむきさも持ち合わせた人物として描かれるが、【文章Ⅱ】では、常識や人間性に欠ける人物として描かれる。

なく自分に報告したことに好感を抱き、今後も信康とうまくやっていくことを期待する気持ち。

イ　信康が忠世の武勇に感動して押しかけたことは承知しているが、それを理由に忠世を処罰するつもりはなく、信康の行動には口出しせずにおこうという気持ち。

ウ　信康の行動が忠世に迷惑をかけていることは理解しているが、一方で親として子供である信康がかわいいので、なんとかその意向を尊重したいと葛藤する気持ち。

エ　信康の行動が皆の問題になっていることを歯がゆく思っているが、勇猛で武勇に優れ、戦いの際には力を発揮するので、機嫌を損ねないよう配慮する気持ち。

オ　信康がわがままな性格になったのは自分の教育が間違っていたためであると認識しており、忠世が教育係となってその性格を改めることを切望する気持ち。

問七　以下の【文章Ⅱ】は司馬遼太郎『覇王の家』の一節である。文章を読んで(1)、(2)の問いに答えよ。

【文章Ⅱ】

「岡崎三郎（信康）のことだが」

と、信長は家康の子、信長のむすめ婿、岡崎城主、徳川家の後継者であるこの若者の人物評からきりだした。あれは自分のむすめ婿で、ゆくすえひさしく目にかけてゆこうとおもっていたが、しかしどうやらそれほどの男ではないらしい、いかにも武略はあるようだが、しかし将としては士卒を愛せず、その性 X で、とうてい大国をたもつ人間とはおもわれない、この点はどうか、※左衛門尉《さえもんのじょう》の存念はいかがである、と信長は一気にいった。

言いおわると、その下瞼《まぶた》から赤味が消えて高々《たかだか》と忠次《ただつぐ》を見つめつつ聴こうとする構えをとった。忠次は吸いこまれるように、

「おおせのごとく、あの三郎さまという方はまことに X のご性質にて、ゆくすえ」

と、平素思っていることを正直にいってしまったが、べつに悔いはしなかった。ただ、「ゆくすえ」といった言葉のあとのことばをさがした。気がかりでございます、とでもいえば穏当であろうが、そのとき信長がその言葉をむしりとって、

「おそろしいか」

と問うてきたため、つい忠次は勢いこみ、ハイと答えた。末おそろしいというほうが、忠次としては率直な感想であり、言いすぎたとはおもわない。忠次は、信康という男に累年、腹が立ちつづけてきている。この男死ね、と戦場で何度おもったかわからない。

信康は平素はあかるくて物に躁《はしゃ》ぐことのすきな若者だが、ときに尋常でない。秋の踊りの季節に城下の者たちが城門のそばまできて城主に踊りをみせるのが習慣になっているが、あるとき、信康は※桟敷《さじき》にすわってそれを見つつにわかに弓矢をとり、踊り方の下手な者、服装の粗末な者に対し、つづけさまに矢を射込んだ。死者が数人出た。

信康は、その知恵、神経のことごとくが猟人にもっとも適しているらしい。そのため鷹野《たかの》がすきであった。鷹野に出て獲物のないときのかれの不興はすさまじいものであった。あるとき猟場で僧に出遭った。「僧に出あうとかならず獲物がない」ということを信康はきいていたので、すべてをこの僧のせいにし、みずから僧をひっとらえて首に

ウ　同じようになりたかった　　エ　配下に加えたかった
オ　張り合いたかった

問二　［Ａ］に入れるのに最も適当な言葉を、次の**ア**～**オ**から一つ選び、記号で答えよ。

ア　罪悪感　　**イ**　虚無感　　**ウ**　背徳感　　**エ**　爽快感
オ　閉塞感

問三　――①「さて、帰宅した忠世と平助は仰天した」のようになったのはなぜか。最も適当なものを、次の**ア**～**オ**から一つ選び、記号で答えよ。

ア　家康の命を受けて信康が突然訪問することを聞かされて、出迎えの準備をする余裕がなかったから。
イ　浜松にいるはずの信康が急に来訪することを告げられ、思ってもいない事態にうろたえたから。
ウ　信康が家に来れば、無理難題を押し付けられるに決まっており、何とかして断りたかったから。
エ　合戦の働きを評価されたことは嬉《うれ》しかったが、直接信康から賞賛されるとは思わず、驚喜したから。
オ　自分たちと敵対していた信康が家に来ることになり、どう対応すればよいか分からず、困惑したから。

問四　――②「信康は身をのりだすようにきいている」における信康の様子を説明したものとして最も適当なものを、次の**ア**～**オ**から一つ選び、記号で答えよ。

ア　自分のあこがれの存在であった大久保兄弟を目の当たりにし、緊張で体が硬くなり動けなくなっている。
イ　戦いの話が好きな信康は、まるで戦場にいるような気分になり、じっと座っているのが苦痛になっている。
ウ　臨場感のある杉浦勝吉の戦話を熱心に聞いているうちに、周りのものが眼に入らなくなっている。
エ　武田軍を打ち破った設楽原合戦の話を聞き、自分が手柄をあげたような感覚になり、優越感に浸っている。
オ　杉浦勝吉が、兵糧入れを進言した理由がわからず、話を遮って真意を問いただそうとしている。

問五　――③「困ったことだ」における忠世の気持ちはどのようなものか。最も適当なものを、次の**ア**～**オ**から一つ選び、記号で答えよ。

ア　信康の身勝手な行動のせいで傅役である石川春重や平岩親吉が切腹する事態となり、心から同情している。
イ　病弱で子供のいる娘のおやえが信康に気に入られ、今後もおやえに言い寄るのではないかと迷惑に思っている。
ウ　深い考えもなく身勝手な行動をとる信康の行動を苦々しく思い、止める方法はないかと思案している。
エ　家康の意向を無視した行動をとる信康に近づくことで、その責任を問われるのではないかと心配している。
オ　武田家に勝利してせっかくよい気分でいたところに、信康のせいでその気分が台無しになり落胆している。

問六　――④「追い返せ、とはいわぬ」における家康の気持ちはどのようなものか。最も適当なものを、次の**ア**～**オ**から一つ選び、記号で答えよ。

ア　信康が忠世に会いに行ったことは知っていたが、忠世が隠すこと

たせばよろしいのでしょうか」
と、家康の意向をさぐった。
「④追い返せ、とはいわぬ」
そういった家康は出陣した。

（注）　※趨迎＝走り出て迎えること。
※金の揚羽蝶と浅黄の黒餅＝大久保忠世・忠佐の旗印。
※疎漏＝おろそかで手おちのあること。
※嫡子＝家督を継ぐ立場にある子、特に長男を指す。
※武辺＝戦場で勇敢に敵と戦うこと。
※嗣人＝跡継ぎの息子。ここでは三男の秀忠を指す。
※正室＝正式な妻のこと。
※訓誡＝訓戒に同じ。
※傅役・傅相・傅佐＝付き添って養い育てる役目。その役をする人。
※設楽原合戦＝三河国長篠城（現・愛知県新城市長篠）をめぐり、織田信長・徳川家康と、武田勝頼の軍勢が戦った合戦。
※広忠公＝松平広忠。徳川家康の父。
※繊婉＝弱々しくて、美しい。
※黎明＝あけがた。
※諫止＝非道な行為や無謀な行為などをやめさせるために、いさめること。
※恣放・恣心＝わがままにすること。またその気持ち。
※咎殃＝わざわい。災難。

（参考）大久保氏系図

忠俊《ただとし》（常源）
- 忠員《ただかず》
  - 忠世《ただよ》（七郎右衛門）
  - 忠佐《ただすけ》（治右衛門）
  - 忠為《ただため》（彦十郎）
  - 忠長《ただなが》（甚九郎）
  - 忠教《ただたか》（平助）

問一　――⑴～⑶の言葉の意味として最も適当なものを、次のア～オからそれぞれ一つずつ選び、記号で答えよ。

⑴「破顔して」
ア　大声で叫んで　イ　感極まって
ウ　ひどく興奮して　エ　我を忘れて
オ　にっこり笑って

⑵「比類なき」
ア　前例がなくとも珍しい　イ　比べられないくらい利口な
ウ　たとえようもなく美しい　エ　誰もが諦めるほどひどい
オ　並ぶものがないほど優れた

⑶「あやかりたかった」
ア　教えを受けたかった　イ　ねぎらいたかった

「そういうものか……」

ため息をついた信康は目をあげた。このまなざしは、はじめておやえの美貌《びぼう》をとらえた。

「あれは――」

信康はおやえを指した。口もとに幽《かす》かに苦みを浮かべた忠佐は、

「それがしの女《むすめ》でござる」

と、いった。信康は手招きをして、おやえの※繊婉《せんえん》さをたしかめると、

「岡崎城へまいれ」

と、強くいった。微笑しつつ頭をさげたおやえは、

「かたじけないおことばですが、生来の病弱にて……、あまつさえ、幼児《おさなご》を育てねばなりませぬ。浜松をはなれるわけにはまいらぬのです」

と、やんわりとことわった。

「児《こ》がいるのか……」

たちまち信康は興醒《きょうざ》めしたようである。

「ねむくなった」

と、いった信康は、※黎明《れいめい》近くまで寝て、星の光が消えぬうちに城へもどった。忠世は従者のひとりである弟の甚九郎に、

「なにゆえ、お止めせぬ」

と、叱《しか》るようにいった。が、甚九郎は兄の訓言をはねかえして、

「それがしが三郎君を※諫止《かんし》できようか。それをなさるのは※傅佐《ふさ》のかたである。われは、いいつけられたことをするのみ」

と、するどくいって、信康に随従して去った。忠世は憂鬱《ゆううつ》さに襲われた。どうみても信康は、深い考えもなく、※恣放《しほう》をおこなっている。かつて尾張では、たわけとよばれた信長の※恣心《ししん》をいさめるべく、老臣の平手政秀《まさひで》が腹を切った。信康においても、このままでは石川春重か平岩親吉が自刃《じじん》しなければならなくなろう。

③――困ったことだ。

腕組みをして歩く忠世の目のまえに、忠佐が立っていた。

「われらは三郎君に、気に入られたらしい。またの渡りがある。覚悟しておいたほうがよい」

「それでは、われらが三郎君をそそのかしているようにみられる。われらにも、いや一門にも、難儀がふりかかる」

「そう想《おも》うのであれば、殿にまっすぐ申し上げよ。今日のおとがめは軽いが、後難は避けがたく、しかも重い」

と、忠佐はいった。

信康をもてなすことが※咎殃《きゅうおう》のはじまりになってはこまるので、忠世は、出陣まえの家康に面謁《めんえつ》して、

「昨夜、三郎君の突然の渡りあり」

と、委細を述べようとした。が、家康は、それについては知っている、という目をして、

「乱行はありや」

と、問うた。

「いささかも――」

忠世がそう答えると、微《かす》かに笑った家康は、

「三郎は、なんじと治右衛門の武勇に(3)あやかりたかったようである。迷惑をかけたな」

と、すこし辞を低くした。あわてて忠世は低頭して、

「迷惑とは存じませぬ。が、ふたたびの渡りあるときは、どのようにい

「三郎が生まれたころ、わたしは若年で、ほかに男の子供がいなかったということがあり、そのうえ三郎は痩《や》せていたので、育ちさえすればよいと心得て、気のつまるようなことをさせず、きままに育てた。幼少のとき、行儀作法をゆるやかに捨てておいたため、三郎は親を敬することも知らず、遠慮がなく、あれはこれゆえ、これはあれゆえ、といいわけばかりをして、のちには親子の争いのようになった。たびたびいいきかせても、ききいれず、かえって親をうらんだ」

と、述懐した。

子の教育について、幼少のころのしつけがいかに大切であるかを説いた家康は、信康を育てそこなったという苦《にが》さがあったのであろう。

突然、信康が大久保屋敷に渡ることにおいても、おそらく家康には無断である。信康の※傅役《ふやく》は三人いたといわれるが、石川春重《はるしげ》と平岩親吉《ちかよし》がそれで、あとのひとりは鳥居伊賀守忠吉《いがのかみただよし》であるが、この老臣は信康が十四歳のときに亡くなっている。石川と平岩のうち、ひとりが岡崎城に残り、ひとりが浜松に付いてきたはずであるのに、大久保屋敷には※傅相《ふしょう》は信康に随従してこなかった。信康はかれをだしぬいて城をぬけだしてきたのかもしれない。

信康を一言でいえば、

――強さにあこがれた人。

ということになろう。このあこがれの目に※設楽原《したらがはら》合戦でめざましく躍動する大久保兄弟が映ったのである。武田を畏怖《いふ》しつづけてきた信康は、感動のかたまりになった。信康がおぼえている「　A　」をかれらがはればれと砕破してくれたのである。なんとしても大久保兄弟に会わねばならぬ、と信康は意《おも》い、浜松にきたので、小さな密行を敢行した。

たしかに信康はここでも、忠世と忠佐に武辺の談ばかりをせがんだ。上和田の常源はどのような策略をもって※広忠《ひろただ》公を岡崎城にお迎えしたのか、今川軍と織田軍が激突した小豆坂《あずきざか》の合戦はどのようであったのか、父上の初陣はどうであったか、大高城への兵糧《ひょうろう》入れはどのようにおこなわれたか、などと、つぎつぎに問い、膳《ぜん》に箸《はし》をつけるのも忘れてききいった。

この席には、忠世にとって重要な同心である杉浦勝吉がいて、実際に大高城への兵糧入れで功を樹《た》てたので、かれの談は精密である。

「織田勢をみたので、殿が物見をだされました。帰ってきた者どもは、そろって、今日の兵糧入れはいかがでしょうか、敵がまさっております、と申しました。ところが、それがしは、早々《そうそう》、御入れ候《そうら》え、と申し上げました」

「む……」

②信康は身をのりだすようにきいている。

「みなはわれを睨《にら》み、八郎五郎は何を申し上げ候や、敵はまさっているうえに気負っている、となじりました」

「ふむ、敵は兵力にまさり、しかも戦意は旺盛《おうせい》か。引くのが常道であるのに、なにゆえすすんで、兵糧入れをあえてなさんとするか」

信康は戦場にいる気分なのであろう、すこし上気している。

「観《み》るとは、見抜くということでなければなりませぬ。それがしは旗の動きをみたのです。山の上にいた敵がわれらに気づいておりるようであれば、それこそ敵がまさっていると申せます。が、あのときの敵は山の下にいて、上へ登ったのです。強兵ではないあかしです。それゆえそれがしは、兵糧入れをいそぐように言上したのです」

二　次の【文章Ⅰ】は、宮城谷昌光『新三河物語』の一節である。徳川家康（大殿）に仕える大久保忠世《ただよ》・忠佐《ただすけ》兄弟のもとに、家康の長男である松平信康《のぶやす》（三郎）が訪れた場面である。文章を読んで、後の問いに答えよ。

【文章Ⅰ】

①さて、帰宅した忠世と平助は仰天した。岡崎の信康に仕えている甚九郎忠長が、ふたりを待ちかねたような顔で、

「三郎君が渡らせたまう」

と、語《つ》げた。三郎君とはむろん次郎三郎信康のことである。信康は父の家康とともに出陣すべく、すでに浜松にいて、城内で宿泊するはずである。

「なにゆえ、わが家に――」

と、問うているひまはなく、忠世は屋敷内をみまわった。忠佐と彦十郎《ひこじゅうろう》が信康を迎える仕度をさせたようで、忠世はあらたな指図をおこなわずにすんだ。着替えを終えて、忠佐の顔をみた忠世は、

「大殿はご存じなのであろうか」

と、不審をあらわにした。

「知らぬ」

忠佐はそっけない。不安をおぼえた忠世は彦十郎を城へつかわして報告をおこなわせた。彦十郎が帰宅するまえに、信康は側近を従えて、大久保屋敷に到着した。忠世と忠佐、それに平助が※趨迎《すうげい》した。

大久保兄弟をみた信康は、いきなり(1)破顔して、

「※金の揚羽蝶《あげはちょう》と浅黄《あさぎ》の黒餅、しかとみたぞ。なんじどもは天下に(2)比類なき武将である」

と、屋敷にあがるまえに大声で称《ほ》め、平助に目をやった。すかさず忠世が、

「本日、大殿におめみえをたまわりました弟の平助でございます」

と、いった。平助に顔を近づけた信康は、

「よき面構《つらがま》えである。忠臣の相でもある。なんじはかならず徳川家中で、平助ありと知られ、徳川の名誉を守りぬく者となろう」

と、予言めいたことをいった。

岡崎城下における信康の評判はさほどかんばしいものではない。わずかではあるが羽根にいた平助も馬上の信康を目撃して、

――たけだけしさを求めすぎて、めくばりに※疎漏《そろう》がある。

と、感じた。ところが信康の息がかかるほどの近さで観察すると、

――ぞんがい弱い人だ。

と、おもわざるをえなかった。家康の※嫡子《ちゃくし》として生まれながら、どこかに劣等意識をもち、それに苛立《いらだ》ちつつも、おのれの弱さを克服しようとするひたむきさをもっている。

のちに平助は信康について、

「これほどの殿は二度とでないであろう。昼も夜も、※武辺の者を召し寄せられて、武辺の談《はなし》ばかりをなさった。そのほかに、馬と鷹《たか》にご熱心であった」

と、書く。平助は信康に好感をいだき、それを晩年まで失わなかったということである。

ところで家康は信康をどのように観《み》ていたのであろうか。家康は晩年（慶長十七年）に※嗣人《しじん》である秀忠の※正室（浅井氏）へ※訓誡状《くんかいじょう》を与えるが、そのなかで信康についてふれて、

本文の主張をふまえて五〇字以内で説明せよ。

問八 ——③「科学者であっても、～を教えてくれるものではなさそうです」のようにいうのはなぜか。その理由として**適当でないもの**を、次の**ア**～**オ**から一つ選び、記号で答えよ。

ア 科学者の中には、さまざまな立場や説を取っている人がいるため、ほぼ全員が納得できる答えを出すまでには長い時間を必要とするから。

イ 最先端の研究をしている科学者は、自分が正しいと考える仮説を主張しているに過ぎず、その説が別の科学者から賛同を得られるとは限らないから。

ウ 科学は一枚岩ではなく、実験や計算を通じて「より正しそうな答え」を決めていく必要があるため、現在の問題については一致した答えを出すのが難しいから。

エ 現代の社会が抱える問題は、あまりにも複雑で多岐《たき》にわたっているため、科学者にとってもどのような事態になるのかを予測することはできないから。

オ 権力を持つ人たちは、国家予算を誰に配分するかを決めることができるため、政府の立場と一致する研究ばかりが行われる可能性があるから。

問九 以下は本文を読んだ後の生徒の感想である。この中から筆者の主張にあうものとしてふさわしいものを、次の**ア**～**キ**から**二つ選び**、記号で答えよ。

ア A君：最近、グローバル化の進展やLGBTQ＋など、「価値観の多様化」ということがよく言われているけど、実は多様な価値観を尊重することは間違いだということが分かりました。

イ B君：いやそれは場合によるんじゃないかな。温暖化対策など、国際社会全体で方針を決める時には、リーダーの決めた方針に従ってみんなで協力することが必要だと思うよ。

ウ C君：それは危険な考え方だよ。権力を持つ人の考えが強引に実行されてしまうことになるから、多くの人の意見が無視されて、独裁主義に陥る可能性があるよ。

エ D君：そういうことが起きないために民主主義という考え方があるんだと思う。両立しない意見をどちらか一方に決めなければならない時には、多数決にすることで多くの人の意見が尊重されることになるね。

オ E君：意見や価値観の違う人といろいろ議論するのは時間もかかるし、大変だよ。ときにはけんかになったりすることもあるかもしれないしね。

カ F君：現代社会はコンピューターの普及で変化のスピードがどんどん速くなっているから、科学者のように結論を出すのに何十年もかかっていては、どんどん時代に取り残されてしまうことになるよ。

キ G君：人間同士だとどうしても主観的な判断からは逃れられないと思う。それならAIなどコンピューターの力を利用すれば人間が判断するよりずっといい判断ができると思うな。

（注）※ニュートン物理学＝物理学者ニュートンが運動の法則や万有引力の法則を確立したことによって作りあげた力学体系。量子力学や相対性理論に対して、古典力学と呼ばれる。

※相対性理論＝物理学者アインシュタインによって提唱された物理学の基礎理論。従来の概念を根本的に変更した四次元の新しい時間・空間構造をもたらした。

※量子力学＝素粒子・原子・原子核・分子など微視的な粒子に関する、古典力学とは異なる力学体系。

問一 〰〰a〜eのカタカナを漢字に直せ。

問二 ━━(1)「られ」と同じ働き・意味の「られ（れ）」を、次の**ア**〜**オ**から一つ選び、記号で答えよ。

ア 次の休日が待たれてならない。
イ 彼の悪口には傷つけられた。
ウ 先生があした上京されます。
エ このドアから出られて助かった。
オ 家のことが案じられて仕方ない。

問三 ━━(2)〜(7)の品詞の種類は、合計何種類になるか。最も適当なものを、次の**ア**〜**オ**から一つ選び、記号で答えよ。

ア 2種類　**イ** 3種類　**ウ** 4種類　**エ** 5種類　**オ** 6種類

問四 [A]から[D]にあてはまる言葉の組み合わせとして最も適当なものを、次の**ア**〜**オ**から一つ選び、記号で答えよ。

ア A ところが　B それゆえ　C つまり　D そこで
イ A ところが　B つまり　C それゆえ　D そもそも
ウ A そもそも　B つまり　C ところが　D そこで
エ A そもそも　B ところが　C それゆえ　D つまり
オ A それゆえ　B ところが　C つまり　D そもそも

問五 [X] に入れるのに適当な語を本文中から漢字四字で抜き出して答えよ。

問六 ━━①「両立しない意見の中から、どうにかして一つに決めなければならない場合」の例として最も適当なものを、次の**ア**〜**オ**から一つ選び、記号で答えよ。

ア「命の価値はすべての生き物に平等だから、動物を殺して食べてはならない」と考えるか、「人間が生きるためには、動物の犠牲はやむをえない」と考えるか。
イ 旅行に出かけた際に、「せっかくの旅行だから、高くてぜいたくなものを食べたい」と考えるか、「その土地の名産品を食べて地産地消に努めるべきだ」と考えるか。
ウ 地球温暖化を防止するために、「太陽光や風力発電など再生可能エネルギーの利用を促進すべき」と考えるか、「石炭や石油など化石燃料の利用を減らすべき」と考えるか。
エ ある企業の経営方針として、「安い商品をたくさんのお客さんに売ろう」と考えるか、「高級な商品を少ないお客さんに売ろう」と考えるか。
オ 労働力不足に対処するために「海外からの移民を認めるべき」と考えるか、「コンピューターやロボットの普及をすすめるべき」と考えるか。

問七 ━━②「そんなときには、〜よいのでしょうか」に対する答えを、

「　Ｄ　」、たくさんの科学者の中から、自分の意見と一致する立場をとっている科学者だけを集めることが可能になります。東日本大震災で福島第一原発が爆発事故を起こす前までは、日本政府は「原子力推進派」の学者の意見ばかりを聞いていました（最近また、そういう時代に逆戻りしつつあるような気がしますが）。アメリカでも、トランプ大統領（在任二〇一七～二〇二一）は地球温暖化に懐疑的な学者ばかりを集めて「地球温暖化はウソだ」と主張し、経済活動を優先するために二酸化炭素の排出のｃキセイを緩和しました。

　権力を持つ人たちは、もっと直接的に科学者をコントロールすることもできます。現代社会において科学研究の主要な財源は国家予算です。そこで、政府の立場と一致する主張をしている科学者には研究予算を支給し、そうでない科学者には支給しないようにすれば、政府の立場を補強するような研究ばかりが行われることになりかねません。

　このように考えてくると、③科学者であっても、現時点で問題になっているような事柄について、「客観的で正しい答え」を教えてくれるものではなさそうです。ではどうしたらよいのでしょうか。自分の頭で考える？　どうやって？

　この本では、「正しさ」とは何か、それはどのようにして作られていくものなのかを考えます。そうした考察を踏まえて、多様な他者と理解し合うためにはどうすればよいのかについて考えます。ここであらかじめ結論だけ述べておけば、私は、「正しさは人それぞれ」でも「真実は一つ」でもなく、人間の生物学的特性を前提としながら、人間と世界の関係や人間同士の間の関係の中で、いわば共同作業によって「正しさ」というものが作られていくのだと考えています。それゆえ、多様な他者と理解し合うということは、かれらとともに「正しさ」を作っていくということです。

　これは、「正しさは人それぞれ」とか「みんなちがってみんないい」といったお決まりの簡便な一言を吐けば済んでしまうようなｄアンイな道ではありません。これらの言葉は、言ってみれば相手と関わらないで済ますための最後通牒《つうちょう》です。みなさんが意見を異にする人と話し合った結果、「結局、わかりあえないな」と思ったときに、このように言うでしょう。「まあ、人それぞれだからね」。対話はここで終了です。

　ともに「正しさ」を作っていくということは、そこで終了せずに踏みとどまり、とことん相手と付き合うという面倒な作業です。相手の言い分を受け入れて自分の考えを変えなければならないこともあるでしょう。それでプライドが傷つくかもしれません。しかし、傷つくことを嫌がっていては、新たな「正しさ」を知って成長していくことはできません。

　最近、「正しさは人それぞれ」と並んで、「どんなことでも感じ方しだい」とか「心を傷つけてはいけない」といった感情尊重のｅフウチョウも広まっています。しかし、学び成長するとは、今の自分を否定して、今の自分でないものになるということです。これはたいへんに苦しい、ときに心の傷つく作業です。あえていえば、成長するためには傷ついてナンボです。若いみなさんには、傷つくことを恐れずに成長の道を進んでほしいと思います（などと言うのは説教くさくて気が引けますが）。

（山口裕之『「みんな違ってみんないい」のか？――相対主義と普遍主義の問題』）

なぜなら、もしもさまざまな意見が「みんなちがってみんないい」のであれば、つまりさまざまな意見の正しさに差がないとするなら、選択は力任せに行うしかないからです。「絶対正しいことなんてない」とか「何が正しいかなんて誰にも決められない」というのであればなおさらです。決定は正しさにもとづいてではなく、人それぞれの主観的な信念にもとづいて行うしかない。それに納得できない人とは話し合っても無駄だから権力で強制するしかない。こういうことになってしまいます。

つまり、「正しさは人それぞれ」や「みんなちがってみんないい」といった主張は、多様性を尊重するどころか、異なる見解を、権力者の主観によって力任せに切り捨てることを正当化することにつながってしまうのです。これでは結局、「力こそが正義」という、困った世の中になってしまいます。それは、権力など持たない大多数の人々（おそらく、この本を読んでくれているみなさんの大部分）の意見が無視される社会です。

では、どうしたらよいのでしょうか。

よくある答えは、「科学的に判断するべきだ」ということです。科学は、「客観的に正しい答え」を教えてくれると多くの人は考えています。このように、さまざまな問題について「客観的で正しい答えがある」という考え方を、普遍主義といいます。探偵マンガの主人公風に言えば、「真実は一つ！」という考え方だといってもよいかもしれません。先ほどの［　X　］と反対の意味の言葉です。「価値観が多様化している」と主張する人たちでも、科学については普遍主義的な考えを持っている人が多いでしょう。「科学は人それぞれ」などという言葉はほとんど聞くことがありません。

そして実際、日本を含めてほとんどの国の政府は、政策を決めるにあたって科学者の意見を聞くための機関や制度を持っています。日本であれば、各省庁の審議会（専門家の委員会）や日本学術会議などです。「日本の経済発展のために原子力発電所は必要なのか」「どれぐらいの確率で事故が起こるのか、事故が起こったらどれぐらいの被害が出るのか」といった問題について、科学者たちは「客観的で正しい答え」を教えてくれそうに思えます。

［　A　］、実は科学は一枚岩ではないのです。科学者の中にも、さまざまな立場や説を取っている人がいます。そうした多数の科学者が論争する中で、「より正しそうな答え」を決めていくのが科学なのです。

［　B　］、「科学者であればほぼ全員が賛成している答え」ができあがるには時間がかかります。みなさんが中学や高校で習う※ニュートン物理学は、いまから三〇〇年以上も昔の一七世紀末に提唱されたものです。アインシュタインの※相対性理論や※量子力学は「現代物理学」と言われますが、提唱されたのは一〇〇年前（二〇世紀初頭）です。現在の物理学では、相対性理論と量子力学を統一する理論が探求されていますが、それについては合意がなされていません。合意がなされていないからこそ、研究が進められているのです。

最先端の研究をしている科学者は、それぞれ自分が正しいと考える仮説を正当化するために、実験をしたり計算をしたりしています。［　C　］、科学者に「客観的で正しい答え」を聞いても、何十年も前に合意が形成されて研究が終了したことについては教えてくれますが、まさしく今現在問題になっていることについては、「自分が正しいと考える答え」しか教えてくれないのです。ある意味では、「科学は人それぞれ」なのです。

【国　語】（五〇分）〈満点：一〇〇点〉

【注意】字数制限のある問題は、句読点・記号も一字に数える。

一　次の文章を読んで、後の問いに答えよ。

　昨今、「正しさは人それぞれ」とか「みんなちがってみんないい」といった言葉や、「現代社会では価値観が多様化している」「価値観が違う人とは結局のところわかりあえない」といった言葉が流布《るふ》しています。このような、「人や文化によって価値観が異なり、それぞれの価値観には優劣がつけ⑴られない」という考え方を相対主義といいます。「正しさは人それぞれ」ならまだしも、「絶対正しいことなんてない」とか、「何が正しいかなんて誰にも決められない」といったことさえ主張する人もけっこういます。

　こうしたことを主張する人たちは、⑵おそらく多様な他者や他文化を⑶尊重しようと思っているのでしょう。そういう善意はよいものではありますが、はたして「⑷正しさは人それぞれ」や「みんな⑸ちがってみんないい」という主張は、本当に⑹多様な他者を尊重することにつながるのでしょうか。そもそも、「正しさ」を各人が勝手に決めてよいものなのか。それに、人間は⑺本当にそれほど違っているのかも疑問です。

　たしかに、価値観の異なる人と接触することがなかったり、異なっていても両立できるような価値観の場合には、「正しさは人それぞれ」と言っていても大きな問題は生じません。たとえば、訪ねることも難しい国の人たちがどのような価値観によって生活していても、自分には関係がありません。またたとえば、野球が好きな人とサッカーが好きな人は、スポーツのネタでは話が合わないかもしれませんが、好きなスポーツの話さえしなければ仲良くできるでしょう。サッカーが好きなのは間違っていて、すべての人は野球が好きでなければならない、なんていうことはありません。

　こうした場面では、「人それぞれ」「みんなちがってみんないい」でよいでしょう。しかし、世の中には、①両立しない意見の中から、どうにかして一つに決めなければならない場合があります。たとえば、「日本の経済発展のためには原子力発電所が必要だ」という意見と、「事故が起こった場合の被害が大きすぎるので、原子力発電所は廃止すべきだ」という意見とは、両立しません。どちらの意見にももっともな点があるかもしれませんが、日本全体の方針を決めるときには、どちらか一つを選ばなければなりません。原子力発電所をaイジするのであれば、廃止した場合のメリットは捨てなければなりません。逆もまたしかり。「みんなちがってみんないい」というわけにはいかないのです。

　②そんなときには、どうすればよいでしょうか。「価値観が違う人とはわかりあえない」のであれば、どうすればよいのでしょうか。そうした場合、現実の世界では権力を持つ人の考えが通ってしまいます。本来、政治とは、意見や利害が対立したときにbダキョウ点や合意点を見つけだすためのはたらきなのですが、最近は、日本でもアメリカでもその他の国々でも、権力者が力任せに自分の考えを実行に移すことが増えています。批判に対してきちんと正面から答えず、単に自分の考えを何度も繰り返したり、論点をずらしてはぐらかしたり、権力を振りかざして脅したりします。

　そうした態度を批判するつもりで「正しさは人それぞれだ」とか「みんなちがってみんないい」などと主張したら、権力者は大喜びでしょう。

2024年度

解　答　と　解　説

《2024年度の配点は解答欄に掲載してあります。》

＜数学解答＞

Ⅰ　(1)　$24a^3b$　(2)　$(x=)-4$，$(y=)\frac{5}{2}$　(3)　$-\frac{5}{121}$　(4)　$(x=)1\pm\frac{\sqrt{10}}{4}$

(5)　$(z=)36$　(6)　$\frac{5}{12}$　(7)　$(\angle x=)35°$　(8)　エ

Ⅱ　(1)　6195(cm^2)　(2)　14(cm)　(3)　$(a=)18$

Ⅲ　(1)　$(a=)2$　(2)　①　$\frac{95}{3}$　②　$y=\frac{181}{3}x$

Ⅳ　(1)　解説参照　(2)　$(\text{EC}=)\frac{8\sqrt{5}}{5}$　(3)　(△ABC：△DEF＝)5：1

Ⅴ　(1)　ア→ウ→イ　(2)　$\frac{63\sqrt{3}}{2}(\text{cm}^3)$

○推定配点○

Ⅰ　各5点×8((2)完答)　Ⅱ　(3)　6点　他　各5点×2　Ⅲ　(2)②　6点　他　各5点×2　Ⅳ　(2)　5点　他　各6点×2　Ⅴ　(1)　5点　(2)　6点　計100点

＜数学解説＞

Ⅰ　(式の計算，連立方程式，式の値，2次方程式，関数，確率，円周角の定理の逆，資料の活用)

(1)　$(-2b)^3\div\frac{1}{3}a^3b^4\times\{-(a^3b)^2\}=-8b^3\times\frac{3}{a^3b^4}\times(-a^6b^2)=24a^3b$

(2)　$\frac{x+y}{3}-\frac{y}{5}=-1$より，$5(x+y)-3y=-15$　$5x+5y-3y=-15$　$5x+2y=-15$…①　$\frac{x+y}{2}-\frac{y}{10}=-1$より，$5(x+y)-y=-10$　$5x+5y-y=-10$　$5x+4y=-10$…②　①－②より，$-2y=-5$　$y=\frac{5}{2}$　$y=\frac{5}{2}$を①に代入して，$5x+5=-15$　$5x=-20$　$x=-4$

(3)　$4x^3y-4x^2y^2+xy^3$を因数分解して，$4x^3y-4x^2y^2+xy^3=xy(4x^2-4xy+y^2)=xy(2x-y)^2$　ここに，$x=\frac{5}{11}$，$y=-\frac{1}{11}$を代入して，$\frac{5}{11}\times\left(-\frac{1}{11}\right)\times\left\{2\times\frac{5}{11}-\left(-\frac{1}{11}\right)\right\}^2=\frac{5}{11}\times\left(-\frac{1}{11}\right)\times\left(\frac{10}{11}+\frac{1}{11}\right)=\frac{5}{11}\times\left(-\frac{1}{11}\right)\times1=-\frac{5}{121}$

(4)　$8(x-1)^2=5$より，$(x-1)^2=\frac{5}{8}$　$x-1=\pm\sqrt{\frac{5}{8}}=\pm\frac{\sqrt{5}}{2\sqrt{2}}=\pm\frac{\sqrt{10}}{4}$　$x=1\pm\frac{\sqrt{10}}{4}$

重要　(5)　yはxに反比例するので，$y=\frac{a}{x}$とおく。$x=4$，$y=6$を代入して，$6=\frac{a}{4}$　$a=24$　よって，$y=\frac{24}{x}$…①　また，zはy^2に比例するので，$z=by^2$とおく。$y=4$，$z=9$を代入して，$9=b\times4^2=16b$　$b=\frac{9}{16}$　よって，$z=\frac{9}{16}y^2$…②　$x=3$のとき，①に$x=3$を代入すると，$y=\frac{24}{3}=8$　次に，②に$y=8$を代入すると，$z=\frac{9}{16}\times8^2=\frac{9}{16}\times64=36$

基本 (6)　2つのさいころを同時に投げるときの場合の数は6×6＝36(通り)　出る目の数の積が奇数または5の倍数になるのは(1, 1), (1, 3), (1, 5), (2, 5), (3, 1), (3, 3), (3, 5), (4, 5), (5, 1), (5, 2), (5, 3), (5, 4), (5, 5), (5, 6), (6, 5)の15通り。よって，求める確率は $\frac{15}{36}=\frac{5}{12}$

重要 (7)　線分ACとBDの交点をEとする。△ABEにおいて，内角と外角の関係より，∠ABE＝∠BEC－∠BAE＝120－90＝30°　よって，∠ABD＝∠ACD＝30°となり，∠ABDと∠ACDは線分ADに対して同じ側にあって角度が等しいので，円周角の定理の逆より，点A，B，C，Dは同一円周上にある。円周角の定理より，$\overset{\frown}{AB}$に対する円周角は等しいので，∠ACB＝∠ADB＝25°であるから，△EBCにおいて，$\angle x=180-(120+25)=35°$

重要 (8)　階級の小さい方から順に2人，1人，3人，4人，8人，5人，7人，3人，6人であるから，テストを受けた生徒は(2＋1＋3＋4＋8＋5＋7＋3＋6)＝39(人)である。よって，ウは正しい。また，第2四分位数つまり中央値は20人目，第1四分位数は10人目，第3四分位数は30人目となり，点数が小さい方から30人目の生徒は14点以上16点未満の階級に含まれるので，アは正しい。さらに，人数が最も多い階級は10点以上12点未満であり，階級値は(10＋12)÷2＝22÷2＝11(点)であるから，最頻値は11点となるので，イは正しい。最後に，2点以上4点未満の階級から18点以上20点未満の階級まで階級値は順に3点，5点，7点，9点，11点，13点，15点，17点，19点であるから，平均値は(3×2＋5×1＋7×3＋9×4＋11×8＋13×5＋15×7＋17×3＋19×6)÷39＝(6＋5＋21＋36＋88＋65＋105＋51＋114)÷39＝491÷39＝12.5…(点)となるので，エは誤り。

Ⅱ　(規則性，方程式の応用)

(1)　①より，長辺を横向きにして並べたタイルの枚数をn枚とすると，長方形Aの横の長さはan(cm)，②より，長方形Aの縦の長さは$b+a(n-7)$(cm)となる。このとき，長方形Aの縦の長さは$an+b-7a$(cm)であり，a，bは自然数で，$0<b<a$，$0<b<5$であることから，$b-7a<0$となるので，$an>an+b-7a$である。よって，長方形Aは必ず横が長辺，縦が短辺となる。$a=7$，$b=3$，$n=15$とすると，長方形Aの横の長さは7×15＝105(cm)，縦の長さは3＋7×(15－7)＝3＋7×8＝3＋56＝59(cm)となるので，長方形Aの面積は105×59＝6195(cm²)

重要 (2)　$a=4$，$b=2$のとき，長方形Aの横の長さは$4n$(cm)，縦の長さは$2+4(n-7)=2+4n-28=4n-26$(cm)　長方形Aの面積が560cm²となるので，$4n\times(4n-26)=560$より，$16n^2-104n-560=0$　$2n^2-13n-70=0$　$n=\frac{13\pm\sqrt{(-13)^2-4\times2\times(-70)}}{2\times2}=\frac{13\pm\sqrt{169+560}}{4}=\frac{13\pm\sqrt{729}}{4}=\frac{13\pm27}{4}=10,\ -\frac{7}{2}$　$0<n$であるから，$n=10$　よって，長方形Aの短辺は2＋4×(10－7)＝2＋4×3＝2＋12＝14(cm)

やや難 (3)　短辺の長さが166cmなので，$b+a(n-7)=166$…①　長辺の長さが288cmなので，$an=288$より，$n=\frac{288}{a}$…②　①に②を代入すると，$b+a\left(\frac{288}{a}-7\right)=166$　$b+288-7a=166$　$7a=b+122$　$a=\frac{b+122}{7}$　aが自然数であることから，$b+122$は7の倍数であり，$0<b<5$より，$b=4$，$a=\frac{4+122}{7}=\frac{126}{7}=18$となる。

Ⅲ　(図形と関数・グラフの融合問題)

基本 (1)　$y=x^2$に$x=-5$，aをそれぞれ代入すると，$y=25$，a^2となるので，xの値が－5からaまで増加するときの変化の割合は$\frac{a^2-25}{a-(-5)}=\frac{a^2-25}{a+5}$　また，1次関数において，変化の割合は傾きに等しいので，$y=-3x$において，xの値が-5からaまで増加するときの変化の割合は-3　変化の割合が一致することから，$\frac{a^2-25}{a+5}=-3$　$a^2-25=-3(a+5)$　$a^2-25=-3a-15$　$a^2+3a-10=0$　$(a+5)(a-2)=0$　$a=-5,\ 2$　$a>-5$より，$a=2$

基本　(2)　①　$y=x^2$と$y=-3x$を連立方程式として解くと，$x^2=-3x$　$x^2+3x=0$　$x(x+3)=0$　$x=-3,\ 0$　よって，点Aのx座標は-3であるから，$y=x^2$に$x=-3$を代入すると，$y=9$　したがって，点A$(-3,\ 9)$である。

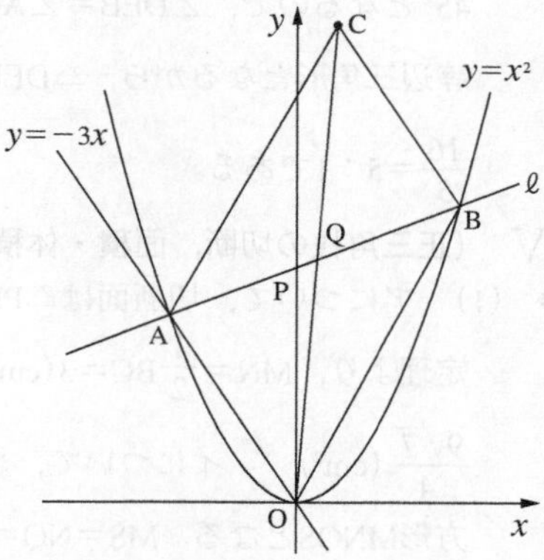

点Aを通り，傾きが$\frac{1}{3}$である直線をℓとする。直線ℓの方程式を$y=\frac{1}{3}x+b$とおいて，A$(-3,\ 9)$を代入すると，$9=-1+b$　$b=10$　よって，直線ℓの方程式は$y=\frac{1}{3}x+10$となるので，$y=x^2$と$y=\frac{1}{3}x+10$を連立方程式として解くと，$x^2=\frac{1}{3}x+10$　$3x^2=x+30$　$3x^2-x-30=0$　$x=\frac{-(-1)\pm\sqrt{(-1)^2-4\times3\times(-30)}}{2\times3}=\frac{1\pm\sqrt{1+360}}{6}=\frac{1\pm\sqrt{361}}{6}=\frac{1\pm19}{6}=\frac{10}{3},\ -3$　したがって，点Bのx座標は$\frac{10}{3}$であるから，$y=x^2$に$x=\frac{10}{3}$を代入すると，$y=\frac{100}{9}$となるので，点B$\left(\frac{10}{3},\ \frac{100}{9}\right)$である。直線$\ell$の切片をPとすると，P$(0,\ 10)$であり，$\triangle$OAB$=\triangle$OAP$+\triangle$OBPより，$\triangle$OAB$=\frac{1}{2}\times10\times3+\frac{1}{2}\times10\times\frac{10}{3}=15+\frac{50}{3}=\frac{95}{3}$

重要　②　O$(0,\ 0)$，B$\left(\frac{10}{3},\ \frac{100}{9}\right)$であることから，点Oから$x$軸の正の方向に$\frac{10}{3}$，$y$軸の正の方向に$\frac{100}{9}$移動すると，点Bになることがわかる。よって，点Aから，x軸の正の方向に$\frac{10}{3}$，y軸の正の方向に$\frac{100}{9}$移動すると，点Cになるので，C$\left(-3+\frac{10}{3},\ 9+\frac{100}{9}\right)=C\left(\frac{1}{3},\ \frac{181}{9}\right)$　ここで，平行四辺形の対角線はそれぞれの中点で交わるので，線分ABとOCの交点をQとすると，AQ$=$BQとなるから，$\triangle$OAQ$=\triangle$OBQとなり，直線OCは$\triangle$OABの面積を二等分する直線であることがわかる。よって，直線OCの式を$y=cx$とおいて，C$\left(\frac{1}{3},\ \frac{181}{9}\right)$を代入すると，$\frac{181}{9}=\frac{1}{3}c$　$c=\frac{181}{3}$となるので，求める直線の式は$y=\frac{181}{3}x$である。

Ⅳ　(平面図形の相似の証明，長さ・面積の計量)

基本　(1)　$\triangle$BDCと$\triangle$DECについて，共通な角であるから，$\angle$BCD$=\angle$DCE…①　$\triangle$ACDは二等辺三角形より，$\angle$ACD$=\angle$ADC　また，仮定より，$\angle$ACD$=\angle$DEBであるため，$\angle$ADC$=\angle$DEB…②　$\angle$BDC$=180^\circ-\angle$ADC…③　$\angle$DEC$=180^\circ-\angle$DEB…④　②，③，④より，$\angle$BDC$=\angle$DEC…⑤　①，⑤より，2組の角がそれぞれ等しいので，$\triangle$BDC∽$\triangle$DEC

基本　(2)　(1)より，$\triangle$BDC∽$\triangle$DECであるから，DC：EC$=$BC：DCなので，$4\sqrt{2}$：EC$=4\sqrt{5}$：$4\sqrt{2}=\sqrt{5}$：$\sqrt{2}$　$\sqrt{5}$EC$=8$　EC$=\frac{8}{\sqrt{5}}=\frac{8\sqrt{5}}{5}$となる。

重要　(3)　$\triangle$ABCの面積は$\triangle$ABC$=\frac{1}{2}\times8\times4=16$である。また，(1)より，$\triangle$BDC∽$\triangle$DECであるから，

DB：ED＝BC：DCなので，4：ED＝$4\sqrt{5}$：$4\sqrt{2}$＝$\sqrt{5}$：$\sqrt{2}$　$\sqrt{5}$ED＝$4\sqrt{2}$　ED＝$\frac{4\sqrt{2}}{\sqrt{5}}$＝$\frac{4\sqrt{10}}{5}$となる。ここで，△ACDはAC＝AD，∠A＝90°より，直角二等辺三角形であるから，∠ACD＝45°となるので，∠DEB＝∠ACD＝45°である。よって，△DEFはDE＝DF，∠EDF＝90°の直角二等辺三角形となるから，△DEF＝$\frac{1}{2}\times\frac{4\sqrt{10}}{5}\times\frac{4\sqrt{10}}{5}=\frac{16}{5}$　したがって，△ABC：△DEF＝16：$\frac{16}{5}$＝5：1である。

V　（正三角柱の切断，面積・体積の計量）

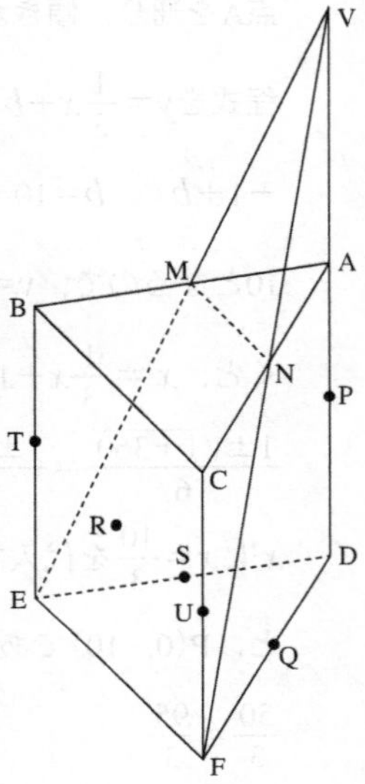

重要　(1)　アについて，切断面は△PMNとなる。△ABCにおいて，中点連結定理より，MN＝$\frac{1}{2}$BC＝3(cm)　よって，△PMN＝$\frac{1}{2}\times3\times\frac{3\sqrt{7}}{2}=\frac{9\sqrt{7}}{4}$(cm²)　イについて，線分DEの中点をSとすると，切断面は長方形MNQSとなる。MS＝NQ＝AD＝6(cm)だから，長方形MNQS＝3×6＝18(cm²)　ウについて，線分BE，CFの中点をそれぞれT，Uとすると，切断面は等脚台形MNUTとなる。TU＝BC＝EF＝6(cm)であり，点Rは線分TUの中点で，長方形MNQSに対して，点Pと対称な位置にあるから，点Rと線分MNとの距離は$\frac{3\sqrt{7}}{2}$cmである。よって，等脚台形MNUT＝$\frac{1}{2}\times(3+6)\times\frac{3\sqrt{7}}{2}=\frac{27\sqrt{7}}{4}$(cm²)　ここで，$\frac{9\sqrt{7}}{4}=\sqrt{\frac{567}{16}}=\sqrt{35.4375}$，$18=\sqrt{324}$，$\frac{27\sqrt{7}}{4}=\sqrt{\frac{5103}{16}}=\sqrt{318.9375}$であるから，断面積が小さい順にア→ウ→イとなる。

やや難　(2)　直線DA，EM，FNの交点をVとする。AM//DE，AN//DFであることから，三角錐V－AMN∽三角錐V－DEFである。点M，Nはそれぞれ線分AB，ACの中点であるから，AM＝AN＝3(cm)となるので，三角錐V－AMNと三角錐V－DEFの相似比はAM：DE＝AN：DF＝MN：EF＝3：6＝1：2である。よって，三角錐V－AMNと三角錐V－DEFの体積比は1^3：2^3＝1：8であるから，立体AMN－DEF＝$\frac{7}{8}$三角錐V－DEFとなる。三角錐V－AMNと三角錐V－DEFの相似比が1：2であることから，VA：VD＝1：2となるので，VA：AD＝1：1　したがって，VA＝AD＝6(cm)であるから，VD＝12(cm)　また，三角錐V－AMNと三角錐V－DEFの相似比が1：2であることから，△AMN∽△DEFで，面積比は1^2：2^2＝1：4　△AMN＝$\frac{1}{2}\times3\times\frac{3\sqrt{3}}{2}=\frac{9\sqrt{3}}{4}$(cm²)　したがって，△DEF＝$\frac{9\sqrt{3}}{4}\times4=9\sqrt{3}$(cm²)　よって，立体AMN－DEF＝$\frac{7}{8}\times\frac{1}{3}\times9\sqrt{3}\times12=\frac{63\sqrt{3}}{2}$(cm³)である。

★ワンポイントアドバイス★

標準レベルの公式や定理を使って，確実に解答することができるかがポイントである。

＜英語解答＞

Ⅰ　Part1　(1)　H　(2)　O　(3)　A　(4)　N　(5)　C
　Part2　(1)　ウ　(2)　ア　(3)　エ　(4)　ア　(5)　エ
　Part3　(1)　ウ　(2)　エ　(3)　エ　(4)　ウ　(5)　ア

Ⅱ　A　(1)　ウ　(2)　イ　(3)　エ　(4)　イ
　B　(1)　イ　(2)　イ　(3)　ア　(4)　エ　(5)　ウ

Ⅲ　(1)　A　different　B　has　C　from　(2)　イ　(3)　ウ　(4) 漫画ファンが日本の豊かな歴史や文化などの他の側面にも興味を持つようになってくれる(ことを期待している。)　(5)　(They) will make manga culture (bigger in the future.)

Ⅳ　A　1　abroad　2　shows　3　six　B　1　students　2　Australia　3　language　C　(If I go to study abroad in the future,) I would like to go to the UK. I'm interested in British English because I like watching the Harry Potter movies.

○推定配点○
Ⅰ　各2点×15　Ⅱ　各3点×9　Ⅲ　各3点×7　Ⅳ　A・B　各3点×6　C　4点
計100点

＜英語解説＞

Ⅰ　リスニング問題解説省略。

Ⅱ　(対話文・メール文：内容把握)

A　(全訳)　ケン　：やぁ，メアリー！　元気？
メアリー：ケン，すごく元気よ。とても面白い社会の授業を受けてきたところよ。
ケン　：何を勉強したの？
メアリー：アフリカにあるいくつかの国について勉強したの。
ケン　：アフリカについてはあまりよく知らないな。勉強したことをすこし教えてくれる？
メアリー：私がクイズを出すのはどう？
ケン　：わかった。面白そうだね。準備はいいよ。
メアリー：アフリカには何か国あるでしょう？
ケン　：あぁ，それは難しい問題だな！　20？
メアリー：実は，54か国ある。そのうち6か国はマダガスカルのような島国よ。
ケン　：たくさんの国があるんだね。別の問題を出して。
メアリー：わかった。人口が一番多いのはどの国？　手助けになる地図を見てもいいわよ。
ケン　：ありがとう。ちょっと待って…。えぇと，答えはエジプト？
メアリー：頑張ったけど，不正解。
ケン　：もう一回当てさせて！　エチオピア？
メアリー：またしても頑張ったわね。エチオピアは今では日本と同じくらいの人口だけど，答えはナイジェリアよ。今では220,000,000人もの人がそこに住んでいるの。それに毎年2.5%ずつ人口が増えている。
ケン　：わぁ！　教えてくれてありがとう。
メアリー：えぇと，アフリカの国々のことを私たちは皆もっと知るべきだと思う。2050年にアフリカの人口は世界人口の4分の1を占めることになる。それにアフリカの多くの人たちは徐々に裕福になってきている。

ケン　：もしそれが本当なら，日本の企業はアフリカに住む人たちにもっとたくさんの物を売る努力をする方がいいね。

(1) 「島国をのぞいてアフリカには何か国ありますか？」 メアリーの5つ目のセリフ参照。54か国のうち6か国が島国だとわかる。したがってウ48が正解。

(2) 「どれが正しいですか？」 ア「アフリカで最も人口が多いのはエジプトだとメアリーは考えている」メアリーの8つ目のセリフ参照。最も人口が多いのはナイジェリア。 イ「日本の人たちはアフリカについての知識を増やすべきだとメアリーは考えている」(○) メアリーの最後のセリフ第一文に一致。 ウ「2050年にはナイジェリアの人口は世界人口の4分の1を占めるだろう」メアリーの最後のセリフ参照。世界人口の4分の1になるのはアフリカの人口。 エ「最近までエチオピアの人口は日本の人口よりも多かった」そのような記述はない。

(3) 「日本の企業はアフリカに住む人々にたくさんの物を売る努力をするべきだ。なぜなら…」 ア「将来アフリカの国の数は増えるから」 イ「毎年たくさんのアフリカの人たちが日本に旅行に訪れるから」 ウ「アフリカでの日本人の人気がもっと上がるから」 エ「以前よりも人々がより多くのお金を得ているから」(○) メアリーの最後のセリフ最終文に一致。

(4) 「ケンに関して正しいのはどれか？」 ア「彼はアフリカについて多くの知識があると最初は思っていた」ケンの3つ目のセリフ参照。あまりよく知らないとあるので不一致。 イ「彼はメアリーのどの質問に対しても答えを知らなかった」(○) ケンの5つ目のセリフ7，8つ目のセリフとそれに対するメアリーのセリフ参照。いずれも不正解だったとわかる。 ウ「彼はアフリカについての授業を受けて嬉しかった」冒頭のやり取りで授業を受けたのはメアリーのみだとわかる。 エ「アフリカの人たちの未来は明るいと彼は考えている」そのような記述はない。

B （全訳） From：タナカユミ　　To：デイビッド・キング　　日付：2023年6月26日(木)

件名：あなたの日本訪問

デイビッド，こんにちは。

ニューヨークではとても楽しい時間を過ごしました。キング家は最高のホストファミリーでした。ご両親には私からのお礼を再度お伝えください。私の両親と弟のユウタは8月にあなたを日本にお迎えするのをとても楽しみしています。私たちは名古屋に住んでいます。日本の中央部にあるのでたくさんの所に簡単に行けます。日本の海外からの観光客が大好きな食べ物の調査を見てください。どれを試してみたいかを教えてください。

日本食	人数
寿司	110
ラーメン	68
天ぷら	28
日本のカレー	24
お好み焼き	18
しゃぶしゃぶ	15
焼き鳥	15
そば	12
焼肉	8
おにぎり	4

From：デイビッド・キング　　To：タナカユミ　　日付：2023年6月28日(土)

件名：僕の日本旅行

ユミ，こんにちは。

メールありがとう。もうすぐ自分が日本にいるのが信じられないです。日本食についての情報をありがとう。僕もインターネットでいくつかの料理を調べてみました。海外からの観光客に寿司が日本食で一番人気だということには驚かない。とてもおいしそうです。いろいろな種類のものを食べてみたいです。日本のカレーも僕にはとても面白そうです。ニューヨークでラーメンとインドカレーは食べたことがあります。日本では特にカレーを試してみたいです。リストにある食べ物で知らない物もいくつかあります。そばとおにぎりが何かを教えてください。最後に，もう一つ日本食で試したいものがあり，それは納豆です。多くの外国人が好きではないと聞くけれど，とても健康に良いしかっこいい！

また近いうちに会いましょう。

デイビッド

From：タナカユミ　To：デイビッド・キング　日付：2023年6月29日(日)

件名：あなたの日本訪問

デイビッド

両親に話して，家の近くにある素敵な寿司屋にあなたをお連れすることに決めました。いろいろな種類の生魚を食べることができます。あなたの質問に答えると，そばは日本の伝統的な麺で，おにぎりは魚，野菜，肉か海藻が中に入ったボール状の米です。家にはいつも納豆があるので，いつでも試せます。旅行中どこか行きたいところはありますか？　すぐに教えてください。家族で計画を立てます。

ユミ

From：デイビッド・キング　To：タナカユミ　日付：2023年7月1日(火)　件名：僕の日本旅行

ユミ

再度，ありがとう。毎日日本食のことを考えています。お腹がすきます！　日本で訪れたいところは何か所かあります。京都の金閣寺にはとても行きたいです。とても美しく見えます。また大阪のUSJにも行きたいです。温泉の露天風呂にももちろん行きたいです。最後にあなたとあなたの友達とカラオケにも行きたいです。一緒に日本語と英語の歌を歌いましょう。

デイビッド

(1)「なぜユミはたくさんの所に簡単に行けると言うのですか？」　ア「なぜなら名古屋は日本で最も大きな都市の1つだから」　イ「なぜなら名古屋は日本の真ん中にあるから」(○)　1つ目のメール第6文に一致。　ウ「なぜならたくさんの観光客が名古屋にくるから」　エ「なぜなら名古屋にはたくさんの種類の交通機関があるから」

(2)「この調査で間違っているものはどれですか？」　ア「しゃぶしゃぶは焼き鳥とおなじくらい日本にいる外国人に人気があった」　イ「お好み焼きは外国人には焼き鳥より人気がなかった」(○)　1つ目のメールにある表参照。　ウ「天ぷらは外国人に3番目に人気のある日本食だった」　エ「日本のカレーはそばの2倍もの人気があった」

(3)「おそらくデイビッドが日本で食べるものは何ですか？」　ア(○)　2つ目のメールで納豆を試したいと言っていて，その返事としてユミが納豆はいつも家にあるのでいつでも試せるとある。イ，ウ，エに関しての記述はない。

(4)「これらのどれが間違っていますか？」　ア「デイビッドは寿司屋に行っていろいろな生魚を食べるだろう」　3つ目のメール最初の2文に一致。　イ「デイビッドは京都と大阪に行きたい」最後のメール第5，7文に一致。　ウ「デイビッドは温泉の露天風呂を体験したい」最後のメール第7文に一致。　エ「デイビッドはホストファミリーと一緒にカラオケに行きたい」(○)　最後のメール最終文参照。ユミの友達と行きたいとあるので不一致。

(5) 「これらのどれが正しいですか」 ア「ユミの家族はデイビッドを京都に連れていく計画を既に立てていた」そのような記述はない。3つ目のメール最初の文参照。決めたのは寿司屋に行くこと。 イ「デイビッドはニューヨークで時々インドカレーを食べおにぎりを作る」 2つ目のメール最後から4文目参照。おにぎりが何かを知らないので不一致。 ウ「ユミの最後のメールに返信するのにデイビッドは2日かかった」(○) ユミの最後のメールは6月29日，その返信は7月1日なので一致。 エ「ユミは以前大阪のUSJを訪れたことがある」そのような記述はない。

重要 **Ⅲ (長文読解問題：論説文：適語補充，内容把握)**

(全訳) 日本の漫画文化は世界中でとても人気となってきている。多くの国のあらゆる年代の人たちが日本の漫画を愛している。おそらく，漫画にはたくさんの異なるタイプの物語があるので多くの国に広がったのかもしれない。アクション物語，ラブストーリー，歴史物語，そしてもちろんファンタジー物語もある。もう一つの理由に，たくさんの異なるタイプの登場人物がいるということもある。私たちが漫画を読む時，それらの誰か一人と簡単に結びつけることができる。更に，日本の漫画の持つ独特で洗練された画は他の漫画とはA異なるところである。わくわくさせる画には細かい描写が施されている。これが物語をさらに良い物にし，多くの国のファンにとっての素晴らしい体験を作り出すことになるのだ。

漫画は200年以上前に生まれたが，インターネットが開発されてから世界中でB人気となっただけなのだ。今ではスマートホンやパソコンを使うことで地球上のどこででもいつでも漫画を見つけてアニメを観ることができる。そして異なる場所の他のファンの人たちと自分たちの経験を共有できる。日本政府は「クールジャパン」キャンペーンの一つとして漫画も使っている。漫画ファンが日本の豊かな歴史や文化などの他の側面にも興味を持つようになってくれることを期待しているのだ。

日本の漫画文化は他の類の芸能や大衆文化も変えた。多くのテレビゲームが漫画の登場人物やアイディアを用い，歌手はかっこいいアニメ動画を作る。また，今では大きなコスプレ(漫画の登場人物と同じ格好をする)イベントが大都市であるシドニーCからロンドンまでたくさん開催されている。これらのイベントが将来漫画文化を更に成長させるのにおそらく役立つことになるだろう。

30年前，人々が日本を思い浮かべた時，彼らは着物やカメラや車を連想した。しかしながら今では彼らはナルトの若い忍者うずまきかドラゴンボールの孫悟空の冒険を思い浮かべるだろう。

(1) A be different from ～ で「～と異なる」の意味。第1段落第4文にある different を入れて「他の漫画とは異なる」という意味にする。 B it has only become ～「～となっただけだ」という意味にする。主語が it なので become は過去分詞だとわかる。第1段落第3文が has を使った現在完了形の文。 C from A to B「AからBまで」を使い「シドニーからロンドンまで」という意味にする。第1段落最後から3文目に from がある。

(2) ア「なぜなら漫画にはたくさんの種類の物語があるから」第1段落第3文に一致。 イ「なぜなら漫画を通して人々は日本の歴史を学ぶことができるから」(○) そのような記述はない。ウ「なぜなら漫画を読む時，私たちは登場人物と結びつけることができるから」第1段落第6文に一致。them は characters を指す。 エ「なぜなら人々は画にひきつけられるから」第1段落最後の2文に一致。

(3) 「日本の漫画はインターネットが開発される前は世界的な人気はなかった。なぜなら…」ア「海外の人たちにとって物語が面白くなかったから」 イ「漫画についてファンがコメントを共有することが簡単だったから」 ウ「人々が見つけることが難しかった」(○) 第2段落第2文に一致。 エ「人々はいつも家で漫画やアニメを楽しんでいた」

(4) 第2段落最終文をまとめる。主語 They は The Japanese government を指す。become interested in ～「～に興味を持つようになる」 other parts of ～「～の他の側面[部分]」 Japan's rich history and culture「日本の豊かな歴史や文化」

(5) 「コスプレイベントの影響についてどのようなことが想像できますか」第3段落最終文参照。These events は many big Cosplay events を指すのでこの文を〈make ＋A＋B〉「AをBの状態にする」を使って書き換え，「彼らは将来，漫画文化をより大きくするだろう」という意味にする。A＝ manga culture　B＝ bigger　動詞は本文同様，未来形 will make とする。

重要 Ⅳ (資料読解：適語補充，英作文)

(全訳) 2023年　日本人留学生に人気のある行き先ランキング

1位　カナダ　23%　　2位　アメリカ　22%　　3位　オーストラリア　17%　　4位　英国　10%
5位　フィリピン　7%　　6位　ニュージーランド　4%

A 昨年多くの日本人学生が英語を学ぶために(1)海外に行った。データは最も人気のある上位(3)6か国を(2)示している。

B カナダが(1)学生の数が最も多かった。アメリカが2位で22%だった。また，(2)オーストラリアより5%多い日本人がアメリカで学んだ。このリストの国で第一(3)言語が英語とは異なる唯一の国はフィリピンだ。

C 「将来もし留学をするなら，…」

A (1) go abroad「海外に行く」 留学生に人気のある国が挙げられているので「英語を学ぶために海外に行く」という意味にする。 (2) The data が主語なので「示す」という意味の shows を入れる。主語が三人称単数なので shows と三単現 s を忘れずにつける。 (3) the most popular で「最も人気のある」という最上級。この調査結果は上位6か国なので the six most popular とする。

B (1) the number of ～ で「～の数」 students を入れて「生徒の数」という意味にする。必ず複数形にすること。 (2) more ～ than … と比較級の文。the US より5%低い Australia を入れる。 (3) English「英語」と Philippines「フィリピン」，他国と異なるという言葉から a first language「第一言語」とする。

C (例) (If I go to study abroad in the future,) I would like to go to the UK. I'm interested in British English because I like watching the Harry Potter movies.「私は英国に行きたい。ハリーポッターの映画を観るのが好きなのでイギリス英語に興味がある」 主語を I にして「…したい。なぜなら…」という文を作るとよい。行きたい国，そしてその理由などを具体的に書いてみよう。

★ワンポイントアドバイス★

読解では内容正誤に関する問題が多く出題されている。本文の中から該当文を参照して正誤を判断しよう。記述がないものは正しくないと判断することにも注意。細部までよく見てひっかけ問題に惑わされないようにしよう。

＜理科解答＞

Ⅰ　(1)　オ　(2)　エ　(3)　(陽子の数)　13個　(電子の数)　13個
(中性子の数)　14個　(4)　①　(気体)　エ　(液体)　ウ　②　2.7g
(5)　$CO_2+4H_2 \rightarrow CH_4+2H_2O$

Ⅱ　問1　(1)　1.6g/cm^3　(2)　(記号)　B，81％　(3)　エ　(4)　①　オ　②　ア
問2　(1)　3kg　(2)　0.1m

Ⅲ　問1　(1)　a　高　b　低　(2)　B，D　(3)　(試験管)　B　(理由)　イ
(4)　食物網　問2　(1)　ケエクイカ　(2)　ペプシン
(3)　A　エ　B　コ　C　イ　D　オ　(4)　ア　(5)　イ

Ⅳ　問1　(1)　A　ア　B　エ　C　ウ　(2)　エ　問2　(2)

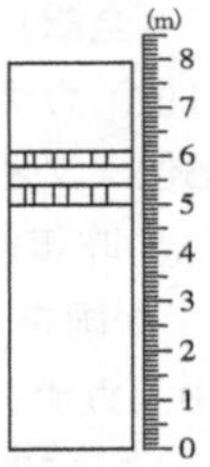

問2　(1)　ウ　(2)　右図　(3)　エ　(4)　火山灰

○推定配点○
Ⅰ　(1)，(2)　各3点×2　他　各4点×4((3)，(4)①各完答)
Ⅱ　問1(3)，(4)　各3点×2(問1(4)完答)　他　各4点×4(問1(2)完答)
Ⅲ　問1(1)，問2(4)，(5)　各3点×3(問1(1)完答)　問2(3)　各1点×4
他　各4点×5(問1(3)完答)　Ⅳ　問1(1)　各1点×3　他　各4点×5　計100点

＜理科解説＞

Ⅰ　(化学総合—小問集合)

基本　(1)　塩化水素は水に溶けやすく空気より重いので，下方置換法で集める。

(2)　温度計の位置は枝付きフラスコの枝の部分にくるようにする。突沸を避けるため沸騰石を入れる。温度が高いとき途中で沸騰石を入れると，その瞬間に沸騰する危険がある。試験管の口をゴム栓で密閉すると，気体が発生したとき圧力が上がって危険である。

(3)　原子番号は陽子の数に等しい。電子の数は陽子の数に等しい。中性子の数は質量数から原子番号を引くと求められる。陽子数13，電子数13，中性子数14になる。

重要　(4)　①　炭酸水素ナトリウムを加熱すると，熱分解して炭酸ナトリウムと水と二酸化炭素が発生する。化学反応式は$2NaHCO_3 \rightarrow Na_2CO_3+H_2O+CO_2$である。このうち気体の二酸化炭素の確認は，石灰水に二酸化炭素を吹き込んで白く濁るかどうかでわかる。また，液体は水であり，青色の塩化コバルト紙が赤くなると確認できる。

②　1回目に反応せずに残った炭酸水素ナトリウムの質量をx(g)とすると，発生した炭酸ナトリウムは$4.4-x$(g)である。5.4gの炭酸水素ナトリウムが完全に反応すると3.4gの炭酸ナトリウムができるので，未反応のx(g)からは$\frac{3.4}{5.4}x$(g)の炭酸ナトリウムが発生する。これとすでに発生している$4.4-x$(g)を合わせると3.4gの炭酸ナトリウムになるので，$\frac{3.4}{5.4}x+4.4-x=3.4$　$x=2.7$(g)である。

(5)　$CO_2+4H_2 \rightarrow CH_4+2H_2O$の反応が起こる。

Ⅱ　(力・圧力—浮力)

重要　問1　(1)　密度＝質量÷体積より，Aの体積は$0.2\times0.2\times3.14\times10=1.256$(cm^3)であるので，密度は$2.0\div1.256=1.59\fallingdotseq1.6$(g/cm^3)になる。

(2)　同様にB，Cの密度を求めると，B：$2.5\div(0.1\times0.1\times3.14\times80)=0.99$(g/cm^3)　C：$4.5\div(0.3\times0.3\times3.14\times5.0)=3.18$(g/cm^3)　最も軽いのはBである。Bが押しのけた液体の体積をV(cm^3)とす

ると，Bの受ける浮力は1.23VでありこれがBの重さに等しいので，1.23V＝2.5よりV＝2.03cm^3となる。全体の体積が0.1×0.1×3.14×80＝2.512(cm^3)なので，液体に沈んでいる部分の割合は$\frac{2.03}{2.512}\times 100 = 80.8 \fallingdotseq 81$(%)である。

(3)　浮力の大きさは，物体が押しのけた溶液の重さに相当する。状態PにおいてAが押しのけた体積は1.256cm^3，Bでは2.03cm^3，Cでは1.413cm^3になるので，浮力の大きい順にB＞C＞Aとなる。

(4)　①　液体に沈む部分の体積が大きくなると浮力は増加する。そのため完全に液体の中に入るまでは下向きの合力が減少し加速度が小さくなるので，速度の増加率は減少する。そのため速度は一定の速さで増加せず，だんだんと速くなる。　②　その後，下向きの合力が一定になるので加速度も一定になり，速度は一定の速さで増加する。

重要　問2　(1)　仕事率30Wのモーターで3秒間物体を引き上げたので，物体におこなった仕事は30×3＝90(J)である。物体の垂直方向の移動距離が3.0mなので，物体の重力は90÷3.0＝30(N)である。これは3kgの質量に相当する。

(2)　粗い斜面を2.7mまで上昇するので，物体が静止したときの位置エネルギーは30×2.7(J)である。はじめの位置エネルギーは30×3.0(J)だったので，摩擦のある斜面で30×3.0－30×2.7＝9(J)のエネルギーが減少した。物体は90Nの一定の摩擦力を受けるので，移動距離は9÷90＝0.10(m)である。

Ⅲ　(生物総合―糖の分解・消化)

基本　問1　(1)　ダンゴムシやトビムシは温度が高く，湿度の低い環境を嫌う。

(2)　③の直後に溶液を取り出しているので，まだペットボトルⅠではデンプンの分解が行われていない。また，ペットボトルⅡは土を加熱しているので微生物が死んでしまっており，デンプンの分解は行われない。試験管A，Cではヨウ素液が青紫色に変化するが，B，Dではブドウ糖と反応して色の変わるベネジクト液の変化は起きない。

(3)　試験管Bでは，初めデンプンの分解が行われていないので色の変化はなかったが，2日後にデンプンが分解されてグルコースが発生し，ベネジクト液の色が変化した。その後，微生物がグルコースを分解したので色の変化は再び見られなくなった。

(4)　生物どうしの「食べる・食べられる」の関係を食物連鎖といい，そのネットワークを食物網という。

問2　(1)　消化管に属するものを食物の通る順に並べると，食道→胃→十二指腸→小腸→大腸の順になる。十二指腸は胃と小腸を結ぶ部分のことである。

基本　(2)　胃液には，タンパク質を分解するペプシンという酵素が含まれる。

重要　(3)　消化部位Aはタンパク質を分解するので胃である。Bではすべてが分解されるのですい臓である。Cはデンプンとタンパク質を分解する酵素を出す小腸であり，Dはデンプンの分解酵素を出すだ液腺である。

(4)　不溶性の食物繊維はセルロースでできており，ヒトはセルロースの分解酵素を持っていないため分解することができない。

(5)　肝臓は胆汁をつくるが，これを蓄えるのは胆のうである。

Ⅳ　(地層と岩石―岩石の特長)

問1　(1)　4地点のうち最も高い気温を記録しているのは名古屋であり，25日と27日の最低気温は伊良湖で，26日は南知多で観測された。

(2)　稲武では，26日の最低気温が前日より低く，愛西では27日の最低気温が前日より低い。2日連続で上昇してはいない。

問2 (1) 露頭AとCの砂岩と凝灰岩の地層が一致する。Aの方が同じ地層の標高が低いので，地層は南に向かって低くなっている。

(2) 露頭BとCの幅の広い凝灰岩の地層が一致する。400mで5mの高低差があるので露頭DではCから同じ割合で地層の高さが高くなる。Cの上側の凝灰岩層の上層が，Dでは下端から6mの位置に来る。凝灰岩層は2層であり，その下側は砂岩層になる。

重要 (3) ビアリカは新生代の化石である。

基本 (4) 凝灰岩は火山灰が堆積してできた岩石である。

★ワンポイントアドバイス★

各分野にやや難しい問題を含む。理科の分野のしっかりとした理解が問われている。類題の演習をしっかりと行いたい。

＜社会解答＞

Ⅰ (1) イ (2) ウ (3) 問題不備 (4) オ (5) a ア b やませ
(6) a イ b オ (7) a イ b オ c ウ d エ e ア
(8) a イ・カ b ア (9) エ

Ⅱ (1) イ (2) ア (3) イ (4) エ (5) 太平天国の乱 (6) イ
(7) イ (8) エ (9) ナイチンゲール (10) people

Ⅲ (1) 坂上田村麻呂 (2) エ (3) ウ (4) ウ (5) 徒然草
(6) 北条政子 (7) 朝廷を監視する役所 (8) エ (9) ウ

Ⅳ (1) ウ (2) イ (3) エ (4) (思想家) ア (著作物) オ (5) エ
(6) ア (7) エ (8) エ (9) ウ (10) ウ

Ⅴ (1) ア (2) ア (3) イ (4) イ (5) エ

○推定配点○

各2点×50 計100点

＜社会解説＞

Ⅰ (地理―「地理学」を起点とした問題)

基本 (1) 東京・ロンドンの経度が140度，0度なので，140÷14＝10(度)となる。

重要 (2) ウの赤道が最長である。

重要 (4) Aがアイスランド，Bがフランス，Cがニュージーランドとなる。「小麦・ぶどう・とうもろこしの輸出が盛ん」からXがBで，「羊の数が人口よりも多い」からYがCで，残ったZがAという流れで特定していきたい。

(5) a イが新潟，ウが盛岡，エが浜松となる。 b やませは冷たく湿ったオホーツク海気団からの北東気流で，農作物への被害が大きい。

(6) a アが火力，ウが太陽光，エが地熱である。 b オーストラリア・ブラジルの上位2カ国からZが鉄鉱石，チリ・ペルーの上位2カ国からYが銅鉱，残ったXが銀鉱という流れで特定していきたい。

(7) a 「小麦粉」からXがフランス，「オリーブオイル・トマト」からYがイタリア，残ったZがハンガリーという流れで特定していきたい。　b　X・Y・Zそれぞれの上位2県から判断していきたい。　c　旅客・貨物ともに最多であるウが中国であると判別できる。　d　群馬県が④・イ，岐阜県が①・ウ，島根県が③・エ，兵庫県が②・アとなる。　e　ブラジルが元々ポルトガルの植民地であったことからAがブラジル，アイスランド・ノルウェーと同じ北欧に位置するデンマークがBと判別できる。

基本　(8)　a　イ　長野県川上村と埼玉県秩父市が県境で接している。　カ　三国山は愛知県と長野県の県境に位置している。　b　愛媛県の県庁所在地である松山市は県北部に位置している。

(9)　Aは3×50000＝150000(cm)，Bは7×25000＝175000(cm)，Cは16×10000＝160000(cm)，Dは28×5000＝140000(cm)となる。

Ⅱ　(日本と世界の歴史―中世・近世)

重要　(1)　アは1492年，イは1096年，ウは1543年，エは1517年の出来事である。

(2)　アは18世紀前半，イ・ウは17世紀前半，エは18世紀後半の出来事である。

基本　(3)　イ　『燕子花屏風』は尾形光琳の作品である。

(4)　アは1637年，イは1609年，ウは1687年，エは1837年の出来事である。

(5)　太平天国は清朝打倒を唱えて揚子江流域を中心に広く各地で革命運動を展開した。

(6)　権利章典で，国王に対する議会の優位が確定され，庶民の古来の自由と権利が確認された。

(7)　アは天保の改革，イは寛政の改革，ウは享保の改革，エは化政期の短歌である。

基本　(8)　アは1806年，イは1839年，ウは1792年の出来事である。

(9)　ナイチンゲールは，病院管理や陸軍衛生管理について，イギリス陸軍をはじめ，イギリス国内の各組織から意見を求められた。

(10)　この演説を和訳すると「人民の人民による人民のための政治」となる。

Ⅲ　(日本の歴史―「京都」を起点とした問題)

重要　(1)　坂上田村麻呂は初代征夷大将軍である。

(2)　エ　「弘安の役」ではなく慶長の役である。

基本　(3)　甲　「藤原京」ではなく長岡京である。

(4)　ウ　「右京」と「左京」が逆である。

(5)　徒然草の作者は兼好法師である。

基本　(6)　北条政子は源頼朝の妻で，尼将軍と称されている。

(7)　「朝廷の監視」という内容を盛り込む必要がある。

(8)　エ　金剛峯寺は高野山にあり，真言宗の祖である空海によって開山された。

(9)　ウ　「安徳天皇」ではなく高倉天皇である。

Ⅳ　(公民―「憲法」を起点とした問題)

(1)　ウ　「男女共同参画社会基本法」と「男女雇用機会均等法」が逆である。

重要　(2)　義務教育は小学校6年間・中学校3年間の計9年間となる。

(3)　エ　「必要以上に長時間にわたる」が該当する。

(4)　ジョン＝ロックの著書は『統治二論』である。ホッブズは『リヴァイアサン』の著者である。

基本　(5)　ア　「条例」は地方自治体が定める規則である。　イ　「政令」は政府による命令である。　ウ　「大統領令」は大統領による命令である。

(6)　イはアメリカ独立宣言，ウはマグナカルタ，エは権利の章典である。

(7)　アは第3代，イは初代，ウは第45代のアメリカ大統領である。

(8)　日本に婦人参政権が認められたのは第二次世界大戦の終結直後である。

基本　(9)　ウ　「高校～」が不適。

(10)　ウ「アクセス権」ではなく知る権利である。

V　(公民―経済・政治のしくみ)

基本 (1)　昨今の日本は円安で物価が上昇している傾向がある。

重要 (2)　不景気の時に買いオペ，好景気の時に売りオペを行っている。

(3)　B　「円が買われ～」が不適。

(4)　B　「衆議院で～」が不適。

(5)　A「エディトリアルデザイン」ではなくユニバーサルデザインである。　B「増加傾向」が不適。

★ワンポイントアドバイス★

本校の問題には，単純な知識だけでは対応できない設問も含まれているので，思考力もしっかり鍛えておこう。

＜国語解答＞

一　問一　a　維持　　b　妥協　　c　規制　　d　安易　　e　風潮　　問二　エ　　問三　ウ
問四　ア　　問五　相対主義　　問六　エ　　問七　(例)　価値観が違う相手ともとことん対話し，相互に理解を深める共同作業によって「正しさ」を作りあげてゆく。　　問八　エ
問九　ウ・オ

二　問一　(1)　オ　　(2)　オ　　(3)　ウ　　問二　オ　　問三　イ　　問四　ウ
問五　ウ　　問六　イ　　問七　(1)　エ　　(2)　オ

○推定配点○

一　問一　各3点×5　　問五・問九　各5点×3　　問七　10点　　他　各4点×5
二　問一　各3点×3　　問六・問七　各5点×3　　他　各4点×4　　計100点

＜国語解説＞

一　(論説文―漢字の書き取り，品詞・用法，接続語の問題，脱語補充，内容吟味，文脈把握，大意)

問一　a「維持」とは，物事を同じままの状態で持続させること。　b「妥協」とは，主張が対立している場合，互いの主張を幾分かずつ譲り合って，一つの結論・取決めを導き出すこと。
c「規制」とは，特定の目的の実現のために，許認可・介入・手続き・禁止などのルールを設け，物事を制限すること。　d「安易」とは，ここではたやすいという意味。　e「風潮」とは，世間の移り変わりにつれて動いて行く，時代の傾向。

問二　二重傍線部の「られ」は，可能の助動詞「られる」の未然形。よって，「つけることができない」と言い換えることができる。これと同じ働き・意味で用いられているのは，「出ることができて」と言い換えられるエである。

問三　「おそらく」は副詞，「尊重し」はサ行変格活用の動詞「尊重する」の連用形，「正しさ」は名詞，「ちがっ」はワ行五段活用の動詞「違う」の連用形である「違い」の促音便形，「多様な」は形容動詞，「本当に」は副詞である。

問四　A　空欄の前後に，「科学者たちは『客観的で正しい答え』を教えてくれそうに思えます」「実は科学は一枚岩ではないのです」とあることから，逆の意味を述べているので，「ところが」を

入れるのが適当。　B　空欄の前後に,「多数の科学者が論争する中で,『より正しそうな答え』を決めていくのが科学」「『科学者であればほぼ全員が賛成している答え』ができあがるには時間がかかります」とあることから,話し合いを起因として全員が賛同する答えを出すという結果になることから,「それゆえ」を入れるのが適当。　C　空欄の前後に,「科学者は,それぞれ自分が正しいと考える仮説を正当化するために,実験をしたり計算したりしています」「今現在問題になっていることについては,『自分が正しいと考える答え』しか教えてくれない」とあることから,科学者の試行はあくまでも,「自分が正しいと考える」ためであるとしている。よって,前後とも同義であるので,言い換えを表す「つまり」を入れるのが適当。　D　空欄の前後で,「科学は人それぞれ」であることから,その中で同意見のものだけを選択すると文章が続く。よって,前に述べた事柄が原因・前提となって,次に述べる事柄が起こることを表す「そこで」を入れるのが適当。

問五　空欄の前に,「『客観的で正しい答えがある』という考え方」について「普遍主義」と述べていることに注目する。そして「先ほどの X と反対の意味の言葉です」とあることから,逆の意味を持つ「人や文化によって価値観が異なり,それぞれの価値観には優劣がつけられない」とする「相対主義」を入れるのが適当。

問六　エ「安い商品」「高級な商品」は,相反する意味を持っているため,そこから一つを選ぶという例として,適当。

重要　問七「この本では」から始まる段落に,筆者の結論として,「私は,『正しさは人それぞれ』でも『真実は一つ』でもなく,人間の生物学的特性を前提としながら,人間と世界の関係や人間同士の間の関係の中で,いわば共同作業によって『正しさ』というものが作られていくのだと考えています。それゆえ,多様な他者と理解し合うということは,かれらとともに『正しさ』を作っていくということです」と述べている。よって,文章のまとめとなるこの内容を,字数制限内に記述する。

問八　科学者は,「今現在問題になっていることについては,『自分が正しいと考える答え』しか教えてくれない」とはあるが,「どのような事態になるかを予測することができない」わけではないため,エが誤り。

重要　問九「そうした場合」から始まる段落に,「最近は,日本でもアメリカでもその他の国々でも,権力者が力任せに自分の考えを実行に移すことが増えています」と,世界各国における権力者の独断が増えていることを指摘している。また,「つまり」から始まる段落に,「権力者の主観によって力任せに切り捨てることを正当化することにつながってしまうのです。これでは結局,『力こそが正義』という,困った世の中になってしまいます」と独裁主義に陥ることに警鐘を鳴らしている。他,「ともに」から始まる段落に,「『正しさ』を作っていくということは,そこで終了せずに踏みとどまり,とことん相手と付き合うという面倒な作業です。相手の言い分を受け入れて自分の考えを変えなければならないこともあるでしょう。それでプライドが傷つくかもしれません」とあり,他者との対話の中で,相手の意見を受け入れられず論争になったり,相手に感化されて自分の意見を変えることもあると述べている。

二　**(小説文─語句の意味,脱語補充,文脈把握,心情,大意)**

問一　(1)「破顔」とは,にっこりと笑うこと。　(2)「比類なき」とは,比べる対象がないほどすばらしいさま。　(3)「あやかりたい」とは,ある好ましい,うらやましい境遇にある人から,何らかの影響を授かり,自分も同じ境遇になりたいと望むさまを意味する。

問二　空欄の前に,信康について「強さにあこがれた人」とある。また,「武田を畏怖しつづけてきた信康」にとって,武田との戦で活躍した大久保兄弟の強さは,武田に対する畏怖,不安を打ち破った憧れの存在でもあった。

問三　傍線部の後に，「信康は父の家康とともに出陣すべく，すでに浜松にいて，城内で宿泊するはずである」とある。つまり，浜松にいるはずの信康が自分たち(大久保忠世・忠佐)の屋敷にいることに驚いている。

問四　傍線部の後に，「信康は戦場にいる気分なのであろう，すこし上気している」とあり，周りが目に入らなくなるほど杉浦勝吉の話に聞き入っている。

問五　傍線部の前に無断で，大久保忠世・忠佐の屋敷に来た信康を追い返すこともできず，「深い考えもなく，恣放をおこっている」ことに手を焼いている様子を読み取る。

問六　傍線部の前に，「三郎は，なんじと治右衛門の武勇にあやかりたかったようである」とあることから，家康は信康が勝手に大久保忠世・忠佐の屋敷へ行ったことは承知していた。また，再び信康が来たらどうすればいいのかという忠世の質問に対して，「追い返せ，とはいわぬ」とあることから，特段，自分(家康)は何もしないので，迎え入れてやるようにと指示している。

問七　(1)　空欄の後に，信康は秋踊りをする者たちに矢を射たり，猟場で出会った僧を引きずり殺したとあることから，その性格は暴虐そのものである。　重要 (2)　【文章Ⅰ】で信康は，「家康の嫡子として生まれながら，どこかに劣等意識をもち，それに苛立ちつつも，おのれの弱さを克服しようとするひたむきさをもっている」とされている。【文章Ⅱ】では，暴虐性もあいまって「いかにも武略はあるようだが，しかし将としては士卒を愛せず，(中略)とうてい大国をたもつ人間とはおもわれない」と他者に対する配慮や，その人間性について疑問を呈している。

★ワンポイントアドバイス★

さまざまな設問や文章に取り組むとともに，日頃から読書に親しみ，鑑賞力もつけておこう。論理的文章では，要約をする練習も積んでおこう。

2023年度

★★★★★★★★★★★★★★★★★★★★★★★★

入　試　問　題

2023年度

名古屋高等学校入試問題

【数　学】（50分）　<満点：100点>

【注意】円周率はπとします。

I　次の問いに答えよ。

(1)　$-\frac{3}{2}\div\frac{3^2}{2^3}-\frac{12}{13}\times\left(\frac{7}{6}-\frac{4}{9}\right)$ を計算せよ。

(2)　$2x^2-10x+12$を因数分解せよ。

(3)　$(\sqrt{5}+\sqrt{7})(\sqrt{5}-\sqrt{7})+(\sqrt{8}-1)^2+\sqrt{18}$ を計算せよ。

(4)　次のデータは，ある中学生20人が10点満点のテストをしたときの得点である。このデータの中央値と範囲を求めよ。

（単位：点）

5	2	7	4	9	9	4	6	9	9
8	9	10	8	5	9	8	1	5	7

(5)　次の角度xを求めよ。ただし，$\overset{\frown}{AB}=\overset{\frown}{BC}$，点Aは円Oの接線$\ell$の接点とする。

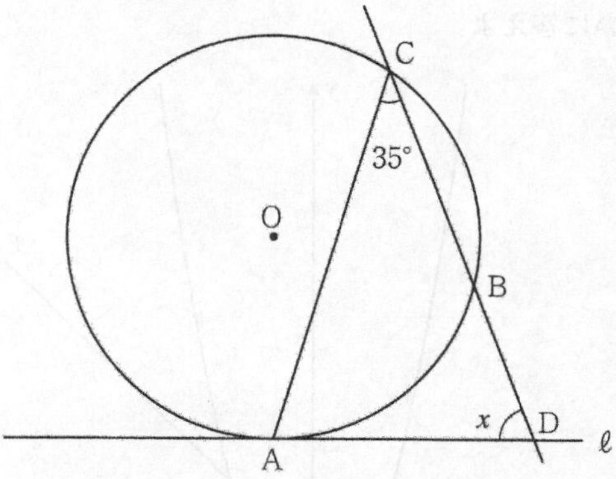

(6)　0から9の数字が表に書かれたカードがそれぞれ1枚ずつある。この10枚のカードを裏返しにしてよく混ぜて，2枚を同時に取り出すとき，2枚のカードに書かれている数字の和が3の倍数になる確率を求めよ。

(7)　1次関数$y=-2x+1$について，xの変域が$-2\leqq x\leqq 5$のとき，yの変域を不等号を用いて表せ。

(8)　2次方程式$x^2-x+a=0$の1つの解が$x=-11$であるとき，もう1つの解を求めよ。

Ⅱ　名古屋高校には，1周540mのランニングコースがある。Aさん，Bさんの2人がそれぞれ一定の速さで走るとき，次の問いに答えよ。

(1)　同じスタート地点から同時に反対方向にスタートすると，80秒後に2人はちょうどすれ違う。Aさんの速さを分速 x m，Bさんの速さを分速 y mとして，y を x の式で表せ。

(2)　さらに，(1)のときと同じ速度で，同じスタート地点から同時に同じ向きにスタートをすると，36分後にちょうどAさんはBさんに追いついた。このとき，Aさん，Bさんの速さはそれぞれ分速何mであるか。

Ⅲ　図において，△ABC，△ADE，△FGAはいずれも直角二等辺三角形である。点Hは辺BCの中点，点Dは辺BCと辺AGの交点であり，辺AB，辺BCと辺FGの交点をそれぞれ点Ｉと点Ｊ，辺AC，線分AHと辺DEの交点をそれぞれ点Kと点Lとする。また，AB＝AGである。次の問いに答えよ。

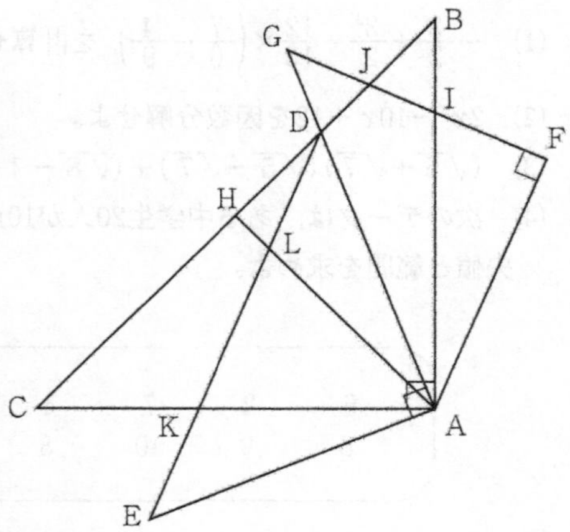

(1)　△ABDと△AGIは合同である。この合同の証明に用いられる合同条件をかけ。

(2)　図において，△ABDと相似な三角形をすべて答えよ。ただし，△AGIは除く。また，解答欄はすべて埋まるとは限らない。

Ⅳ　関数 $y=x^2$……①のグラフ上の2点A，Bを通る直線 ℓ がある。2点A，Bの x 座標はそれぞれ－1，2とする。次の問いに答えよ。

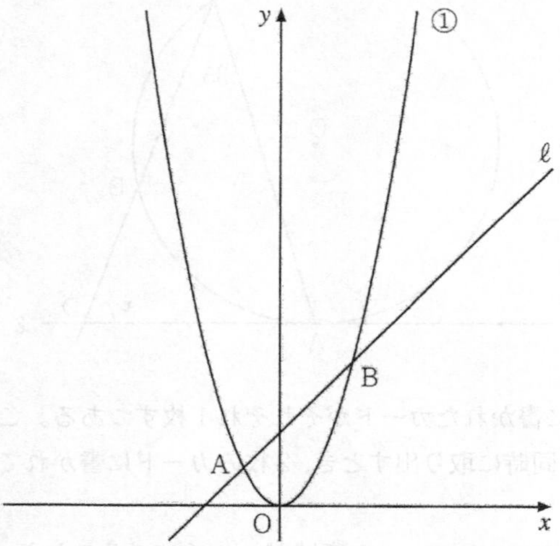

(1)　直線 ℓ の式を求めよ。

(2)　直線 ℓ 上に点Pをとる。直線OPが△OABの面積を二等分するとき直線OPの式を求めよ。

(3)　①のグラフ上に点Cをとる。直線ACの切片を a （$a>0$）とする。△OACの面積が6となるような a の値を求めよ。<u>解答用紙に求め方を書くこと。</u>

⑷　①のグラフ上に点Dをとる。直線ADの切片を b（$b>0$）とする。
△OADの面積が△OABの面積の６倍となるような b の値を求めよ。

V　次の問いに答えよ。

⑴　半径３㎝，∠BAC＝60°のおうぎ形に円Oが内接している。$\overset{\frown}{\mathrm{BC}}$ の長さと円Oの周の長さ ℓ を最も簡単な比で表せ。

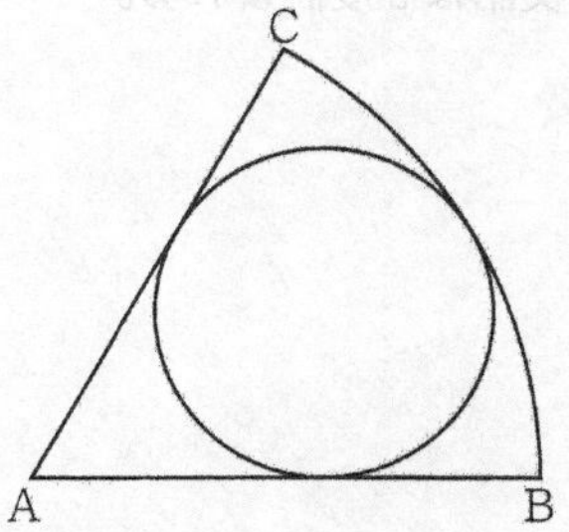

⑵　半径３㎝，∠BAC＝60°のおうぎ形に，円Oが外接している。このとき，円Oの半径と斜線部分の面積をそれぞれ求めよ。

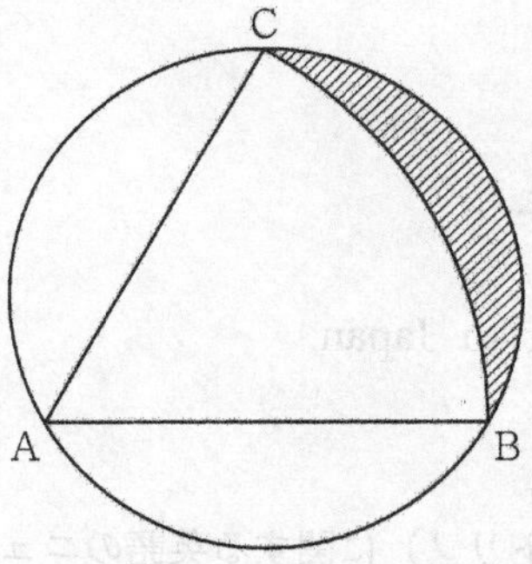

【英　語】（50分）　＜満点：100点＞

Ⅰのリスニング問題は試験開始から数分後に行う。それまで他の問題を解いていること。

Ⅰ　【リスニング問題】放送をよく聞いて，問いに答えよ。

Part 1

これから放送する新任英語教員 Mr. Wise との対話を聞き，続きの内容として最も適当なものをそれぞれア～エより１つ選び，記号で答えよ。なお，英語は２度読まれる。

(1)　ア　I've been studying Japanese.
　　イ　Since 10 a.m. this morning.
　　ウ　Not yet.
　　エ　For five years.

(2)　ア　enjoying my free time.
　　イ　glad to hear that.
　　ウ　going to visit Japan soon.
　　エ　sure you will.

(3)　ア　free to ask me anything.
　　イ　this for homework.
　　ウ　like writing your sentences.
　　エ　about your introductions.

(4)　ア　I've been teaching since last week.
　　イ　I'll teach that class tomorrow.
　　ウ　I've wanted to teach since coming to Japan.
　　エ　I'll try my best.

Part 2

名古屋と，イタリアにある姉妹都市 Turin （トリノ）に関する英語のニュースを聞き［A］と［B］の問いに答えよ。なお，英語は１度しか読まれない。

［A］

1月23日にだれが，何を，どこでしたのか，合うものを以下の表中のア～エよりそれぞれ１つずつ選び記号で答えよ。

(1)　Who

ア	イ	ウ	エ
the mayor of Nagoya	the mayor of Turin	both mayors	the host

(2)　What

ア	イ	ウ	エ
arrived in Italy	held a conference	studied abroad	took a tour

(3) Where

ア	イ	ウ	エ
the airport	the local high schools	the mountains	the city hall

[B]

ニュースの続きを聞き，正しい情報をア～カより３つ選び，出てくる順に並び替え，記号で答えよ。

ア Los Angeles was the first of Nagoya's five sister cities.
イ Turin became a sister city with Nagoya in 2005.
ウ Nagoya and Turin have the same population size.
エ Nagoya plans to have new sister cities in China and Australia.
オ Nagoya and Turin are the fourth largest cities in their countries.
カ Turin is famous for its hot climate.

Listening Script

Part 1

(1) A: Mr. Wise, what brought you to Japan?
B: Well, I studied Japanese in university, and I wanted to improve.
A: Really! How long have you studied the language?
B: Let me think... <BEEP>

(2) A: What do you want to do at our school?
B: I want to start teaching! Tomorrow is our first class together.
A: I know. We've been looking forward to your class.
B: Thanks very much. I'm <BEEP>

(3) A: What should we do next?
B: Now, I want everyone to write a short introduction.
A: How many words should we write?
B: About 30. Do you have any more questions? Feel <BEEP>.

(4) A: When can we see you again?
B: I'll be back next week. I teach each class once a week.
A: Have you been to class 3-C? It's my friend's class.
B: Let me check. No, but <BEEP>

Part 2

[A]

Welcome to the news for January 23rd, 2023. I'm your host, Charlie Smalls. We start with news from Turin, Italy. The mayor of Nagoya arrived at the airport in Turin, also called Torino, early yesterday morning. Nagoya and Turin have been sister cities since 2005. Today, the mayors of both cities held a conference at the city hall. They announced several new study-abroad programs planned for 2023. Both mayors said they are looking forward to restarting the programs between the local high schools. Finally, the two mayors said that tomorrow they will visit the beautiful mountains, which are well-known for skiing.

[B]

Now let's talk more about Turin and the sister city relationships of Nagoya. Actually, Turin is the second newest of Nagoya's sister cities. The relationship began eighteen years ago. Turin is interesting because it is both similar and different from Nagoya. Both cities have the fourth largest populations in their countries. However, Nagoya has many more people and a much hotter climate. In total, Nagoya has six sister cities. This includes sister cities in North America, China, Europe, and Australia. The first of the six is in the United States, Los Angeles. It has been a sister city since 1959.

Ⅱ 対話とそれに関する資料（[A]，[B]）やＥメールのやり取り（[C]）を読んで，それぞれの問いに答えよ。

[A]

Alex : Hello, Rina. What are you doing?

Rina : Hi, Alex. I'll go to Asahi zoo next week for a field trip, so I'm planning how I will go around there.

Alex : I've been there before. I saw a lot of animals and birds. What is your plan?

Rina : I will arrive at the zoo at 10:00. I'll go to the Yellow Area first and look at some elephants or lions. After that, I'll visit the Green Area. I can see lots of monkeys and colorful birds there.

Alex : I really liked the monkeys. They act like humans. Where will you eat lunch?

Rina : I have to go to the rest area at 12:00 and eat lunch with classmates for about an hour. After lunch, I will buy some goods at the store. I'll go to the Blue Area to look at the polar bears after shopping.

Alex : Are you going to watch one of the animal *feedings?

Rina : Yes, of course! I'm going to see the tiger feeding at 14:00. After I see that, I will go to some other areas. Finally, I have to leave the zoo at 16:00.

Alex : It sounds fun! If you like penguins, you should watch the Penguin Walk. Penguins are so cute when they walk.

Rina : I like penguins so much!

【注】 feeding：餌やり

	Elephant Feeding	Tiger Feeding	Gorilla Feeding	Monkey Show	Penguin Walk
Place	Yellow Area	Yellow Area	Green Area	Green Area	Blue Area
Time	10:30～ 12:30～ (20 minutes)	12:00～ 14:00～ (20 minutes)	11:15～ 13:15～ (20 minutes)	10:00～ 14:00～ 16:00～ (15 minutes)	9:30～ 12:30～ 15:30～ 18:30～ (15 minutes)

(1) Which one of these is true?

ア Alex's favorite animals in the zoo are the lions.

イ Rina will visit the Green Area second.

ウ Alex will see the Penguin Walk when he visits the zoo next time.

エ Rina will visit the polar bears in the Green Area.

(2) What time can Rina watch the Penguin Walk?

ア At 9:30.

イ At 12:30.

ウ At 15:30.

エ At 18:30.

[B]

Yumi : Hi, Mike. Do you have any plans for this weekend?

Mike : Hello, Yumi. I'm going to go to a movie with my host family on Saturday, but I don't have any plans on Sunday.

Yumi : Why don't we go to *rakugo*? Our city will hold a *rakugo* show next Sunday.

Mike : Ahh.... What is *rakugo*?

Yumi : It is a kind of traditional Japanese *entertainment. We can enjoy it in English on that day. I heard your hobby is watching comedy, so you will like *rakugo*, too.

Mike : I see. I'd like to go. Do we need reservations?

Yumi : We don't have to, but I'd like to make reservations. I want to try the stage experience, and it will be a good way for you to study Japanese culture.

Mike : Sounds good! Will you make the reservations for us?

Yumi : Sure!

English *Rakugo*

Rakugo is traditional Japanese comic storytelling that has a history of about 400 years. *Rakugo* performers tell stories of everyday life *comically, and use only a fan and a towel in their performance. Their storytelling skills will make you happy.

Date/Time: November 11 (Sun.) / 3:00p.m.
Place: Midori City Hall
Program: 1. Time Noodle (*Toki Soba*) 20 min
2. My Favorite (*Manju Kowai*) 20 min
3. Haunted House (*Sara Yashiki*) 20 min
(Between each performance, there is a five-minute break.)

★If you make a reservation, you will be able to experience the *rakugo* stage with the performers and take pictures with them after all performances. The *rakugo* stage experience will take 30 minutes. You can make reservations through the city hall website. Even if you don't make a reservation, you can watch the performance.

【注】 entertainment：芸能　comicallly：面白おかしく

(1) Yumi asked Mike to go to *rakugo* because [1].

ア she likes traditional Japanese storytelling
イ she wanted to take pictures with performers
ウ he likes watching comedy
エ he wanted to perform *rakugo*

(2) Yumi and Mike will leave the event [2].

ア at 3:20　イ at 3:45　ウ at 4:10　エ at 4:40

(3) Which one of these is true?

ア Yumi is going to watch a movie with her family on Saturday.
イ Mike came to Japan to study Japanese culture.
ウ Yumi and Mike will go to the *rakugo* show without reservations.
エ Yumi and Mike want to experience the *rakugo* stage after the show.

［C］

From:	Richard Thompson
To:	Kaito Suzuki
Date:	Thursday, June 8, 2022
Subject:	About your next lesson

Hi, Kaito. How are you doing?
In the last lesson, your English was very good! I think your English skills have been improving.
We planned your next lesson for June 13. However, I have to go to Tokyo from June 13 to 14 for some meetings, so I can't give a lesson to you. I can change the lesson date to June 17, or if it doesn't work for you, another teacher can give you a lesson only on the original date. Please tell me a convenient date for your next lesson.

From:	Kaito Suzuki
To:	Richard Thompson
Date:	Friday, June 9, 2022
Subject:	Re:About your next lesson

Hello, Richard. I'm fine and studying hard for the term examination.
I'm glad to hear that. I always enjoy your lessons. I don't have time on June 17 because I have swimming lessons every Saturday. I think it is best that I take the next lesson from another teacher. I want to ask about my homework. You gave me some homework in the last lesson. Must I bring the homework to the next lesson?

From:	Richard Thompson
To:	Kaito Suzuki
Date:	Friday, June 9, 2022
Subject:	Re:Re:About your next lesson

Hi, thank you for your e-mail.
I asked Kelly, another teacher at our school, to give you a lesson only that day. She is a very nice and cheerful teacher, so you will like her lesson. Thank you for the inquiry about the homework. Please remember to do and bring your homework which I gave you in the last lesson. Kelly is very kind, but she may get angry if you forget it.
I hope your next lesson will be good.

(1) Why did Richard write the first e-mail to Kaito?

ア To invite Kaito to some meetings in Tokyo.

イ To change Kaito's next lesson to another date.

ウ To give some homework to Kaito.

エ To tell Kaito that his English needs to be improved.

(2) 下線部の意味として，もっとも適当なものをア～エより一つ選び，記号で答えよ。

ア asking something

イ telling something

ウ seeing something

エ listening to something

(3) Which one of these is NOT true?

ア Richard will take part in some meetings in Tokyo.

イ Kaito will have a swimming lesson on June 24.

ウ Richard hasn't asked another teacher about Kaito's lesson yet.

エ Kaito will take his next lesson from Kelly.

Ⅲ 次の英文を読んで，あとの問いに答えよ。

Have you ever sent a message in a bottle? Maybe you have seen one on TV or in a movie. Usually, people send these messages for fun, but the messages are not often found. For three people camping in California in 2019, a *miracle happened. [A]

A family was camping for several days in California. Everything was going well. They spent hours walking through beautiful forests and traveling down rivers on *floats. [B] On the third day, they reached a 15-meter-high *waterfall. They had to stop. They couldn't go down, and they couldn't go back.

At first, they tried to cross the river, but the river *current was too fast. Then, they were going to climb down the waterfall, but couldn't find their *rope. "My heart sank when I realized (1)the waterfall was too dangerous to climb down," the father said later. The family thought about what to do next, but they were very scared. [C]

Then, the father looked at his water bottle and found some hope. They should put a message in a bottle! He wrote the words "GET HELP" on the bottle and put a note with the date inside. It said, "We are at the waterfall. Get help please." The man threw the bottle over the waterfall and it moved down the river. When they couldn't see it anymore, they decided to set up their camp.

Before going to sleep, (2)they collected white rocks and put them on a blue sheet. They wrote "SOS" in big letters. Sometime after midnight they heard a big noise. It was a *helicopter, and they were going to be saved! [D]

When they were finally safe, the family learned something incredible. (3)[was / a bottle / found / their / in / message]. Their plan worked! The two people who found the bottle reported (4)the *situation but did not tell anyone their names. The father said, "They didn't leave their name or phone number. They just did the thing which was right in their heart and took it seriously. [E] I can't thank them enough."

【注】 miracle：奇跡　floats：浮き輪　waterfall：滝　current：（川の）流れ　rope：ロープ
helicopter：ヘリコプター　situation：状況

(1) 下線部(1)とほぼ同じ意味になるように次の文の空所に適語を１語ずつ答えよ。

... the waterfall was (　　) dangerous (　　) (　　) (　　) climb down the waterfall.

(2) 下の１文を挿入するのに最も適当な位置を本文中の記号[A]～[E]の中から一つ選び，記号で答えよ。

They were told to wait until the next morning for help.

(3) 下線部(2)について，なぜ白い石を集める必要があったのか，考えられる理由を20字以内の日本語で答えよ。

(4) 下線部(3)について，与えられた語を並べ替えて，下の日本語の意味になるように英文を完成させよ。ただし，文頭に来る語句も小文字になっている。

「瓶の中の彼らのメッセージは発見された。」

(5) 下線部(4)の「その状況」とは，どのような状況か，30字以内の日本語で説明せよ。

(6) 次のア～エのうち，本文の内容に合うものを一つ選び，記号で答えよ。

ア The three people camping in California found a message in a bottle in 2019.
イ The family crossed the river on the second day of the camping trip.
ウ The father wrote a message, put it in a bottle and left it on a rock.
エ Two people found the bottle, but the family didn't know their names.

Ⅳ 以下の資料は5年前に発表された日本男子高校生に人気のあるスポーツのランキングである。結果から読み取れることと将来起こると予想される変化について，下のワークシートに与えられた条件に従ってレポートを完成させよ。

日本で人気のある高校スポーツランキング（男子）	
Rank	Sport
1	soccer
2	baseball
2	basketball
4	track and field
5	badminton
6	tennis

【注】rank：順位　　track and field：陸上競技

ランキングをもとに，下のワークシートのA～Cの英語を完成させよ。ただし，AとBの空欄には表の内容を正しく表現する英単語1語を書け。Cについては指定された語数で解答せよ。

Introduction ・導入 ・資料の紹介	A Do you know which sports are the (1)(2) in Japan? Here is (3) that shows the sports (4) boys like the most.
Body ・説明 ・データの比較	B (1)to the data, soccer was the most popular sport. Also, baseball was (2) popular (3) basketball among boys. Tennis was (4) popular than the other five sports.
Conclusion ・感想や意見	C I think that in the future,（自分の意見を20～25語の英語で完成させよ。）

【理　科】（40分）＜満点：100点＞

Ⅰ　問1　次の文章を読み，各問いに答えよ。

炭酸水素ナトリウムは，常温では固体の物質である。重曹《じゅうそう》という別名でも知られ，身近なところでよく利用される物質のひとつである。たとえば，加熱すると（　①　）と（　②　）が生成することから，お菓子作りなどに利用されている。

(1)　文中の空欄（①）と（②）に当てはまる語句として最も適切なものを以下のア～クからそれぞれ1つずつ選び，記号で答えよ。

ア　酸素　　イ　水素　　ウ　窒素　　エ　二酸化炭素　　オ　塩化水素

カ　水酸化ナトリウム　　キ　アルコール　　ク　水

(2)　下線部について，この反応の化学反応式を書け。ただし，この反応では（①）と（②）以外の物質も生成する。

(3)　下線部の実験を行う際，図1のような実験装置を組み立てた。このとき，炭酸水素ナトリウムを入れた試験管の口を下げておくのはなぜか。この理由の説明として最も適当なものを，以下のア～エから1つ選び，記号で答えよ。

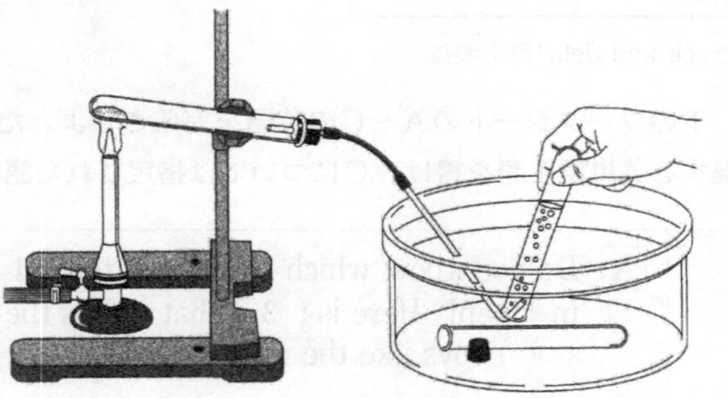

図1

ア　生成する気体が空気より軽く，口を下げないとゴム管を通らないから。

イ　口を下げないと水槽の水が試験管に逆流してしまうから。

ウ　バーナーの火が近すぎると，試験管が割れてしまうから。

エ　生成した液体が試験管の加熱部に流れると，試験管が割れてしまうから。

問2　アンモニアの性質について調べるため，次のような実験を行った。これについて，各問いに答えよ。

【実験操作1】　（　①　）と（　②　）を混合して加熱し，発生したアンモニアの気体を捕集した。

【実験操作2】　塩酸をつけたガラス棒を，アンモニアを捕集した丸底フラスコに近づけた。

【実験操作3】　アンモニアで満たした丸底フラスコを用いて図2のような装置を組み，スポイトでフラスコ内に水を入れた。

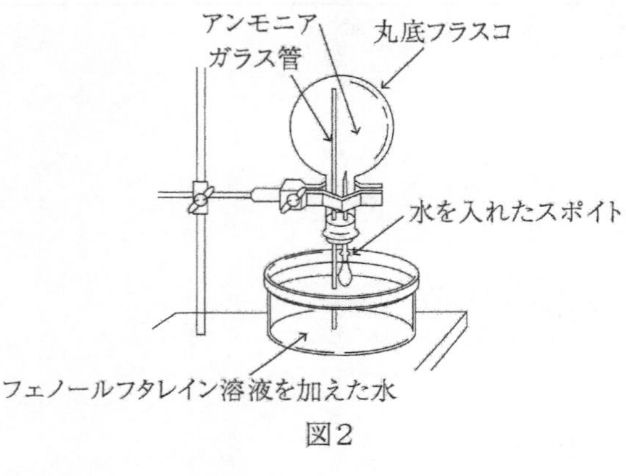

図2

(1) 前のページの【実験操作１】について，空欄（①）と（②）に当てはまる物質の組み合わせとして最も適当なものを，以下のア～エから１つ選び，記号で答えよ。

ア　塩化水素と炭酸アンモニウム

イ　塩化カルシウムと酢酸アンモニウム

ウ　窒素と酸素

エ　水酸化カルシウムと塩化アンモニウム

(2) 【実験操作１】について，アンモニアの捕集方法として最も適当なものを，以下のア～ウから１つ選び，記号で答えよ。

ア　上方置換法　　イ　下方置換法　　ウ　水上置換法

(3) 【実験操作２】において，塩酸から発生した塩化水素とアンモニアが反応して白煙を生じるときの化学反応式を書け。

(4) 【実験操作３】について，アンモニアの代わりに塩化水素を用いて同様の実験を行った。このときに起こる現象として適当なものを，以下のア～カから３つ選び，起こる順番の通りに並べて記号で答えよ。

ア　水そう内のフェノールフタレイン溶液がフラスコに吸い上げられる。

イ　塩化水素が水に溶け，フラスコ内の気圧が高くなる。

ウ　塩化水素が水に溶け，フラスコ内の気圧が低くなる。

エ　塩化水素が溶けたことでフェノールフタレイン溶液が酸性になり，溶液の色が変化する。

オ　塩化水素が溶けたことでフェノールフタレイン溶液が酸性になるが，溶液の色は変化しない。

カ　塩化水素が水に溶ける際に発熱し，発熱によりフェノールフタレイン溶液の色が変化する。

Ⅱ　17Ｖの電源に抵抗の大きさの等しい７つの抵抗Ａ～Ｇを導線でつないで図１のような回路を作った。このとき，回路全体に流れる電流が３Ａだった。次の問いに答えよ。なお，導線には抵抗はないものとし，答えが割り切れない場合は，小数第１位を四捨五入し，整数で求めよ。

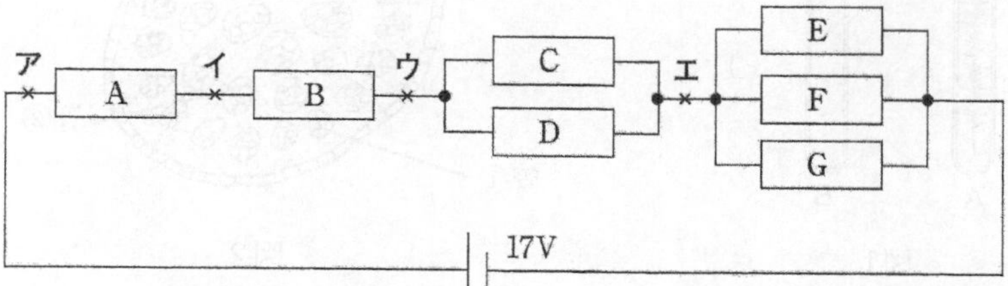

図1

(1) 抵抗Ａの抵抗の大きさは何Ωか。

(2) 抵抗Ａに加わる電圧は何Ｖか。

(3) 抵抗ＡとＢをつなぐ導線の両端間に加わる電圧は何Ｖか。

(4) 抵抗Ａ～Ｇのうち，１秒間あたりの発熱量が最も大きい抵抗の発熱量は，最も小さい抵抗の発熱量の何倍になるか。

(5) 40分間電流を流したとき，抵抗Ｃで消費する電力量は何Whか。

(6) 前のページの図１のア～エの×の２か所を導線でつないだとき，回路全体の消費電力が最大になるつなぎ方はどれか。２か所の位置をア～エの記号で答えよ。また，そのときの回路全体の消費電力は何Wか。

次に，図２のように抵抗Ｆと電源の位置を入れ換え，抵抗Ｃ，Ｄをそれぞれ４Ωの抵抗Ｈ，Ｉに換えた。

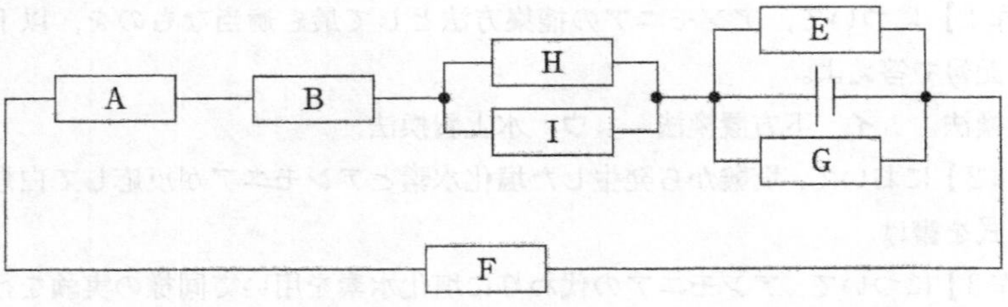

図２

(7) 抵抗Ｈ，Ｉの消費電力の合計は何Wか。

Ⅲ 問１ 次の文章を読み，各問いに答えよ。

青色のBTB溶液に呼気を吹き込んで緑色にしたものを２本の試験管ＡとＢに入れ，試験管Ａには水草を入れてからそれぞれにゴム栓をした。次に，図１のように，明るい場所にしばらく置くと，試験管Ａの液の色は変化したが，試験管Ｂの液の色は緑色のままであった。また，試験管Ａの水草から葉をとり，熱湯につけてから葉を脱色し，水洗いしてからヨウ素液につけると，青紫色に変わり，デンプンができていることがわかった。また，図２は，この実験で使った水草の茎の断面を示したものである。ただし，管①は茎の表皮側に，管②は茎の中心側にある。

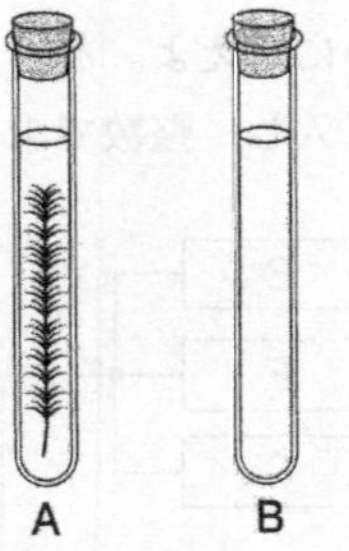

図1

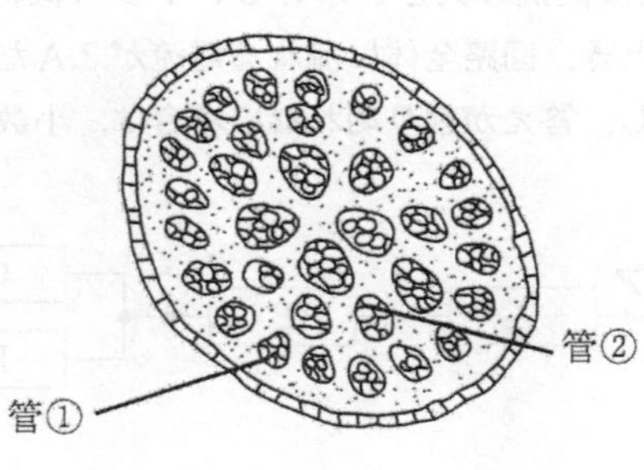

図2

(1) 試験管Ａの中の水草のはたらきについて述べた文として最も適当なものを，次のア～オから１つ選び，記号で答えよ。

ア 試験管Ａの中の水草は，呼吸より光合成をさかんに行った。そのため，液中の二酸化炭素が減り，液の色は青色に変化した。

イ 試験管Ａの中の水草は，光合成より呼吸をさかんに行った。そのため，液中の二酸化炭素が増え，液の色は黄色に変化した。

ウ 試験管Ａの中の水草は，呼吸より光合成をさかんに行った。そのため，液中の酸素が増え，液の色は黄色に変化した。

エ　試験管Aの中の水草は，光合成より呼吸をさかんに行った。そのため，液中の酸素が減り，液の色は青色に変化した。

オ　試験管Aの中の水草は，光合成だけを行った。そのため，液中の二酸化炭素と酸素が減り，液の色は青色に変化した。

(2)　葉を脱色させる方法について述べた文として最も適当なものを，次のア～エから1つ選び，記号で答えよ。

ア　葉をあたためたうすい塩酸につける。　イ　葉を食塩水でよくもむ。

ウ　葉をあたためたエタノールにつける。　エ　葉を石けん水につける。

(3)　前のページの図2の管①と管②が集まった部分を何というか。その名称を漢字で答えよ。

(4)　図2の茎の断面について述べた文として最も適当なものを，次のア～エの中から1つ選び，記号で答えよ。

ア　図2のような茎の断面は，被子植物の双子葉類の特徴である。また，管①は道管といい，水や無機養分を運ぶ。

イ　図2のような茎の断面は，被子植物の双子葉類の特徴である。また，管①は師管といい，葉でできた養分を運ぶ。

ウ　図2のような茎の断面は，被子植物の単子葉類の特徴である。また，管①は道管といい，水や無機養分を運ぶ。

エ　図2のような茎の断面は，被子植物の単子葉類の特徴である。また，管①は師管といい，葉でできた養分を運ぶ。

問2　次の文章を読み，各問いに答えよ。

生物の細胞を観察すると，構造や機能についてすべての生物に共通した部分と，生物の種類によって異なる部分がある。例えば，共通した部分としては，DNAと（　あ　）をもち，①細胞の構成成分がほぼ等しいことが挙げられる。異なる部分としては，（　あ　）の外側に②（　い　）という構造をもつかもたないかなどがある。

(1)　文中の空欄（あ）と（い）に当てはまる細胞の構造の名称をそれぞれ漢字3字で答えよ。

(2)　下線部①について，動物および植物を構成する物質のうち，最も多い物質を次のア～エから1つ選び，記号で答えよ。

ア　炭水化物　　イ　タンパク質　　ウ　脂質　　エ　水

(3)　下線部②について，以下に示すa～hの生物の中から，空欄（い）をもつ生物を過不足なく選んだものはどれか。あとのア～クの中から1つ選び，記号で答えよ。

a　ヒイラギ　　b　ヤスデ　　c　イヌワラビ　　d　スギゴケ
e　ミジンコ　　f　イチョウ　　g　アメーバ　　h　ニワトリ

ア　a，b，d　　イ　a，c，d　　ウ　b，c，f，h
エ　d，e，f，g　　オ　a，b，c，d　　カ　a，c，d，f
キ　a，b，c，d，f，h　　ク　a，c，d，f，g

Ⅳ　次の文章を読み，各問いに答えよ。

問１　火成岩のつくりについて述べた次の文章を読んで各問いに答えよ。

[A] のような [B] では大きな鉱物が粒のよく見えない部分に散らばって見える。このようなつくりを [C] といい，大きな鉱物の結晶を [D]，まわりの一様に見えるごく小さな鉱物の集まりやガラス質の部分を [E] という。

(1)　文章中の空欄Ａ～Ｅのうち，Ａ～Ｃを埋める用語の組み合わせとして最も適当なものを次のア～クから１つ選び，記号で答えよ。

ア　Ａ：花崗岩《かこうがん》　Ｂ：深成岩　Ｃ：等粒状組織
イ　Ａ：花崗岩　Ｂ：深成岩　Ｃ：斑状組織
ウ　Ａ：花崗岩　Ｂ：火山岩　Ｃ：等粒状組織
エ　Ａ：花崗岩　Ｂ：火山岩　Ｃ：斑状組織
オ　Ａ：安山岩《あんざん》　Ｂ：深成岩　Ｃ：等粒状組織
カ　Ａ：安山岩　Ｂ：深成岩　Ｃ：斑状組織
キ　Ａ：安山岩　Ｂ：火山岩　Ｃ：等粒状組織
ク　Ａ：安山岩　Ｂ：火山岩　Ｃ：斑状組織

(2)　ある岩石が文章中の空欄Ｃに入る組織をもち，文章中の空欄Ｄに入る結晶の主なものとして長石と石英と黒雲母の結晶が岩石中に見られた。この岩石名として最も適当なものを次のア～カから１つ選び，記号で答えよ。

ア　花崗岩　イ　閃緑岩《せんりょくがん》　ウ　斑《はん》れい岩　エ　流紋岩《りゅうもん》　オ　安山岩　カ　玄武岩《げんぶ》

(3)　ある岩石が文章中の空欄Ｃに入る組織をもち，文章中の空欄Ｄに入る結晶としてかんらん石が岩石中に見られた。この岩石名として最も適当なものを次のア～カから１つ選び，記号で答えよ。

ア　花崗岩　イ　閃緑岩　ウ　斑れい岩　エ　流紋岩　オ　安山岩　カ　玄武岩

問２　堆《たい》積岩の分類について述べた次の文章を読んで各問いに答えよ。

[A] は，粒径２㎜より小さい火山砕屑《さいせつ》物が堆積してかたまってできた岩石をいう。生物の遺骸《いがい》が堆積してできた岩石のうち主成分が炭酸カルシウムであるものは [B] という。[B] にうすい塩酸をかけると発泡する。二酸化ケイ素を主成分とする殻をつくる微生物の遺骸が堆積してできた非常に硬い岩石は [C] という。

(1)　文章中の空欄Ａ～Ｃを埋める用語の組み合わせとして最も適当なものを次のア～カから１つ選び，記号で答えよ。

ア　Ａ：チャート　Ｂ：凝灰岩　Ｃ：石灰岩
イ　Ａ：チャート　Ｂ：石灰岩　Ｃ：凝灰岩
ウ　Ａ：石灰岩　Ｂ：チャート　Ｃ：凝灰岩
エ　Ａ：石灰岩　Ｂ：凝灰岩　Ｃ：チャート
オ　Ａ：凝灰岩　Ｂ：チャート　Ｃ：石灰岩
カ　Ａ：凝灰岩　Ｂ：石灰岩　Ｃ：チャート

(2)　文章中の下線部を表す用語として最も適当なものを次のア～サから１つ選び，記号で答えよ。

ア　火山噴出物　イ　石炭　ウ　火山灰　エ　有孔《こう》虫　オ　放散虫
カ　火山ガス　キ　溶岩　ク　サンゴ　ケ　貝殻　コ　ケイソウ
サ　石灰

問３　次の文章を読んで各問いに答えよ。

堆積岩の地層中には化石が見つかることがある。湖や河口などの環境を示す［A］や，ごく浅いあたたかい海の環境を示す［B］のように，地層が堆積した当時の環境を示す化石を［C］という。また，地層中に火山灰が見つかることもある。広域火山灰は遠く離れた地層が同時代にできたことを調べる際のよい目印となる。

(1)　文章中の空欄Ａ～Ｃを埋める語として最も適当なものを次のア～シから１つずつ選び，それぞれ記号で答えよ。

ア　サンヨウチュウ　　イ　生痕《こん》化石　　ウ　アンモナイト

エ　ティラノサウルス　　オ　デスモスチルス　　カ　パレオパラドキシア

キ　ナウマンゾウ　　ク　ブナ　　ケ　サンゴ

コ　シジミ　　サ　示準化石　　シ　示相化石

(2)　浜名湖《はまなこ》で行われた湖底ボーリング調査では，湖底下14.25mからアカホヤ火山灰(約6300年前)が見つかっている。宍道湖《しんじこ》で行われた湖底ボーリング調査では，湖底下7.80mにアカホヤ火山灰が見つかっている。アカホヤ火山灰は調査をした年から6300年前に堆積したものとし，浜名湖と宍道湖のそれぞれで堆積速度が一定であり，堆積した地層は厚さが減少しないものとすると，それぞれ１年あたり何㎜の地層が堆積したことになるか。小数第２位を四捨五入して小数第１位まで求めよ。

【社　会】（40分）　＜満点：100点＞

【注意】 教科書中に漢字で書かれている語句は，全て漢字で答えなさい。

Ⅰ 次の文章を読み，後の問いに答えよ。

地理学は大地の理を学ぶ学問である。我々は現在，①地球を離れて生きていけない。地球を②空間的に解釈する学問が地理学である。そのため，③地球上で起きているありとあらゆることが地理と関係してくる。言い方を変えれば，我々に関係している全てが地理と関係している。地理の視点は二つある。④自然的な視点と⑤社会的な視点である。日常生活において自然環境の影響を感じることが少なくなってきている昨今であるが，それでもまったくの無関係に我々は日々を過ごすことはできない。例えば，⑥農業に関して言えば，日本では米が主食で，欧米では小麦が主食であることについて自然環境を無視して説明はできない。日本では羊をあまり食べないが，一方で，アラブ諸国では豚を滅多に食べない。それは⑦宗教的な要因であったり，⑧文化的な要因であったりする。我々があたり前だと思っていることは，決してあたり前とは限らない。

(1) 下線部①について，緯度０°の線が通らない国を次のア～オから一つ選べ。

ア ブラジル　**イ** エクアドル　**ウ** インドネシア　**エ** スリランカ　**オ** ケニア

(2) 下線部②について，次の問いに答えよ。

ｉ．名古屋高等学校の所在地は，北緯35°，東経136°である。地球上における名古屋高等学校の正反対となる地点の緯度と経度を解答らんに合う形で答えよ。

ⅱ．日本の西端（東経122度）における日の出の時刻が午前７時00分であるとき，日本の東端（東経153度）の日の出時刻は何時何分だと考えられるか。最も適当なものをア～エから一つ選べ。

ア 午前４時56分　**イ** 午前５時58分　**ウ** 午前８時02分　**エ** 午前９時04分

(3) 下線部③について，次の問いに答えよ。

ｉ．次の文は，2021年にイギリスで開かれた気候変動対策の国連会議「COP26」で焦点となった発電方法について述べたものである。空欄 X にあてはまる資源名を答えよ。

> COP26では，CO_2排出が多い X 火力発電の廃止が大きな焦点になった。 X 火力発電は電源の中で最も多くのCO_2を排出することから温暖化の要因とされている。一方， X は長期的に見れば安く，世界各地から輸入できることから，日本では天然ガスに次ぐ主力電源となっており，新規の建設が進んでいる。

ⅱ．次の表は，人口密度，人口増減率，県庁所在地の人口を示したものである。
表中のア～エは，岡山県，島根県，鳥取県，山口県のいずれかに対応している。岡山県をア～エから一つ選べ。

	人口密度 2020年・単位：人／平方km	人口増減率 2015年～2020年・単位：%	県庁所在地の人口 2020年・単位：万人
ア	157.9	−3.4%	18.6
イ	219.7	−4.4%	19.1
ウ	100.1	−3.3%	20.1
エ	265.6	−1.7%	70.8

（『データでみる県勢2021』より作成）

iii．次の表は北海道，千葉県，愛知県，鹿児島県の製造品出荷額上位４品目（2019年）の統計である。北海道を表中のア～エから一つ選べ。

	1位	2位	3位	4位
ア	石油・石炭製品	化学	食料品	鉄鋼
イ	輸送用機械	電気機械	鉄鋼	生産用機械
ウ	食料品	飲料・飼料	電子部品	窯業・土石
エ	食料品	石油・石炭製品	鉄鋼	パルプ・紙

（『データでみる県勢2021』より作成）

(4)　下線部④について，次の問いに答えよ。

ⅰ．次のア～エは，名古屋・仙台・高松・松本の気温と降水量のグラフである。名古屋の平年値を表しているグラフをア～エから一つ選べ。

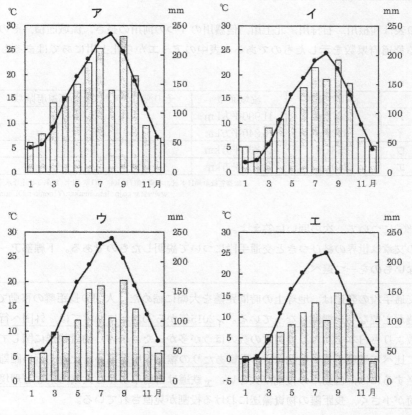

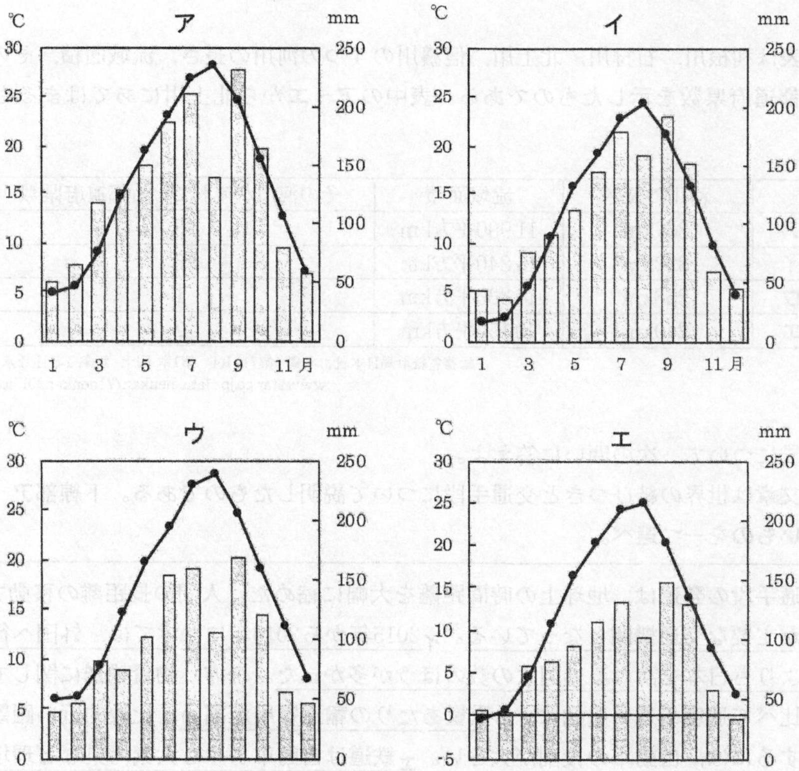

気象庁HPより作成
www.data.jma.go.jp/gmd/risk/obsdl/index.php

ⅱ．次のページの表は日本における発電方式別発電電力量（2019年度）の上位５道県について示したものであり，A～Cは水力，地熱，風力のいずれかである。水力，地熱，風力の上位５道県として最も適当なものをア～カから一つ選べ。

〈単位：百万kWh〉

	火力		A		太陽光		B		C	
1	千葉	81900	富山	8654	福島	1182	青森	1449	大分	757
2	神奈川	79703	岐阜	8073	茨城	1107	北海道	1194	秋田	458
3	愛知	65821	長野	7363	岡山	1101	秋田	977	鹿児島	334
4	福島	47094	新潟	7070	北海道	1087	三重	397	岩手	247
5	兵庫	45965	福島	5964	三重	847	鹿児島	346	北海道	100

（『データでみる県勢2021』より作成）

	ア	イ	ウ	エ	オ	カ
A	水力	水力	地熱	地熱	風力	風力
B	地熱	風力	水力	風力	水力	地熱
C	風力	地熱	風力	水力	地熱	水力

ⅲ．次の表は利根川，石狩川，北上川，信濃川の４つの河川の長さ，流域面積，その河川が流れている都道府県数を示したものである。表中のア～エから北上川にあてはまるものを一つ選べ。

	河川の長さ	流域面積	その河川が流れている都道府県数
ア	367km	11,900平方km	3
イ	322km	16,840平方km	6
ウ	268km	14,330平方km	1
エ	249km	10,150平方km	2

総務省統計局日本統計年鑑（第71）R4　第1章 国土・気象 1-5 主な水系
www.stat.go.jp/data/nenkan/71nenkan/01.html

(5)　下線部⑤について，次の問いに答えよ。

ⅰ．次の文章は世界の結びつきと交通手段について説明したものである。下線部ア～エから，適当でないものを一つ選べ。

> 交通手段の発達は，地球上の時間距離を大幅に縮めた。人間の長距離の移動では，ア航空機が主要な交通機関となっている。イ2015年から2019年にかけては，外国へ行く日本人の数よりも日本を訪れる外国人の数のほうが多かった。一方，物資輸送に関しては，航空機に比べて速度の遅い船舶は，ウ重量あたりの輸送費用が高い。比較的近い距離を頻繁に輸送するには，自動車の役割が大きい。エ鉄道は自動車よりも大気汚染など環境に与える負荷が小さく，長距離の物資輸送における役割が見直されている。

ⅱ．次のページの表は，世界の人口上位10カ国の人口に関する資料である。A～Cにあてはまる国名の組合せとして最も適当なものを下のア～カから一つ選べ。

	人口密度（人／km²）	出生率（‰）	死亡率（‰）	65歳以上の人口割合（%）
バングラデシュ	1116	17.9	5.5	5.5
A	420	20.0	6.2	5.5
パキスタン	277	27.8	6.9	3.3
B	223	37.4	11.6	3.2
インドネシア	143	17.7	6.5	6.5
中国	150	10.5	7.1	12.6
メキシコ	66	16.5	5.9	7.4
アメリカ	34	12.4	8.5	16.0
C	25	14.3	6.2	9.2
ロシア	9	9.8	13.3	12.9

※パーミル（‰）は1000分の1を1とする単位（千分率）であり，1‰は0.1%となる。　（『世界国勢図会2022／2023』より作成）

	ア	イ	ウ	エ	オ	カ
A	ナイジェリア	ナイジェリア	インド	インド	ブラジル	ブラジル
B	インド	ブラジル	ナイジェリア	ブラジル	ナイジェリア	インド
C	ブラジル	インド	ブラジル	ナイジェリア	インド	ナイジェリア

(6) 下線部⑥について，次の問いに答えよ。

ⅰ．三大穀物について，その生産上位国を示した下記の円グラフA～Cの各穀物名として最も適当なものをア～カから一つ選べ。

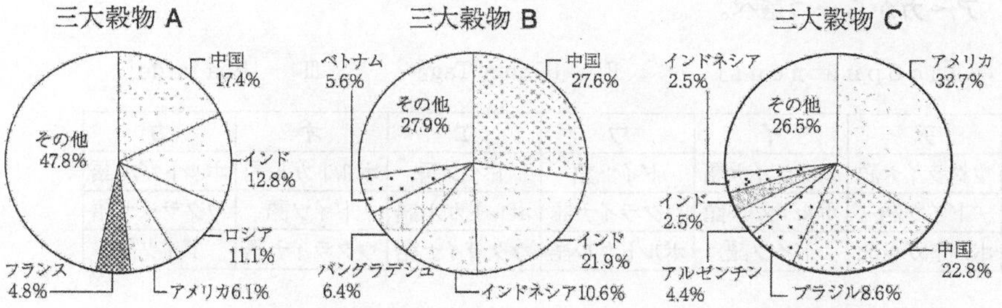

（『地理統計要覧2020年版』より作成）

	ア	イ	ウ	エ	オ	カ
A	米	米	小麦	小麦	とうもろこし	とうもろこし
B	小麦	とうもろこし	米	とうもろこし	米	小麦
C	とうもろこし	小麦	とうもろこし	米	小麦	米

ⅱ．アメリカ合衆国の農業を説明した次の文中ア～オには，「高い」または「低い」のいずれかの用語が入る。「高い」が入る記号を**すべて**選べ。

> アメリカ合衆国では早くから農業の機械化が進み，労働生産性の［ア］農業が行われている。大規模な農業が行われているため，労働人口に占める農業人口の割合は［イ］。また，アジアの稲作などの労働集約的な農業と比べると，土地生産性は［ウ］。世界全体の農産物輸出に占めるアメリカ合衆国の割合は［エ］が，オーストラリアなどと比較すると，自国の農産物生産量に占める輸出量の割合はやや［オ］。

ⅲ．次の表は秋田県，和歌山県，兵庫県，熊本県に関する統計である。
兵庫県を表中の**ア**～**エ**から一つ選べ。

	農業生産額（億円）	65歳以上人口割合（%）	県庁所在地の年平均気温（℃）	県庁所在地の年間降水量（mm）
ア	1116	32.2	16.7	1316
イ	3475	30.1	16.9	1985
ウ	1745	35.6	11.7	1686
エ	1690	28.3	16.7	1216

（『データでみる県勢2021』より作成）

(7)　下線部⑦について，南北アメリカ大陸では，ある世界宗教がもっともひろく信仰されている。そのうちおもに信仰されている宗派が異なる。アメリカ合衆国やイギリス，北ヨーロッパでひろく信仰されている，ある世界宗教の宗派を答えよ。

(8)　下線部⑧について，次の表は，イギリス・イタリア・ロシアと，その国で主に使われている言語および，「こんにちは」を意味する表現のうち，一つの例をあげている。

	主な言語	こんにちは
イギリス	英語	Good afternoon
イタリア	イタリア語	Buon giorno
ロシア	ロシア語	Доброе утро

表中の言語と「こんにちは」の表現を参考に，次のⅠ～Ⅲの言語の組合せとして最も適当なものを，**ア**～**カ**から一つ選べ。

Ⅰ：「добрий день」　　Ⅱ：「Guten Tag」　　Ⅲ：「Boa tarde」

	ア	**イ**	**ウ**	**エ**	**オ**	**カ**
Ⅰ	ウクライナ語	ウクライナ語	ドイツ語	ドイツ語	ポルトガル語	ポルトガル語
Ⅱ	ドイツ語	ポルトガル語	ウクライナ語	ポルトガル語	ドイツ語	ウクライナ語
Ⅲ	ポルトガル語	ドイツ語	ポルトガル語	ウクライナ語	ウクライナ語	ドイツ語

Ⅱ　次の日本列島の食文化に関する表と，歴史上の人物についての次のページの文章A～Fを読んで，あとの問いに答えよ。

古い

人々はマンモスなどの大型動物や木の実などを食べていた…①
(あ)
稲作が伝わり，人々は石包丁で摘んだ稲や粟，豆などを食べていた…②
(い)
禅宗の僧侶が大陸から茶を伝えた…③
(う)
カステラなど新しい食べ物がもたらされた…④
(え)
牛鍋が流行するなど，食文化の西洋化がはじまった…⑤
(お)
米などの配給制がはじまった…⑥
(か)

新しい

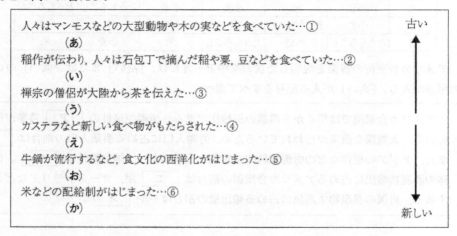

A　立憲政治の確立につとめ，初代内閣総理大臣になるとともに⑦憲法制定にたずさわった。

B　中国から⑧琉球王国を通じて伝えられた甘藷の栽培に成功した。

C　⑨革命後の混乱の中，軍人として名をあげ皇帝となり，革命の諸原理を法律にして定着させる一方で，革命に干渉した諸外国の大部分を武力で征服した。

D　分裂した朝廷による内乱を終わらせて国内をしずめ，⑩中国や朝鮮とも外交・貿易を行い，中国の皇帝から「日本国王」と認められた。

E　⑪女性の人権について訴えていた15歳の時，武装勢力に襲撃された。一命を取り留めた後も，女性の権利の向上について訴え続けている。「一人の子ども，一人の教師，１冊の本，そして１本のペン，それで世界を変えられます。」との言葉が知られている。

F　⑫長期間にわたって権力を握り，「この世をば　わが世とぞ思ふ　望月の　欠けたることもなしと思へば」という歌で知られている。

(1)　①の時期に関して述べた次の文Ｘ・Ｙについて，その正誤の組合せとして正しいものを，下のア～エから一つ選べ。

Ｘ　人々は打製石器を使用し，互いに協力して狩猟をしていた。

Ｙ　人々は土器を使用し，肉や木の実を調理していた。

ア　Ｘ　正　Ｙ　正　**イ**　Ｘ　正　Ｙ　誤

ウ　Ｘ　誤　Ｙ　正　**エ**　Ｘ　誤　Ｙ　誤

(2)　②の時期に関して述べた次の文ａ～ｄについて，正しいものの組合せを，下のア～エから一つ選べ。

ａ　人々は竪穴住居に暮らし，集落の周囲に形成された貝塚からは青銅製の鏃《やじり》が見つかっている。

ｂ　人々は竪穴住居に暮らし，収穫物を共同の高床倉庫などに蓄えた。

ｃ　人々は同じ場所に住み，ムラをつくったが，貧富の差はまだなかった。

ｄ　人々は同じ場所に住み，ムラをつくったが，土地や水の利用をめぐる争いからムラどうしの戦いも起きるようになった。

ア　ａ，ｃ　**イ**　ａ，ｄ　**ウ**　ｂ，ｃ　**エ**　ｂ，ｄ

(3)　③の時期に関して述べた次の文Ｘ・Ｙと，それに該当する語句ａ～ｄとの組合せとして正しいものを，下のア～エから一つ選べ。

Ｘ　この時期，中国に渡った僧侶により，禅宗がもたらされた。

Ｙ　この時期，「南無阿弥陀仏」と念仏を唱えれば，だれでも極楽浄土に生まれ変われるとの教えが広がった。

ａ　空海　ｂ　道元　ｃ　法然　ｄ　日蓮

ア　Ｘ－ａ　Ｙ－ｃ　**イ**　Ｘ－ａ　Ｙ－ｄ

ウ　Ｘ－ｂ　Ｙ－ｃ　**エ**　Ｘ－ｂ　Ｙ－ｄ

(4)　④の時期における海外との交流について示した次のページの写真ａ～ｃについて，古いものから年代順に正しく配列したものを，下のア～カから一つ選べ。

ア　ａ→ｂ→ｃ　**イ**　ａ→ｃ→ｂ　**ウ**　ｂ→ａ→ｃ

エ　ｂ→ｃ→ａ　**オ**　ｃ→ａ→ｂ　**カ**　ｃ→ｂ→ａ

a

b

c

出題の都合で出典は非掲載とします

(5)　⑤の時期に関して述べた次の文X・Yについて，その正誤の組合せとして正しいものを，下のア～エから一つ選べ。

X　この時期，政府は強力な軍隊をつくるため，兵農分離を徹底して武士を兵士として徴兵した。

Y　この時期，政府は土地の売買を認めた上で，土地所有者に税を納めさせる農地改革を行った。

ア　X 正　Y 正　　**イ**　X 正　Y 誤　　**ウ**　X 誤　Y 正　　**エ**　X 誤　Y 誤

(6)　⑥の時期に関して述べた次の文a～dについて，正しいものの組合せを，下のア～エから一つ選べ。

a　国民生活の統制を進める政府は，「ぜいたくは敵だ」として高価な洋服や宝石の指輪などの製造・販売を禁止した。

b　国民生活の統制を進める政府は，質素・倹約を勧め，商品作物の栽培を制限して米の生産を奨励し，各地に倉を設けて米を蓄えさせた。

c　日本は宣戦布告のないままに中国に対する戦争を拡大し，国際的な孤立を深めた。

d　日本は宣戦布告のないままに中国に対する戦争を拡大し，二十一か条の要求を提出した。

ア　a，c　　**イ**　a，d　　**ウ**　b，c　　**エ**　b，d

(7)　下線部⑦について述べた次の文中（a）（b）に入る語句の組合せとして正しいものを，あとのア～エから一つ選べ。

Aの人物が中心となってつくった憲法案は，（　a　）における非公開での審議を経たのち，天皇から国民に与えるという形で発布された。この憲法では，天皇が国の元首として大きな権限を持ち，国を統治することとされた。国会は帝国議会とよばれ，貴族院・衆議院の二院制で，法律をつくったり予算を決めたりする権限を持った。国民は臣民とよばれ，所有権の不可侵，信教の自由，言論・集会・出版の自由を認められたが，（　b　）の範囲内との制限を受けた。

ア　a：枢密院　b：公共の福祉　　**イ**　a：元老院　b：公共の福祉

ウ　a：枢密院　b：法律　　**エ**　a：元老院　b：法律

(8)　下線部⑧に関して述べた次の文X・Yについて，その正誤の組合せとして正しいものを，下のア～エから一つ選べ。

X　琉球王国は，東アジアの海と東南アジアの海を結ぶ中継貿易で繁栄し，その精神は王府正殿に掲げられた「万国津梁の鐘」に表されている。

Y　琉球王国は，第二次大戦末期米軍によって占領され，占領終結とともに日本に編入されて沖縄県となった。

ア　X 正　Y 正　　**イ**　X 正　Y 誤　　**ウ**　X 誤　Y 正　　**エ**　X 誤　Y 誤

(9)　下線部⑨の革命に関して述べた次のページの文a～dについて，正しいものの組合せを，あとのア～エから一つ選べ。

a　この革命は，清教徒が国教会の改革を求めるとともに，王の専制政治に反対することによって起こった。

b　この革命は，国王が国民議会の動きを武力でおさえようとしたのが引き金となり，都市の民衆や農民らが起こした。

c　この革命の結果，古い身分社会がこわされ，市民を中心とした自由で平等な新しい社会への道が開かれた。

d　この革命の結果，議会と国王はお互いの権限を確認し合い，権利の章典が発布された。

ア　a，c　　イ　a，d　　ウ　b，c　　エ　b，d

(10)　下線部⑩に関して，次の地図（X島，Y港）と文a・bは，朝鮮との貿易に関連する場所と内容である。場所とその内容の組合せについて正しいものを，下のア～エから一つ選べ。

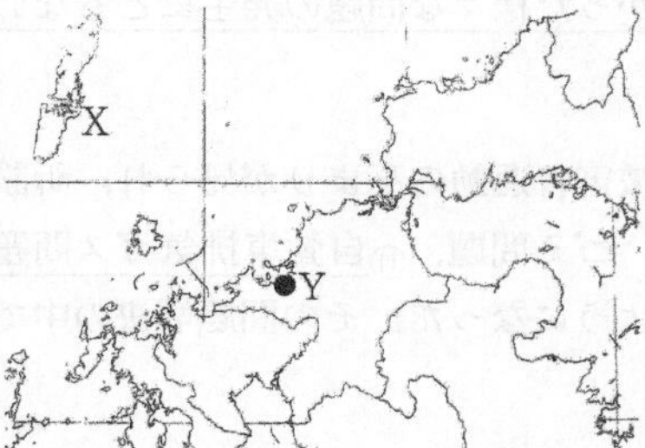

a　朝鮮との貿易は，銅銭・生糸などを輸入し，硫黄・刀剣などを輸出した。

b　朝鮮との貿易は，木綿や陶磁器・仏典などを輸入し，銅などを輸出した。

ア　X－a　　イ　Y－a
ウ　X－b　　エ　Y－b

(11)　下線部⑪に関して述べた次の条文の抜粋X・Yと，その条文を持つ条約や法に該当する語句a～dとの組合せとして正しいものを，下のア～エから一つ選べ。

X　すべて人は，人種，皮膚の色，性，言語，宗教，政治上その他の意見，国民的若しくは社会的出身，財産，門地その他の地位又はこれに類するいかなる事由による差別をも受けることなく…

Y　すべて国民は，法の下に平等であって，人種，信条，性別，社会的身分又は門地により，政治的，経済的又は社会的関係において，差別されない。

a　世界人権宣言　　b　女子差別撤廃条約
c　日本国憲法　　d　男女共同参画社会基本法

ア　X－a　Y－c　　イ　X－a　Y－d
ウ　X－b　Y－c　　エ　X－b　Y－d

(12)　下線部⑫に関して述べた次の文X・Yと，それに該当する語句a～dとの組合せとして正しいものを，下のア～エから一つ選べ。

X　天皇が幼いときに政治を代行する役職に就いた。

Y　この時代に，貴族社会を描いた『源氏物語』など優れた作品が生まれた。

a　摂政　　b　関白　　c　紫式部　　d　兼好法師

ア　X－a　Y－c　　イ　X－a　Y－d
ウ　X－b　Y－c　　エ　X－b　Y－d

(13)　A～Fの文章の内容は，年表中(あ)～(か)のどの時期にあたるか。それぞれにあてはまるものを選べ。

Ⅲ　次の文章を読み，後の問いに答えよ。

①人権とは，人が生まれながらに持つ権利である。②現代国家の役割は，この人権をいかに保障していくことができるかがテーマとなっている。これこそが，③民主政治である。国家が政治を行なっていく前提として権力を有することが必要である。そのため，現代の国家は憲法を持ち，④権力の濫用を防ぎ，国民一人一人の人権を保障することが考えられている。

日本国憲法における自由権は，精神の自由，経済の自由，身体の自由に大別される。⑤精神の自由は，精神的な活動の自由をいい，⑥経済の自由は，経済的な活動の自由をいう。⑦身体の自由は，国家による不当な身体的拘束を阻止することをいう。

日本国憲法における人権には，自由権の他にも，⑧社会権や参政権など人権規定が存在する。それに加えて今日では，社会・経済の変動にともなって，人々の意識の変化や価値観の多様化がみられるようになり，⑨憲法が制定された当初想定されていなかった様々な問題の発生にともない，多様な人権が主張されるようになった。

1950年代以降，公害が深刻化するにつれ，⑩住民運動や被害者運動の高まりが見られ，訴訟に発展するなど大きな社会問題となった。また，1970年代には，ゴミ問題，⑪自動車排気ガス問題などの生活型公害や都市型公害が社会問題としても深刻化するようになった。その問題解決の中で環境権などが提唱されるようになった。

(1)　下線部①について，人権保障について述べた文として正しいものを，次の**ア**～**エ**から一つ選べ。

ア　日本国憲法によれば，人権は永久不可侵の権利であるので，どのような制限も受けない。

イ　日本国憲法では基本的人権の尊重を三大基本原理の一つとして掲げているが，国際化が進展する今日においても，日本国民のみを対象としており，人権保障は外国人には及ばない。

ウ　世界人権宣言では，人種や宗教などの違いをこえて人類普遍の価値として人権を認めた宣言で，主に自由権を内容とするA規約と主に社会権を内容とするB規約で成り立っている。

エ　国際的な人権保障の一つとして，国連人権理事会は加盟各国の人権保障の状況を調査し，問題がある場合には改善を勧告するなどしている。

(2)　下線部②に関連して，領域に関連する説明として，正しいものを次の**ア**～**エ**から一つ選べ。

ア　領空とは，領土の地表から宇宙空間に至るまでをいい，他国の領空の内側を許可なく自由に航行することは国際法上認められていない。

イ　海岸線（基線）から24海里までの海域を領海といい，他国の領海の内側を許可なく自由に通航することは国際法上認められていない。

ウ　領海から200海里までの海域を排他的経済水域といい，天然資源の探査・開発など経済的活動について沿岸国が主権的権利を認められている。

エ　宇宙空間については，どの国の主権も及ばないとされている。

(3)　下線部③に関連して，日本の選挙制度について述べた文として正しいものを次の**ア**～**エ**から一つ選べ。

ア　衆議院議員選挙では，小選挙区制が採用されており，選挙区によっては複数名選ばれる。

イ　衆議院議員選挙では，比例代表制が採用されており，比例代表の候補者名で票は投じられ，その票が政党得票となり，ドント方式による議席配分が行われる。

ウ　参議院議員選挙では，選挙区制が採用されており，選挙区によっては複数名選ばれる。

エ　参議院議員選挙では，比例代表制が採用されており，政党名のみでの投票が行われ，ドント方式による議席配分が行われている。

(4)　下線部④について，日本の三権分立の仕組みについて述べた文として，**誤っているもの**を次のア～エから一つ選べ。

ア　国会が，内閣総理大臣を指名する。

イ　国会には，弾劾裁判所が設けられ，裁判官を裁判することができる。

ウ　内閣が，最高裁判所の裁判官を指名し，その他の裁判官については任命する。

エ　裁判所は，内閣が作る命令，規則，処分が憲法に違反していないか具体的な事件の裁判を通して審査する。

(5)　下線部⑤について述べた文として，**誤っているもの**を次のア～エから一つ選べ。

ア　表現の自由は，代表民主主義を支える上で，各個人が自分の考えを表明し，社会のあり方を決定する上で必要不可欠である。

イ　日本国憲法では，検閲は禁止されている。

ウ　信教の自由は，国民がどのような宗教であっても信じる自由を保障しており，信じない自由についても保障している。

エ　政治と宗教が分離すべきとする考え方（政教分離）に基づき，国家公務員は宗教を信仰してはならない。

(6)　下線部⑥に関連した文として，正しいものを次のア～エから一つ選べ。

ア　日本国憲法では，私有財産を公共のために用いることは認められており，その場合には正当な補償が必要になる。

イ　日本国憲法では，財産権が公共の福祉のためであったとしても制限することはできないと明文で規定している。

ウ　一定の職業に関して，資格が設けられたり，規制が行われたりすることは，職業選択の自由に反する。

エ　職業選択の自由には，どのような職業につくかの自由は認められるが，その職業を実際に行う自由は含まれない。

(7)　下線部⑦について述べた文として，正しいものを次のア～エから一つ選べ。　　※全員正解

ア　憲法第31条では，法律の定める手続きによらなければ，刑罰を科すことはできないと定めているが，例外的な場合には，この限りではない。

イ　憲法第33条では，裁判官が発する令状によらなければ逮捕や捜索・差押することができない。ただし，現行犯逮捕の場合にはこの限りではない。

ウ　憲法第36条では，拷問及び残虐な刑罰を禁じているが，例外的な場合には，拷問を行うことは止むを得ないとしている。

エ　再審制度が設けられているが，一度有罪判決が出た後，無罪となる証拠が新たに発見されることはまずないため，再審が行われたことは戦後一度もない。

(8)　下線部⑧について述べた文として，**誤っているもの**を次のア～エから一つ選べ。

ア　労働三権とは，団体権，団体交渉権，団体行動（争議）権を指す。

イ　公務員は，その地位の特殊性と職務の公共性にかんがみ，労働三権が制限されている。

ウ　現在国政選挙の選挙権は18歳以上となっており，衆議院議員選挙の被選挙権は25歳以上，参議院議員選挙の被選挙権は30歳以上になっている。

エ　国があやまって国民に損害を与えた場合に，国民は国に損害賠償を求めることができる。

(9)　下線部⑨について，新しい人権の根拠となる憲法第13条の権利を何というか。漢字5字で答えよ。

(10)　下線部⑩に関連して，住民の政治への関わりについて述べた文として，**誤っているもの**を次のア～エから一つ選べ。　※全員正解

ア　現代の民主政治において世論の役割は重要であり，その一つとして住民運動の意義は大きい。

イ　住民運動を背景として，住民投票が行われることがあるが，住民投票の結果は法的拘束力を持つことになる。

ウ　地方公共団体は，NPO（非営利組織）との協働，または支援を通じて地方政治の充実を図るようになってきている。

エ　オンブズフン制度とは，地方行政の業務やそれに関連する職員の行為などによって不利益を受けたときに住民が申し立てることができる制度であり，中立的な立場から是正や勧告を行う。

(11)　下線部⑪に関連して，下の表は，世界の二酸化炭素排出量の上位五カ国を示している。第3位と第5位にあてはまる国の組合せとして正しいものを次のア～カから一つ選べ。

二酸化炭素（CO2）排出量の多い国		
順位	国名	排出量（100万トン）（2019年）（注）
1位	中華人民共和国（中国）	9,809.2
2位	アメリカ合衆国（米国）	4,766.4
3位	A	2,309.1
4位	ロシア	1,587.0（2018年）
5位	B	1,066.2

出典：総務省統計局「世界の統計2022」
（https://www.mofa.go.jp/mofaj/kids/ranking/co2.html）

ア　A日本　Bブラジル　イ　A日本　Bインド　ウ　A日本　Bドイツ
エ　Aブラジル　B日本　オ　Aインド　B日本　カ　Aドイツ　B日本

Ⅳ　次の(1)～(5)のことがらについて述べた文A・Bの正誤の組み合わせを判断し，解答例にしたがって記号で答えよ。

《解答例》
・A，Bどちらとも正しい場合…………ア
・Aが正しく，Bは誤りである場合……イ
・Aが誤りであり，Bは正しい場合……ウ
・A，Bどちらとも誤りである場合……エ

(1)　企業について

A　株式会社では，株主への配当は株価の上昇分が配当として分配される。

B　株式会社が倒産した場合，株主は出資額を失うことにはなるが，出資額を超えて責任を負うことはない。

(2)　労働に関する法律について

A　労働基準法は，正規労働者，非正規労働者すべての労働者に適用される。この法律では労働条件に関する最低基準を定めており，この条件を満たさない労働契約は無効となる。

B　労働組合法では，労働者が企業と対等に交渉するため労働組合を組織することを保障しており，非正規雇用の労働者も加入することができる。

(3)　価格について

A　需要曲線と供給曲線の交点で示される価格を均衡価格といい，均衡価格よりも価格が高く設定された場合には，売れ残りが生じると考えられる。

B　企業同士の話し合いによって価格が決定されるなど市場での競争を制限するような行為は独占禁止法で禁止されており，国家公安委員会による，監視，運営が行われている。

(4)　財政について

A　不景気の際に，総需要を増大させ，景気を回復させるためには，減税をおこない政府支出を増大させる。

B　一般会計の歳入に占める公債金の割合が50%を超えたことは過去一度もない。

(5)　社会保険について

A　年金保険は，全員が加入する国民年金の他に，会社員や公務員が加入する厚生年金があり，基礎年金に加えて支給される仕組みとなっている。

B　国民健康保険については，保険加入者の保険料はもちろんのこと，企業の支払う保険料と税金とでまかなわれており，治療にかかる費用の一部負担で医療サービスを受けれるようになっている。

記号で答えよ。

ア　正義感が強く、尊敬すべき存在ではあるが、近寄りがたかった父が自分の母親への感情に理解を示してくれたことで親近感がわいている。

イ　どことなく距離を感じていた父であったが、感情をむき出しにしながら自分への思いを口にしてくれたことで、父へ心を開こうとしている。

ウ　ようやく自分に対する父の偽らざる本音を聞けたことで、父への印象が大きく変わり、これからの二人の新しい関係に期待を寄せている。

エ　父こそが自分を本当に愛してくれる存在であることに気付き、これまで抱いていた負の感情が消えて、父に対して尊敬の念を抱いている。

オ　父に対して素直になれなかった自分ではあるが、孤独に老いていく父を前にしたことで、育ててくれた感謝の思いを伝えようとしている。

問八　[A]に入れるのに最も適当な語を、次のア～オから一つ選び、記号で答えよ。

ア　危機感　イ　義務感　ウ　緊張感　エ　満足感
オ　劣等感

問九　この文章の表現についての説明として、最も適当なものを、次のア～オから一つ選び、記号で答えよ。

ア　父の優しい語り口がかたくなな「俺」の心情を解きほぐしている様子が母の姿を想起させることによって間接的に理解することができる。

イ　父の宗教的な話に嫌悪する「俺」と父の生き方に理解を示し始める「俺」とが対照的に書かれており、最終的な和解を際立たせている。

ウ　父の長い会話文と「俺」の短い会話文の組み合わせがお互いの気遣いを表しており、父に対する「俺」の屈曲した感情も読み取れる。

エ　「俺」と父との会話の合間に「俺」の気持ちや行為の短文が繰り返されており、臨場感を味わいながら円滑に話の展開を追うことができる。

オ　宗教的な比喩を用いながらも信仰に対する理解の少ない「俺」の生き方と宗教的価値観の間で揺れる心をテンポよく表現している。

間で苦しむ父を助け出し、家族の形を整え、再出発しようと考えていたこと。

イ　父のなかで自分を神様よりも大きな存在として認めてもらいたかった母は、神様を否定することによって、父を孤独に追い込もうとしたこと。

ウ　神様に忠実な父に対して、母は半ば馬鹿にするような発言で痛烈に非難しながら、家族と離れてひとりだけ家を出て行ってしまったこと。

エ　どのような状況においても神様のような振る舞いをする父に対して、母は怒りや不満を感じており、信仰をやめさせようとしていたこと。

オ　まるで神様のような行いで、本心を見せようとしない印象のある父に対して、多少の欠点も含めた人間味のある姿を母は求めていたこと。

問四　――②「踏み絵みたいな目」とあるが、どういう場面か。その説明として最も適当なものを、次の**ア**～**オ**から一つ選び、記号で答えよ。

ア　教会での説教を愛する人に向けた愛についての内容にするのか、一般の人々に向けて教訓じみた内容にするのかを決めなければならない場面。

イ　神様への信仰心を都合に応じて変化させていくのか、個人として自分の考えに基づいた振る舞いをするのかを決めなければならない場面。

ウ　神様を差し置いて自分の気持ちによって行動するのか、自分の気持ちよりも神様の信仰を最後までつらぬき通すのかを決めなければならない場面。

エ　神様を軽んじることになろうとも事実を隠すのか、神様の救済を信じて都合の悪いことでも真実を伝えるのかを決めなければならない場面。

オ　本当の愛について自分の考えを伝えていくべきか、聖書の話に関連している神様の愛について伝えるべきかを決めなければならない場面。

問五　――③「私は十分すぎるくらい罪深い。泥にまみれている」とあるが、どのような点で、父は「泥にまみれている」のか。六十字以内で説明せよ。

問六　――④「常に越えられない溝」とあるが、何のことか。その説明として最も適当なものを、次の**ア**～**オ**から一つ選び、記号で答えよ。

ア　母との関係を清算し、息子の将来のために様々な考えを巡らせている父と、自分のことを中心に考えている自分との差。

イ　神様の信仰をふまえた正しいことしか認めようとしない父と、場合によっては不正も許されると考える自分との差。

ウ　牧師として信仰に基づいた行いをし、正しくあろうとする父と、父ほどの信仰を持っておらず不完全な自分との差。

エ　牧師としての自分と父親としての自分の間で思い悩む父と、物事を軽く考え、思いつきで行動する自分との差。

オ　母からの息子への思いと自分の息子への考えの間で苦悩する父と、いつまでも精神的に成長できない自分との差。

問七　――⑤「お父さん、ありがとう」とあるが、この言葉を発した一哉の思いの説明として、最も適当なものを、次の**ア**～**オ**から一つ選び、

「そんなんじゃないです。俺は、俺にいらいらしているんで。俺は、ものすごく半端なんで、やることも考えることも」

俺は言った。

「自分でわかってるんだ。俺には深い考えなんてなくて、目先の感情だけなんだ。お母さんのことも、あの時、とても嫌いになって、だから、一緒に行かなかった。それは、今も変わらないよ」

父は俺の手に茶封筒を押しつけた。

「読んでみるといい。考えが変わるかもしれない。いい手紙だ。素直に自分の気持ちや、日々のことが書いてある。お母さんは、文章が上手なんだ。知り合ったばかりの頃、二人ともドイツ留学中だったんだが、近くはなかったので、ずっと文通していた。自分の手紙を投函した瞬間から、ずっと彼女からの返事を待ち侘《わ》びていたか。その頃を思い出したよ」

「なんで、見せてくれる気になったんです」

俺は尋ねた。時々、父に対しては敬語になるが、感情的に距離を置きたい時にそうするみたいだ。バリヤーを張るみたいに。

「ゆうべ、ずっと思っていた。君にもしものことがあったらと。君がもし、お母さんからの手紙を読まずに、神様の元に行くようなことがあったらと……。そんなふうに心臓に刃を向けられているような状態にならないと、本当の罪の重さがわからなかったりする。なんて、愚かなのだろうとつくづくと考えていた」

「⑤お父さん、ありがとう」

言葉は、ふと口をついてきた。

「俺を欲しがってくれて」

変な言葉だと思った。

「はないちもんめ、じゃないけど」

父はショックを受けたような顔になった。

「君は、私が［ A ］から君を育てているとでも思っていたのか？」

俺は首を横に振った。

「違うよ。でも……」

わがままとか見栄とか嫉妬とか、およそ、父らしくない感情を見せてもらって嬉しかったんだけど、それは口にできなかった。

（佐藤多佳子『聖夜』）

問一 ＝＝(1)、(2)の本文中における意味として最も適当なものを、次のア〜オからそれぞれ一つずつ選び、記号で答えよ。

(1)「いまいましい」

ア しゃくにさわる　イ 現代風である

ウ 世にもまれである　エ どうしようもない

オ 違和感がある

(2)「断片的」

ア 緩やかであるさま　イ 切れ切れであるさま

ウ 衝撃的であるさま　エ 一方的であるさま

オ 段階的であるさま

問二 ［X］にあてはまる肉体の一部を表す漢字一字を書け。

問三 ――①「お父さんから、神様を引き算してみたかったんじゃないのかな、お母さんは」とあるが、どういうことか。その説明として最も適当なものを、次のア〜オから一つ選び、記号で答えよ。

ア 神様への信仰を追求することと家族を支える父親としての役割の

に残り、ノイスという町で、知り合いを頼って働きながら一人で暮らしている。教会でオルガンを弾く仕事もしているらしい」

　父の手にしている茶封筒をにらむように見ながら、俺は話を聞いていた。離婚、一人で暮らしている、オルガンを弾く仕事……父の声が⑵断片的に頭に突き刺さる。知らなかった。何も知らなかった。母はあの男と幸せに暮らしているものだと信じこんでいた。なぜ、そんなことも知らずにいたのだろう。ただ、聞かなかったからか。

　父は話を続けた。

「彼女が離婚して一年くらいしてから、最初の手紙が届いた」

「それは、私宛で、報告のような短い手紙だった。こちらも近況を書き送った。また、半年くらいたってから、手紙が来た。私宛に短い手紙、君宛に長い手紙。君への手紙は、私が読んでもいいと、そして、私の判断で君に渡すか捨てるかしてくれと書いてあった。私は読んだが、渡すことも捨てることもしなかった。どちらもできずにいると、一《ひと》月に一度のわりで、手紙が届くようになった。君に読ませてはいけない手紙ではなかったし、渡すべきだと思った。でも、私は、それをずっと隠しておいた。罪深い行いだ」

「なんで?」

　俺はとまどいながら尋ねた。父らしくない。

　父はしばらく黙っていた。

「お母さんが出ていってしまってから、君がここで幸せでないことはよくわかっていた。私は、先行きの不安定な外国の暮らしに君を送り出すつもりはなかったので、親権のことでは最後まで争うつもりだったが、君が自分から残ると言ってくれるとは思っていなかった。嬉しかった。あの時、本当に唯一の救いだった。君が。君自身が。そして、君の判断が」

　父は俺をじっと見つめた。

「でも、私が君にしてあげられることは、多くないと、日に日に思うようになった。君には明らかに、彼女が必要だった。知らない外国人の継父がいても、別れて生活が困窮しても、それでも、お母さんと一緒にいたら、君は幸せなのかもしれない。この手紙を見せたら、君は彼女のところに行ってしまうかもしれないと思った。だから、隠していた。ここの安定した生活が君のためだと判断したというより、ただ、彼女に君を取られるのがいやだった。私のわがままだ。見栄かもしれない。嫉妬かもしれない。なんにせよ、正しくない考えだ。罪深い……。いくら、神に祈っても、詫《わ》びても、正しい行動をしなければ、意味がない。救われない」

　父の言葉はなかなか俺の頭の中に入ってこなかった。

「俺が……俺は、いい息子じゃない」

　俺と父は、仲良しじゃない。こんなふうに［ X ］を開いて語り合ったのは初めてだし、④常に越えられない溝があり、親子にしては丁寧でよそよそしい間柄だった。

「お父さんは、俺がいたほうがいいの?」

「あたりまえだ」

　父は珍しく怒鳴るように答えた。

「ただ、香住を苛立《いらだ》たせていたように、私は君を同じようにいらいらさせているように思える」

　父が母の名前を口にするとハッとした。

ることはないと思う。神に仕えるものが神を気取るなど、これ以上はない冒瀆《ぼうとく》だ」

　母の言いたいことはよくわかる。さっき、祖母も言っていた。父は正しい――その正しさが、欠点だらけの人間には、まがいものの神のように思えることがあるんだ。そう思わないと、やりきれないのかもしれない。

　父の顔には、正視できないような苦さがにじんでいた。俺は思わず、視線をそらした。

「いつも、彼女のためにと考えてきたつもりだ。それすら、重荷でしかなかったようだ」

「①お父さんから、神様を引き算してみたかったんじゃないのかな、お母さんは」

　俺は言った。

　父はまじまじと俺を見つめた。

「どうして、そんなことができる？　神はいつもわれわれと共におられるのに」

　俺の身体に鋭く震えが走った。メシアンの曲じゃないか。(1)いまいましい例の曲だ。『神はわれらのうちに』。

「すべての人が、お父さんみたいに信仰を持っているわけじゃないよ」

　俺は突き放すように言った。

　母は、父の中の最上位のポジションを懸けて、神様と争っていたのだろうか。なんと無駄な。なんと不毛な。母は父を堕落させたかったのだろうか。母のリンゴを父は食べなかった。そして、母だけがエデンの園を追放された。誘惑されなかったアダムは、老いて孤独でひどく虚《うつ》ろに見えた。

〈中略〉

　父の疲れた目は静かに俺を見据えた。

「人を愛さない人間は神を愛せないし、神を愛せない者は真に人を愛することはできない。神への愛は、生きとし生ける、あらゆる生命への愛だ。身近な者を心から愛し、敬い、大切にすることは、そのまま、一つの信仰の形となる」

「もういいよ」

　と俺は言った。自分が持ち出した話題だけど、教会での説教みたいな話は聞きたくない。

「このくだらない下界に生きていると、②踏み絵みたいな目にあうこともあるだろう？　もし、お母さんが、私を本当に愛しているなら、信仰を捨ててくれと泣きついたら、どうしたのさ？　どうせ、お父さんは、今みたいな教会用の説教をするだけで、お母さんが求めるイエス、ノーの答えなんて言いはしないだろ」

「なんで、信仰を捨てることを求めたりするんだ？」

「罪深いお父さんが見たいんだよ。泥にまみれた……」

「③私は十分すぎるくらい罪深い。泥にまみれている」

「そうは見えないんだよ」

　父は急に俺に背を向けると、机の引き出しから、かなり大きめの茶封筒を取り出した。そして、黙って、それを俺に差し出した。

「お母さんからの手紙だ。君宛の」

　父の言葉に、俺は袋を受け取ろうとした手を途中で止めた。

「お母さんは、シュルツ氏とは二年で離婚している。それからもドイツ

なる面を指摘し、「利他」に対する筆者の考えを展開している。

エ　キーワードになる語を丁寧に解説を加えて説明しながら、その語にカギ括弧《かっこ》をつけて強調し、筆者の考えを述べている。

オ　ケアの現場において「善意の押しつけ」になる例を挙げて、一般の人が陥る可能性のある「利他」の危険性を指摘している。

二　次の文章を読んで、後の問いに答えよ。（字数制限のある問題は句読点・記号等も一字に数える。）

「俺」（一哉）は牧師である父と祖母の三人暮らしで、母（香住）と父は離婚している。「俺」はある時、オルガン部の発表会に出ずに、悪友の家に行き、そのままバンドのライブを見に行き、家に帰るのが遅くなってしまった。この一連のことを父からとがめられている場面である。

「すみませんでした」

俺は父に頭を下げた。謝るのは簡単だった。悪いことをしたと自分で思っている。だけど、簡単に謝ってしまう自分を冷ややかに眺めているもう一人の自分がどこかにいるような気がする。

父はどこか納得がいかないような顔つきで、ずっと俺を眺めていた。そして、しばらくしてから言った。

「おばあさんが言っていた。とても感情的になってしまった、一哉に言うべきでないことを言ってしまったと」

どの部分が言うべきでないことなのか俺は考えた。たぶん、母のことだろう。もしかすると、父のことも。

「いくつまでが子供なんだろう」

俺は独り言のようにつぶやいた。

「子供が聞いちゃいけないことなんて、俺は十歳の時にさんざん聞かされているよ。いまさら、子供扱いされて、大人が取り繕った言葉だけ話しても無意味なんだ」

いらいらして足の爪先で床を蹴った。

「おばあさんは、俺の聞きたいことを話してくれたよ。ありがたかったよ」

人間としてのなまなましい言葉。嘘《うそ》のない言葉。子供用に薄められたり、抜かされたりしていない言葉。

「私は」

父は少し顔を歪《ゆが》めるようにして話した。

「言葉を取り繕っているつもりはないんだ。君がもっと小さい時から、子供扱いして適当なことを話してきたつもりはない」

俺はうなずいた。それはそうだと思う。

「ただ、心の底から真実を話しているつもりでも、そう思ってもらえないことがある。お母さんに、君のお母さんに、よく言われた。彼女はいつも不満だったようだ」

父は眉をひそめた。

「なぜ怒らないのかとよく言われた。あなたは怒っているはずなのに、私を怒らない。神様が私を許すはずだから、自分も許さなければいけないと思っている。人間のくせに、神様を気取っている」

父の声に母の声がかぶって聞こえてきた。鳥膚《とりはだ》がたつように皮膚がぴりぴりした。

「おそらく百まで生きたとしても、こんなに厳しい言葉を投げつけられ

「社会的不確実性」を想定しないものである。

ウ　「信頼」は、相手の自律性を尊重しながら、自分の価値観をもとにして相手のことを考えることである。

エ　「安心」は、相手の行動は自分の支配下にあって、相手の想定外の行動は意識されていない状態である。

オ　「信頼」は、リスクを意識しているにもかかわらず大丈夫と思う点で、一見不合理に思われる面もある。

カ　「安心」は、その追求は大切であるが、一〇〇％の安心はあり得ず、そのようなものは求めてはいけないものである。

問七　――②「『私の思い』でしかない」とあるが、これはどういうことか。その説明として最も適当なものを、次のア～オから一つ選び、記号で答えよ。

ア　自分の行為の結果の不確実性を認識し、相手からの見返りも期待しないという思いでしかないということ。

イ　自分の行為の目的がコントロールできると信じて、相手の利に無償で奉仕する思いが存在するということ。

ウ　自分の行為の結果はコントロールできないことを意識し、相手の利を優先する思いでしかないということ。

エ　自分の行為の目的は正しいから、相手を支配してしまうのは当然だという勝手な思いに過ぎないということ。

オ　自分の行為の結果は、必ずや相手の利になるであろうという独りよがりの思い込みに過ぎないということ。

問八　――③「アタリの言う合理的利他主義や、『情けは人のためならず』の発想」を参考にして、続く【Ⅰ】に入れるのに適当な文を二十五字以内で書け。なお、「アタリ（＝フランスの思想家）の言う合理的利他主義」について、本文の他の箇所に以下に挙げる説明があるので、その説明もあわせて参考にすること。

> アタリの利他主義の特徴は、その「合理性」です。件《くだん》のＮＨＫの番組でも、アタリはこう語っています。
>
> 利他主義とは、合理的な利己主義にほかなりません。みずからが感染の脅威にさらされないためには、他人の感染を確実に防ぐ必要があります。利他的であることは、ひいては自分の利益になるのです。またほかの国々が感染していないことも自国の利益になります。たとえば日本の場合も、世界の国々が栄えていれば市場が拡大し、長期的にみると国益にもつながりますよね。
>
> 合理的利他主義の特徴は、「自分にとっての利益」を行為の動機にしているところです。

問九　この文章の表現や構成の説明として**適当でない**ものを、次のア～オから一つ選び、記号で答えよ。

ア　実際のケアの現場からの意見を採り上げて、日常では見落としがちな側面を指摘し、「利他」の考え方について筆者の考えを補強している。

イ　社会学・心理学者等の文章を引用しながら、それについて筆者の反対意見を述べ、「利他」に対する筆者独自の考えを披露している。

ウ　社会学者の文章を引用しながら、「安心」に対する考え方の盲点に

「自分の行為の結果はコントロールできない」とは、別の言い方をすれば、「見返りは期待できない」ということです。「自分がこれをしてあげるんだから相手は喜ぶはずだ」という押しつけが始まるとき、人は利他を自己eギセイととらえており、その見返りを相手に求めていることになります。

私たちのなかにもつい芽生えてしまいがちな、見返りを求める心。先述のハリファックスは、警鐘を鳴らします。「自分自身を、他者を助け問題を解決する救済者と見なすと、気づかぬうちに権力志向、うぬぼれ、自己陶酔へと傾きかねません」

（『Compassion』）。

③アタリの言う合理的利他主義や、「情けは人のためならず」の発想は、【　I　】と考える点で、他者の支配につながる危険をはらんでいます。ポイントはおそらく、「めぐりめぐって」というところでしょう。めぐりめぐっていく過程で、私の「思い」が「予測できなさ」に吸収されるならば、むしろそれは他者を支配しないための想像力を用意してくれているようにも思います。

（伊藤亜紗／中島岳志／若松英輔／國分功一郎／磯﨑憲一郎『利他とは何か』所収・伊藤亜紗「『うつわ』的利他――ケアの現場から」）

（注）※晴眼者…（盲人に対し）目の見える人。

問一 〰〰a～eのカタカナを漢字に直せ。

問二 ══(1)「それはたしかにありがたいのですが」の部分を、(A)単語で分けた場合、(B)文節で分けた場合、それぞれいくつになるか。正しい組み合わせを、次の**ア**～**カ**から一つ選び、記号で答えよ。

ア (A) 6 (B) 3　**イ** (A) 6 (B) 4
ウ (A) 7 (B) 3　**エ** (A) 7 (B) 4
オ (A) 8 (B) 3　**カ** (A) 8 (B) 4

問三 ══(2)、(3)、(4)の(A)活用の種類（あるいは品詞の種類）、(B)活用形を次からそれぞれ選び、記号で答えよ。

(A) **ア** 五段活用　**イ** 上一段活用　**ウ** 下一段活用
エ サ行変格活用　**オ** 形容詞
(B) **カ** 未然形　**キ** 連用形　**ク** 終止形　**ケ** 連体形
コ 仮定形

問四 [A]、[B]、[C]にあてはまる言葉として最も適当な組み合わせはどれか。次の**ア**～**オ**から一つ選び、記号で答えよ。

ア A つまり　B もちろん　C しかし
イ A だから　B しかし　C つまり
ウ A しかし　B もちろん　C つまり
エ A つまり　B だから　C もちろん
オ A だから　B しかし　C もちろん

問五 二箇所ある [X] には、同じ語が入る。入れるのに適当な語を本文中から三字で抜き出して答えよ。

問六 ──①「信頼と安心はまったく別のものだ」とあるが、本文の「信頼」と「安心」の説明として**適当でないもの**を、次の**ア**～**カ**から**二つ**選び、記号で答えよ。

ア 「信頼」は、自分とは違う世界を生きている人間に対しても、その力を信じて、行動を任せることである。

イ 「安心」は、相手が自分にひどい行動をとるかもしれないという

は、その人を信じていないことの裏返しだともいえます。

社会心理学が専門の山岸俊男は、①信頼と安心はまったく別のものだと論じています。どちらも似た言葉のように思えますが、ある一点において、ふたつはまったく逆のベクトルを向いているのです。

その一点とは「不確実性」に開かれているか、閉じているか。山岸は『安心社会から信頼社会へ』のなかで、その違いをこんなふうに語っています。

信頼は、社会的不確実性が存在しているにもかかわらず、相手の（自分に対する感情までも含めた意味での）人間性のゆえに、相手が自分に対してひどい行動はとらないだろうと考えることです。これに対して安心は、そもそもそのような社会的不確実性が存在していないと感じることを意味します。

安心は、相手が想定外の行動をとる可能性を意識していない状態です。要するに、相手の行動が自分のコントロール下に置かれていると感じている。

それに対して、信頼とは、相手が想定外の行動をとるかもしれないこと、それによって自分が不利益をcコウムるかもしれないことをdゼンテイとしています。つまり「社会的不確実性」が存在する。にもかかわらず、それでもなお、相手はひどい行動をとらないだろうと信じること。これが信頼です。

［ A ］信頼するとき、人は相手の自律性を尊重し、支配するのではなくゆだねているのです。これがないと、ついつい自分の価値観を押しつけてしまい、結果的に相手のためにならない、というすれ違いが起こる。相手の力を信じることは、利他にとって絶対的に必要なことです。

私が出産直後に数字ばかり気にしてしまい、うまく授乳できなかったのも、赤ん坊の力を信じられていなかったからです。

［ B ］、安心の追求は重要です。問題は、安心の追求には終わりがないことです。一〇〇％の安心はありえない。

信頼はリスクを意識しているのに大丈夫だと思う点で、不合理な感情だと思われるかもしれません。［ C ］、この安心の終わりのなさを考えるならば、むしろ、「ここから先は人を信じよう」という判断をしたほうが、合理的であるということができます。

利他的な行動には、本質的に、「これをしてあげたら相手にとって利になるだろう」という、「私の思い」が含まれています。

重要なのは、それが②「私の思い」でしかないことです。思いは思い込みです。そう願うことは自由ですが、相手が実際に同じように思っているかどうかは分からない。「これをしてあげたら相手にとって利になるだろう」が「これをしてあげるんだから相手は喜ぶはずだ」に変わり、さらには「相手は喜ぶべきだ」になるとき、利他の心は、容易に相手を支配することにつながってしまいます。

つまり、利他の大原則は、「自分の行為の結果はコントロールできない」ということなのではないかと思います。やってみて、相手が実際にどう思うかは分からない。分からないけど、それでもやってみる。この不確実性を意識していない利他は、押しつけであり、ひどい場合には暴力になります。

【国　語】（五〇分）〈満点：一〇〇点〉

一　次の文章を読んで、後の問いに答えよ。（字数制限のある問題は句読点・記号等も一字に数える。）

特定の目的に向けて他者をコントロールすること。私は、これが利他の最大の敵なのではないかと思っています。

冒頭で、私は「利他ぎらい」から研究を出発したとお話ししました。なぜそこまで利他に警戒心を抱いていたのかというと、これまでの研究のなかで、他者のために何かよいことをしようとする思いが、しばしば、その他者をコントロールし、支配することにつながると感じていたからです。善意が、むしろ壁になるのです。

たとえば、全盲になって一〇年以上になる西島玲那さんは、一九歳のときに失明して以来、自分の生活が「毎日はとバスツアーに乗っている感じ」になってしまったと話します。「ここはコンビニですよ」。「ちょっと段差がありますよ」。どこに出かけるにも、周りにいる※晴眼者《せいがんしゃ》が、まるでバスガイドのように、言葉でことこまかに教えてくれます。(1)それはたしかにありがたいのですが、すべてを X して言葉にされてしまうと、自分の聴覚や触覚を使って自分なりに世界を感じることができなくなってしまいます。たまに出かけるaカンコウだったら人に説明してもらうのもいいかもしれない。けれど、それが毎日だったらどうでしょう。

「障害者を演じなきゃいけない窮屈さがある」と彼女は言います。晴眼者が障害のある人を助けたいという思いそのものは、すばらしいものです。けれども、それがしばしば「善意の押しつけ」という形をとってしまう。障害者が、健常者の思う「正義」を実行するための道具にさせられてしまうのです。

若年性アルツハイマー型認知症当事者の丹野智文さんも、私によるインタビューのなかで、同じようなことを話しています。

助けてって言ってないのに(2)助ける人が多いから、イライラするんじゃないかな。家族の会に行っても、家族が当事者のお弁当を持ってきてあげて、ふたを開けてあげて、割り箸を(3)割って、はい食べなさい、というのが当たり前だからね。「それ、(4)おかしくない？　できるのになぜそこまでするの？」って聞いたら、「やさしいからでしょ」って。「でもこれは本人の自立を奪ってない？」って言ったら、一回怒られたよ。でもぼくは言い続けるよ。だってこれをずっとやられたら、本人はどんどんできなくなっちゃう。

認知症の当事者が怒りっぽいのは、周りの人が助けすぎるからなんじゃないか、と丹野さんは言います。何かを自分でやろうと思うと、X してぱっとサポートが入る。お弁当を食べるときにも、割り箸をぱっと割ってくれるといったように、やってくれることがむしろ本人たちの自立を奪っている。病気になったことで失敗が許されなくなり、bチョウセンができなくなり、自己肯定感が下がっていく。丹野さんは、周りの人のやさしさが、当事者を追い込んでいると言います。

ここに圧倒的に欠けているのは、他者に対する信頼です。目が見えなかったり、認知症があったりと、自分と違う世界を生きている人に対して、その力を信じ、任せること。やさしさからつい先回りしてしまうの

MEMO

大切なことはメモしておこうネ！

2023年度

解　答　と　解　説

《2023年度の配点は解答欄に掲載してあります。》

＜数学解答＞

Ⅰ　(1)　-2　　(2)　$2(x-2)(x-3)$　　(3)　$7-\sqrt{2}$　　(4)　中央値　7.5(点)　　範囲　9

(5)　$\angle x=75°$　　(6)　$\frac{1}{3}$　　(7)　$-9\leqq y\leqq 5$　　(8)　$x=12$

Ⅱ　(1)　$y=-x+405$　　(2)　Aさん　分速210(m)　　Bさん　分速195(m)

Ⅲ　(1)　1組の辺とその両端の角がそれぞれ等しい　　(2)　△AEK，△DCK

Ⅳ　(1)　$y=x+2$　　(2)　$y=5x$　　(3)　$a=3$　　(4)　$b=\frac{-1+\sqrt{145}}{2}$

Ⅴ　(1)　$\overset{\frown}{BC}:\ell=1:2$　　(2)　半径　$\sqrt{3}$(cm)　　面積　$\frac{3\sqrt{3}-\pi}{2}$(cm²)

○推定配点○

Ⅰ　各5点×8((4)完答)　　Ⅱ　各5点×2((2)完答)　　Ⅲ　各5点×2((2)完答)

Ⅳ　(1)・(2)　各5点×2　　(3)　(求め方)　6点　　(答え)　5点　　(4)　7点

Ⅴ　(1)　5点　　(2)　7点(完答)　　計100点

＜数学解説＞

Ⅰ　(数・式の計算，因数分解，平方根，資料の活用，円周角の定理，確率，1次関数，2次方程式)

(1)　$-\frac{3}{2}\div\frac{3^2}{2^3}-\frac{12}{13}\times\left(\frac{7}{6}-\frac{4}{9}\right)=-\frac{3}{2}\div\frac{9}{8}-\frac{12}{13}\times\left(\frac{21}{18}-\frac{8}{18}\right)=-\frac{3}{2}\times\frac{8}{9}-\frac{12}{13}\times\frac{13}{18}=-\frac{4}{3}-\frac{2}{3}=-\frac{6}{3}=-2$

(2)　$2x^2-10x+12=2(x^2-5x+6)=2(x-2)(x-3)$

(3)　$(\sqrt{5}+\sqrt{7})(\sqrt{5}-\sqrt{7})=(\sqrt{5})^2-(\sqrt{7})^2=5-7=-2$　　$(\sqrt{8}-1)^2=(2\sqrt{2}-1)^2=(2\sqrt{2})^2-2\times2\sqrt{2}\times1+(-1)^2=8-4\sqrt{2}+1=9-4\sqrt{2}$　　$\sqrt{18}=3\sqrt{2}$　　よって，$(\sqrt{5}+\sqrt{7})(\sqrt{5}-\sqrt{7})+(\sqrt{8}-1)^2+\sqrt{18}=-2+9-4\sqrt{2}+3\sqrt{2}=7-\sqrt{2}$

基本　(4)　中学生20人の得点のデータを小さい順に並べ替えると，1, 2, 4, 4, 5, 5, 5, 6, 7, 7, 8, 8, 8, 9, 9, 9, 9, 9, 9, 10　　中央値は真ん中の2つのデータの平均になるから，$(7+8)\div2=7.5$　　範囲は最大値－最小値で求められるので，$10-1=9$

重要　(5)　中心Oと点A，B，Cをそれぞれ結ぶ。円周角の定理を用いて，$\angle ACB=35°$より$\angle AOB=70°$　$\overset{\frown}{BC}=\overset{\frown}{AB}$より，$\angle BAC=\angle ACB=35°$　　よって，$\angle BOC=70°$　　また，直線ℓは円Oと点Aで接するので，$\angle OAD=90°$　　△OACはOA＝OCの二等辺三角形だから，$\angle OAC=\angle OCA=(180-\angle AOC)\div2=(180-70\times2)\div2=(180-140)\div2=40\div2=20°$　　四角形OADCにおいて，$\angle x=360-(\angle AOC+\angle OAD+\angle OCD)=360-(70\times2+90+20+35)=360-285=75°$　　(別解)　点Aと点Bを結ぶ。円周角の定理を用いて，$\overset{\frown}{BC}=\overset{\frown}{AB}$より，$\angle BAC=\angle ACB=35°$　　接弦定理を用いて，$\angle BAD=\angle ACB=35°$　　△ADCにおいて，$\angle x=180-(\angle ACB+\angle CAD)=180-(35+35+35)=75°$

基本　(6)　10枚のカードから2枚を同時に取り出すときの場合の数は，$10\times9\div2=45$(通り)　　取り出した2枚のカードの数字の和が3になる組み合わせは，(0，3)，(1，2)　同様に，6になる組み合わせは，(0，6)，(1，5)，(2，4)　9になる組み合わせは，(0，9)，(1，8)，(2，7)，(3，6)，(4，5)　12になる組み合わせは，(3，9)，(4，8)，(5，7)　15になる組み合わせは，(6，9)，(7，8)　よって，取り出した2枚のカードの数字の和が3の倍数になる組み合わせは15通りあるので，$\frac{15}{45}=\frac{1}{3}$

(7)　1次関数$y=-2x+1$のグラフは右下がりの直線となるから，yの値は$x=-2$のときに最大値，$x=5$のときに最小値をとる。$y=-2x+1$に$x=-2$，5をそれぞれ代入すると，$y=-2\times(-2)+1=4+1=5$，$y=-2\times5+1=-10+1=-9$　よって，$-9\leqq y\leqq5$

基本　(8)　2次方程式$x^2-x+a=0$に$x=-11$を代入すると，$(-11)^2-(-11)+a=0$　$121+11+a=0$　$132+a=0$　$a=-132$　2次方程式$x^2-x+a=0$に$a=-132$を代入すると，$x^2-x-132=0$　$(x+11)(x-12)=0$　$x=-11$，12　よって，もう1つの解は，$x=12$　(別解)　2つの解が$x=-11$，bである2次方程式は$(x+11)(x-b)=0$と書ける。この方程式の左辺を展開すると，$x^2+(11-b)x-11b=0$となる。よって，2次方程式$x^2-x+a=0$は$x^2+(11-b)x-11b=0$と等しく，xの係数の関係から，$11-b=-1$　したがって，$b=12$となるから，もう1つの解は$x=12$

重要　Ⅱ　**(方程式の応用)**

(1)　AさんとBさんは同じスタート地点から反対方向にスタートしているので，2人の進んだ距離の和がランニングコース1周に等しくなる。よって，$\frac{80}{60}x+\frac{80}{60}y=540$　$\frac{4}{3}x+\frac{4}{3}y=540$　$\frac{4}{3}y=-\frac{4}{3}x+540$　$y=-x+405$…①

(2)　AさんとBさんは同じスタート地点から同じ向きにスタートをし，AさんがBさんに追いついているので，Aさんの速度はBさんの速度より速く，Aさんの進んだ距離はBさんの進んだ距離より1周多くなるので，Aさんの進んだ距離からBさんの進んだ距離を引くとランニングコース1周に等しくなる。よって，$36x-36y=540$　$x-y=15$…②　②に①を代入して，$x-(-x+405)=15$　$x+x-405=15$　$2x=420$　$x=210$　①に$x=210$を代入して，$y=-210+405$　$y=195$　よって，Aさんの速さは分速210m，Bさんの速さは分速195mである。

Ⅲ　**(合同・相似の証明)**

基本　(1)　△ABDと△AGIにおいて，仮定より，AB＝AG…①　△ABC，△FGAはともに直角二等辺三角形だから，∠ABD＝∠AGI…②　また，共通なので，∠BAD＝∠GAI…③　①～③より，1組の辺とその両端の角がそれぞれ等しいので，△ABD≡△AGI

重要　(2)　△ABDと△AEKにおいて，△ABCと△ADEはともに直角二等辺三角形だから，∠ABD＝∠AEK＝45°…④　∠BAC＝∠DAE＝90°であるから，∠BAD＝∠BAC−∠DAC＝90°−∠DAC，∠EAK＝∠DAE−∠DAC＝90°−∠DAC　よって，∠BAD＝∠EAK…⑤　④，⑤より2組の角がそれぞれ等しいので，△ABD∽△AEK…⑥　△AEKと△DCKにおいて，△ADEと△ABCは直角二等辺三角形だから，∠AEK＝∠DCK＝45°…⑦　対頂角だから，∠AKE＝∠DKC…⑧　⑦，⑧より，2組の角がそれぞれ等しいので，△AEK∽△DCK…⑨　⑥，⑨より，△ABD∽△AEK∽△DCK

Ⅳ　**(1次関数，2乗に比例する関数，図形と関数・グラフの融合問題)**

(1)　$y=x^2$に$x=-1$，2をそれぞれ代入すると，$y=(-1)^2=1$，$y=2^2=4$　よって，A(−1，1)，B(2，4)　直線ℓの傾きは$\frac{4-1}{2-(-1)}=\frac{3}{3}=1$　直線ℓの式を$y=x+p$として，A(−1，1)を代

入すると，$1=-1+p$　　$p=2$　　したがって，直線ℓの式は，$y=x+2$

重要 (2)　点Pは線分ABの中点となるから，点Pのx座標は，$\dfrac{-1+2}{2}=\dfrac{1}{2}$　　点Pのy座標は，$\dfrac{1+4}{2}=\dfrac{5}{2}$　　直線OPの式を$y=qx$として，点P$\left(\dfrac{1}{2},\ \dfrac{5}{2}\right)$を代入すると，$\dfrac{5}{2}=\dfrac{1}{2}q$　　$q=5$　　よって，直線OPの式は，$y=5x$

重要 (3)　直線ACは，A$(-1,\ 1)$と切片$(0,\ a)$を通るから，傾きは，$\dfrac{a-1}{0-(-1)}=a-1$　　よって，直線ACは，$y=(a-1)x+a$…②　　①と②の交点のx座標は，$x^2=(a-1)x+a$　　$x^2-(a-1)x-a=0$　　$(x-a)(x+1)=0$　　$x=a,\ -1$　　よって，C$(a,\ a^2)$，△OAC$=6$であるから，$\dfrac{1}{2}a(a+1)=6$　　$a^2+a-12=0$　　$(a+4)(a-3)=0$　　$a>0$より，$a=3$

やや難 (4)　△OABの面積は，$\dfrac{1}{2}\times2\times3=3$　　よって，△OAD＝△OAB×6＝3×6＝18となればよい。(3)と同様に，直線ADは，A$(-1,\ 1)$と切片$(0,\ b)$を通るから，傾きは，$\dfrac{b-1}{0-(-1)}=b-1$　　よって，直線ADは，$y=(b-1)x+b$…③　　①と③の交点のx座標は，$x^2=(b-1)x+b$　　$x^2-(b-1)x-b=0$　　$(x-b)(x+1)=0$　　$x=b,\ -1$　　よって，D$(b,\ b^2)$，△OAD$=18$であるから，$\dfrac{1}{2}b(b+1)=18$　　$b^2+b-36=0$　　$b=\dfrac{-1\pm\sqrt{1^2-4\times1\times(-36)}}{2\times1}$　　$b=\dfrac{-1\pm\sqrt{1+144}}{2}$　　$b=\dfrac{-1\pm\sqrt{145}}{2}$　　$b>0$より，$b=\dfrac{-1+\sqrt{145}}{2}$

重要 Ⅴ　(おうぎ形と円の性質，円周角の定理，三平方の定理)

(1)　$\overset{\frown}{BC}=2\times3\times\pi\times\dfrac{60}{360}=\pi$(cm)　　円Oと辺AB，AC，$\overset{\frown}{BC}$との接点をそれぞれD，E，Fとし，中心Oと点D，E，Fをそれぞれ結ぶ。△OADと△OAEにおいて，辺AB，ACはそれぞれ円Oと点D，Eで接するので，∠ODA＝∠OEA＝90°…①　　円Oの半径だから，OD＝OE…②　　共通なので，OA＝OA…③　　①～③より，直角三角形で斜辺と他の1辺がそれぞれ等しいので，△OAD≡△OAE　　合同な図形の対応する角は等しいので，∠OAD＝∠OAE　　仮定より，∠BAC＝60°だから，∠OAD＝∠OAE＝30°　　円Oの半径をOD＝OE＝OF＝rとすると，おうぎ形ABCの半径は3なので，OA＝AF－OF＝$3-r$　　△OADにおいて，三平方の定理より，OA：OD＝2：1だから，$(3-r):r=2:1$　　$2r=3-r$　　$3r=3$　　$r=1$　　よって，円Oの半径は1cmなので，$\ell=2\times1\times\pi=2\pi$(cm)　　$\overset{\frown}{BC}:\ell=\pi:2\pi=1:2$

(2)　中心Oと点A，Bをそれぞれ結び，中心Oから辺ABに垂線ODを引く。△OADと△OBDにおいて，円Oの半径だから，OA＝OB…①　　△OABは二等辺三角形だから∠ODA＝∠ODB＝90°…②　　共通なので，OD＝OD…③　　①～③より，直角三角形で斜辺と他の1辺がそれぞれ等しいので，△OAD≡△OBD　　合同な図形の対応する辺は等しいので，AD＝BD　　おうぎ形ABCの半径は3cmなので，AB＝3より，AD＝BD＝$\dfrac{3}{2}$　　△OABと△OACにおいて，円Oの半径だから，OA＝OA…④　　OB＝OC…⑤　　おうぎ形ABCの半径だから，AB＝AC…⑥　　④～⑥より，3組の辺がそれぞれ等しいので，△OAB≡△OAC　　合同な図形の対応する角は等しいので，∠OAB＝∠OAC　　仮定より，∠BAC＝60°なので，∠OAB＝∠OAC＝30°　　△OADにおいて，三平方の定理より，OD：OA：AD＝1：2：$\sqrt{3}$　　よって，OD＝$\dfrac{\sqrt{3}}{2}$，OA＝$\sqrt{3}$　　円Oの半径は$\sqrt{3}$ cm　　∠BAC＝60°なので，円周角の定理より，∠BOC＝120°　　よって，おうぎ形BOC＝

$\sqrt{3}\times\sqrt{3}\times\pi\times\frac{120}{360}=\pi$　　△OAB＝△OAC＝$\frac{1}{2}\times3\times\frac{\sqrt{3}}{2}=\frac{3\sqrt{3}}{4}$　　おうぎ形ABC＝3×3×π×$\frac{60}{360}=\frac{3}{2}\pi$　　従って，斜線部分の面積は，おうぎ形BOC＋△OAB＋△OAC－おうぎ形ABC＝$\pi+\frac{3\sqrt{3}}{4}+\frac{3\sqrt{3}}{4}-\frac{3}{2}\pi=\frac{3\sqrt{3}}{2}-\frac{1}{2}\pi$

★ワンポイントアドバイス★

教科書レベルの問題がほとんどであり，時間内に的確に解答を導く力が求められる。複雑な計算をする問題もあるため，苦手分野をなくし，速く正確に問題に取り組む練習をしよう。

＜英語解答＞

Ⅰ　Part 1　(1)　エ　(2)　イ　(3)　ア　(4)　イ

Part 2　[A]　(1)　ウ　(2)　イ　(3)　エ　[B]　全員正解

Ⅱ　[A]　(1)　イ　(2)　ウ　[B]　(1)　ウ　(2)　エ　(3)　エ

[C]　(1)　イ　(2)　ア　(3)　ウ

Ⅲ　(1)　too, for us[me], to　[so, that, we[I], couldn't]　(2)　D　(3)　大きな文字を青いシートに書くため。　(4)　Their message in a bottle was found

(5)　ある家族が滝で身動きがとれずに助けを求めているという状況。　(6)　エ

Ⅳ　🄰　(1)　most　(2)　popular　(3)　information[data]

(4)　which[that/Japanese]　🄱　(1)　According　(2)　as　(3)　as

(4)　less　🄲　(例)　(I think that in the future,) esports will be very popular, too. Many students are interested in playing video games, so I think that esports will be on the list.

○推定配点○

Ⅰ　各2点×8　Ⅱ　各3点×8　Ⅲ　(1)・(4)　各4点×2((1)完答)　(2)・(6)　各5点×2　他　各6点×2　Ⅳ　🄰・🄱　各3点×8　🄲　6点　計100点

＜英語解説＞

Ⅰ　リスニング問題解説省略。

基本　Ⅱ　(読解問題・対話文・資料読解・メール文：内容把握)

[A]　(全訳)　アレックス(以下A)：リナ，こんにちは。何をしているの？

リナ(以下R)：やぁ，アレックス。来週遠足でアサヒ動物園に行くので，どう周ろうか計画を立てているところ。

A：前にそこには行ったことがある。たくさんの動物や鳥を見たよ。どんな計画を立てた？

R：動物園には10時に着くつもり。最初に黄色エリアに行って象とライオンを見る。その後緑エリアに行く。そこではたくさんの猿とカラフルな鳥が見られるわ。

A：猿はすごく好き。人間みたいな行動をするよね。昼食はどこで食べる予定？

R：12時に休憩所に行かないといけない。そこで1時間くらいクラスメイトたちと昼食を食べる。昼

食後は売店でグッズを買う予定。買い物の後はホッキョクグマを見るために青エリアに行くつもり。

A：動物の餌やりをどれか一か所見る予定？

R：うん，もちろん！　14時にトラの餌やりを見る予定。それを見た後にどこか他のエリアに行くつもり。最終的に16時に動物園を出ないとならない。

A：楽しそうだね！　もしペンギンが好きなら，ペンギンウォークを見るといいよ。ペンギンが歩く姿はとてもかわいいよ。

R：ペンギンは大好きよ！

	象 餌やり	トラ 餌やり	ゴリラ 餌やり	猿 ショー	ペンギン ウォーク
場所	黄色エリア	黄色エリア	緑エリア	緑エリア	青エリア
時間	10：30～ 12：30～ (20分)	12：00～ 14：00～ (20分)	11：15～ 13：15～ (20分)	10：00～ 14：00～ 16：00～ (15分)	9：30～ 12：30～ 15：30～ 18：30～ (15分)

(1)　「本文と一致するのはどれか」　ア「アレックスが動物園で一番好きな動物はライオンだ」(×)　そのような記述はない。　イ「リナは2番目に緑エリアに行く予定だ」(○)　リナの2番目のセリフに一致。　ウ「アレックスは次に動物園に訪れたときはペンギンウォークを見るつもりだ」(×)　そのような記述はない。　エ「リナは緑エリアのホッキョクグマを訪れる予定だ」(×)　リナの3つ目のセリフ参照。ホッキョクグマは青エリア。

(2)　「リナは何時のペンギンウォークを見ることができますか」　4つ目のリナのセリフ参照。14時のトラの餌やり後，16時に動物園を出るまでの間になるためウ15：30が正解。

[B]　(全訳)　ユミ(以下Y)：マイク，こんにちは。今週末は何か予定がある？

マイク(以下M)：ユミ，こんにちは。土曜日にホストファミリーと一緒に映画を観に行く予定だけど日曜日は何も予定はないよ。

Y：*落語*を観に行かない？　次の日曜日に市の*落語*ショーがあるの。

M：えっと。*落語*って何？

Y：それは日本の伝統芸能の一種。その日は英語で楽しめるの。喜劇を見るのが趣味だと聞いたから，*落語*も好きだと思うわ。

M：なるほど。行きたいな。予約は必要？

Y：不要だけど予約したいと思っている。舞台体験をしたいと思っていて，君にとっても日本文化の良い勉強法になると思う。

M：良さそうだね！　予約を取ってもらえる？

Y：もちろん！

英語*落語*

*落語*はおよそ400年の歴史がある日本の伝統的な口述喜劇。*落語*家は日常生活の話を面白おかしく伝えるが，演じる際は扇子と手ぬぐいしか使わない。彼らの話術はあなたを幸せにすることでしょう。

日時：11月11日(日)3：00PM　場所：みどり市民ホール

プログラム：1「*時そば*」(20分)　2「*まんじゅうこわい*」(20分)　3「*皿屋敷*」(20分)　(演目の間は5分休憩)

★予約すれば落語家と*落語*舞台を体験，終了後に彼らと写真撮影可。*落語*舞台体験の所要時間は30

分。市民ホールウェブサイトにて予約可。予約なしの場合は観劇可。

(1) 「ユミはマイクに*落語*に行く提案をした。なぜなら…」 ア「彼女は伝統的な日本の物語が好きだから」 イ「彼女は演者と写真を撮りたかったから」 ウ「彼が喜劇を観るのが好きだから」(○) ユミの3つ目のセリフ参照。エ「彼が落語を演じたかったから」

(2) 「ユミとマイクはイベントに…に出発する」 3時開演で演目時間，休憩時間，体験時間からエが正解。

(3) 「本文と一致するのはどれか」 ア「ユミは土曜日に家族と映画を観に行く予定だ」(×) マイク1つ目のセリフ参照。映画に行くのはマイク。 イ「マイクは日本の文化を勉強するために日本に来た」(×) そのような記述はない。ウ「ユミとマイクは予約なしに落語に行く予定だ」(×) 二人の最後のセリフで予約をすることがわかる。 エ「ユミとマイクはショーの後に落語の舞台体験をしたい」(○) ユミの最後から2つ目のセリフ，マイクの最後のセリフに一致。

[C] From：リチャード・トンプソン
To：スズキカイト
Date：2022年6月8日(木)
件名：次回授業について

カイト，こんにちは。元気ですか？

前回の授業での君の英語はとても良かった！ 君の英語力は向上してきています。

次回授業は6/13の予定でしたが，会議があり6/13から14まで東京に行かなくてはならなくなり授業ができなくなりました。6/17に変更可能です。都合が悪ければ当初の日時で他の先生が授業できます。都合の良い授業日をお知らせください。

From：スズキカイト
To：リチャード・トンプソン
Date：2022年6月9日(金)
件名：Re: 次回授業について

リチャード，こんにちは。元気です。定期試験に向けて一生懸命勉強しています。

それを聞けて嬉しいです。授業はいつも楽しいです。毎週土曜日は水泳の授業があり6/17は時間が取れません。次回授業は他の先生から受けるのが一番いいです。宿題について質問したいです。前回宿題が出されました。それを次の授業に持って行かなければなりませんか？

From：リチャード・トンプソン
To：スズキカイト
Date：2022年6月9日(金)
件名：Re:Re: 次回授業について

メールありがとう。

同じ学校のケリーにその日の授業をお願いしました。彼女はとても素敵で明るい先生なので彼女の授業も好きだと思います。宿題についての<u>質問</u>もありがとう。前回出した宿題を忘れずにやって持ってきてください。ケリーはとても優しいけれど，それを忘れたら怒るかもしれません。

次の授業もよいものになりますように。

(1) 「なぜリチャードは最初のメールをカイトに送ったのですか」 ア「東京での会議にカイトを誘った」 イ「カイトの次回授業を他の日に変更するため」(○) 最初のメール5文目に一致。ウ「カイトに宿題を出すため」 エ「カイトの英語力の上達が必要だと伝えるため」

(2) inquiryは「問い合わせ・質問」という意味なので，ア「何かをたずねる」が正解。イ「何かを伝える」 ウ「何かを見る」 エ「何かを聞く」

(3) 「本文と一致しないのはどれか」 ア「リチャードは東京での会議に出席する」 1件目のメール5文目に一致。 イ「カイトは6/24に水泳の授業がある」2件目のメール5文目参照。毎週土曜日に水泳がある。ウ「リチャードはカイトの授業を他の先生にまだ頼んでいない」(○) 最後のメール2文目参照。ケリーに依頼済み。 エ「カイトは次の授業をケリーから受ける」

重要 Ⅲ (長文読解問題・物語文：空所補充，文挿入，内容吟味，語句整序，内容正誤判断)

(全訳) 瓶にメッセージを入れて送ったことはあるか？ テレビや映画でそれを見たことがあるかもしれない。たいていの場合，人々はこのメッセージを楽しんで送るが，そのメッセージが発見されないことはしばしばある。2019年にカリフォルニアでキャンプをしていた3人には奇跡が起きた。Ａ

カリフォルニアである家族が数日間キャンプをしていた。すべてはうまくいっていた。彼らは美しい林の中を数時間散歩したり浮き輪で川を下ったりしていた。 Ｂ 3日目に彼らは15メートルの高さがある滝に到達した。彼らは止まらなくてはならなかった。下ることも戻ることもできなかった。

最初は川を渡ろうとしたが，川の流れは速すぎた。そこで，滝を下って降りようとしたが，ロープを見つけることができなかった。「(1)下るにはこの滝は危険すぎると悟った時，気持ちが沈んだ」と後に父親が話してくれた。その家族は次に何をするべきか考えたが，恐怖でいっぱいだった。Ｃ その時，父親が自分の水の瓶を見て希望を見出した。瓶にメッセージを入れればいいんだ！ 彼は「助けが必要」と瓶に書き，日付を入れたメモを中に入れた。メモには「私たちは滝にいる。どうか助けてください」と書かれていた。その瓶を滝の上から投げ入れるとボトルは川を下っていった。それがもう見えなくなった時に彼らはキャンプをすることにした。

寝る前に，(2)彼らは白い石を集め青いシートに置いた。彼らは大きな文字で「SOS」と書いた。夜中を過ぎたあたりで彼らは大きな音を聞いた。それはヘリコプターで，彼らの救助に来たものだった！ Ｄ 救助は翌朝まで待つよう言われた。

ついに彼らが助けられた後，信じられないことが起こっていたことにその家族は気が付いた。

(3)瓶の中の彼らのメッセージは発見された。彼らの計画はうまくいったのだ！ その瓶を見つけた2人が(4)その状況を届け出たのだが，彼らは誰にも自分たちの名前を告げなかった。父親は言った「彼らは自分たちの名前も電話番号も残さなかった。彼らは自分たちの心の中で正しいと思ったことをして真面目に対応してくれただけだったのだ。彼らには感謝してもしきれない。」

(1) 〈too ~ for 人 to …〉 「(人が)…するには～すぎる」または〈so ~ that 人 can't …〉「とても～なので(人は)…できない」のいずれかの構文を使う。

(2) 本文参照。「救助は翌朝まで待つように言われた」という意味。ヘリコプターが救助に来た場面のDの個所に入れる。

(3) 救助要請のメモを入れた瓶を川に流してキャンプをすることにした場面。拾った石を青いシートに置いた。SOSの大きな文字を書いた。という文が続くので白い石を青いシートに置いてSOSと書いたことが想像できる。

(4) Their message in a bottle をひとまとまりで主語に置き was found と動詞を続けて受け身の文にする。

(5) 「ある家族が滝で身動きが取れずに助けを求めているという状況」 助けを求めているメモの入った瓶を見つけた人が察した状況を考える。家族が滝の上で動けなくなった。その家族が助けを求めるメモを入れた瓶を流した。この状況をまとめる。

(6) ア「カリフォルニアでキャンプをしていた3人が2019年に瓶の中のメッセージを見つけた」(×) キャンプをしていた家族が瓶の中にメッセージを入れたので不一致。 イ「キャンプ旅行の2日目に家族は川を渡った」(×)　第2段落第4文，第3段落第1文参照。キャンプ3日目であり，川を渡ろうとしたが流れが速かったとあるので不一致。　ウ「父親はメッセージを書き瓶に入れ，それを岩の上に置いた」(×)　第4段落最後から2文目参照。滝の上から投げたとあるので不一致。エ「2人の人がその瓶を見つけたが，その家族は彼らの名前を知らなかった」(○)　最終段落最後の3文父親のセリフに一致。

重要 **Ⅳ　(資料読解：語句補充，条件作文)**

(全訳)　[A]日本ではどんなスポーツが(1)(2)一番人気か知っているか？　ここに男子が一番好きなスポーツを示す(3)データがある。

[B]このデータ(1)によるとサッカーが一番人気だった。野球もまた男子の間ではバスケットボール(2)(3)と同じくらい人気があった。テニスは他の5種のスポーツ(4)より人気がなかった。

[C]将来私は…のように思う。

[A]　(1)，(2)　Do you know which sports are the most popular in Japan? 資料は男子に人気のあるスポーツランキングであること，空所の前に the があることから最上級表現を用いて the most popular「最も人気のある」とする。　(3)　show「示す」が動詞にあることから主語には「資料」の意味にあたる data「データ」を入れる。Bにdataという語があるので参考になる。information「情報」でも可。　(4)　空所以下は sports を修飾している。sports を先行詞にして関係代名詞 which/that を入れればよい。関係代名詞を省略し Japanese boys「日本の男子に人気なスポーツ」としても可。

[B]　(1)　空所の後の to に注目。According to ～「～によると」を入れる。文頭なので大文字にすること。　(2)(3)　baseball，basketball は同ランクであることから〈A is as ～ as B〉「AとBは同じくらい～だ」の表現を使う。　(4)　than があることから比較級を用いて最上級表現にする。〈A is ＋比較級＋ than (any) other …〉で「Aは他の…よりも～だ」の最上級表現。popular はmore popular ⇔ less popular「～より人気がない」で反意語の関係になる。

[C]　この先どのようなスポーツが人気となるか，具体的なスポーツ名をあげてその理由を簡潔にまとめる。

(例)　(I think that in the future,) esports will be very popular, too. Many students are interested in playing video games, so I think that esports will be on the list. (24語)「将来eスポーツもとても人気となると思う。多くの生徒がゲームをすることに興味を持っているのでeスポーツもリストに入ってくると思う」

★ワンポイントアドバイス★

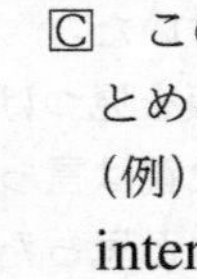

読解問題の正誤判断問題では，該当する箇所を必ず本文から探し出してから正誤を判断するようにしよう。それに関する記述がない場合は「誤」となることにも注意。時間をかけすぎず丁寧に読むことが大切。慌てずに読み込んでいこう。

＜理科解答＞

Ⅰ　問1　(1)　①　エ　②　ク[①　ク　②　エ]　(2)　$2NaHCO_3 \rightarrow Na_2CO_3 + H_2O + CO_2$
(3)　エ　問2　(1)　エ　(2)　ア　(3)　$HCl + NH_3 \rightarrow NH_4Cl$　(4)　ウ→ア→オ
Ⅱ　(1)　2Ω　(2)　6V　(3)　0V　(4)　9倍　(5)　3Wh
(6)　(位置)　アとエ　434W　(7)　9W
Ⅲ　問1　(1)　ア　(2)　ウ　(3)　維管束　(4)　エ
問2　(1)　あ　細胞膜　い　細胞壁　(2)　エ　(3)　カ
Ⅳ　問1　(1)　ク　(2)　エ　(3)　カ　問2　(1)　カ　(2)　ウ　問3　(1)　A　コ
B　ケ　C　シ　(2)　(浜名湖)　2.3mm　(宍道湖)　1.2mm

○推定配点○
Ⅰ　問1(2)　4点　他　各3点×7　Ⅱ　(7)　4点　他　各3点×7　Ⅲ　問1(3)　4点
他　各3点×7　Ⅳ　問1(2)，(3)，問3(1)　各2点×5　他　各3点×5　計100点

＜理科解説＞

Ⅰ　(気体の発生とその性質―気体の発生反応)

基本　問1　(1)　炭酸水素ナトリウムを加熱すると，熱分解して炭酸ナトリウムと水と二酸化炭素が発生する。選択肢にあるのは，水と二酸化炭素。

重要　(2)　$2NaHCO_3 \rightarrow Na_2CO_3 + H_2O + CO_2$の分解反応が生じる。

(3)　分解で生じる水蒸気は，試験管の口の部分で冷やされ水にかわる。試験管の底の部分を下げていると，冷やされた水が試験管の加熱部分に流れ込み割れる危険がある。

重要　問2　(1)　アンモニアの発生反応は，水酸化ナトリウムや水酸化カルシウムなどの強いアルカリ性の物質とアンモニウムイオンを含む物質の反応による。

基本　(2)　アンモニアは非常によく水に溶け，空気より軽い気体なので，上方置換法で捕集する。

(3)　$HCl + NH_3 \rightarrow NH_4Cl$の反応で，塩化アンモニウムの微粒子状の固体が発生し，白煙のように見える。

(4)　図2でアンモニアを満たしたフラスコにスポイドから水を噴き出すと，アンモニアが水に溶けてフラスコ内の圧力が急激に下がりガラス管を通って水槽の水が吸い上げられる。水槽の水にはフェノールフタレインが溶けているので，アンモニアが水に溶けてアルカリ性になると赤色の水が噴水のように噴き出す。アンモニアの代わりに塩化水素を使っても同じ原理で噴水が生じるが，塩化水素が水に溶けると酸性になるので，赤色の水が噴き出すことはない。

Ⅱ　(電流と電圧―回路と電力)

重要　(1)　同じ大きさの抵抗を2個並列につなぐと，全体の抵抗の大きさは2分の1になり，3個では3分の1になる。抵抗Aの大きさをx(Ω)とすると，回路全体の抵抗の大きさは$x+x+\frac{x}{2}+\frac{x}{3}$(Ω)になり17Vで3Aの電流が流れるので，$x+x+\frac{x}{2}+\frac{x}{3}=\frac{17}{3}$となる。よって$x=2$Ωである。

基本　(2)　2Ωの抵抗Aに3(A)の電流が流れるので，抵抗Aにかかる電圧は2×3＝6(V)である。

(3)　導線の抵抗は無視できるので，導線の両端にかかる電圧は0Vである。

重要　(4)　抵抗にかかる電力が大きいほど発熱量も大きくなる。電力＝電流×電圧＝電流×電流×抵抗で求まるので，抵抗A，Bの電力は3×3×2＝18(W)　抵抗E，F，Gを流れる電流は1Aずつなのでこれらはそれぞれ1×1×2＝2(W)の電力となる。よって1秒当たりの発熱量が最も大きいものは最も小さいものの18÷2＝9(倍)になる。

重要 (5)　抵抗Cを流れる電流は$\frac{3}{2}$Aであり，電力は$\frac{3}{2}\times\frac{3}{2}\times2=\frac{9}{2}$(W)である。これに40分間電流を流すので電力量は$\frac{9}{2}\times\frac{40}{60}=3$(Wh)になる。

(6)　回路を流れる電流が大きくなると消費電力も大きくなる。アとエをつなぐとAからDの抵抗を通らずに電流が流れるので消費電力が最大になる。このとき回路全体の抵抗は$\frac{2}{3}\Omega$となり，電力＝電圧×電圧÷抵抗より，$17\times17\div\frac{2}{3}=433.5\fallingdotseq434$(W)になる。

(7)　抵抗A，B，F，H，Iの合計の大きさは，並列回路のHとIの合計が2Ωとなるので，全体で8Ωである。これと，E，Gの3つの並列回路が17Vの電源に接続されている。それぞれの回路に17Vの電圧がかかることから，HとIには$\frac{17}{8}\times\frac{1}{2}=\frac{17}{16}$(A)の電流が流れる。よって合計の消費電力は$\frac{17}{16}\times\frac{17}{16}\times4\times2=9.0$より，9Wである。

Ⅲ　(植物の体のしくみ―光合成・維管束)

基本 問1　(1)　試験管Aの色が変わったのは，水中に溶けていた二酸化炭素が光合成により消費され，酸性が弱まってアルカリ性でのBTB溶液の色である青色になったためである。このとき水草は呼吸によって二酸化炭素を放出しているが，光合成による二酸化炭素の消費の方が呼吸による放出を上回っている。

(2)　葉の葉緑素を，温めたエタノールに溶かして脱色させる。

(3)　道管と師管が集まった部分を維管束という。

(4)　双子葉植物の維管束は輪のように並んでいるが，単子葉植物では全体に散らばっている。師管が外側にあり，この部分で栄養分が運ばれる。内側が道管でありここを水分が通る。

問2　(1)　細胞に共通する部分として，DNAと細胞膜(あ)はすべての生物に存在する。植物細胞には，動物細胞にない細胞壁(い)が存在する。

(2)　生物に含まれる物質で最も多いものは水である。

(3)　細胞壁は植物細胞にしかない。選択肢の中で植物はa，c，d，fの4つである。

重要 Ⅳ　(地層と岩石―岩石の特長)

問1　(1)　マグマによってできる岩石を火成岩といい，地表付近で急激に冷やされてできる火山岩と，地下深くでゆっくりと冷やされてできる深成岩に分類される。火山岩は大きな鉱石(斑晶)とガラス質の部分(石基)からなる斑状組織が特徴である。安山岩は火山岩であり，花こう岩は深成岩である。

(2)　火山岩は，流紋岩，安山岩，玄武岩に分けられる。石英，長石など白っぽい鉱物を多く含むのは流紋岩である。

(3)　カンラン石は緑色の鉱物であり，火山岩では玄武岩に多く含まれる。

問2　(1)　凝灰岩は火山灰が堆積してできる岩石である。炭酸カルシウムを主成分とする岩石は石灰石であり，うすい塩酸をかけると二酸化炭素が発生する。二酸化ケイ素を主成分とする微生物の遺骸が堆積してできた岩石は，チャートと呼ばれる。

(2)　粒径2mm以下の火山砕屑物を火山灰という。

問3　(1)　淡水の環境で生活するのはシジミであり，暖かい浅い海で繁殖するのはサンゴである。地層ができた当時の環境が推測される化石を示相化石という。

(2)　浜名湖では6300年かかって14.25mの地層が堆積したので，1年あたりでは$14.25\times1000\div6300=2.26\fallingdotseq2.3$(mm)の地層が堆積する。宍道湖では$7.80\times1000\div6300=1.23\fallingdotseq1.2$(mm)の地層が堆積

する。

★ワンポイントアドバイス★

標準的な内容の問題である。理科の分野のしっかりとした理解が問われている。また計算問題にやや難しい問題が出題される。類題の演習をしっかりと行いたい。

＜社会解答＞

Ⅰ　(1)　エ　(2)　i　南緯35度西経44度　ii　ア　(3)　i　石炭　ii　エ
iii　エ　(4)　i　ア　ii　イ　iii　エ　(5)　i　ウ　ii　ウ　(6)　i　ウ
ii　ア・エ　iii　エ　(7)　プロテスタント　(8)　ア

Ⅱ　(1)　イ　(2)　エ　(3)　ウ　(4)　ア　(5)　エ　(6)　ア　(7)　ウ
(8)　イ　(9)　ウ　(10)　ウ　(11)　ア　(12)　ア
(13)　A　お　B　え　C　え　D　う　E　か　F　い

Ⅲ　(1)　エ　(2)　エ　(3)　ウ　(4)　ウ　(5)　エ　(6)　ア　(7)　全員正解
(8)　ア　(9)　幸福追求権　(10)　全員正解　(11)　オ

Ⅳ　(1)　ウ　(2)　ア　(3)　イ　(4)　イ　(5)　イ

○推定配点○

各2点×50　　計100点

＜社会解説＞

Ⅰ　(地理—日本と世界の地形・産業)

(1)　スリランカはインド洋上の島国である。

(2)　i　緯度は南北90度まで，経度は東西180度までである。　ii　経度15度差で時差1時間となる。

重要　(3)　i　日本の他にもアメリカ，中国，インドといった国が石炭火力発電廃止に合意していない。　ii　県庁所在地の人口が圧倒的に多い点に注目するとエが岡山県と判別できる。　iii　「食料品」と「パルプ・紙」でエが北海道と判別できる。

(4)　i　イは仙台，ウは高松，エは松本の雨温図である。　ii　A・B・Cそれぞれの1位の県から判別する必要がある。特に大分県に日本最大の地熱発電所があることは重要である。　iii　アが信濃川，イが利根川，ウが石狩川である。

(5)　i　航空機のほうが重量あたりの輸送費用が高い。　ii　Aは人口密度の高さ，Bは出生率・死亡率の高さ，Cは人口密度の低さに注目して判別したい。

(6)　i　Aはロシア・フランスが含まれているので小麦，Bはアジア諸国で占められているので米，Cはブラジル・アルゼンチンが含まれているのでとうもろこしになる。　ii　ア　労働生産性とは労働者一人あたりの生産量であり，農業の機械化が進んでいるアメリカ合衆国は労働生産性が高い。　エ　アメリカ合衆国の食料輸出量は世界トップである。　iii　アが熊本県，イが和歌山県，ウが秋田県となる。

(7)　プロテスタントは16世紀の宗教改革の精神によって普及していったキリスト教の宗派である。

(8)　Ⅰはロシア語との類似性からウクライナ語，Ⅱは英語との類似性からドイツ語，残ったⅢがポルトガル語となる。

Ⅱ　(日本と世界の歴史－「食文化・歴史上の人物」を起点とした問題)

(1)　土器を使用するようになったのは縄文時代である。

基本 (2)　a 「集落の～」が不適。　c　弥生時代には貧富の差があった。

(3)　a　空海は平安時代初期の僧である。　d　日蓮は日蓮宗の開祖である。

(4)　フランシスコ・ザビエルは1549年に鹿児島に来航した。

(5)　X　兵農分離が進んだのは安土桃山時代のことである。　Y　農地改革は第二次世界大戦後に行われた。

(6)　b　江戸時代の「囲い米の制」の説明となる。　d　二十一か条の要求は，第一次世界大戦時になされた。

重要 (7)　a 「非公開の審議」から枢密院と判断できる。 b 「公共の福祉」という概念は日本国憲法において，基本的人権を制約するものである。

(8)　Y　沖縄県が設置されたのは1879年である。

(9)　a　清教徒革命は1640年にイギリスで起こった。　d　権利章典は1689年にイギリスで制定された。

(10)　日朝貿易は対馬を窓口として行われた。

(11)　世界人権宣言は1948年に国際連合で採択された宣言である。

(12)　兼好法師は「徒然草」の著者である。

重要 (13)　Aは伊藤博文，Bは青木昆陽，Cはナポレオン，Dは足利義満，Eはマララ，Fは藤原道長の説明である。

Ⅲ　(公民－「人権」を起点とした問題)

(1)　ア 「公共の福祉」に反しない限りで認められている。　イ 「外国人には及ばない」が誤りである。　ウ 「主に」以降は国際人権規約の説明となる。

(2)　ア 「宇宙空間に至るまで」が誤っている。　イ 「24海里」ではなく「12海里」である。
ウ　排他的経済水域の範囲は領海基線から200海里である。

重要 (3)　ア 「選挙区によっては～」が不適。　イ 「候補者名」ではなくて「政党名」である。
エ「政党名のみ」が不適。

(4)　ウ　最高裁判所の裁判官ではなく，最高裁判所の長官である。

(5)「国家公務員は宗教を信仰してはならない。」が誤りである。

(6)　イ 「公共の福祉～」が不適。　ウ　資格が設けられたり，規制が行われたりするのは職業選択の自由に反しない。エ 「その職業～」が不適。

基本 (8)　ア　団体権ではなく「団結権」である。

(9)　幸福追求権とはすべての国民が個人として幸福を求める権利である。

(11)　インドは2023年4月に中国を抜き世界1位となった人口大国で，近年の経済発展にともなって，二酸化炭素の排出量が増えてきている。

Ⅳ（公民－経済と国民生活）

重要 (1)　A 「株価の上昇分が」が誤りである。

(2)　一連の働き方改革で正規雇用者と非正規雇用者の格差是正が焦点となっている。

(3)　B　国家公安委員会ではなく，「公正取引委員会」である。

(4)　日本は他の先進国と比べて国債依存度が高い状況となっている。

(5)　B　国民健康保険の保険料は企業の負担はない。

★ワンポイントアドバイス★

消去法が使えない問題が含まれているので，一つ一つの選択肢の内容を注意深く見極めるようにしよう。

＜国語解答＞

一　問一　a　観光　　b　挑戦　　c　被[蒙]る　　d　前提　　e　犠牲　　問二　ウ
問三　(2)　(A)　ウ　　(B)　ケ　　(3)　(A)　ア　　(B)　キ　　(4)　(A)　オ
(B)　キ　　問四　ア　　問五　先回り　　問六　ウ・カ　　問七　オ
問八　(例)　他人に利することがめぐりめぐって自分にかえってくる　　問九　イ

二　問一　(1)　ア　　(2)　イ　　問二　胸　　問三　オ　　問四　ウ　　問五　(例)　息子が母と一緒にいる幸せを理解しつつも，最愛の子どもを取られることを嫌い，母が息子宛てに書いた手紙を見せずにいた点。　　問六　ウ　　問七　イ　　問八　イ　　問九　エ

○推定配点○

一　問一　各2点×5　　問二・問三　各3点×4(問三各完答)　　問八　8点　　他　各4点×6
二　問一・問二　各3点×3　　問三・問四・問六　各4点×3　　問五　10点　　他　各5点×3
計100点

＜国語解説＞

一　(論説文―漢字の書き取り，文と文節，品詞・用法，接続語の問題，脱文・脱語補充，内容吟味，大意)

問一　a「観光」とは，風俗や制度等を視察したり，他国・他郷の景色・史跡・風物などを遊覧すること。　b「挑戦」とは，勝負することを求めること。　c「被(蒙)る」とは，他人から行為や恩恵，災いなどを身に受けること。　d「前提」とは，ある物事が成り立つためにあらかじめ満たされていなければならない条件のこと。　e「犠牲」とは，ある目的のために損失となることを厭わず，大切なものを捧げること。また，災難などで，死んだり負傷したりすること。

問二　傍線部(1)を文節で分けた場合，「それは」「たしかに」「ありがたいのですが」の3文節に分ける事ができる。また単語で分けた場合，「それ」「は」「たしかに」「ありがたい」「の」「です」「が」の7単語に分けることができる。

問三　(2)「助ける」は，カ行下一段活用動詞「助ける」の連体形。　(3)「割っ」は，ラ行五段活用の動詞「割る」の連用形である「割り」の促音便形。　(4)「おかしく」は，シク形容詞「おかしい」の連用形。

問四　[A]の前後で，信頼とは「相手はひどい行動をとらないだろうと信じること」「人は相手の自律性を尊重し，支配するのではなくゆだねている」とある。よって，どちらも相手を信じているということから，「つまり」「だから」のどちらかが入る。[B]について，安心とは「相手が想定外の行動をとる可能性を意識していない状態」「相手の行動が自分のコントロール下に置かれていると感じている」ものだとしている。この他者をコントロールすることは，筆者にとって「利他の最大の敵」と述べているように，否定的である。だからといって，安心を求めることを軽視しているわけではなく，重要であることは当然と思っている。[C]の前後で「不合理な感情と思われるかもしれません」「合理的であるということができます」とあることから，逆接の接続詞

が入る。

問五　空欄の前後に，全盲者に対して晴眼者が「まるでバスガイドのように，言葉でことこまかに教えてくれ」る，何か自分でやろうとする時，「ぱっとサポートが入る」ように先々に回って助けようとするのである。

問六　「信頼するとき，人は相手の自律性を尊重し，支配するのではなくゆだねている」とあることから，「自分の価値観をもとにして相手のことを考える」わけではないので，ウは誤り。また，「安心の追求は重要です」とある事から，「そのようなものは求めてはいけない」とするカも誤り。

問七　傍線部の後に，「『これをしたげたら相手にとって利になるだろう』が『これをしてあげるんだから相手は喜ぶはずだ』に変わり，さらには『相手は喜ぶべきだ』になるとき，利他の心は，容易に相手を支配することにつながってしまいます」とあるように，相手の考えを顧みず，自分の考えを思い込みによって，一方的に相手に押し付けてしまっている。

重要　問八　アタリの言う合理的利他主義とは，「利他的であることは，ひいては自分の利益になる」という考え方である。正しく人に親切にすれば，その相手のためになるだけでなく，めぐりめぐって良い報いとなって自分にもどってくる，という「情けは人のためならず」ということわざ通りであるとしている。この内容を，指定された文字数以内にまとめる。

問九　社会心理学者の山岸俊男氏や人類学者のハリファックスの内容を引用しながら，それの意見に対して同意しているので，イは誤り。

二　（小説文一語句の意味，慣用句，心情，内容吟味，文脈把握，脱語補充，大意）

問一　(1)　「いまいましい」とは，非常に腹立たしく感じる，穢れを避けて慎んで遠慮すべきである，不吉であること。　(2)　「断片的」とは，切れ切れでまとまりのないさま。

問二　「胸を開く」とは，隠し立てがなく本音を打ち明けること。一哉と父は，今まで本音で話した事がなかったが，今回，初めて思い切って本音を言う事ができたのである。

問三　母はいつも父に対して不満を抱いていた。なぜなら，怒っているはずなのに，自分(母)を怒らない。神様は人を許すはずだから，私(父)も許さなければならない，と父が神様を気取っていたからである。よって，「神様を引算」とは，そのような神様のような行いを捨てて，人間としてあるべき姿を見せてほしいと母は父に願っていたのである。

問四　傍線部の後に，「もし，お母さんが，私を本当に愛しているなら，信仰を捨ててくれと泣きついたら，どうしたのさ？」とあるように，宗教への信仰を取るのか，信仰を捨ててでも母への愛を通せるのか，という二者択一の場面を想定している。

重要　問五　傍線部の後に，離婚した母から手紙が来ており，息子(一哉)に手紙を渡しても捨ててもいいとあったが，そのどちらもすることができず，隠し持っていた行為を「罪深い」としている。

問六　俺(一哉)は「すべての人が，お父さんみたいに信仰を持っているわけじゃないよ」と言うように，父に対して篤信者というイメージを持っている。対して自分(一哉)は，「俺は，ものすごく半端なんで，やることも考えることも」「俺には深い考えなんてなくて，目先の感情だけなんだ」とあるように，父と自分は全く異なる存在である事を自覚している。

問七　傍線部の前に，父は息子に母からの手紙を見せる事で，息子が自分から離れ，母の元へ行ってしまうかもしれないという思いから手紙を見せずにいたが，このまま見せることなく，息子が死んでしまったらと考えた時，手紙を見せなかったことを後悔してしまう。そのような追い込まれた状況にならないと，手紙を見せようとしない自分(父)に対して愚かだと述べている。これらのことから，初めて本心を明かして話してくれた父に対して，感謝の気持ちを述べているのである。

問八　空欄の前の「はないちもんめ」とは，二組に分かれ，「勝ってうれしいはないちもんめ」「負けてくやしいはないちもんめ」などと歌いながら，両方から一人ずつ出てじゃんけんをし，勝った組が負けた組の子を取る遊び。父が母と離婚したものの，俺(一哉)の親権を取った事は，信仰に基づいた正しい行為をしなければならなかったからではなく，純粋に息子を愛していたのである。

問九　父と息子の会話だけで進む場面は少なく，会話の後に「悪いことをしたと自分で思っている。だけど簡単に誤ってしまう自分を冷ややかに眺めているもう一人の自分がどこかにいるような気がする」「いらいらして足の爪先で床を蹴った」など，どのような感情でその発言をしたのかが，後の様子から読み進めることができる。

★ワンポイントアドバイス★

さまざまな設問や文章に取り組むとともに，日頃から読書に親しみ，鑑賞力もつけておこう。論理的文章では，要約をする練習も積んでおこう。

MEMO

大切なことはメモしておこうネ！

2022年度

★★★★★★★★★★★★★★★★★★★★★★★

入　試　問　題

2022年度

名古屋高等学校入試問題

【数　学】（50分）　＜満点：100点＞

【注意】 円周率はπとします。

Ⅰ　次の問いに答えよ。

⑴　$(-2ab)^3\times\frac{1}{6}a^2b\div\left(-\frac{1}{3}ab^2\right)^2$を計算せよ。

⑵　方程式$\begin{cases}\frac{2x-5}{3}+y=-2\\ \frac{x}{2}-\frac{1-y}{4}=1\end{cases}$を解け。

⑶　関数$y=-\frac{1}{4}x^2$で，xの変域を$-2\leqq x\leqq a$とすると，yの変域は$-4\leqq y\leqq b$となる。このとき，a，bの値をそれぞれ求めよ。

⑷　$a(a+b-1)-b$を因数分解せよ。

⑸　図のように，平行な２直線l，mと正方形ABCDがある。また，点Cは直線m上の点である。このとき，$\angle x$の大きさを求めよ。

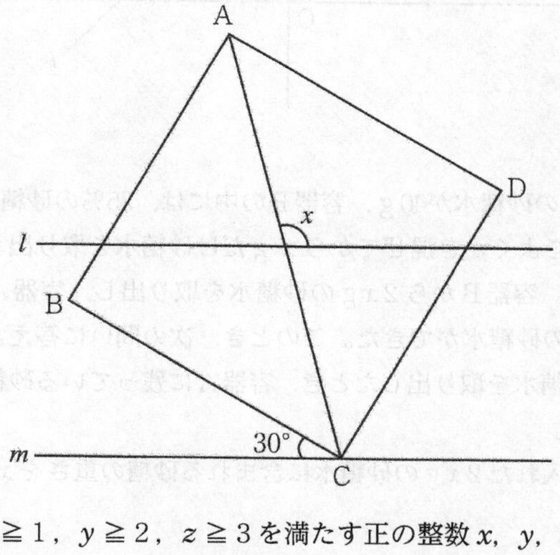

⑹　$x+y+z=9$，$x\geqq 1$，$y\geqq 2$，$z\geqq 3$を満たす正の整数x，y，zの組は何通りあるか。

⑺　$\sqrt{\frac{45n}{28}}$が有理数となる正の整数nのうち，最も小さいものを求めよ。

Ⅱ　次のページの図のように，放物線$y=\frac{1}{2}x^2$…①上に点O$(0,\ 0)$，点A$\left(1,\ \frac{1}{2}\right)$，点B$(-2,\ 2)$がある。また，点Aを通って，直線OBに平行な直線$l$と放物線①の交点のうち，Aと異なる点をCとする。次のページの問いに答えよ。

⑴　直線 l の式を求めよ。

⑵　点Cの座標を求めよ。

⑶　△OACの面積を求めよ。

⑷　四角形OACBと△CBDの面積が等しくなるような点Dを直線OA上にとるとき，点Dの座標を求めよ。ただし，点Dの x 座標は点Aの x 座標より大きいものとする。

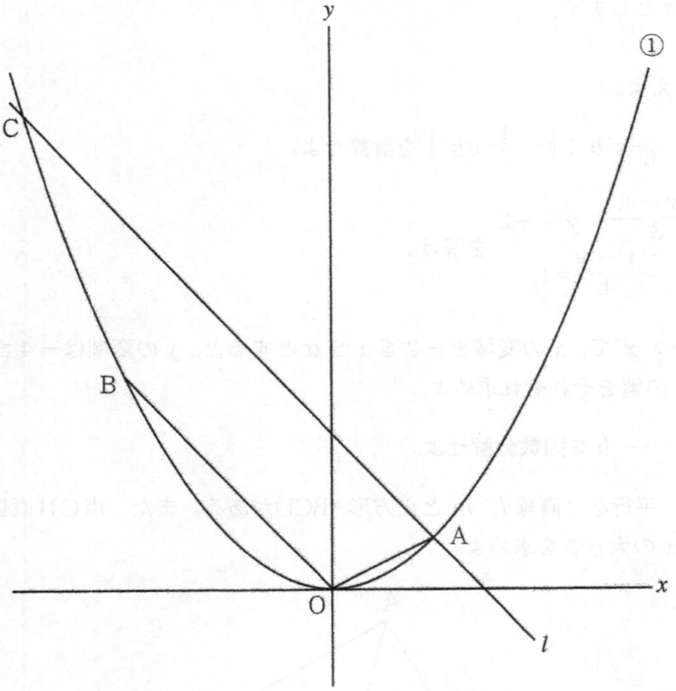

Ⅲ　容器Aの中には，10%の砂糖水が40ｇ，容器Ｂの中には，35%の砂糖水が40ｇ入っている。

いま，容器Aの砂糖水をよくかき混ぜてから x ｇだけ砂糖水を取り出し，これを容器Ｂに入れてよくかき混ぜた。さらに，容器Ｂから $2x$ ｇの砂糖水を取り出し，容器Aに入れてよくかき混ぜたところ，容器Aには18%の砂糖水ができた。このとき，次の問いに答えよ。

⑴　容器Aから x ｇの砂糖水を取り出したとき，容器Aに残っている砂糖水に含まれる砂糖の重さを x を用いた式で表せ。

⑵　容器Ｂから容器Aに入れた $2x$ ｇの砂糖水に含まれる砂糖の重さを x を用いた式で表せ。

⑶　x の値を求めよ。

Ⅳ　次のページの図のように，円周上に異なる４点A，Ｂ，Ｃ，Ｄがあり，$\overset{\frown}{AB}=\overset{\frown}{BC}=\overset{\frown}{CD}$ である。線分ACと線分BDの交点をＥとする。AE：EC＝２：３，AD＝２㎝であるとき，次の問いに答えよ。

⑴　△ABC∽△AEDを証明せよ。

⑵　ABの長さを求めよ。

⑶　AEの長さを求めよ。

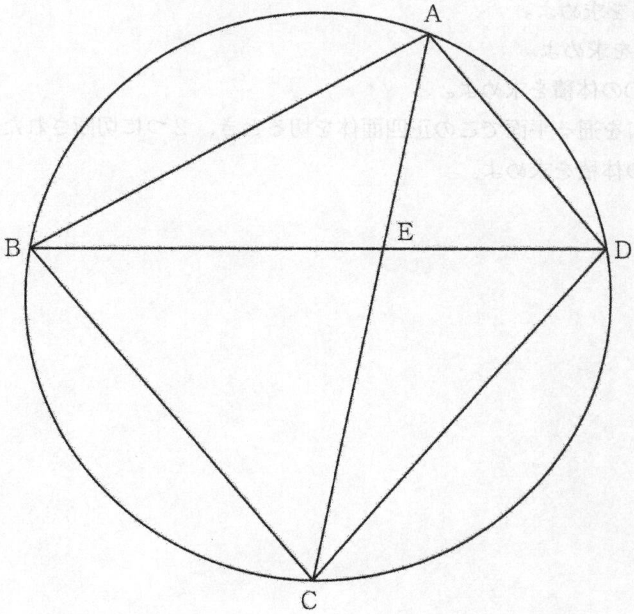

V　図のように，１辺の長さが６の正四面体ABCDにおいて，辺BC，CDの中点をそれぞれM，Nとする。また，辺AB，AC上にそれぞれ点P，QをAP：PB＝AQ：QC＝１：２となるようにとる。あとの問いに答えよ。

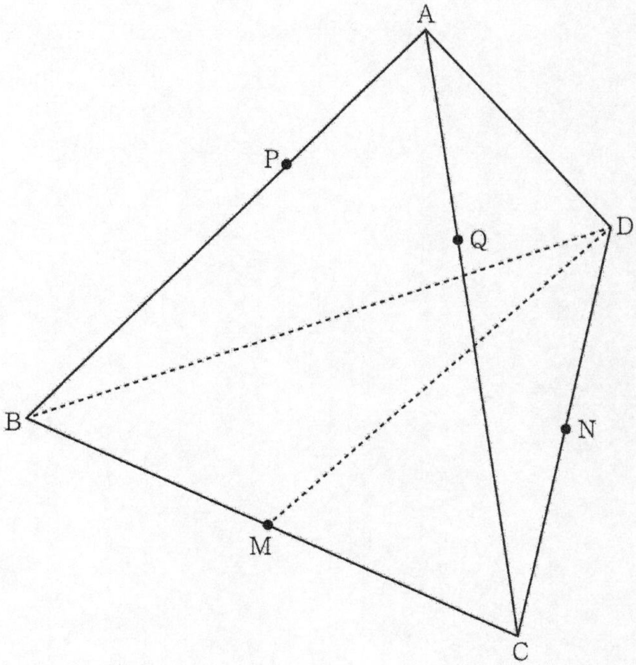

⑴　線分AMの長さを求めよ。

⑵　△AMDの面積を求めよ。

⑶　正四面体ABCDの体積を求めよ。

⑷　３点Ｐ，Ｑ，Ｎを通る平面でこの正四面体を切るとき，２つに切断された立体のうち，頂点Ｂを含む方の立体の体積を求めよ。

【英　語】（50分）　　＜満点：100点＞

Ⅰのリスニング問題は試験開始から数分後に行う。それまで他の問題を解いていること。

Ⅰ　【リスニング問題】放送をよく聞いて，問いに答えよ。

Part 1

これから放送する英語の対話を聞き，続きの内容として最も適当なものをそれぞれア～エより１つ選び，記号で答えよ。なお，英語は２度読まれる。

⑴　ア　That's very kind of you.　　イ　Shall I take you there?
　　ウ　I'm glad to hear that.　　エ　How did you like it?

⑵　ア　buy a variety of things.　　イ　support our friends and family.
　　ウ　join a club at school.　　エ　help clean the local rivers.

⑶　ア　we played it very hard.　　イ　I made a lot of friends.
　　ウ　we practiced in the gym.　　エ　we didn't meet very often.

⑷　ア　send me a picture of yours?　　イ　tell me what that is?
　　ウ　tell me when to come?　　エ　use this one?

Part 2

これから放送する［A］と［B］の英語のニュースを聞いて，それぞれの問いに答えよ。なお，英語は１度しか読まれない。

［A］

１月31日にだれが，何を，どこでしたのか，合うものを以下の表中のア～エよりそれぞれ１つずつ選び，記号で答えよ。

⑴　Who

ア	イ	ウ	エ
students	the President	world leaders	musicians

⑵　What

ア	イ	ウ	エ
helped people	announced a plan	sang songs	gave a speech

⑶　Where

ア	イ	ウ	エ
downtown	in the city hall	in a stadium	in a museum

［B］

パキスタンとはどのような国であるかが英語で紹介されます。よく聞いて，次のページのア～カのうち，４つの写真を出てくる順に並べ替えて答えよ。

（　　　　）→（　　　　）→（　　　　）→（　　　　）

ア

イ

ウ

エ

オ

カ

[copyright free images from pixabay.com]

Listening Script

Part 1

(1) A : Excuse me, sir. Can I help you?

B : Oh, yes please. Do you know where the city museum is?

A : The city museum? Yes, of course. < BEEP >

(2) A : Tom, how do you think high school students can support their city?

B : Well, I think they can do volunteer work.

A : That's a great idea. For example, they can < BEEP >

(3) A : Mr. Curtis, when you were a student, did you join any club activities?

B : Yes. In junior high school, I was a member of the science club.

A : Was it a popular club?

B : Well, we didn't have many members but < BEEP > .

(4) A : John, have you ever made an emergency kit?

B：I'm not sure what that is.

A：Oh, it's a bag which contains items for a disaster. You can make it yourself.

B：I see. I think my family should prepare one. Could you ＜ BEEP ＞

Part 2

[A]

Welcome to the news for February 1st, 2022. I'm your host, Bill Jansen. Today's show comes from city hall. We're going to talk about the three-day global peace conference here in Hiroshima. The conference began yesterday at the city stadium. Students from around the world sang songs and welcomed the leaders from over 50 countries. Later today, the president of the United States will give a speech and announce a new plan in the peace museum. Finally, the conference will end tomorrow, on February 2nd. International musicians will give a free concert for the people of Hiroshima. Everyone is welcome.

[B]

Now let's introduce next year's host country, Pakistan. Some people know Pakistan for its delicious food, but there is a lot more to this country! Let's start with its incredible mountains. There are many tall mountains to visit. Its biggest city, Karachi will host our next conference. Finally, Pakistan is famous for several sports, and they are a top ten country in cricket. We hope to see you next year in Pakistan. That's all for today's news.

Ⅱ 以下の対話とそれに関する資料（[A]，[B]）やEメールのやりとり（[C]）を読んで，それぞれの問いに答えよ。

[A]

Fred：Hello, Sara. This is Fred—Fred Jones ... from your French class. I sit in the back of the room next to the window ... you know.

Sara：Oh, sure! Hi, Fred. How are you doing?

Fred：Fine. Well, listen ... I was thinking ... I mean, if you don't have anything to do this Saturday, why don't we go to the movies?

Sara：I don't know. I'll have to ask my parents. I have a dance lesson on Saturday mornings and have lunch with them after that. In the afternoon, I'll have to do my math homework.

Fred：But don't you remember? Monday's a holiday and we don't have any classes.

Sara：Oh, that's right. I'll ask my parents now. Hold on a minute ... Fred? It's all right with my parents, but I have to be home by six. Do you think we will finish seeing the movie by then?

Fred : Sure. We can go to the early show.
Sara : That sounds great.
Fred : I'll pick you up at two, OK?
Sara : See you then.

GREEN PARK CINEMA	Monday 31/01/2022 - Sunday 06/02/2022				
Title	Time	Start/End			
A Noisy World	97 mins	11:50/13:30	15:00/16:40	18:10/19:50	20:30/22:10
Dead or Alive	113 mins	14:00/15:55	16:30/18:25	20:00/21:55	
The Cruise	82 mins	10:00/11:25	12:00/13:25	16:40/18:05	19:45/21:10
Perfect Love	121 mins	13:20/15:25	16:40/18:45	19:40/21:45	

(1) Which movie will Fred and Sara probably see?
ア A Noisy World　イ Dead or Alive　ウ The Cruise　エ Perfect Love

(2) Which one of these is true?
ア Both Sara and Fred take French class on Monday.
イ Sara has lunch with her parents every Saturday and Sunday.
ウ The longest movie has a show starting at the same time as the shortest one.
エ "The Cruise" starts the earliest and ends the latest of the four.

[B]

Mail Clerk : Good morning. Can I give you a hand with those packages? They look heavy.
Woman : That's very kind of you. Thank you. I'd like to send one to Kyoto, Japan and the other to Rome, Italy, by air mail.
Mail Clerk : Let's see .... Each one weighs a little over three kilograms, so the price will be [A] dollars.
Woman : Three kilograms! They are much heavier than I thought! ... Here you are.
Mail Clerk : Thank you. Next, please.

Man : Hello. I'd like to send this package to Nairobi, Kenya. How long will it take for the package to arrive if I send it by sea mail?
Mail Clerk : It takes as long as [B] weeks.
Man : [B] weeks!? But I sometimes send a package by sea mail, and it's never taken that long.
Mail Clerk : Well, it's busy at this time of year.

International Mail					
Country or Area	Cost			Time	
	Weight in kg.	by sea	by air	by sea	by air
Europe	1.0-	$10	$18	2 weeks	4-6 days
	2.0-	$14	$23		
	3.0-4.0	$18	$28		
Asia	1.0-	$13	$22	4 weeks	8-10 days
	2.0-	$17	$33		
	3.0-4.0	$22	$46		
Australia and New Zealand	1.0-	$12	$20	3 weeks	6-8 days
	2.0-	$16	$31		
	3.0-4.0	$20	$42		
Other Areas	1.0-	$16	$30	4 weeks	11-13 days
	2.0-	$22	$41		
	3.0-4.0	$28	$50		

*We can also send heavier packages. Ask a clerk for the information.

*During the busy months (March and December), sea mail takes two weeks longer and air mail takes five days longer.

⑴ 空所［A］に入るふさわしい数字を答えよ（算用数字でよい）。

⑵ 空所［B］に入るふさわしい数字を答えよ（算用数字でよい）。

⑶ Which one of these is true?

ア The clerk tried to help the woman with her package but she didn't need his help.

イ A package to Sydney by air in July takes longer to arrive than a package to Paris by air in March.

ウ The man knows the cost and the time of sending his package by sea mail.

エ Sending a four kilogram package to New Zealand by sea is cheaper than a two kilogram package to South Korea by air.

［C］

From:	Cathy Kruger 〈ck009@coolmail.com〉
To:	Kenta Yamamoto 〈kenyama675422@zo3mail.com〉
Date:	July 20, 2021
Subject:	Good news!

Hi, Kenta. I hope you are doing well.

I have some good news today. I'm coming to Nagoya next month!

I'm leaving JFK International Airport in New York on August 10th.

Then I'll arrive at Chubu Centrair International Airport the next day.

If you have time, I want to see you there. Please reply when you can.

From:	Kenta Yamamoto ⟨kenyama675422@zo3mail.com⟩
To:	Cathy Kruger ⟨ck009@coolmail.com⟩
Date:	July 21, 2021
Subject:	Re: Good news!

Hello, Cathy. I'm fine.

I'm just surprised to hear the good news. That's great! I can't believe I can see you here in Nagoya in just three weeks!

I'm thinking I'll go and see you at the airport so can you tell me what flight you'll be on?

How long are you going to stay here? If you haven't made any plans yet, you can stay with my family in my house.

I want to introduce you to many people and show you some places around here.

I'm looking forward to your reply.

From:	Cathy Kruger ⟨ck009@coolmail.com⟩
To:	Kenta Yamamoto ⟨kenyama675422@zo3mail.com⟩
Date:	July 23, 2021
Subject:	Re: Re: Good news!

Hi. Thank you for your e-mail.

I'm really happy to know you are coming to the airport. I'll be on Asian *Airlines Flight 328. It'll arrive at Chubu at 11:25.

I'll be in Nagoya until the 13th. From there, I'm going to Fukuoka by train. I'll be in Fukuoka from the 13th to the 15th, and then I'll fly home on that day. Thank you for your offer for my accommodation, but I really can't. I'll be with some friends from my high school, and we're all staying at the same hotel. It's called Meijo Hotel. Do you know where that is?

Anyway, I can't wait to see you!

【注】airline：航空会社

(1) Why did Cathy write the first e-mail to Kenta?

ア To meet Kenta at the airport in New York.

イ To give Kenta the good news about New York.

ウ To tell Kenta the information about her visit.

エ To ask Kenta to find her a place in Japan.

(2) 下線部の語の意味として，もっとも適当なものをア～エより１つ選び，記号で答えよ。

ア a person to stay with

イ a place to stay in

ウ a flight to go abroad

エ a site to see

(3) Which one of these is NOT true?

ア Kenta wants Cathy to stay with his family.

イ Cathy tells Kenta her flight number to see him at the airport.

ウ Cathy is going to stay in Japan for five days.

エ Kenta knows the hotel Cathy will stay in.

Ⅲ 次の英文を読んで，あとの問いに答えよ。

Imagine your life without the internet. ①Without the internet, maybe you would talk to your friends less. If the internet disappeared, maybe you wouldn't read or watch the news very much. Most of us depend on the internet more than we realize. We depend on it for news, entertainment, and connecting with our friends.

Science fiction (SF) books are popular because they imagine life with and without many things. Surprisingly, the greatest science fiction books from the 20th century didn't *predict the internet. They show the good things and bad things that come from inventions and our imagination. They think about what could happen when we challenge ourselves. (A), SF has been popular with people around the world.

Even if science fiction didn't predict the internet, scientists and engineers are thinking about new ways to use the internet every day. Have you ever heard of ②the Internet of Things (IoT)? It is a new way to use the internet by connecting machines to other machines on the internet. For example, cameras, clocks, kitchen *appliances, and even traffic lights could be connected. Then, people and companies get information from the IoT and *analyze it. This information is called "big data." Those companies can use the big data to improve products and services.

What are the good and bad points of the IoT? Our lives may become more convenient because big data improves products. Also, companies can make a lot of money by *managing the big data and by selling new products. However, our *privacy could be in danger because so much information is collected and used by other people.

The IoT has already become a big part of our lives. Technology will continue to grow and develop. We cannot stop that. So, the use of IoT will also increase. However, we should think about these two questions: How much should technology *control us? Can we *balance convenience and privacy? If we find a good balance, our society will certainly improve in many ways.

【注】 predict：～を予想する　appliance：電化製品　analyze：～を分析する　manage：～を管理する
privacy：プライバシー　control：～を制御する　balance：バランス，平衡を保つ

(1) 下線部①とほぼ同じ意味になるように次の文の空所に適語を１語ずつ答えよ。

Because we can use the internet, we (　　) talk to our friends (　　) than before.

⑵ （A）に入る最も適当な語句を次のア～エの中から１つ選び，記号で答えよ。

ア In other words　　イ In these ways

ウ In order to challenge　　エ In front of us

⑶ 下線部②が私たちの生活にもたらす悪い影響を本文の内容に即して45字以内の日本語（句読点含む）で説明せよ。

⑷ 次のア～エのうち，本文の内容に合うものを１つ選び，記号で答えよ。

ア Most people use the internet because they realize it is very useful.

イ Many SF writers in the 20th century wrote about using the internet.

ウ Thanks to the information, products and services that companies make become better.

エ Our daily lives will be free from the IoT and improve in many ways.

⑸ 筆者の主張として最も適切なものを次のア～エの中から１つ選び，記号で答えよ。

ア We should stop using the internet and big data. Then our privacy would not be in danger.

イ We should find a good balance between convenience and privacy when we use the IoT.

ウ We should be controlled by technology and the IoT through big data in our lives.

エ We should improve our society in many ways and measure how much technology controls us.

Ⅳ 以下の会話の内容に合うように，⑴⑵の下線部にそれぞれ５語以上の英語１文で答えよ。

[*At the clothes shop*]

Naomi : Do you have this jacket in a medium size?

Sales Clerk : Yes, of course. Here you are.

Naomi : (1)________________?

Sales Clerk : Certainly. The *fitting room is over there on the left.

―*A few minutes later* ―

Sales Clerk : (2)________________?

Naomi : It fits fine, and I like the color. I think I'll take it.

Sales Clerk : Thank you very much.

【注】fitting room：試着室

Ⅴ 以下の質問に対するあなたの考えとその理由を２つ含め30語～40語の英語で答えよ。なお，解答欄に書かれた（ think / don't think ）のいずれかに○を付けて，書き始めること。また，解答欄に印刷された英語は語数に含まない。

Is learning a foreign language in high school important? Why or why not?

【理　科】（40分）　＜満点：100点＞

I　オリンピックで使われているメダルについて調べた太郎君と先生の会話を読み，以下の問いに答えよ。

先　生：オリンピックのメダルは何でできているか知っているかな？

太郎君：金・銀・銅ですね。

先　生：この①３種類の金属はすべて周期表に載っている元素だけど，これらは周期表上では縦一列に並んでいるんだ。

太郎君：上から銅→銀→金の順番に並んでいますね。でも，なぜオリンピックでは金メダルが１位の選手に贈られるようになったのですか。

先　生：順位について周期表は関係なく，金が一番希少で高価だったからとされているよ。②金は酸化されにくいので，基本的には③化合物をつくらず単体で自然界に存在する珍しい金属なんだ。そのため非常に古くから知られている元素のひとつで，その見た目の美しさからも人類にとって特別な存在とされてきたんだ。④金ではない物質から人工的に金を作ることを目的として古代から近世にかけて発展した錬金術（alchemy）は化学の礎を築いたといわれていて，化学（chemistry）という言葉の語源にもなっているよ。フラスコなどの実験器具や，⑤蒸留などの操作も錬金術の研究から生まれたとされているんだ。

太郎君：錬金術をテーマにした漫画なら読んだことがあります。確かに化学実験みたいな操作が出てきた気がします。

先　生：そうだね。ところで，実は金メダルには金以外の材料も使われていることは知っているかな？

太郎君：えっ。

先　生：金メダルは，⑥銀でできたメダルの表面に金を貼った，もしくは金でメッキしたものなんだ。2003年までのオリンピック憲章では表面の金の純度や質量の下限値（６ｇ）まで細かく決められていたんだよ。さらに付け加えるなら，銅メダルの材料は銅ではなく青銅（ブロンズ）という合金なんだ。

太郎君：そうなんですね。…あれ？周期表を見ると金の先に聞き慣れない名前の元素が書いてある。

先　生：原子番号111番のレントゲニウムだね。

太郎君：レントゲニウムメダルはないんですか？

先　生：レントゲニウムは天然には存在しないうえに人工的に作ることも難しく，メダルを作るのに必要な量を集められないんだ。それに，もし大量にあったとしてもレントゲニウムは放射性の同位体しか存在しないと考えられているから，メダルを作るのは現実的でないよ。

⑴　下線部①について，金属の一般的な性質として適当なものを，次のア～エからすべて選び，記号で答えよ。

ア　たたくと薄く広がる。　　**イ**　磁石を近づけると引きつけられる。

ウ　みがくと特有の光沢を生じる。　　**エ**　水に溶けやすい。

⑵　下線部②について，銅は金よりも酸化されやすい金属である。銅を空気中で加熱すると，黒色の酸化銅が生成した。この反応の化学反応式を書け。

⑶　下線部③について，次のア～オの各物質の中から，単体に分類されるものとして適当なものを２つ選び，記号で答えよ。

ア　アンモニア　　イ　窒素　　ウ　ドライアイス　　エ　氷　　オ　銀

⑷　下線部④について，この目的は錬金術では達成されなかったが，なぜ化学的な手法では不可能であるのか，「化学反応」「原子」という語句を用いて簡潔に述べよ。

⑸　下線部⑤について，赤ワインからエタノールを取り出す実験を行うため，下の図のような実験装置を組み立てた。このとき，温度計の取り付け位置について最も適当なものを，次のア～エから１つ選び，記号で答えよ。

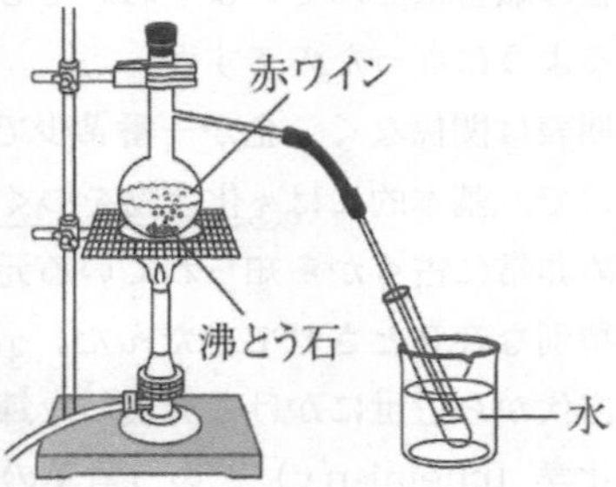

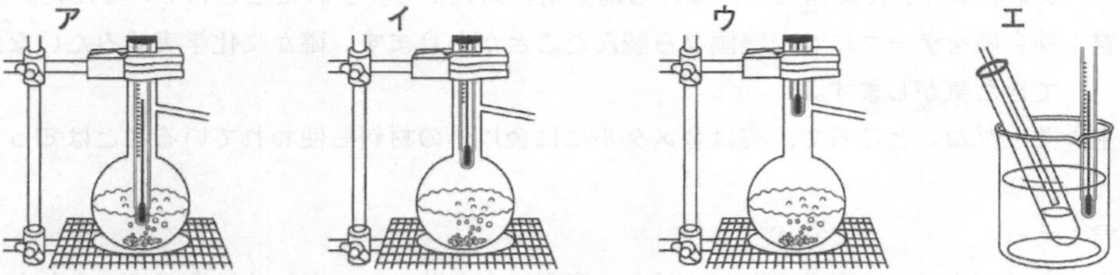

⑹　下線部⑥について，金を貼る前のメダルが半径4.00㎝，高さ3.00mmの円柱形であるとする。このメダルに図のように一様に1.0mmの厚さで金を貼ったとき，質量が218ｇ増加した。このとき，金の密度（ｇ/㎤）はいくつと考えられるか。小数第１位を四捨五入して整数で答えよ。ただし，円周率は3.14として計算すること。

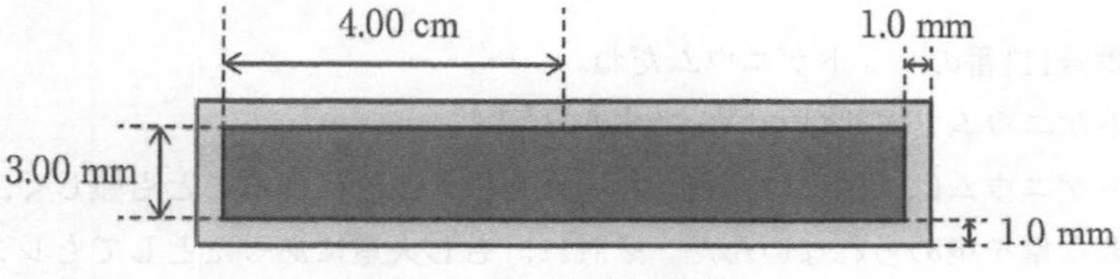

図　メダルの断面図

Ⅱ　次の先生と太郎君の会話を読み，あとの問いに答えよ。

先　生：さて，今日の講義は圧力について話をしよう。圧力とは単位面積あたりに加わる力の大きさのことだね。

例えば，図１（次のページ）のように，１辺が10㎝の立方体の形をした物体があって，重さが10Nだったとする。図２（次のページ）のように，この物体を平らな地面に置いたとき，

地面が物体から受ける圧力は，

$$\frac{10\mathrm{N}}{\boxed{\ast}}=0.1\mathrm{N/cm^2}$$

と計算から出るね。

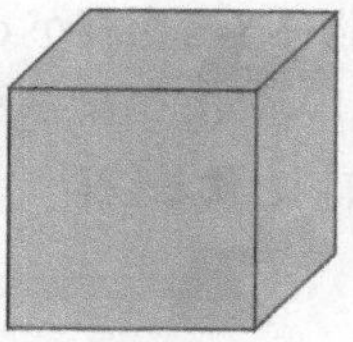

図1

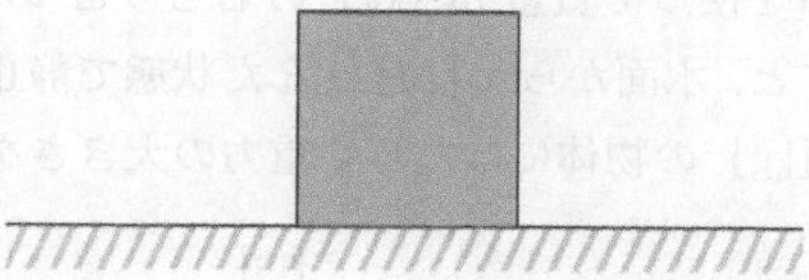

図2

太郎君：なるほど。でも，圧力の単位はPa（パスカル）ではないんですか？

先　生：たしかによく目にするのはPaという単位だね。それじゃあ，さっき出した答えの単位をPaに直してみよう。$0.1\mathrm{N/cm^2}$をPaを使って表すと，
$0.1\mathrm{N/cm^2}=1000\mathrm{Pa}$
となるよ。

太郎君：じゃあ，1Paは，（　a　）という単位を使って表すと，
1Pa＝1（　a　）
とも表せますね。

先　生：その通り。よくわかったね。じゃあ，ここからは大気圧の話をしよう。単に気圧ということもあるんだけど，空気の重さによって生じる圧力のことなんだ。海抜0mの気圧を1気圧というんだったね。

太郎君：はい。1気圧は約（　b　）hPaですよね。

先　生：正解！　Paの前のhはヘクトと読んで（　c　）倍って意味なんだよ。

太郎君：なるほど。だから，1hPaは（　c　）Paなんですね。

先　生：その通り。身近な大気圧による現象のひとつに，標高の高い山に登山するとき，地上から未開封のポテトチップスの袋を持って登ると，頂上に近づくにつれてポテトチップスの袋が膨《ふく》らんで大きくなることがあるね。これは，標高が高くなる程，大気圧が小さくなることで起こることなんだ。【会話は続く】

⑴　空欄 ＊ に入る値として最も適当なものを次のア～エのうちから1つ選び，記号で答えよ。

ア　10㎝　　イ　$100\mathrm{cm^2}$　　ウ　$100\mathrm{cm^3}$　　エ　$100\mathrm{m^2}$

⑵　空欄（a）に入る単位として最も適当なものを次のア～エのうちから1つ選び，記号で答えよ。

ア　$\mathrm{kg/cm^2}$　　イ　$\mathrm{kg/m^2}$　　ウ　$\mathrm{N/cm^2}$　　エ　$\mathrm{N/m^2}$

⑶　空欄（b）（c）に入る数値として最も適当なものを次のア～キのうちからそれぞれ1つずつ選び，記号で答えよ。

ア　0.01　　イ　0.1　　ウ　1　　エ　10　　オ　100　　カ　1000　　キ　10000

⑷　下線部について，気圧による現象として最も適当なものを次のア～エのうちから1つ選び，記号で答えよ。

ア　吸盤が壁にくっついて離れない。　　イ　寒い日に吐いた息が白くなる。

ウ　雨上がりの空に虹がかかる。　　エ　夏の夜に比べて，冬の夜は音が遠くまで聞こえる。

【会話の続き】

太郎君：なるほど。わかりました。ところで，この浮力の問題の解き方を教えてください。

【問題】

図3のような密度が d_1 [kg/m³] で質量が $3m$ [kg] の物体Xを，図4のように，軽い糸と定滑車を使って質量 m [kg] のおもりとつなぎ，物体Xを密度が d_2 [kg/m³] の水の中で静かに離すと，水面から x [m] 沈んだ状態で静止した。x を d_1，d_2，r を使って表しなさい。ただし，m [kg] の物体にはたらく重力の大きさを W[N] とする。

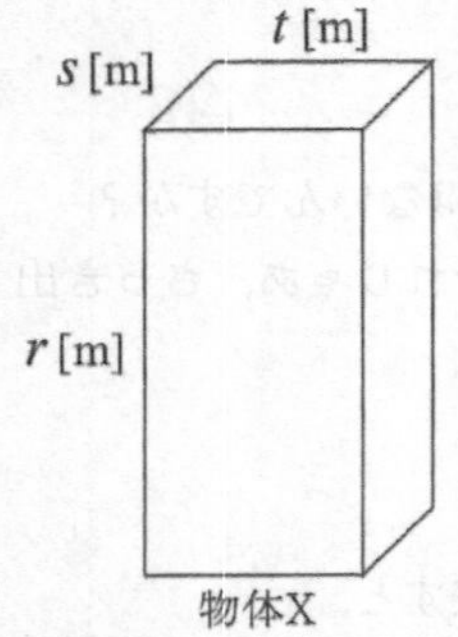

直方体
1辺の長さは，s [m]，t [m]，r [m]
質量　$3m$ [kg]
密度　d_1 [kg/m³]

図3

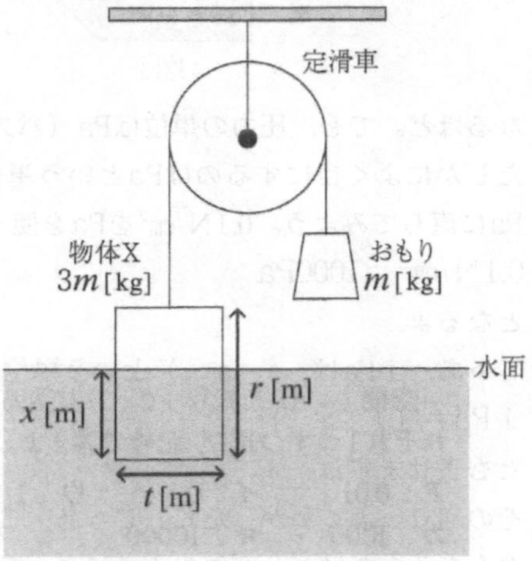

※おもりと物体Xが静止しているときの様子である

図4

先　生：まずは，おもりと物体Xがつり合っていることから，物体にはたらく浮力の大きさは，(　e　) [N] となるね。次に，物体がおしのけた水の重さは d_2 を使って表すと (　f　) [N] だから，

(　e　) = (　f　) …①

が成り立つ。一方で，物体の重さは d_1 を使って表すと (　g　) [N] だから，

(　g　) = $3W$…②

が成り立ち，①式と②式より，

x = (　h　)

となるよ。

太郎君：なるほど。これでこの問題を理解できました。ありがとうございました。

⑸　(e)～(h) に入る式として最も適当なものを次のア～セのうちからそれぞれ1つずつ選び，記号で答えよ。

ア　W　　イ　$2W$　　ウ　$3W$　　エ　$\dfrac{strd_1W}{m}$　　オ　$\dfrac{3strd_1W}{m}$

カ　$\dfrac{strd_1m}{W}$　　キ　$\dfrac{3strd_1W}{W}$　　ク　$\dfrac{strd_2W}{m}$　　ケ　$\dfrac{stxd_2W}{m}$　　コ　$\dfrac{strd_2m}{W}$

サ　$\dfrac{stxd_2m}{W}$　　シ　$\dfrac{d_1r}{d_2}$　　ス　$\dfrac{3d_1r}{2d_2}$　　セ　$\dfrac{2d_1r}{3d_2}$

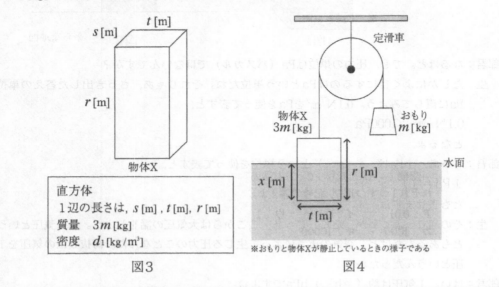

Ⅲ 問１　下の図はヒトの消化の過程を示している。一番右の列は，消化酵素を出す部位が記されている。以下の問いに答えよ。

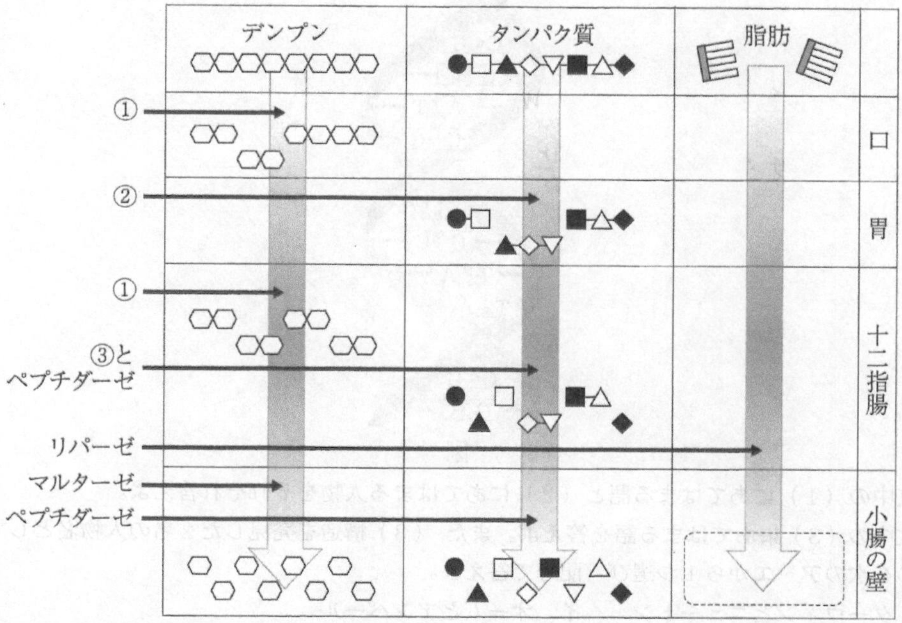

⑴　①～③にあてはまる消化酵素をそれぞれ答えよ。

⑵　脂肪の消化には，リパーゼのはたらきを助ける消化液が必要である。その消化液の名称を漢字で答えよ。また，その消化液が作られる部位を次のア～エから１つ選び，記号で答えよ。

ア　すい臓

イ　胃

ウ　肝臓

エ　小腸

⑶　脂肪が消化されると，なんという物質ができるか。その名称を２つ答えよ。また，図の点線内の図として適当なものを次のア～エから１つ選び，記号で答えよ。

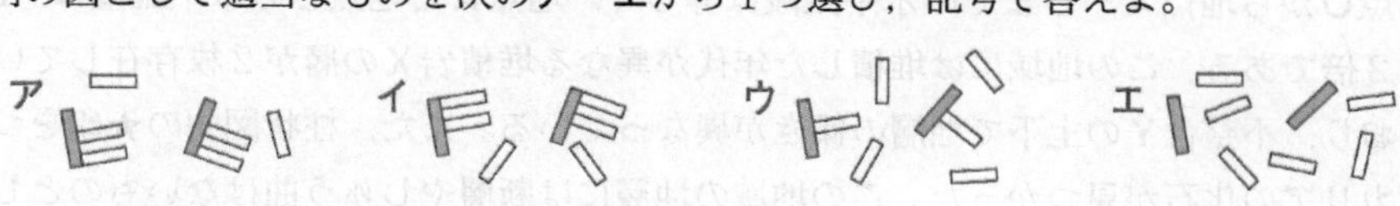

問２　次の文章を読み，次のページの問いに答えよ。

生物は，それぞれの種に特徴のある形態や性質をもっており，それらを形質という。親の形質が子に受け継がれる現象を遺伝と呼び，遺伝する形質のもとになる要素を（　１　）という。（　１　）は，（　２　）によって明らかにされた遺伝の法則性を合理的に説明するものとして考えられた。現在では，染色体に含まれるＤＮＡが，（　１　）の本体であることがわかっている。

ＤＮＡは次のページの図のようにＡ（アデニン），Ｔ（チミン），Ｇ（グアニン），Ｃ（シトシン）と呼ばれる４種類の塩基《えんき》という物質が，二本の鎖の間をつなげており，これがらせん状にねじれることで（　３　）構造になっている。その際，ＡとＴ，ＧとＣがそれぞれ互いにつながっている。

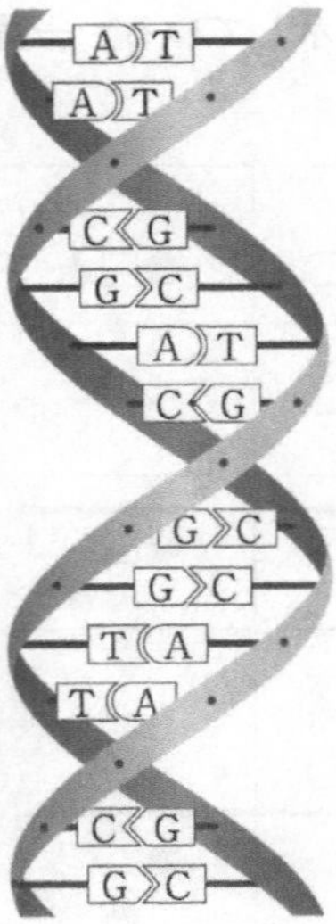

図

(1) 文中の（1）にあてはまる語と（2）にあてはまる人物をそれぞれ答えよ。

(2) 文中の（3）にあてはまる語を答えよ。また，（3）構造を発見した2名の人物名として適当なものを次のア～エから1つ選び，記号で答えよ。

ア　ダーウィンとニュートン　　**イ**　オームとアンペール

ウ　ワトソンとクリック　　**エ**　アボガドロとドルトン

(3) いま，ある生物のDNAの一部を取り出した。そのDNAの2本の鎖をそれぞれX鎖，Y鎖とし，X鎖に含まれる塩基の割合（%）を調べたところ，Aが15%，Tが23%，Gが35%であった。文中の下線部の内容に注意して以下の①，②に答えよ。

① Y鎖の全塩基のうちGの割合は何%になるか。

② DNA全体（X鎖とY鎖の合計）でみると，全塩基のうちCは何%になるか。

Ⅳ 次のページの図はある地域の地形図と，地点A～Dでのボーリング調査の結果得られた柱状図である。地点Oから地点A～Dまでの水平距離は等しく，地点Aと地点Eの水平距離は，OA間の水平距離の2倍である。この地域には堆積した年代が異なる堆積岩Xの層が2枚存在していることがわかっており，不整合Yの上下で地層の傾きが異なっている。また，柱状図中の★印をつけた砂岩の層でビカリアの化石が見つかった。この地域の地層には断層やしゅう曲はないものとして，以下の問いに答えよ。

(1) 不整合Yの上に堆積している地層と，下に堆積している地層の傾きをそれぞれ答えよ。なお，傾きは東西南北の4方位から選び，低くなっている方角を答えよ。ただし，傾きがない場合は水平と答えよ。

(2) 堆積岩Xは，火山灰の層が固まってできた堆積岩である。この堆積岩の名称を漢字で答えよ。

(3) ビカリアの化石が見つかったことを参考にして，★印をつけた砂岩の層が堆積した年代を次のア～エから1つ選び，記号で答えよ。

ア　古生代より前　**イ**　古生代　**ウ**　中生代　**エ**　新生代

(4) 地点Oにおいて，地表から18m下に存在する堆積岩を答えよ。なお，堆積岩Xの場合は堆積岩

Xと答えよ。

(5) 地点Eでボーリング調査をした結果，得られる柱状図はどのようになるか。解答欄に作図せよ。

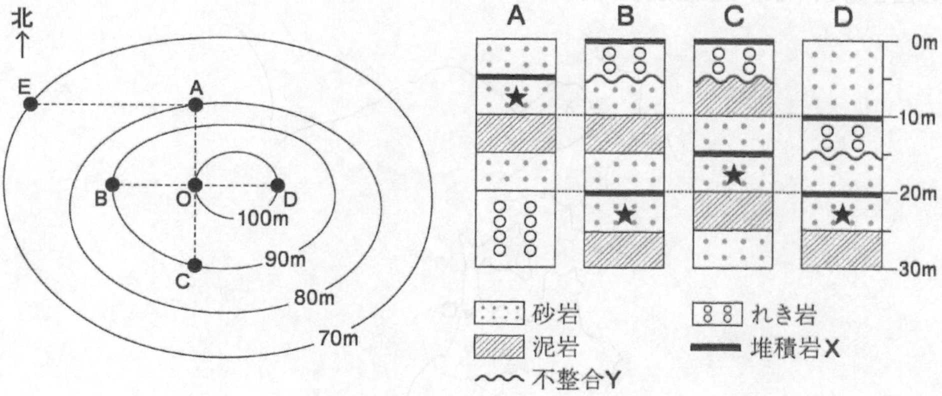

【社　会】（40分）　＜満点：100点＞

【注意】 教科書中に漢字で書かれている語句は，全て漢字で答えなさい。

I　次の図を見て，日本の東北地方に関するあとの問いに答えよ。

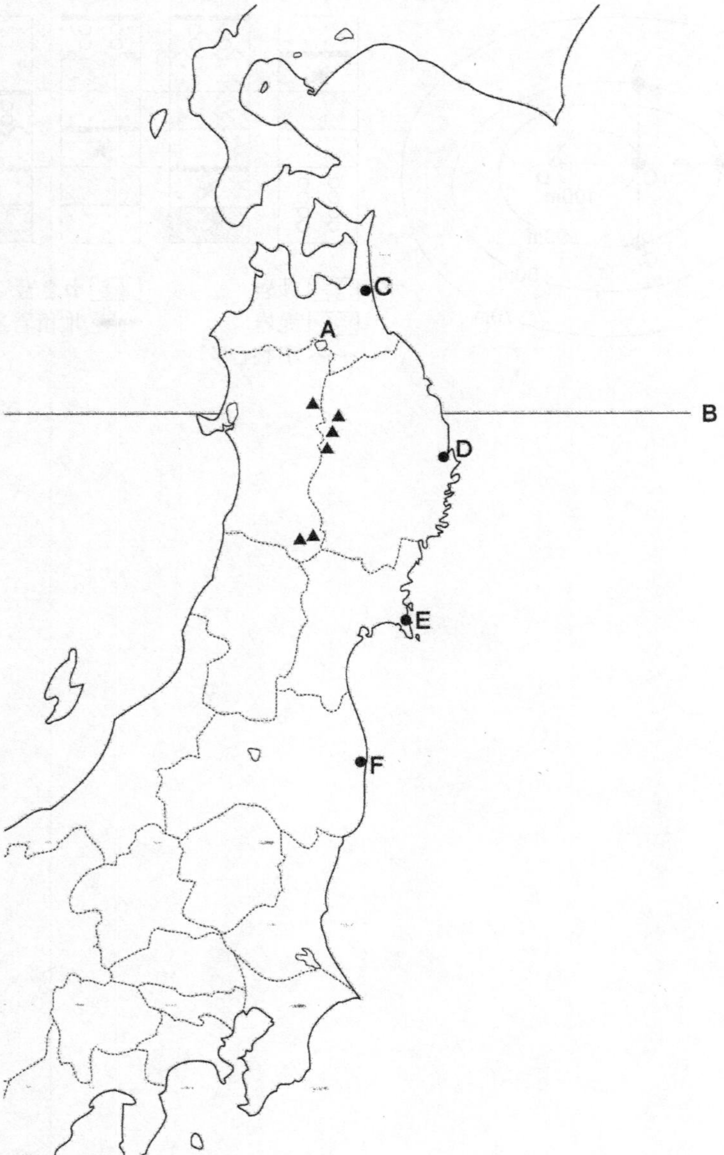

⑴　図中のAの湖の名を答えよ。

⑵　図中のBの緯線は北緯何度か答えよ。また，これとほぼ同じ緯度にある都市を次のア～エから一つ選び，記号で答えよ。

ア　ペキン　　**イ**　ベルリン　　**ウ**　メキシコシティ　　**エ**　ロンドン

⑶　世界自然遺産の登録地のうち，東北地方にあるものを答えよ。

⑷　次の**ア**～**エ**の果物のうち，東北地方のいずれかの県が生産量で**1位となっていないもの**を一つ選び，記号で答えよ。

ア　西洋なし　　**イ**　みかん　　**ウ**　おうとう［さくらんぼ］　　**エ**　りんご

⑸　図中に▲で示された発電所は，どのようなエネルギーを用いて発電をしているか答えよ。

⑹　2011年3月11日に東日本を襲った大地震のあとに，大きな爆発と炉心溶融［メルトダウン］をともなう大事故を起こした原子力発電所の位置を図中の**C**～**F**から一つ選び，記号で答えよ。

⑺　次の文①，②は東北地方の著名な祭りについて述べている。その祭りの名として適当なものを下の**ア**～**カ**から一つずつ選び，記号で答えよ。

①提灯を米俵に見立てて豊作を祈る祭り。

②人形をかたどった巨大な灯籠が街を練り歩く祭り。

ア　青森ねぶた　　**イ**　盛岡さんさ　　**ウ**　秋田竿灯　　**エ**　仙台七夕

オ　山形花笠　　**カ**　福島わらじ

⑻　東北地方について述べた次の文のうち，適当なものを**ア**～**エ**から一つ選び，記号で答えよ。

ア　東北地方は，人口減少率が最も大きい地域である。

イ　東北地方の拠点となる仙台空港の利用客数は，中部空港とほぼ同じである。

ウ　東北地方には，半導体を製造する工場の進出はみられない。

エ　東北地方は，山がちなため，耕地面積が最も小さい地域である。

Ⅱ　日本では，インド洋と太平洋の海域とその周辺国，さらにはそれらを結ぶ東南アジア・オーストラリア周辺の国と海域をひとまとめにして，「インド太平洋」と称することがしばしばみられる。この地域とその周辺に関する，次の問いに答えよ。

⑴　この地域にある島国として，**適当でないもの**を次の**ア**～**エ**から一つ選び，記号で答えよ。

ア　マダガスカル　　**イ**　ニュージーランド　　**ウ**　スリランカ　　**エ**　キューバ

⑵　この地域の赤道は，おおよそ東経40度から西経80度までにあたる。その赤道の長さに最も近いものを次の**ア**～**エ**から一つ選び，記号で答えよ。

ア　7600㎞　　**イ**　1万3000㎞　　**ウ**　2万7000㎞　　**エ**　3万9000㎞

⑶　この地域の付属海として，**適当でないもの**を次の**ア**～**エ**から一つ選び，記号で答えよ。ただし，付属海とは，大陸近くの海域で陸地に囲まれている部分を言う。

ア　ギニア湾　　**イ**　南シナ海　　**ウ**　ペルシャ湾　　**エ**　アラビア海

⑷　2001年9月のアメリカ同時多発テロに対して，アメリカは，ある国の政権の保護下にあるイスラーム過激派組織が事件の実行者であるとして，同年10月，同盟国の支援のもとに，この国に対して軍事行動をおこした。日本もこれに協力するため，自衛隊をインド洋に派遣した。しかし，アメリカは2021年，この国から軍を撤退させた。この国の名を答えよ。

⑸　次の文章は，この地域に属するインド，ケニア，オーストラリア，ベトナムのいずれかを説明している。このうち，ケニアに該当するものを**ア**～**エ**から一つ選び，記号で答えよ。

ア　国土を赤道が通過するが，首都は1600mを越える高地にあり，過ごしやすい気候である。中央部には標高5000mを越える火山があり，周辺は野生動物の楽園ともなっている。

イ　南北に細長い国土を持ち，かつて北緯17度線を境に国家が分断された経験を持つ。近年，経済はめざましい発展をとげ，日本にやって来る外国人労働者も多い。

ウ　東部と南部には熱帯が広がり，西部は乾燥気候となっている。宗教上の理由から，牛は神聖な動物とされ，また，近年ではICT技術の発展が著しい。

エ　国土の中央部は砂漠で，全体として低平な国土となっている。東海岸には大サンゴ礁が広がり，観光の名所となっている。

(6)　表１は，それぞれ**米の生産量**，**漁業生産量**，**粗鋼生産量**の上位５か国と，それらが世界全体に占める割合を示している。表１中の**Ａ～Ｃ**は，インド太平洋地域にある日本，インドネシア，ペルーのいずれかである。その正しい組み合わせを表２中の**ア～カ**から一つ選び，記号で答えよ。

表1

米の生産量(%)		**漁業生産量**(%)		**粗鋼生産量**(%)	
中国	27.7	中国	15.1	中国	56.5
インド	23.5	（　Ａ　）	8.0	インド	5.3
（　Ａ　）	7.2	インド	5.9	（　Ｃ　）	4.5
バングラデシュ	7.2	ロシア	5.3	ロシア	3.9
ベトナム	5.8	（　Ｂ　）	5.2	アメリカ	3.9

『日本国勢図会』2021/22より作成

表2

	ア	イ	ウ	エ	オ	カ
Ａ	日本	日本	インドネシア	ペルー	ペルー	インドネシア
Ｂ	インドネシア	ペルー	日本	日本	インドネシア	ペルー
Ｃ	ペルー	インドネシア	ペルー	インドネシア	日本	日本

Ⅲ　次の年表を見て，あとの問いに答えよ。

794年　平安京に遷都する……………………………①
894年　遣唐使が廃止される
〈　Ａ　〉
1018年　望月の歌が詠まれる……………………………②
〈　Ｂ　〉
1274年　文永の役が起こる……………………………③
1467年　応仁の乱が始まる…………………………④
1488年　加賀の一向一揆が起こる…………………⑤
〈　Ｃ　〉
1600年　関ヶ原の戦いが起こる
〈　Ｄ　〉
1709年　新井白石が幕府に登用される
〈　Ｅ　〉
1825年　異国船打払令が出される
〈　Ｆ　〉

(1)　年表中〈Ａ〉の時期の東アジア情勢について述べた文として正しいものを次のページのア～エ

から一つ選び，記号で答えよ。

ア　唐が滅び，元が中国を統一した。

イ　新羅が高麗を滅ぼして，朝鮮を統一した。

ウ　中山王の尚巴志が，三つの王国を統一して琉球王国を築いた。

エ　中国東北部では，渤海が契丹に滅ぼされた。

⑵　年表中〈B〉の時期の出来事として正しいものを次のア～エから一つ選び，記号で答えよ。

ア　２世紀近くに及ぶ十字軍の遠征が始まった。

イ　朱元璋が，漢民族の明王朝を建国した。

ウ　李成桂が，朝鮮を建国した。

エ　ムハンマドがイスラム教を起こした。

⑶　年表中〈C〉の時期の出来事として正しいものを次のア～エから一つ選び，記号で答えよ。

ア　クリミア戦争が始まった。

イ　アメリカで独立戦争がおこった。

ウ　モンテスキューが『法の精神』を著した。

エ　ルターが宗教改革を始めた。

⑷　年表中〈D〉の時期にあてはまる将軍（ａ・ｂ）とその在任時期に起きたできごと（甲・乙）の正しい組み合わせを下のア～エから一つ選び，記号で答えよ。

ａ　徳川吉宗　　ｂ　徳川綱吉

甲　イギリスでは，蒸気機関が実用化され，紡績業を中心とした工場制機械工業が始まり，世界で最初の産業革命が起こった。

乙　イギリスでは，議会が一致して国王を退位させ，オランダから新しい国王を迎えた。

ア　ａ・甲　イ　ａ・乙　ウ　ｂ・甲　エ　ｂ・乙

⑸　年表中〈E〉の時期に行われた幕政改革（ａ・ｂ）と欧米のできごと（甲・乙）の正しい組み合わせを下のア～エから一つ選び，記号で答えよ。

ａ　寛政の改革　　ｂ　天保の改革

甲　イギリスでは，クロムウェルを指導者に国王軍を破り，国王を処刑して共和政を樹立した。

乙　フランスでは，パリの民衆が政治犯を収容したバスティーユ牢獄を襲撃した。

ア　ａ・甲　イ　ａ・乙　ウ　ｂ・甲　エ　ｂ・乙

⑹　次のア～エには，年表中〈F〉の時期の出来事にあてはまらないものが一つある。それを除き，この時期の三つを年代順に並び替えて答えよ。

ア　清国は，アヘン戦争でイギリスに敗れ，南京条約を結んだ。

イ　陽明学者の大塩平八郎が，救民をかかげて門人とともに挙兵した。

ウ　ロシア使節ラクスマンが根室に来航し，日本との貿易を求めた。

エ　幕府は，対外政策を批判した渡辺崋山や高野長英らを処罰した。

⑺　年表中①・②の出来事とそれに関わった人物の組み合わせとして，正しいものを次のア～エから一つ選び，記号で答えよ。

ア　①聖武天皇　②藤原道長　　イ　①桓武天皇　②藤原道長

ウ　①聖武天皇　②藤原頼通　　エ　①桓武天皇　②藤原頼通

⑻　年表中③について，７年後の弘安の役と合わせ，２度にわたる蒙古襲来を何というか答えよ。

⑼　年表中④の時期に，明に渡って水墨画の技法を学び，帰国後に日本の水墨画を完成させた人物を答えよ。

⑽　年表中⑤で守護大名が倒されると，加賀国は100年近く一向宗の信者たちによる自治が続いた。このように下位の者が上位の者に実力で打ち勝ち，地位を奪う風潮を何というか答えよ。

Ⅳ　次の文を読んで，あとの問いに答えよ。

明治新政府にとって，幕末に①江戸幕府が欧米諸国と結んだ不平等条約の改正は，外交上最も重要な課題であった。条約改正交渉は，②岩倉具視を大使とする使節団の予備交渉の失敗に始まり，寺島宗則の交渉失敗を経て，井上馨外相に引き継がれた。井上は日比谷に（　a　）を建てて，交渉を促進するために積極的に欧米の風俗や生活様式を取り入れる欧化政策をとった。この極端な欧化主義への反感だけでなく，改正交渉に反対する政府内外の声も強くなり，井上は交渉を中止して外相を辞任した。

その後を受けたのが，③大隈重信であった。大隈は，条約改正に好意的な国から個別に交渉を始め，アメリカ・ドイツ・ロシアとのあいだに改正条約を調印したが，大審院への外国人判事の任用を認めていたことがわかると，政府内外から反対論が起こった。大隈外相が爆弾により負傷させられる事件が起こると，交渉は中断となった。④条約の最大の難関であったイギリスの態度が日本に対して好意的となり，相互対等を原則とする条約改正に前向きな姿勢を示すと，青木周蔵外相は改正交渉を開始した。交渉が順調に進む中，1891年に⑤大津事件が起こると，青木は外相を辞任し，またもや交渉は中断した。

⑥日清戦争直前の1894（明治27）年，（　b　）外相の時に，日英通商航海条約が結ばれ，領事裁判権の撤廃と関税自主権の一部回復が実現された。残された関税自主権の完全回復も，⑦日露戦争後の1911（明治44）年に（　c　）外相のもとで達成され，ここに日本は条約上列国と対等の地位を得ることができた。

⑴　文中の（ａ）～（ｃ）に当てはまる語句を答えよ。

⑵　下線部①について，**誤っているもの**を次のア～エから一つ選び，記号で答えよ。

ア　大老の井伊直弼は，朝廷の許可を得られないままに日米修好通商条約に調印をした。

イ　通商条約は，アメリカ・オランダ・ロシア・イギリス・フランスと結ばれた。

ウ　通商条約では，神奈川・函館・長崎・新潟・兵庫の５港を開港し，自由貿易を認めることにした。

エ　ロシアとの通商条約では，初めて日露間の国境を定め，千島全島を日本領とした。

⑶　下線部②について，**誤っているもの**を次のア～エから一つ選び，記号で答えよ。

ア　副使として，薩摩藩の大久保利通，長州藩の木戸孝允・伊藤博文らが参加した。

イ　津田梅子ら，５人の少女が留学生として海外に渡った。

ウ　使節団は，ヨーロッパ各地を視察した後，アメリカに渡って不平等条約の改正交渉にのぞんだ。

エ　使節団は帰国すると，国内の改革を優先させるべきだと主張して，征韓論に反対した。

⑷　下線部③について，あとの甲・乙の正誤を判断し，その正しい組み合わせを次のページのア～エから一つ選び，記号で答えよ。

甲　大隈重信は，政府を辞めさせられた後，立憲改進党を立ち上げた。

乙　大隈重信は，立憲改進党を与党に日本で最初の政党内閣を組閣した。

ア　甲；正　乙；正　**イ**　甲；正　乙；誤　**ウ**　甲；誤　乙；正　**エ**　甲；誤　乙；誤

(5)　下線部④について，イギリスの態度が日本に好意的になった理由として正しいものを次のア～エから一つ選び，記号で答えよ。

ア　日英同盟を締結して，日本との関係が深くなっていたため。

イ　シベリア鉄道の敷設により，東アジア進出を強めるロシアに対する警戒を強めたため。

ウ　アメリカが，満州進出に関心を強めていることに対する警戒を強めたため。

エ　ドイツが山東半島に進出し，イギリスの権益が侵される心配があったため。

(6)　下線部⑤について，大津事件は，1891年来日していたロシア皇太子を，護衛の巡査がサーベルで斬りつけた事件である。この事件に対して，大審院（現在の最高裁）は内閣などの死刑を求める圧力に屈せず，殺人未遂で死刑を宣告するのは，法律上不可能であるとの判断を下した。このように，国会や内閣は裁判所の活動に干渉してはならず，また個別の裁判において，裁判官は自らの良心に従い，憲法と法律だけに拘束されるという原則を（　　）の独立という。（　）に入る語句を次のア～エから一つ選び，記号で答えよ。

ア　立法権　　**イ**　行政権　　**ウ**　司法権　　**エ**　統帥権

(7)　下線部⑥の講和条約の内容について，**誤っているもの**を次のア～エから一つ選び，記号で答えよ。

ア　清国は，朝鮮の独立を認める。

イ　清国は，遼東半島を日本に割譲する。

ウ　清国は，樺太の南半分を日本に割譲する。

エ　清国は，２億両（日本円で約３億１千万円）の賠償金を日本に支払う。

(8)　下線部⑦の講和条約の内容について，**誤っているもの**を次のア～エから一つ選び，記号で答えよ。

ア　ロシアは，韓国における日本の優越権を認める。

イ　ロシアは，南満州鉄道の権益を日本に譲る。

ウ　ロシアは，国後島・択捉島を日本に割譲する。

エ　日本は，賠償金を獲得できなかった。

V　次の文章を読み，次のページの問いに答えよ。

多数の①国家では，国民主権を主張する民主政治が実現されている。民主政治以前は，国王が強い力を持つ絶対王政が行われていた。この政治体制に対しては市民階級が民主政治の実現を求める運動が起こり，各国での②市民革命につながった。これらの市民革命を支えたのが③ロックやルソーらが唱えた思想であり，その後の④人権保障や⑤権力分立などの考え方に影響を与えていくことになる。

現代の民主政治は⑥議会制民主主義に基づいて行われるのが一般的であるが，地方自治という概念も民主政治においては大変重要である。日本国憲法でも，地方自治については民主政治の基盤として尊重しており，⑦地方自治の本来の主旨に基づいて自治体が運営されることを保障している。また，⑧住民の直接選挙によって首長と地方議員を選ぶことができ，⑨直接請求権の保障もされている。しかしながら，地方財政に目を向けると財源を大きく⑩国に頼らなければならない状況にあり，地方自治の一つの課題と言われている。

(1) 下線部①に関する記述として最も適当なものを次のア～エから一つ選び，記号で答えよ。

ア 国際社会は，国内における政治や外交について自ら決める権利を持っている国々によって構成されるため，国際連合による介入も一切認められないとされている。

イ 国家は，領土・国民・主権から成り立っている。

ウ 領海から200海里の範囲内で排他的経済水域を設定することが出来る。

エ 領土問題など主権国家間の紛争については，国際司法裁判所において平和的解決をはかることが可能である。

(2) 下線部②に関連して，人権思想について述べた文として最も適当なものを次のア～エから一つ選び，記号で答えよ。

ア 権利章典は，正当な裁判や国の法律によらなければ勝手に課税することや幸福の追求を侵害すること，不当に逮捕しないことなどを認めさせたものである。

イ アメリカ独立宣言は，アメリカがイギリスからの独立を宣言したもので，イギリス国王に対して議会の同意なしに国王の権限によって，法律とその効力を停止することは違法であるとしている。

ウ マグナ・カルタは，人間はみな平等に創られ，神によって，一定の奪いがたい天賦の権利を付与されていることを国王に認めさせたものである。

エ フランス人権宣言では，人は生まれながらに，自由で，平等な権利をもつと記している。

(3) 下線部③に関連して，彼らの思想について述べた文として最も適当なものを次のア～エから一つ選び，記号で答えよ。

ア ロックは，立法・司法・行政の３つの権限を集中させないで，相互に独立・けん制させることが必要であると主張した。

イ ルソーは，人はすべて平等であり，生命・自由・財産などの権利を持っており，人民はこれらを侵す政府を変更できると主張している。

ウ ロックは，フランスの思想家であり，人民主権を「統治二論」で主張した。

エ ルソーは，フランスの思想家であり，人民主権を「社会契約論」で主張した。

(4) 下線部④に関連して，日本国憲法が定める基本的人権の内容Ａ～Ｄと，具体的な権利の組み合わせとして最も適当なものを下のア～エから一つ選び，記号で答えよ。

Ａ 自由権　　Ｂ 社会権　　Ｃ 参政権　　Ｄ 請求権

ア Ａ 財産権　Ｂ 請願権　Ｃ 教育を受ける権利　Ｄ 裁判を受ける権利

イ Ａ 裁判を受ける権利　Ｂ 請願権　Ｃ 財産権　Ｄ 教育を受ける権利

ウ Ａ 財産権　Ｂ 教育を受ける権利　Ｃ 請願権　Ｄ 裁判を受ける権利

エ Ａ 裁判を受ける権利　Ｂ 教育を受ける権利　Ｃ 請願権　Ｄ 財産権

(5) 下線部⑤について，日本国憲法の三権分立のしくみについて述べた文として**適当でないもの**を，あとのア～エから一つ選び，記号で答えよ。

ア「内閣は，衆議院で不信任の決議案を可決し，又は信任の決議案を否決したときは，10日以内に衆議院が解散されない限り，総辞職をしなければならない。」

イ「最高裁判所は，その長たる裁判官及び法律の定める員数のその他の裁判官でこれを構成し，その長たる裁判官以外の裁判官は，内閣でこれを任命する。」

ウ 「最高裁判所は，一切の法律，命令，規則又は処分が憲法に適合するかしないかを決定する権限を有する終審裁判所である。」

エ 「最高裁判所の裁判官の任命は，その任命後初めて行はれる衆議院議員総選挙の際国民の審査に付し，その後10年を経過した後初めて行はれる衆議院議員総選挙の際更に審査に付し，その後も同様とする。」

⑹ 下線部⑥に関連して，日本の国会における議決方法について述べた文として最も適当なものを次のア～エから一つ選び，記号で答えよ。

ア 予算の議決について，参議院の議決の後，衆議院での議決を行う。

イ 法律案の議決について，参議院が衆議院と異なる議決をした場合，衆議院での再可決がなされれば衆議院の優越により法律となる。

ウ 内閣総理大臣の指名について，両院が異なる議決をし，両院協議会を開いて意見が一致したときにも，再度衆議院での議決を必要とする。

エ 内閣不信任案の議決について，衆議院と参議院が異なる議決をした場合，衆議院の議決が国会の議決となる。

⑺ 下線部⑦に関連して，地方分権改革について述べた文として**適当でないもの**を次のア～エから一つ選び，記号で答えよ。

ア 地方分権一括法により，国と地方の関係が「上下関係」から「対等・協力関係」にすることを目標として掲げた。

イ 「平成の大合併」に伴い市町村の数は大きく減少した。その一方で，合併の是非を問う住民投票で反対が多数を占めたために合併を取りやめた市町村もある。

ウ 「三位一体改革」により，地方交付税を見直し，国庫支出金を増やし，地方から国へ税源を移譲することで地方分権の促進が図られた。

エ 各地域に合わせた「法定外税」は総務大臣の同意の上で地方自治体が独自に課税を行うことができるようになっている。

⑻ 下線部⑧について述べた文として最も適当なものを次のア～エから一つ選び，記号で答えよ。

ア 地方議員の被選挙権は満25歳以上となっており，任期は４年となっている。

イ 地方議員の被選挙権は満30歳以上となっており，任期は４年となっている。

ウ 市区町村長の被選挙権は満25歳以上となっており，任期は６年となっている。

エ 知事の被選挙権は満30歳以上となっており，任期は６年となっている。

⑼ 下線部⑨について，有権者数が40万人を超えない地方自治体における地方議員のリコールについて述べた文として最も適当なものを次のア～エから一つ選び，記号で答えよ。

ア 有権者の３分の１以上の署名が選挙管理委員会に提出され，住民投票を行い，過半数の賛成があれば解職する。

イ 有権者の３分の１以上の署名が監査委員に提出され，監査を実施して，その結果を踏まえて住民投票を行い，過半数の賛成があれば解職する。

ウ 有権者の３分の１以上の署名が監査委員に提出され，議会を招集し，議会の議決で過半数の賛成があれば解職する。

エ 有権者の３分の１以上の署名が選挙管理委員会に提出され，住民投票を行い，4分の３以上の賛成があれば解職する。

⑽　下線部⑩について，日本の国家財源について述べた文として最も適当なものを次のア～エから一つ選び，記号で答えよ。

ア　国税における直接税と間接税の割合は直接税の割合の方が高く，直接税には所得税，法人税が含まれる。

イ　国税における直接税と間接税の割合は間接税の割合の方が高く，間接税には消費税，酒税が含まれる。

ウ　国税における直接税と間接税の割合は直接税の割合の方が高く，フランスやドイツの特徴と似ている。

エ　国税における直接税と間接税の割合は間接税の割合の方が高く，アメリカの特徴と似ている。

Ⅵ　次の⑴～⑸のことがらについて述べた文Ａ・Ｂの正誤の組み合わせを判断し，解答例にしたがって記号で答えよ。

《解答例》	・Ａ，Ｂどちらとも正しい場合……………………ア ・Ａが正しく，Ｂは誤りである場合……………イ ・Ａが誤りであり，Ｂは正しい場合……………ウ ・Ａ，Ｂどちらとも誤りである場合……………エ

⑴　消費者問題について

Ａ「消費者の４つの権利」とは，安全を求める権利，知らされる権利，選択する権利，意見を反映させる権利の４つである。

Ｂ　売り手（企業）と買い手（消費者）の間で結ばれる当事者間の合意を売買契約といい，いかなる売買契約においても消費者の側から一方的にこの契約を解除することはできない。

⑵　株式会社について

Ａ　株主とは株式を購入した出資者を指し，株主総会では保有株式の数に応じて議決権を持つ。

Ｂ　企業は利潤の一部を配当という形で，将来の投資資金のため貯蓄している。

⑶　起業について

Ａ　クラウドファンディングとはウェブサイトなどインターネットを通じてアイデアと必要な資金の金額を提示して，資金を調達する仕組みのことをいう。

Ｂ　ベンチャー企業とは，新たに起業し，新しい技術や独自のノウハウをもとに革新的な事業を展開する中小企業のことをいう。

⑷　経済格差について

Ａ　貧しい人々に無担保で多額の融資を行う制度をマイクロクレジットという。

Ｂ　フェアトレード運動を通じて，先進国の生産者と途上国の消費者をつなぎ，途上国の人達が豊かな生活を送ることができるように支援している。

⑸　労働について

Ａ　全労働者に占める非正規労働者の割合は1990年代以降増え続け，2020年には５割を超えている。

Ｂ　日本の非正規労働者のうちパートタイム労働者とは，フルタイム労働者よりも所定労働時間が短いものを意味する。

ができるんだろう。

イ　受川は、陸上について理論的な研究や工夫を重ねながらなんとか自分の力を示したいと思っている努力家だよ。だから仲間に納得できる説明ができるんだ。ただ一方で兄を強く意識していることも垣間見ることができるね。

ウ　第二走を務める雨夜は、受川の兄のことを「彼」と表現していることから、知り合いであることがわかる。親友である受川の理論的な研究や工夫を重ねる姿勢を尊敬して、真摯《しんし》に学ぼうとしているよ。親友っていいね。

エ　雨夜は、身長が低くて足が短い分、速いピッチで走り続けるためにトレーニングを重ねてきたんだ。しかし受川に頭から否定されて、戸惑ってしまった。自分の走り方を根底から見直さなければいけないと悩んでいるよ。

オ　人が成長していく上で友人同士の切磋琢磨《せっさたくま》って大切だね。だから、同じ部活の酒井は理論家の受川と天才肌の雨夜のぎくしゃくした関係をなんとか取り持とうとして努力しているね。今後の話の展開がとても楽しみだ。

イ　雨夜に対して嫌悪感があるのに、今日に限ってしたアドバイスの内容にこだわってしまったから。

ウ　雨夜とこれまでになく多く話したことで親近感を持ち、つい彼の様子を気にかけてしまったから。

エ　雨夜との先程の会話のことを思い返し、彼の発言の内容や兄のことについて考えてしまったから。

オ　雨夜にスタートの仕方についてアドバイスをし、それが適切か心配で気になってしまったから。

問四　［A］にあてはまる適当な語を**【文章Ⅰ】**から三字で抜き出して答えよ。

問五　――②「少し調子に乗りすぎたかな」と雨夜が思った理由の説明として最も適当なものを、次の**ア**～**オ**から一つ選び、記号で答えよ。

ア　受川が普段とは違い、陸上競技について普通に話してくれたことをいいことに、彼の走りまで評価してしまったから。

イ　受川が自分のことを露骨に嫌っているにも関わらず、スタブロについて説明してくれたことに素直に感心してしまったから。

ウ　受川は練習熱心なだけで直感的に走っていると思っていたが、実は理論的で研究熱心であることを垣間見てしまったから。

エ　受川が意外にも陸上競技を熱心に研究していることがわかり、理論、技術ともに自分と同等だと感じて声をかけたから。

オ　受川の話しぶりから陸上競技について理論的に遅れている自分に対し馬鹿にしていることを感じ、反論しようとしたから。

問六　雨夜は、受川とのやりとりを通して、どのような思いや考えに至ったか。その説明として最も適当なものを、次の**ア**～**オ**から一つ選び、記号で答えよ。

ア　自分の走り方について受川に理論的に否定されたことで、受川を直情的なタイプではなく、研究熱心なタイプであると考えるようになった。

イ　自分の走りについて自分自身がわかっていなかったことを自覚し、新たな走り方や苦手なことの克服に取り組もうと思うようになった。

ウ　受川が自分の意図を見抜いており、その上で指摘されたことによって、自分の走り方が序盤からピッチを上げ過ぎていることに気が付いた。

エ　受川が自分の走り方について忠告してくれるようになったので、受川と陸上のことについては普通に話せる関係にまでなったことを自覚した。

オ　自分の技術についてろくに分析もせずに練習していることを受川に指摘され、受川の走り方が理論に裏打ちされたものであることを実感した。

問七　――「雨夜が意外そうな顔をしている」とあるが、なぜか。その理由を四十字以内で説明せよ。

問八　この小説の登場人物の描き方についてクラスで話し合った。本文の内容に合う発言として最も適当なものを、次の**ア**～**オ**から一つ選び、記号で答えよ。

ア　第一走を担《にな》う受川は性格が悪い上に、図太いよね。でも、ピストルの音を聞き分ける耳だけはいいみたいだね。だから第一走者として適しており、雨夜と違って緊張することなく、よい「スタート」

たことがあるように感ずること。ここでは、実際に今見ている状態が、前回見た状態と全く変わらないという意味で使われている。

※反芻…繰り返し思ったり、考えたりすること。

※ピッチ…走るときの腕・脚の動かし方の速さ。

※ストライド…競走で、大きな歩幅で走ること。また、その歩幅。

問一 ══(1)～(3)の本文中における意味として最も適当なものを、次の**ア**～**オ**からそれぞれ一つずつ選び、記号で答えよ。

(1)「助け船を出す」

ア 困った状況から脱すること。

イ 会話を前に進めること。

ウ 相手の無理解を解明すること。

エ 相手の批判から守ること。

オ 困っている人に力を貸すこと。

(2)「眉をひそめる」

ア 憂いがあり、顔をしかめる。

イ 不快に思い、顔をしかめる。

ウ 疑問を感じ、一点を見つめる。

エ いらだって、にらみつける。

オ ぼう然として、一点を見つめる。

(3)「馬が合わない」

ア 相手の主張が理解できず、共に行動できない。

イ タイミングが合わず、うまくかみ合わない。

ウ 好みや考え方が合わず、付き合いにくい。

エ お互いに嫌悪感を抱き、一緒にいられない。

オ 見方や考え方が合わず、意見がまとまらない。

問二 【文章Ⅰ】の冒頭での、酒井と雨夜の会話に対する受川の説明として最も適当なものを、次の**ア**～**オ**から選び、記号で答えよ。

ア 二人が会話している様子に不安を感じ、まずは状況を把握しようと焦って苛立ったが、自分のスタートの仕方が問題になっているので心配になった。

イ 二人が会話していることに嫉妬を覚え、自分の悪口を言っているのではと疑ったが、実は自分のスタートが話題になっているのがわかり、安心した。

ウ 二人が会話しているのを見て驚き、次に自分のことを話しているのがわかって不満を感じたが、最後は自分のスタートが話題であることを理解した。

エ 二人が会話しているのを見て何も考えられなくなり、混乱し苛立ったが、最終的には雨夜のスタートについて話し合っているだけなのがわかった。

オ 二人が会話中に酒井がニヤリとしたので驚き、何かを企んでいると警戒したが、スタートについて話しているのがわかり、落ち着きを取り戻した。

問三 ──①「いつものように上手く無心になれない」とあるが、その理由の説明として最も適当なものを、次の**ア**～**オ**から一つ選び、記号で答えよ。

ア 雨夜に嫌悪感を抱きつつも、チームの一員としての連携の必要性について考えてしまったから。

ことだ。練習熱心なのは知っていたが、研究熱心なタイプだと思ったことはなかった。直情的で、どちらかというと直感で走っていそうな。でも本人もさっきぼそっと言っていたな。

「［ A ］」だって。

似ている。かつての、彼と。

「そっか。受川って、カーブ上手いから。膨らまないし、直線走ってんじゃないかってくらい綺麗に走ってくるなあっていつも思ってたけど、スタートからちゃんと工夫してるんだな」

「当たり前だろ」

受川の声に、やや強い苛《いら》立ちがこもった。②少し調子に乗りすぎたかな。

「ごめん、練習邪魔して。だから一走なんだなあって思っただけ」

受川との会話を※反芻《はんすう》しながら、ぼんやり自分の練習に戻ろうとした僕を、受川が呼び止めた。

「雨夜」

振り返ると、呼んだくせに受川はこっちを見ていなかった。

「おまえ、序盤から※ピッチ上げ過ぎなんだよ。っていうか終始ピッチ全開で走ろうとし過ぎなんだ。※ストライド伸びてないし、後半バテて失速してるだろ。一次加速はきちんと地面踏んで、跳ね返ってくる力を体で受け取って進むんだよ。そうやってスピードに乗ってきたら自然にピッチが上がってくんだ」

いきなりに早口にそれだけ言われて、僕は目をぱちぱちさせた。

「えっと……」

「自力で走ろうとすんな。地面から力もらって走れ」

受川は唸《うな》るように言い、それ以上の会話を拒絶するように黙々とスタブロを調整し始めた。

序盤からピッチを上げ過ぎ……それは確かに、そういう走りをしようとしていた。昔はそうでもなかったけど、上手く走れなくなってからは、ずっとスタートを重要視していた。特に、ピッチを上げなきゃと思っていた。身長が低い分、脚も短い僕は、他の選手ほどストライドが稼げない。だからその分ピッチを上げなきゃいけないんだ、と。実際このオフシーズンも、ピッチを上げるトレーニングを重点的にやってきた。最初から最後まで、ピッチ全開で走れるように。

でも受川は、そうじゃないと言う。

そうだろうか。でも、試してみたいと思った。受川が今言ってくれたこと。あまり、自分でもきちんと考えたことがなかったこと。スタートが苦手な理由。

僕は自分の走りを、全然わかっていなかったのかもしれない。

（天沢夏月『ヨンケイ!!』）

（注）※インターハイ…全国高等学校総合体育大会のこと。

※スタブロ…スターティングブロックのこと。

※全中…全国中学校体育大会のこと。

※スターター…競技や列車などの出発合図をする人。

※二走…リレーにおいて、二走はチームのエースが走る区間。

※マーカー…リレーにおいて、前走者からスムーズにバトンを受けるために、前走者がある地点に到達したら、次走者が走り出すタイミングを示した目印。

※デジャブ…それまでに一度も経験したことがないのに、かつて経験し

「緊張するじゃん。ピストルの音が聞こえるか不安になるっていうか……フライングも心配だし」

ちょうど受川が戻ってきて、酒井はニヤリとしてその顔をまっすぐに指差した。

「耳がいいんだよ、コイツ」

酒井が経緯を説明し、受川がしゃべり始めると、僕は居心地が悪くなった。酒井は同じクラスだし、特に苦手意識はない。でも受川とは、入部当初からあまり⑶馬が合わない。理由はよく知らないけど、彼はきっと僕が嫌いだ。特に僕がリレーで二走を走るようになってからというもの、向けられる視線には今までになく嫌悪の色が滲《にじ》むようになったと思う。受川はここのところろくにタイムの出ない僕が二走を走ることに、納得していないのだろう。かといって、仮に僕が受川を２００メートル走で抜いてしまったら、彼はどんな顔をするのか……。

「いや、それただのルーティンだし……」

ふっと耳慣れない単語が耳に入ってくる。ルーティン？

受川がこっちを向いたので、口にしていたことに気づいた。そんなことも知らないのか、と顔に書いてある。

「ほら……テニス選手がサーブの前に、決まった回数ボールをつくだろ。あれと一緒だよ。練習と同じ動作をすることで、いつも通りだ、って自己暗示かけるんだ。他にもリズム作ったり、体動かすことでほぐしたりとか、色々あると思うけど……」

説明してくれるとは思わなかったので、少し驚いた。それで、もやついていた頭がのろのろと陸上に切り替わる。

そういえば、受川ってスタブロの位置毎回メジャーで測るんだよな。それから走る前に、必ず二度ジャンプする。踏切板に足を置くときの順番やその後レーンに指をつく動作なんかも、毎回見事に同じだ。※デジャブを見ているみたいに。

一年間、彼の走りを見ているから知っている。ただの癖なのかと思っていた。でもあれには、きちんと意味があったのか。

酒井は耳がいいから、なんて片付けていたけれど、それだけなはずがない。受川はきちんと努力している。工夫している。勉強している。その努力の結果として、スタートが上手くなったのだ。僕はスタートが苦手だと自覚しつつ、それを具体的にどう改善しようとか考えたことはなかった……。

酒井が直線のスタブロに戻っていく。僕は受川がレーンを変えてスタブロをセットし始めるのを、少し離れたところからじっと見ていた。視線を感じたのか、受川が顔を上げ、目が合うと露骨《ろこつ》に嫌そうな顔をする。でもさっきルーティンについて教えてくれたしな……と思って、スタブロの置き方について訊ねてみると、受川はため息をつきつつも答えてくれた。

「わざと角度つけてんだよ。リレーもそうだけど２００のスタートはカーブだから、内側に切り込むように走ってかないといけないの。レーンの内側走れば最短距離だろ？　外側に膨らむと、その分距離が延びて、無駄に走らなきゃならなくなる。１００だとまっすぐに置くだろうけど、コーナースタートだと斜めに置くもんなんだよ、スタブロって」

「へえ……」

想像以上に丁寧な答えが返ってきて、普通に感心してしまう。

丁寧に答えられる。それはつまり、それだけ知識を持っているという

たいに目を泳がせて、

「ごめん、練習邪魔して。だから一走なんだなあって思っただけ」

そう言って戻っていった。

だから一走なんだなあって思っただけェ？　何言ってんだあいつ……。

リレー練習が始まる。サトセンが※スターター、酒井がサポートとして、練習の様子をビデオに撮ってくれることになった。

一本目。最近はずっと無心で走っていたから、どんなふうに一走を走っていたのかも思い出せない。まあ、走り出せばなんとかなるだろと思いつつ、①いつものように上手く無心になれない。なんでだろう。さっき雨夜に余計なアドバイスしちまったせいかな。

※二走の雨夜が見える。そういえばさっき、過去最高に長くしゃべったな、あいつと。フツーにしゃべれんじゃんと思った。クラスだとどんななのか、そういえば知らないな。

「イチニツイテ」

いかん、集中集中。

軽くジャンプして、スタブロに足を置いた。それからいつもより少しだけ時間をかけて、コース全体を見渡す。雨夜の背中をもう一度見る。なんとなく※マーカーの位置も確かめる。俺が気にする必要なんか、ないのに。

――いや、今のスタートすごいよかったなって思って……。

――受川って、カーブ上手いから。

――だから一走なんだなあって思っただけ。

うるせえな。うるせえよ。酒井と同じようなこと言いやかって。おまえに言われたって、嬉《うれ》しくねえんだよ。

――星哉は一走向いてそうだもんな。

なんで今、兄貴の言葉を思い出すんだよ。

勝手なこと言うんじゃねえ。上から目線なんだよ。俺の価値は俺が決めるんだ。俺の走りで証明するんだ。天才に認めてもらう必要なんか、憐《あわ》れみなんか、いらねえんだよ。

頭を振った。

【文章Ⅱ】「二走、雨夜莉推」

受川はそのまま一周歩いてくるようだ。スタブロが空いたことを伝えようと思って近づいていくと、それに気づいた酒井が先に話しかけてきた。

「スタートだけは上手いよな、あいつ」

僕も見ていたのは、バレていたようだ。今さっきの彼の走りを思い出して、少し訂正する。

「カーブも上手いよ」

僕は受川のことが苦手だけど、それでも陸上選手としての彼はかなりハイレベルだと思っている。

「ああ、性格ひん曲がってるからな」

「いやいや……直線も速いし」

「雨夜はスタート下手だよなァ。思い切りが悪い」

顔はわりとかわいいのにはっきり言う子だよなあ、といつも思うけど、今日はとりわけストレートだ。まあ、否定できないんだけど。

「練習で緊張もくそもないだろ」

と言うと、とたんに酒井が(2)眉をひそめて雨夜に言った。

「ほらな、こいつこういう性格だから。だから緊張しないんだよ。図太いの。性格悪いの」

雨夜が形容しがたい表情になっている。

「うるせえよ。俺だって緊張ぐらいするわ」

「あー、そうね。走る前いつもぴょんぴょんするもんな」

酒井は何がおもしろいのか、ニヤニヤしている。

「いや、それただのルーティンだし……」

俺がスタブロに足を置く前に、二回ジャンプすることを言ってるんだろう。

「ルーティン？」

と、雨夜が不思議そうな顔をした。おまえ、そんなことも知らんのか。

「ほら……テニス選手がサーブの前に、決まった回数ボールをつくだろ。あれと一緒だよ。練習と同じ動作をすることで、いつも通りだ、って自己暗示かけるんだ。他にもリズム作ったり、体動かすことでほぐしたりとか、色々あると思うけど……」

雨夜が意外そうな顔をしている。

「雨夜はあんまり知らないだろうけど、こいつ、陸上オタクだから。詳しいよ、こういうの」

ああ、そういう意味。

「悪かったな、陸上オタクで。俺は天才じゃないから、理詰めなんだよ。スタートだって元々苦手だったから色々勉強して練習して、得意にしただけ」

その原動力がたぶん兄だった……というのは黙っておく。ついでに、全国レベルで見たら特別上手くもねえけどな、という僻《ひが》みも。俺は鼻を鳴らしてメジャーを取り出し、長さを測りながらスタブロの位置を変え始めた。次は２レーンだ。

セットし終わって顔を上げると、雨夜がまだそこにいた。酒井は直線のスタブロの方に行っている。

「まだ何かある？」

訊《たず》ねると、雨夜は「んー」とスタブロを見つめている。

「なんか、斜めってない？」

俺はため息をついた。こいつ、マジで直線しか走ったことねえのか？ それとも、中学にろくな指導者がいなかったか……どっちもあり得る話だ。そのくせ※全中選手とか、とことんイヤミなやつだな。

「わざと角度つけてんだよ。リレーもそうだけど２００のスタートはカーブだから、内側に切り込むように走ってかないといけないの。レーンの内側走れば最短距離だろ？ 外側に膨らむと、その分距離が延びて、無駄に走らなきゃならなくなる。１００だとまっすぐに置くだろうけど、コーナースタートだと斜めに置くもんなんだよ、スタブロって」

「へえ……」

いや、感心した顔するなよ。

「そっか。受川って、カーブ上手いから。膨らまないし、直線走ってんじゃないかってくらい綺麗《きれい》に走ってくるなあっていつも思ってたけど、スタートからちゃんと工夫してるんだな」

「当たり前だろ」

俺はぶすっとして答える。雨夜は急に俺との気まずさを思い出したみ

を、本文から二十五字程度で抜き出し、最初の五字を答えよ。

問七　この文章の内容の説明として**間違っているもの**を、次の**ア**～**オ**から一つ選び、記号で答えよ。

ア　繰り返されている国語の授業の場面で、子どもたちに本気になってことばを使わせることが、国語力が育つための基本的条件である。

イ　わたしたちが暮らしていくために自然に身についている「普段着」のことばが、複雑で抽象的な思考までをカバーできることばとなる。

ウ　ことばを、自分にしっかり引き寄せ、自分の思考や感情などと対峙させて使うことが、ことばの使い手としてまっとうな姿勢である。

エ　勉強内容が日々の暮らしから離れていく小学校高学年の時期に、複雑な思考を進めることばの力を持てていない子どもがでてくる。

オ　ことばが信頼できるもの、自分に近いものと感じられ、ことばが好きになる集団ができるときに、国語力が育つ土壌ができる。

二　次の【文章Ⅰ】と【文章Ⅱ】を比べながら読んで、後の問いに答えよ。（字数制限のある問題は句読点・記号等も一字に数える。）

東京都の伊豆大島の高校に通う受川星哉《うけがわせいや》と雨夜莉推《あまやりお》はともに陸上部に所属している。陸上部顧問の佐藤先生（サトセン）にリレーを提案され、二人の上級生とともに※インターハイ予選で４００メートルリレー（四継《ヨンケイ》）に出場することになる。以下の【文章Ⅰ】は受川星哉から見たものであり、【文章Ⅱ】は【文章Ⅰ】と同じ場面を、雨夜莉推から見たものである。また、文章中に登場する酒井は、陸上部に所属する女子生徒である。

【文章Ⅰ】　「一走、受川星哉」

そのまま一周歩いて戻ってくると、※スタブロのところにまだ酒井がいて、その隣には雨夜がいて、俺はぎくりとして立ち止まった。何かしゃべっている？　酒井が気がついて、ニヤリとしながら俺を指差した。

「耳がいいんだよ、コイツ」

いきなりなんだよ、と思って目を白黒させる。

「耳？」

「そ。たぶん、誰よりも最初にピストルの音が聞こえてる。だから反応が早い」

「へぇ……」

「なんの話だよ」

なんの話かはわからないが、俺の話をしているのはわかる。若干不機嫌な声を出すと、雨夜が慌てたように首を振った。

「いや、今のスタートすごいよかったなって思って……」

スタート？

「雨夜、苦手なんだってさ、スタート。緊張するからって」

酒井が(1)助け船を出す。

なんとなくわかってきた。こいつら、二人とも俺のスタートを見ていたのだ。まあ、雨夜があまりスタートが得意そうでないことは知っていたが……。

ウ ⑴形容動詞の一部　⑵助詞　⑶助詞
エ ⑴助動詞　⑵副詞の一部　⑶助動詞
オ ⑴助動詞　⑵副詞の一部　⑶助詞

問三　【A】【B】に入れるのに最も適当なものを、次のア～オからそれぞれ一つずつ選び、記号で答えよ。
ア　つまり　イ　たとえば　ウ　もちろん　エ　または
オ　ところで

問四　――①「世の中では『学びの基本は国語』～不思議に思います」とあるが、なぜ筆者は「不思議に」思うのか。その理由の説明として最も適当なものを、次のア～オから一つ選び、記号で答えよ。
ア　文部科学省が作成した学習指導要領は複雑で抽象的であるので、子どもたちが複雑な思考を進めるためのことばの力を十分に身につけられるような授業ができていないから。
イ　国語の授業で正確にことばの力を活用させ、学びを支える勉強が行われているのに、子どもたちが十分に内容を理解できず、複雑で抽象的な思考を進めることができないから。
ウ　「学びの基本は国語」ということが言われている割には、子どもたちは国語の授業に主体的に取り組まず、なんとなく勉強をしているだけで無駄が多いものになっているから。
エ　文部科学省が作成した詳細な学習指導要領に基づいて国語の授業が繰り返し行われているが、子どもたちが授業で本気になってことばの力を身につけようとしていないから。
オ　国語の授業は繰り返し行われているが、子どもたちが高学年に入ると、勉強内容が複雑化し、抽象化していく中で、複雑な思考を進めるだけのことばの力を育てていないから。

問五　本文中に筆者がラジオ体操を教えてもらった体験談があるが、この体験談を通して筆者が述べようとしていることを本文の主旨をふまえて三十字以内で説明せよ。

問六　――②「普段着の、日常の言葉を超えて身につけたい国語力」について、次のⅰ・ⅱの問いに答えよ。
ⅰ　傍線部の説明として最も適当なものを、次のア～オから一つ選び、記号で答えよ。
ア　当たり前の日常の中で、気軽に実用的に使う、私たちに自然に身についたことばだけでなく、日々の暮らしから離れて、複雑で抽象的な思考を進めるための、賢そうで特別なことばの力。
イ　豊かな語彙を持ち強靭かつ多彩で、どこへ出ても恥ずかしくない、複雑で難しいことに対応する国語力であり、私たちが日常で使う中で身につけてきた日々の暮らしも支えることばの力。
ウ　普段のことばを使う日常の場面とは全く別の、特別な場面に使う「よそいき」の言葉だけでなく、一つの体系を持ち、強靭で多彩で豊かな語彙を擁する、自然に身につけてきたことばの力。
エ　私たちがいつの間にか身につけてきた、日常生活の中で使う実用的なことばとは違い、豊かな語彙を持ち、日々の暮らしから抽象的思考までを支えることができるようなことばの力。
オ　日々の暮らしから離れて、抽象度の高い複雑な思考を支えるために、豊かな語彙と一つの体系をもつ、私たちが日常の中で自然に身につけてきた、気軽に実用的場面で使うことばの力。
ⅱ　この傍線部のことが身についた語り方の様子が描かれている部分

あって、その試みのbシンセンさがまず、中学生たちを惹《ひ》きつけました。傍《かたわ》らに優れた教師がcヒカえていてくれる中でこうした取り組みに挑戦することは、確かなdテゴタえがあり、私は小さな中学校の教室で国語力をこの人に育ててもらい、鍛えてもらいました。本書では、一つの柱として、この国語教師の実践と思想をたどっていきます。そうすることで、ことばの力を育てることへの大事な指針が見えてくるのではないか、と考えています。

大村はまは、どんなに抽象度の高い難しい話をする時でも、休み時間にくつろいだ話をeマドベでする時でも、いつも同じ人でした。同じ※アイデンティティのままでした。もちろん語彙はその場の目的や内容に合わせて注意深く選びとられていましたが、服を着替えたかのような変身はしませんでした。程度の高いことを、こなれたやさしいことばで語るその姿が、私は好きでした。

ことばを、いつも自分にしっかり引き寄せて、自分の脳や心、思考や精神、感情とぴしっと※対峙《たいじ》させて、「このことばでいいか」と必ずちょっと考えてから使う。違和感があったら見逃さず、自分を覗《のぞ》きこむようにして探り、選びとり、滑らかさを望むよりは、引っかかりや摩擦をバネにして、自分の体重を乗せるように、体温を移すように、誠実に丁寧に使っていく。そうであってこその「ことば」なのだ……。

国語教師大村はまは、そういう基本的な、ことばの使い手としてまっとうな姿勢を、飽きることなく来る日も来る日も、子どもたちにまず身をもって示して、その手触りを伝えました。そして同じことを、生徒たちにも一貫して求めつづけました。中学生があいまいな表現しかできない時は、手助けしながら、少しでも明快なことばを選び取らせました。ふさわしいことばが見つからず言い淀《よど》む子どもの前では、柔らかい表情をして待つことをしました。どこかから聞いてきた大人っぽいことばを、よくわかりもしないのに振り回したりすると、黙って顔を見て、残念そうな顔をしたり、時にはふふっと笑ってみせさえしました。

「ことばは、こんなふうに使うもの」、というその使い心地を伝えることは、大村はまの仕事の基本だったし、たぶん最も難しい部分だったとも言えるでしょう。お説教や指示、命令でできることではないから、ひたすら自ら示しつづけ、求め続けるしかなかった。そして、そうやってことばを大事に大事にしているうちに、ことばというものが信頼できるもの、自分にたいへん近いものと感じられるようになり、そして、中学生たちはことばが好きになりました。ことばが好きな集団ができると、国語力が育つ土壌がまずできたことになります。その土壌が用意できれば、日常の範囲を超える「むずかしいことば」を獲得していく準備ができたことになります。

（鳥飼玖美子／苅谷夏子／苅谷剛彦『ことばの教育を問いなおす』所収・苅谷夏子「『国語力』は大丈夫か」）

（注）※痛痒…精神的な苦痛。
※アイデンティティ…一人の人間の個性。
※対峙…にらみ合って動かないこと。

問一　〰〰a～eのカタカナを漢字に直せ。

問二　═══(1)～(3)の「に」についての文法の説明として正しいものを、次の**ア**～**オ**から一つ選び、記号で答えよ。

ア　(1)副詞の一部　(2)助詞　(3)助動詞

イ　(1)形容動詞の一部　(2)副詞の一部　(3)助詞

していないのかもしれません。

　最初に書いたとおり、日本人の大部分はいつの間にか身につけた日本語ということばを使って、さほど不自由を感じることなく暮らしています。だからほっといてくれ、と思う人も多いでしょう。

　けれども、いくら母語であっても、たくましく正確な理解、しっかりとした思考、豊かな発想、的確な表現といったものに適した形で最初から備わっているわけではなくて、身につけているのはあくまで暮らしていくための「普段着」のようなものでしかありません。自然に身についている言葉は、当たり前の日常の中で、気軽に、実用的に使う服、九八〇円のTシャツみたいなものです。それでなんら不足も※痛痒《つうよう》も感じることなく生活することはできます。が、現実を前にそれでは足りないとなったときに、どうするのか。

　②普段着の、日常の言葉を超えて身につけたい国語力は、「よそいき」や「正装」、スーツやドレスということになるのか。【　B　】、普段とは違う種類のことばの在《あ》り様《よう》を追い求めるのか。難しいことに対応するための国語力は、日常のことばの世界とは異なるものなのか?

　どうもそれは違うような気がします。

　しっくりと身について慣れ親しんだ、わざとらしくない、本当に自分のものになっていることばが、最も確かに思考を支えてくれます。たとえば、たまにしか使わない、よそいきの、自分らしくない、自分の力を超えたことばを格好をつけて使っても、実際にはたいして良い結果を生みません。思考は空転し、穴が開き、表現は力を失います。ことばと自分がどんどん離れていきます。そういう着慣れない服を着たようなことばは、他者にも見抜かれます。使い慣れない難しげなことばを頑張ってつかっても、似合わない上にどこか不安げだったりして、「いつものあなたはどこへ行ったの?」「よせやい!」とちゃちゃをいれたいような気分を生みます。

　普段のことばとまったく別のかしこまった、賢そうな特別なことばのセットを持てばいいのではない、ということです。「私のことばの世界」というのは、もちろん広々したものであってほしいですし、具体的に言えば豊かな語彙《ごい》を擁して強靱《きょうじん》かつ多彩であってほしいですが、でも、一つちゃんとしたもの（体系）があればいい。それでもって、日々の暮らしから抽象的思考までをカバーできるようなことばの力。それこそが頼りになる国語力の姿だろうと思います。もし「普段着」の比喩を使うなら、めざすのは他に特別の折のための「よそいき」を手に入れることではなく、「どこへ出ても恥ずかしくない普段着を持つ」ということになるでしょうか。

　私にこのような言語観を伝えたのは、中学時代の恩師である国語教師、大村はまです。中等教育の現場で他に類をみない優れた実践を半世紀も積み重ねた人です。その実践は単元学習と呼ばれ、子どもたちにこういう力を付けたい、とその都度明確な目標をもって、最適な教材と方法を用意して進められました。たとえば、国語の教科書一冊から「ことば」という語の使用例をすべて抜き出して、一対一でaヒカクし、この語の意味の分類をする、という単元。生徒たちの生まれた一年間の新聞一〇〇日分を資料に、社会、事件、投書などに見られる世相や人々の意識などをまとめる単元。文字のない『旅の絵本』（安野光雅、福音館書店）を丹念に見ながら、一人ひとり一冊の本を書いていく単元。大村は、どんなに成功しても同じ単元を二度と繰り返さなかったということも

【国　語】（五〇分）〈満点：一〇〇点〉

一　次の文章を読んで、後の問いに答えよ。（字数制限のある問題は句読点・記号等も一字に数える。）

①世の中では「学びの基本は国語」ということも言われてはいます。その時、人は国語という教科にいったいどういう期待をしているのだろうと、私はいつも不思議に思います。テレビCMで、「基本は国語」という音声と共に流れている画面は、幼い子がひらがなを何度も練習する姿だったりします。ひらがなを習い、漢字を習い、むずかしいことばで単文を作り、段落の要約を黒板からノートに書き写し、調べてきたことを発表し……、そういうことを続けていけば、着実に正確にことばの力を稼働《かどう》させ、さまざまな学びを支える、というふうになるのでしょうか。過去、その方法は成功してきたでしょうか。

文部科学省は、詳細な学習指導要領を作成し、一歩一歩さまざまな力を育てる道筋を示していますし、日々日本中の教室で国語の授業は繰り返されています。努力も工夫もされています。でも、どうも想定通りにはいかないようです。小学校高学年に入った頃、勉強の内容が複雑化したり、抽象化したりして、徐々に日常の暮らしから離れていく時期に、ことばが内容を背負いきれない、複雑な思考を進めるためのことばの力を十分に持っていない、という子どもが出てきます。そしてそれは、ドリルやテストをいくらやってもなかなか解決しません。

たぶん、最大の難問は、子どもたちが、勉強の場面で本気になってことばを使っていないという、がっかりするような現実だと思います。

先年、私はNHKで長くラジオ体操の指導をしてきた西川佳克《よしかつ》さんから、例のラジオ体操第一、第二を教えてもらうという体験をしました。ピアニストの加藤由美子さんの生伴奏もついているという贅沢《ぜいたく》な指導です。プロならではの的確な指示で、動かす筋肉を意識し、一つ一つの動作を丁寧(1)にしていきます。生演奏のピアノは、力の強弱、リズム、動きのめりはりを実にうまくリードしてくれました。それはまさ(2)に目の覚める体験で、「ラジオ体操ってこんなだっけ？」と驚くようなものでした。第一、第二を終える頃(3)には全身が熱くなり、汗が噴き出し、情けないことに翌朝は筋肉痛で参りました。本気でちゃんとラジオ体操をしたことが、今まで一度もなかったんだなあ、と痛感しました。なんとなく形だけなぞっていたに過ぎません。過去さんざんやってきたラジオ体操は、ほとんど無駄だったのだろうと思うと、我ながらおかしくなりました。

それと同じことです。本気になって、主体的にことばを使っていない子どもに、何を教えても、私の過去のラジオ体操みたいなもので、狙っているだけの効果を生まないでしょう。ラジオ体操も、勉強も、ちゃんと意識してやらないと無駄が多いというわけです。

子どもを主体的な姿にさせ、本気のことばを教室で引き出すことが、国語力が育つための基本的な条件です。今だって十分本気だと主張する子どももいるだろうけれども、いや、本当の本気はそんなものじゃない、主体的にことばで考えるというのはこうすることなのだ、とリアルに、目の前の子どもに体験させること。そういう時にしか、国語力は本当には育たないはずです。

【　A　】簡単ではありませんが、肝心と言っていいくらい大事な働きかけです。でも、それをするのが仕事だと、国語を教える人たちが覚悟

2022年度

解答と解説

《2022年度の配点は解答欄に掲載してあります。》

＜数学解答＞

Ⅰ　(1)　$-12a^3$　(2)　$x=4,\ y=-3$　(3)　$a=4,\ b=0$　(4)　$(a+b)(a-1)$
　(5)　$\angle x=105°$　(6)　10(通り)　(7)　$n=35$

Ⅱ　(1)　$y=-x+\dfrac{3}{2}$　(2)　$\mathrm{C}\left(-3,\ \dfrac{9}{2}\right)$　(3)　3　(4)　(2, 1)

Ⅲ　(1)　$4-\dfrac{x}{10}$(g)　(2)　$\dfrac{2x}{40+x}\left(\dfrac{x}{10}+14\right)$(g)　(3)　$x=10$

Ⅳ　(1)　解説参照　(2)　3(cm)　(3)　$\dfrac{2\sqrt{15}}{5}$(cm)

Ⅴ　(1)　$3\sqrt{3}$　(2)　$9\sqrt{2}$　(3)　$18\sqrt{2}$　(4)　$11\sqrt{2}$

○推定配点○

Ⅰ　各4点×7　Ⅱ　各5点×4　Ⅲ　各5点×3　Ⅳ　各5点×3　Ⅴ　(4)　7点
他　各5点×3　計100点

＜数学解説＞

Ⅰ　(数式の計算，連立方程式，2次関数の変域，因数分解，正方形・平行線と角，条件を満たす整数の組，有理数・無理数)

基本　(1)　$(-2ab)^3\times\dfrac{1}{6}a^2b\div\left(-\dfrac{1}{3}ab^2\right)^2=-8a^3b^3\times\dfrac{a^2b}{6}\div\dfrac{a^2b^4}{9}=-8a^3b^3\times\dfrac{a^2b}{6}\times\dfrac{9}{a^2b^4}=-\dfrac{72a^5b^4}{6a^2b^4}=-12a^3$

重要　(2)　$\dfrac{2x-5y}{3}+y=-2$の両辺を3倍して$2x-5+3y=-6$　$2x+3y=-1$…①　$\dfrac{x}{2}-\dfrac{1-y}{4}=1$の両辺を4倍して$2x-(1-y)=4$　$2x+y=5$…②　①の両辺から②の両辺をひいて$2y=-6$　$y=-3$　$y=-3$を②に代入して$2x-3=5$　$2x=8$　$x=4$　よって，$x=4,\ y=-3$

基本　(3)　$y=-\dfrac{1}{4}x^2$において，$x=-2$のとき，$y=-\dfrac{1}{4}\times(-2)^2=-1$となることから，$x=a$のときの$y$の値は$-4$となる。このとき$-\dfrac{1}{4}a^2=-4$　$a^2=16$　$a=\pm4$　ここで$-2\leqq a$より$a=4$　さらに，$x=0$のとき，yの最大値は$y=0$となるので，$b=0$

重要　(4)　$a(a+b-1)-b=a\{(a+b)-1\}-b=a(a+b)-a-b=a(a+b)-(a+b)=(a+b)(a-1)$

(5)　直線m上で点Cより左側にある点を点E，直線m上で点Cより右側にある点を点F，線分AB，AC，ADと直線ℓの交点をそれぞれ点P，Q，Rとする。∠BCDは正方形ABCDの1つの角なので，∠BCD＝90°　さらに∠BCE＝30°より，∠FCR＝180°－∠BCE－∠BCD＝180°－30°－90°＝60°　ここで，線分ACは正方形ABCDの対角線なので∠ACD＝∠QCR＝45°となるから，∠FCQ＝∠FCR＋∠QCR＝60°＋45°＝105°　このときℓ//mより，平行線の同位角は等しいので，∠RQA＝∠FCQ＝105°　よって，$\angle x$＝∠RQA＝105°

重要　(6)　正の整数x，y($x\geqq1$，$y\geqq2$)の組を(x，y)と表すと，$z=3$のとき，$x+y+z=9$すなわち$x+y=$

6を満たす正の整数x，yの組は(1，5)，(2，4)，(3，3)，(4，2)の4組ある。$z=4$のとき，$x+y+z=9$すなわち$x+y=5$を満たす正の整数x，yの組は(1，4)，(2，3)，(3，2)の3組ある。$z=5$のとき，$x+y+z=9$すなわち$x+y=4$を満たす正の整数x，yの組は(1，3)，(2，2)の2組ある。$z=6$のとき，$x+y+z=9$すなわち$x+y=3$を満たす正の整数x，yの組は(1，2)の1組ある。$z=7$のとき，$x+y+z=9$すなわち$x+y=2$を満たす正の整数x，yの組は存在しない。よって，$x+y+z=9$，$x\geqq 1$，$y\geqq 2$，$z\geqq 3$を満たす正の整数x，y，zの組は全部で$4+3+2+1=10$(通り)ある。

(7)　$\sqrt{\dfrac{45n}{28}}=\dfrac{3}{2}\sqrt{\dfrac{5n}{7}}$より，$\sqrt{\dfrac{45n}{28}}$が有理数となるには，正の整数$n$の素因数に5と7が少なくとも1つずつあればよい。よって，正の整数nの最小値は$5\times7=35$

Ⅱ　(2次関数・1次関数と図形の融合問題)

基本　(1)　直線OBは点O(0，0)，点B(－2，2)を通るので，直線OBの傾きは$\dfrac{0-2}{0-(-2)}=-1$　このとき，直線OBと直線ℓは平行なので，直線ℓの式を$y=-x+k$(kは定数)と表せる。直線ℓは点A$\left(1,\ \dfrac{1}{2}\right)$を通るので，$\dfrac{1}{2}=-1+k$　$k=\dfrac{3}{2}$　よって，直線ℓの式は$y=-x+\dfrac{3}{2}$

重要　(2)　直線ℓの式を$y=-x+\dfrac{3}{2}$…②とすると，点Cは放物線$y=\dfrac{1}{2}x^2$…①と直線ℓの交点なので，①と②を連立方程式として解き，yを消去して$\dfrac{1}{2}x^2=-x+\dfrac{3}{2}$　両辺を2倍して$x^2=-2x+3$　$x^2+2x-3=0$　$(x-1)(x+3)=0$　$x=1,\ -3$　点Cは点Aと異なる点なので，点Cのx座標は－3となる。②に$x=-3$を代入して$y=-(-3)+\dfrac{3}{2}=\dfrac{9}{2}$　よって，点Cの座標はC$\left(-3,\ \dfrac{9}{2}\right)$

重要　(3)　直線ℓとy軸の交点を点Pとすると，△OACはy軸により，△OAPと△OCPに分けることができる。直線ℓの式$y=-x+\dfrac{3}{2}$…②より，直線ℓとy軸の交点Pの座標は$\left(0,\ \dfrac{3}{2}\right)$となり，線分OPの長さは$\dfrac{3}{2}$となる。ここで，△OAPの底辺をOPとみると，底辺の長さ$\dfrac{3}{2}$，高さ1の三角形なので，面積は$\dfrac{3}{2}\times1\times\dfrac{1}{2}=\dfrac{3}{4}$　さらに，△OCPの底辺をOPとみると，底辺の長さ$\dfrac{3}{2}$，高さ3の三角形なので，面積は$\dfrac{3}{2}\times3\times\dfrac{1}{2}=\dfrac{9}{4}$　△OACの面積は△OAPと△OCPの面積の和に等しいので，$\dfrac{3}{4}+\dfrac{9}{4}=\dfrac{12}{4}=3$

やや難　(4)　点Aを通って直線OCに平行な直線を直線mとし，直線mと直線OBの交点を点Qとすると，△CAOと△CQOは同じ底辺COを持ち，高さが等しい三角形どうしなので面積が等しい。このとき，四角形OACBの面積は△CBOの面積と△CAOの面積の和に等しく，△BCQの面積は△CBOの面積と△CQOの面積の和に等しいので，「四角形OACBと△BCQは面積が等しい」…③(次ページの図1)　次に，点Qを通って直線BCに平行な直線を直線nとし，直線nと直線OAの交点を点Dとすると，△BCQと△CBDは同じ底辺CBを持ち，高さが等しい三角形どうしなので，「△BCQと△CBDは面積が等しい」…④(次ページの図2)　このとき，③，④より，「四角形OACBと△CBDは面積が等しい」…⑤　したがって，⑤となる点Dの座標を求めるには，【手順1】『点Aを通って直線OCに平行な直線mと直線OBの交点である点Qの座標を求める。』と【手順2】『点Qを通って直線BCに平行な直線nと直線OAの交点である点Dの座標を求める。』を順に行えばよい。まず，【手順1】において，直線OCはO(0，0)，C$\left(-3,\ \dfrac{9}{2}\right)$を通るので，直線OCの式は$y=-\dfrac{3}{2}$となる。

このとき，直線mの式を$y=-\frac{3}{2}x+s$（sは定数）とすると，直線mはA$\left(1,\ \frac{1}{2}\right)$を通るので，$\frac{1}{2}=-\frac{3}{2}\times1+s$　$s=2$　よって，直線mの式は$y=-\frac{3}{2}x+2$…⑥　直線OBはO(0, 0)，B(−2, 2)を通るので，直線OBの式は$y=-x$…⑦　ここで，⑥と⑦からyを消去して$-\frac{3}{2}x+2=-x$　$\frac{1}{2}x=2$　$x=4$　⑦に$x=4$を代入して$y=-4$　よって，直線mと直線OBの交点Qの座標はQ(4, −4)　次に，【手順2】において，直線BCはB(−2, 2)，C$\left(-3,\ \frac{9}{2}\right)$を通るので，直線BCの傾きは$\left(\frac{9}{2}-2\right)\div\{-3-(-2)\}=-\frac{5}{2}$　このとき，直線nの式を$y=-\frac{5}{2}x+t$（tは定数）とすると，直線nはQ(4, −4)を通るので，$-4=-\frac{5}{2}\times4+t$　$-4=-10+t$　$t=6$　よって，直線nの式は$y=-\frac{5}{2}x+6$…⑧　直線OAはO(0, 0)，A$\left(1,\ \frac{1}{2}\right)$を通るので，直線OAの式は$y=\frac{1}{2}x$…⑨　ここで，⑧，⑨から$y$を消去して$-\frac{5}{2}x+6=\frac{1}{2}x$　両辺を2倍して$-5x+12=x$　$-6x=-12$　$x=2$　⑨に$x=2$を代入して$y=\frac{1}{2}\times2=1$　よって，直線nと直線OAの交点Dの座標はD(2, 1)

図1

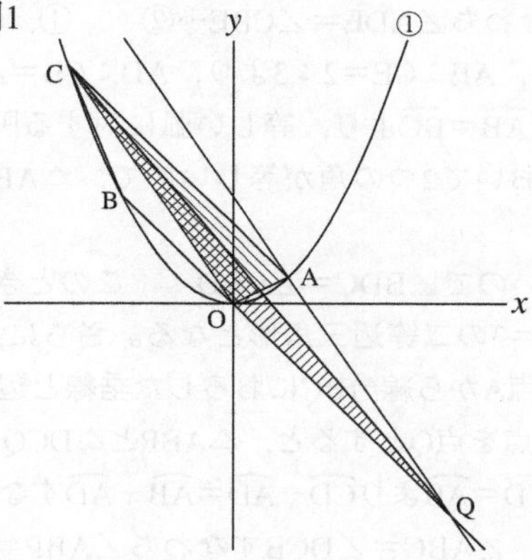

図2

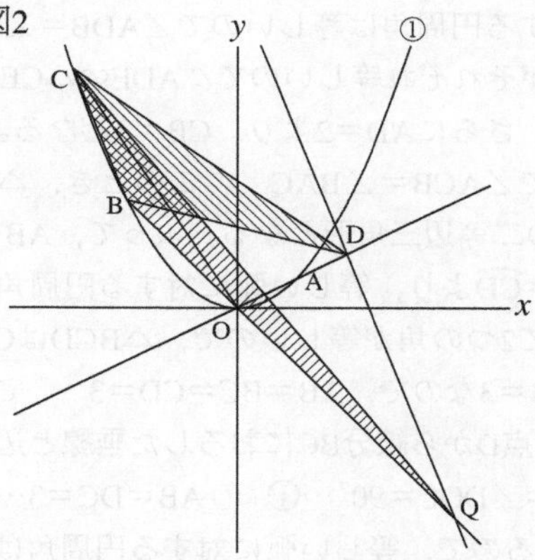

Ⅲ（方程式の利用）

(1)　容器Aに残っている砂糖水は$40-x$(g)であり，その濃度が10%なので，そこに含まれる砂糖の重さは$(40-x)\times\frac{10}{100}=(40-x)\times\frac{1}{10}=4-\frac{x}{10}$(g)

重要　(2)　(1)より，容器Aから移したxgの砂糖水に含まれる砂糖の重さは$x\times\frac{10}{100}=\frac{x}{10}$(g)となる。さらに，容器Aから容器Bに10%の砂糖水をxg移したことにより，容器Bの砂糖水の重さは$40+x$(g)，砂糖の重さは$\frac{x}{10}+40\times\frac{35}{100}=\frac{x}{10}+14$(g)となるので，その濃度は$\left(\frac{x}{10}+14\right)\div(40+x)\times100=\frac{10x+1400}{40+x}$(%)　このとき，容器Bから容器Aに入れた$2x$gの砂糖水に含まれる砂糖の重さは$2x\times\frac{10x+1400}{40+x}\times\frac{1}{100}=2x\times(10x+1400)\times\frac{1}{40+x}\times\frac{1}{100}=\frac{2x}{40+x}\times(10x+1400)\times\frac{1}{100}=\frac{2x}{40+x}\left(\frac{x}{10}+14\right)$(g)

やや難 (3)　最後に容器Aの砂糖水の重さは$40-x+2x=x+40$(g)となったので，(1)，(2)より，容器Aの砂糖の重さは$\left(4-\dfrac{x}{10}\right)+\dfrac{2x}{40+x}\left(\dfrac{x}{10}+14\right)$(g)…①となる。また，最後に容器Aには18%の砂糖水ができたので，そこに含まれる砂糖の重さは$(x+40)\times\dfrac{18}{100}=\dfrac{9x+360}{50}$(g)…②となる。①と②は等しいので，$\left(4-\dfrac{x}{10}\right)+\dfrac{2x}{40+x}\left(\dfrac{x}{10}+14\right)=\dfrac{9x+360}{50}$　両辺を100倍して，$(400-10x)+\dfrac{2x}{40+x}(10x+1400)=18x+720$　$\dfrac{2x}{40+x}(10x+1400)=18x+720-(400-10x)$　$\dfrac{2x}{40+x}(10x+1400)=28x+320$　両辺に$40+x$をかけて，$2x(10x+1400)=(28x+320)(40+x)$　両辺を2でわって，$x(10x+1400)=(14x+160)(x+40)$　$10x^2+1400x=14x^2+560x+160x+6400$　$4x^2-680x+6400=0$　両辺を4でわって，$x^2-170x+1600=0$　$(x-10)(x-160)=0$　$x=160,\ 10$　このとき，最初の容器Aの中の砂糖水は40gなので，容器Aから最初に取り出した砂糖水の量は10gとなる。よって，$x=10$

Ⅳ（円と角，相似の利用，三平方の定理）

(1)　△ABCと△AEDにおいて，$\overset{\frown}{\mathrm{AB}}$に対する円周角は等しいので∠ACB＝∠ADE…①　$\overset{\frown}{\mathrm{BC}}=\overset{\frown}{\mathrm{CD}}$より，等しい弧に対する円周角は等しいので∠BAC＝∠EAD…②　①，②より，2組の角がそれぞれ等しいので△ABC∽△AED

重要 (2)　△ADEと△CEBにおいて，対頂角は等しいので∠AED＝∠CEB…①　$\overset{\frown}{\mathrm{AB}}=\overset{\frown}{\mathrm{CD}}$より，等しい弧に対する円周角は等しいので∠ADB＝∠CBDすなわち∠ADE＝∠CBE…②　①，②より，2組の角がそれぞれ等しいので△ADE∽△CEBとなり，AE：CE＝2：3より，AD：CB＝AE：CE＝2：3　さらにAD＝2より，CB＝3となる。また，$\overset{\frown}{\mathrm{AB}}=\overset{\frown}{\mathrm{BC}}$より，等しい弧に対する円周角は等しいので∠ACB＝∠BAC　このとき，△ABCにおいて2つの角が等しいので，△ABCはAB＝CB＝3の二等辺三角形となる。よって，AB＝3(cm)

やや難 (3)　$\overset{\frown}{\mathrm{BC}}=\overset{\frown}{\mathrm{CD}}$より，等しい弧に対する円周角は等しいので∠BDC＝∠CBD　このとき，△BCDにおいて2つの角が等しいので，△BCDはCB＝CD＝3の二等辺三角形となる。さらに，(2)よりAB＝CB＝3なので，AB＝BC＝CD＝3　ここで，点Aから線分BCにおろした垂線と辺BCの交点を点P，点Dから線分BCにおろした垂線と辺BCの交点を点Qとすると，△ABPと△DCQにおいて，∠APB＝∠DQC＝90°…①　AB＝DC＝3…②　$\overset{\frown}{\mathrm{CD}}=\overset{\frown}{\mathrm{AB}}$より$\overset{\frown}{\mathrm{CD}}+\overset{\frown}{\mathrm{AD}}=\overset{\frown}{\mathrm{AB}}+\overset{\frown}{\mathrm{AD}}$すなわち$\overset{\frown}{\mathrm{AC}}=\overset{\frown}{\mathrm{DB}}$となるので，等しい弧に対する円周角は等しく，∠ABC＝∠DCBすなわち∠ABP＝∠DCQ…③　よって，①，②，③より，直角三角形の斜辺と1つの鋭角がそれぞれ等しいので△ABP≡△DCQとなりAP＝DQ　さらに，四角形APQDはAP//DQかつAP＝DQかつ∠APQ＝∠DQP＝90°であることから長方形なので，AD＝PQ＝2　よって，BP＝CQかつBC＝3より，$\mathrm{BP}=(\mathrm{BC}-\mathrm{PQ})\div2=(3-2)\div2=\dfrac{1}{2}$となり，$\mathrm{BP}=\mathrm{CQ}=\dfrac{1}{2}$　このとき，∠APB＝90°の直角三角形ABPにおいてAB＝3，$\mathrm{BP}=\dfrac{1}{2}$なので，三平方の定理より$\mathrm{AP}^2=\mathrm{AB}^2-\mathrm{BP}^2=3^2-\left(\dfrac{1}{2}\right)^2=9-\dfrac{1}{4}=\dfrac{35}{4}$　さらに，∠APC＝90°の直角三角形APCにおいて$\mathrm{AP}^2=\dfrac{35}{4}$，$\mathrm{PC}=\mathrm{PQ}+\mathrm{QC}=2+\dfrac{1}{2}=\dfrac{5}{2}$なので，三平方の定理により$\mathrm{AC}^2=\mathrm{AP}^2+\mathrm{PC}^2=\dfrac{35}{4}+\left(\dfrac{5}{2}\right)^2=\dfrac{35}{4}+\dfrac{25}{4}=\dfrac{60}{4}=15$となり，$\mathrm{AC}=\sqrt{15}$　よって，AE：EC＝2：3より，$\mathrm{AE}=\dfrac{2}{2+3}\times\sqrt{15}=\dfrac{2\sqrt{15}}{5}$

Ⅴ（正四面体）

基本 (1)　正三角形ABCにおいて点Mは辺BCの中点なので，△ABMと△ACMにおいてAB＝AC，BM＝CM，AM＝AMより，3組の辺がそれぞれ等しいので△ABM≡△ACM　このとき∠AMB＝∠AMC＝90°となるので，△ABMは∠BAM＝30°，∠ABM＝60°の直角三角形となり，AB：BM：AM＝2：1：$\sqrt{3}$　よって，AB＝6より，AM＝AB×$\sqrt{3}$÷2＝$3\sqrt{3}$

重要 (2)　△ABC≡△DBCより，AM＝DM＝$3\sqrt{3}$となるので，△AMDはAM＝DM＝$3\sqrt{3}$，AD＝6の二等辺三角形となる。ここで，辺ADの中点をRとすると，△AMRと△DMRにおいてAM＝DM，AR＝DR，RM＝RMより，3組の辺がそれぞれ等しいので△AMR≡△DMR　このとき∠ARM＝∠DRM＝90°となるので，△ARMは∠ARM＝90°の直角三角形となる。さらに，三平方の定理により$RM^2=AM^2-AR^2=(3\sqrt{3})^2-3^2=27-9=18$となるので，RM＝$\sqrt{18}=3\sqrt{2}$　よって，△AMDの面積は$6\times3\sqrt{2}\div2=9\sqrt{2}$

重要 (3)　正三角形DBCにおいて点Mは辺BCの中点なので，△DBMは∠DMB＝90°の直角三角形となり，BM⊥DM…①　さらに(1)より△ABMは∠AMB＝90°の直角三角形なので，BM⊥AM…②　よって，①，②より辺BCは△ABMに垂直な辺となる。このとき，正四面体ABCDは△AMDにより，合同な2つの四面体に分けることができ，それぞれの底面を△AMDとみると，BM，CMをそれぞれの四面体の高さに用いることができる。ここで，BM＝CM＝3であり，(2)より△AMDの面積は$9\sqrt{2}$なので，正四面体ABCDの体積は$9\sqrt{2}\times3\div3\times2=18\sqrt{2}$

やや難 (4)　線分PQと線分AMの交点を点Tとすると，AP：PB＝AQ：QC＝1：2よりPQ//BCなので，AT：TM＝AP：PB＝1：2　このとき，△ATD：△TMD＝1：2となることから，△TMD：△AMD＝2：3…①　また，辺BDの中点を点L，線分LNと線分DMの交点を点Uとすると，DL：LB＝DN：NC＝1：1よりLN//BCなので，DU：UM＝DL：LB＝1：1　このとき，△TDU：△TUM＝1：1となることから，△TUM：△TMD＝1：2…②　よって，①，②より△TUM：△AMD＝1：3　(2)より△AMD＝$9\sqrt{2}$なので，△TUM：$9\sqrt{2}$＝1：3　△TUM＝$3\sqrt{2}$　さらに，PQ//BCより△APQは正三角形なので，PQ＝2　LN//BCより△DLNは正三角形なので，LN＝3　よって，3点P，Q，Nを通る平面で正四面体を切断してできた2つの立体のうち頂点Bを含む方，すなわち立体PBL-QCNの体積は，△TUM×$\frac{PQ+LN+BC}{3}=3\sqrt{2}\times\frac{2+3+6}{3}=3\sqrt{2}\times\frac{11}{3}=11\sqrt{2}$

★ワンポイントアドバイス★

標準レベルより一段階の上の問題に対応できる骨太な解答作成能力が求められる。筋道を立てて取り組めば必ず到達できるレベルなので，得意分野を増やすことももちろん大切だが，それ以上に苦手分野を無くすことに努めよう。

＜英語解答＞

Ⅰ　Part1　(1)　イ　(2)　エ　(3)　イ　(4)　ア
　Parr2　[A]　(1)　ア　(2)　ウ　(3)　ウ　[B]　エ→ウ→ア→イ

Ⅱ　[A]　(1)　ア　(2)　ウ　[B]　(1)　74　(2)　6　(3)　エ
　[C]　(1)　ウ　(2)　イ　(3)　エ

Ⅲ　(1)　can, more　(2)　イ　(3)　多くの情報が他の人々に集められ，使用されるのでプライバシーが危険にさらされるかもしれない。　(4)　ウ　(5)　イ

Ⅳ　(1)　Can I try it on(?)　(2)　How do you like it(?)

Ⅴ　(例)　(I) think (that learning a foreign language in high school is important.)
I have two reasons to support my opinion. First, we can communicate with many people all over the world. Second, it is important to learn about other cultures by learning a language.

○推定配点○
Ⅰ～Ⅳ　各4点×23　Ⅴ　8点　計100点

＜英語解説＞

Ⅰ　リスニング問題解説省略。

基本　Ⅱ　(会話文：要旨把握，語句補充，内容吟味，語句解釈)

[A]　(全訳)　フレッド：こんにちは，サラ。フレッドーフレッドジョーンズです...あなたのフランス語のクラスで一緒です。私は部屋の後ろの窓際に座っています...分かるかな？

サラ　：ああ，そうだね！やぁ，フレッド。元気？

フレッド：元気だよ。まあ，聞いてよ...考えていたんだけれど...つまり，今週の土曜日にやることが何もないのなら，映画を見に行ってみない？

サラ　：わからないな。両親に聞いてみないといけないよ。土曜日の朝にダンスレッスンをして，その後一緒にランチをするんだ。午後は数学の宿題をやらなきゃいけない。

フレッド：でも，覚えてない？月曜日は休日で，授業はないよ。

サラ　：ああ，そうだね。今，両親に尋ねてみるよ。ちょっと待って...フレッド。両親と一緒なら大丈夫なんだけれども，6時までには家に帰らなければならないんだ。それまでに映画を見終わると思う？

フレッド：もちろん。私たちは早い時間の上映に行くことができるよ。

サラ　：それは素晴らしいね。

フレッド：2時に迎えに行くけれどもいいかい？

サラ　：それじゃあまた会いましょう。

グリーンパークシネマ	2022/01/31/月曜日 － 2022/06/02/日曜日				
タイトル	時間	開始/終了			
A Noisy World	97分	11:50/13:30	15:00/16:40	18:10/19:50	20:30/22:10
Dead or Alive	113分	14:00/15:55	16:30/18:25	22:00/21:55	
The Cruise	82分	10:00/11:25	12:00/13:25	16:40/18:05	19:45/21:10
Perfect Love	121分	13:20/15:25	16:40/18:45	19:40/21:45	

(1)　2時に迎えに行って6時までに家に帰るには，15:00開始16:40終了の「A noisy World」があて

はまる。

(2)　最も上映時間が長い映画 Perfect Love と最も上映時間が短い映画 The Cruise はともに16:40開始の上映回があるためウが適切。

[B]　(全訳)　郵便局員：おはようございます。それらの荷物をお持ちしましょうか？重そうですね。

女性　　：とても親切ですね。ありがとうございます。1つは日本の京都に，もう1つはイタリアのローマに航空便で送りたいです。

郵便局員：見てみましょう…それぞれの重さは3キログラムを少し超えるので，価格は[A]74ドルになります。

女性　　：3キログラム！思ったよりずっと重い！はいどうぞ…

郵便局員：ありがとうございました。お次の方どうぞ。

……………………

男性　　：こんにちは。この荷物をケニアのナイロビに送りたいと思います。海上郵便で送った場合，荷物が届くまでどのくらいかかりますか？

郵便局員：[B]6週間ほどかかります。

男性　　：[B]6週間⁉でも，時々海上郵便でパッケージを送ります。それほど長くかかったことはありません。

郵便局員：ええと，この時期は忙しいんです。

国際郵便

国または地域	費用			時間	
	重さ(kg)	海路	空路	海路	空路
ヨーロッパ	1.0-	10ドル	18ドル	2週間	4-6日
	2.0-	14ドル	23ドル		
	3.0-4.0	18ドル	28ドル		
アジア	1.0-	13ドル	22ドル	4週間	8-10日
	2.0-	17ドル	33ドル		
	3.0-4.0	22ドル	46ドル		
オーストラリアとニュージーランド	1.0-	12ドル	20ドル	3週間	6-8日
	2.0-	16ドル	31ドル		
	3.0-4.0	20ドル	42ドル		
その他の地域	1.0-	16ドル	30ドル	4週間	11-13日
	2.0-	22ドル	41ドル		
	3.0-4.0	28ドル	50ドル		

＊より重い荷物を送ることもできます。局員に情報をお尋ねください。

＊繁忙期(3月，12月)は，海上郵便が2週間，航空便が5日長くなります。

(1)　3kgを超える荷物を航空便で1つは京都へ，もう1つはローマに送るため，46ドル＋28ドル＝74ドルかかる。

(2)　繁忙期は，海上郵便は2週間長くかかる。ケニアへは海上郵便で通常4週間かかるため，4週間＋2週間＝6週間かかる。

(3)　海上郵便で4kgの荷物をニュージーランドへ送ると20ドルかかり，航空便で2kgの荷物を韓国へ送ると33ドルかかるため，エが適切。

[C]　(全訳)

差出人：	キャシー・クルーガー〈ck009@coolmail.com〉
宛先：	ヤマモトケンタ〈kenyama675422@z03mail.com〉
日付：	2021年7月20日
題名：	いい知らせだよ！

こんにちは，ケンタ。君がうまくやっていることを願っているよ。
今日は良いニュースがあるんだ。来月名古屋に行くよ！
8月10日にニューヨークのJFK国際空港を出発します。
そして翌日，中部国際空港セントレアに到着します。
時間があれば，そこで会いたいな。可能な場合は返信してね。

差出人：	ヤマモトケンタ〈kenyama675422@z03mail.com〉
宛先：	キャシー・クルーガー〈ck009@coolmail.com〉
日付：	2021年7月21日
題名：	Re:いい知らせだよ！

こんにちは，キャシー。元気だよ。
良いニュースを聞いて驚いています。素晴らしい！たった3週間で名古屋で会えるなんて信じられないよ！
空港に会いに行こうと思っているので，どの便に乗るか教えてくれる？
きみはどのくらい滞在するつもりなの？まだ計画を立てていなければ，私の家で家族と一緒に泊まってもいいよ。
きみをたくさんの人に紹介して，この辺りのところを見せてあげたいな。
きみの返事を楽しみにしています。

差出人：	キャシー・クルーガー〈ck009@coolmail.com〉
宛先：	ヤマモトケンタ〈kenyama675422@z03mail.com〉
日付：	2021年7月23日
題名：	Re:Re:いい知らせだよ！

こんにちは。メールありがとう。
空港に来てくれて本当に嬉しいよ。アジア航空328便に搭乗するよ。中部空港に11時25分に到着します。
13日まで名古屋にいます。そこから電車で福岡に行くんだ。13日から15日まで福岡にいて，その日は飛行機で帰宅します。
私の宿泊場所の提供を感謝します，でも本当にできないんだ。高校の友達と一緒で，みんな同じホテルに泊まるつもりです。名城ホテルと呼ばれているよ。それがどこにあるか知っている？とにかく，会えるのが待ちきれないな！

(1)　来月名古屋に行くということが伝えたかったからキャシーはメールを送ったのである。

(2)　ケンタがキャシーに家に泊ってもいいということなので「宿泊場所」だとわかる。

(3)　ケンタはキャシーが宿泊する「名城ホテル」を知っているという記述はない。

Ⅲ　(長文読解問題・説明文：語句補充，要旨把握，内容吟味)

(全訳)　インターネットのない人生を想像してみてほしい。①インターネットなしでは，多分あなたは友人と話すことが少なくなるだろう。インターネットが消えてしまったら，ニュースをあまり読んだり見たりしなくなるかもしれない。私たちのほとんどは，私たちが気づいている以上にインターネットに依存している。私たちはニュース，娯楽，そして友人とのつながりのために依存している。

化学的な空想(SF)の本が人気なのは，多くのものがあるものやないものの人生を想像しているからだ。驚くべきことに，20世紀の偉大なSF本はインターネットを予測していなかった。それらは発明と私たちの想像力から来る良いことと悪いことを示している。それらは私たちが挑戦するときに何が起こるかを考える。(A)このように，SFは世界中の人々に人気がある。

たとえSFがインターネットを予測していなかったとしても，科学者やエンジニアは毎日インターネットの新しい使い方を考えている。②モノのインターネット(IoT)について聞いたことがあるか？これは，機械をインターネット上の他の機械に接続することによってインターネットを使用する新しい方法だ。たとえば，カメラ，時計，台所用品，さらに信号機まで接続できる。その後，人や企業はIoTから情報を入手して分析する。この情報を「ビッグデータ」と呼ぶ。これらの企業は，ビッグデータを使用して製品やサービスを改善できる。

IoTの良い点と悪い点は何か？ビッグデータが製品を改善することで，私たちの生活はより便利になるかもしれない。また，企業はビッグデータを管理したり，新製品を販売したりすることで，多くのお金を稼ぐことができる。ただし，非常に多くの情報が他の人によって収集および使用されるため，プライバシーが危険にさらされる可能性がある。

IoTはすでに私たちの生活の大きな部分を占めている。技術は成長と発展を続ける。それを止めることはできない。そのため，IoTの使用も増加する。しかし，私たちはこれらの2つの質問について考えるべきだ：技術は私たちをどれだけコントロールするべきか？利便性とプライバシーのバランスは取れるか？バランスが取れていれば，社会は様々な面で改善されるだろう。

(1) 「インターネットなしでは，多分あなたは友人と話すことが少なくなるだろう」＝「インターネットがあるから，友人とたくさん話すことができる」と書きかえることができる。

(2) 前の部分に，SFの本が人気の理由が書かれているため，in these ways「このように」が適切。

重要 (3) IoTの悪い影響は，第4段落最終文に書かれている。

(4) ア 「大部分の人はインターネットが役に立つと気づいているので，インターネットを使用する」 第1段落第4文参照。私たちが気づいている以上にインターネットに依存しているとあるので，不適切。 イ 「20世紀の多くのSF作家はインターネットの使用について書いた」 第2段落第2文参照。20世紀のSFの本はインターネットを予想していなかったので不適切。 ウ 「情報のおかげで，企業がつくる製品やサービスがよりよくなる」 第3段落最終文参照。ビッグデータの使うことで製品やサービスが改善されるとあるため適切。 エ 「我々の日常生活は，多くの点でIoTから自由になり，よくなるだろう」 最終段落第4文参照。IoTの使用は増加するとあるため，不適切。

(5) 筆者はIoTの利便性とプライバシーのバランスを取るべきだと言っている。

重要 Ⅳ (条件英作文：助動詞，熟語)

(1) try ~ on「~を試着する」 Can I ~?「~してもいいですか」

(2) How do you like ~?「~はどうですか」

やや難 Ⅴ (自由英作文)

「高校で外国語を学ぶことは重要か」に対して，自分の意見を選択した後，理由を書くときには，I have two (three) reasons. などで書き始めると比較的書きやすいはずだ。具体例をあげる場合には，For example, ~ を用いればよい。スペルミスや冠詞の抜け，名詞の単数／複数など基本的な間違いがないか確認する必要がある。

★ワンポイントアドバイス★

記述の分量が比較的多い。短時間で答えをまとめるために，日本語での記述のある読解問題や，指定語数の多い英作文問題を数多く解いて慣れるようにしたい。

<理科解答>

Ⅰ　(1)　ア，ウ　(2)　$2Cu + O_2 \rightarrow 2CuO$　(3)　イ，オ　(4)　化学反応で，原子の種類は変わらないから。　(5)　ウ　(6)　$19g/cm^3$

Ⅱ　(1)　イ　(2)　エ　(3)　(b)　カ　(c)　オ　(4)　ア　(5)　(e)　イ　(f)　ケ　(g)　エ　(h)　セ

Ⅲ　問1　(1)　①　アミラーゼ　②　ペプシン　③　トリプシン　(2)　(名称)　胆汁　(記号)　ウ　(3)　脂肪酸，モノグリセリド　(記号)　ウ　問2　(1)　1　遺伝子　2　メンデル　(2)　3　二重らせん　(記号)　ウ　(3)　①　27%　②　31%

Ⅳ　(1)　(不整合Yの上)　水平　(不整合Yの下)　西　(5)

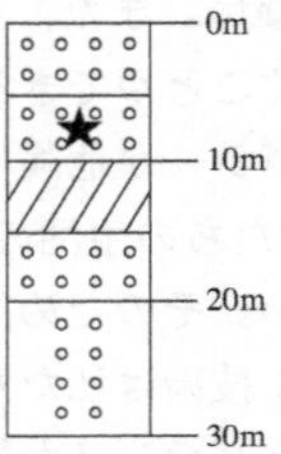

(2)　凝灰岩　(3)　エ　(4)　泥岩

○推定配点○

Ⅰ　(4)　5点　他　各4点×5　Ⅱ　(3)　各2点×2　他　各3点×7　Ⅲ　問1(2)・(3)，問2(2)・(3)　各3点×5(問1(2)・(3)，問2(2)各完答)　他　各2点×5　Ⅳ　(5)　5点　他　各4点×5　計100点

<理科解説>

Ⅰ　(化学変化と質量―化学変化)

基本　(1)　金属が伸びたり，広がったりする性質を延性，展性という。金属には特有の光沢がある。これらは金属の持つ自由電子による性質である。

重要　(2)　銅が燃焼すると酸化銅が生じる。燃焼反応は酸素との反応である。化学反応式は$2Cu + O_2 \rightarrow 2CuO$である。

重要　(3)　一種類の元素でできる物質を単体という。アンモニア，ドライアイス，水を分子式で表すと，NH_3，CO_2，H_2Oである。これらは化合物と呼ばれる。

(4)　化学反応は物質を構成する元素の組み合わせが変化するものであり，新たな元素ができることはない。

基本　(5)　沸騰して生じた気体の温度をより正確に測定するには，図ウのように枝付きフラスコの枝の部分に温度計を設置する。

(6)　貼り付けた金の体積は，$4.10 \times 4.10 \times 3.14 \times 0.50 - 4.00 \times 4.00 \times 3.14 \times 0.30 = 11.319 \fallingdotseq 11.32(cm^3)$　その質量は218gなので，$218 \div 11.32 = 19.25 \fallingdotseq 19(g/cm^3)$

Ⅱ　(力・圧力―圧力)

(1)　圧力は，力の大きさを力がかかる部分の面積で割ったもの。ここでは単位がN/cm^2なので，底面積$100cm^2$で割る。

(2)　1Paは$0.0001N/cm^2$である。$1m^2$は$10000cm^2$なので$1Pa = 1N/m^2$である。

基本　(3)　(b)　1気圧は1013hPaなので，約1000hPa。　(c)　h(ヘクト)は100倍を意味する。

(4)　吸盤は内側の空気を抜いて壁にくっつけるので，外からの圧力で壁から離れなくなる。

やや難 (5)　(e)　物体Xには，下向きに重力，上向きに浮力と糸の引く力(張力)がかかる。糸は定滑車でm(kg)のおもりにつながっている。m(kg)のおもりでは，重力と張力がつりあう。よって物体Xでは，Xの重力＝浮力＋張力が成り立つ。Xの重力は3W(N)であり，張力はW(N)なので，浮力は3W－W＝2Wである。

(f)　物体Xが押しのけた水の重さは，水の密度がd_2[kg/m^3]なので$stxd_2$(kg)であり，$stxd_2 \times \frac{W}{m}$(N)になる。

(g)　物体Xの重さは，$strd_1 \times \frac{W}{m}$(N)である。

(h)　①，②式より，$\frac{1}{2} \times stxd_2 \times \frac{W}{m}(N) = \frac{1}{3} strd_1 \times \frac{W}{m}(N) \quad x = \frac{2d_1 r}{3d_2}$

Ⅲ　(ヒトの体のしくみ－消化・遺伝)

基本 問1　(1)　①　デンプンの分解酵素はアミラーゼである。　②　胃の中で働くタンパク質の分解酵素はペプシンである。　③　胃で細かくなったタンパク質は，さらにトリプシンによって分解されアミノ酸になる。

基本 (2)　脂肪の消化液は胆汁であり，肝臓でつくられ胆のうに蓄えられる。

(3)　脂肪は分解されると，モノグリセリドと脂肪酸になる。図の灰色の部分がグリセリンであり，これに1個脂肪酸が付いたものがモノグリセリドである。白色の部分は脂肪酸を表す。

基本 問2　(1)　遺伝する形質の元になる要素を遺伝子という。遺伝の規則性を説明したのはメンデルである。遺伝子の本体はDNAであり，DNAは二重らせん構造をしている。

(2)　DNAの二重らせん構造を解明したのは，ワトソンとクリックである。

(3)　①　二重らせん構造では，4種類の塩基が水素結合によってつながる。このとき，つながる塩基の種類は決まっており，図に示すようにA(アデニン)はT(チミン)と，G(グアニン)はC(シトシン)と結合する。よってAとT，GとCの割合は同じになる。X鎖中のAが15%，Tが23%，Gが35%なので，残りのCは100－(15＋23＋35)＝27%である。　②　Y鎖中のAは23%，Tは15%，Gは27%，Cは35%になり，全体に占めるCの割合は，{(27＋35)÷200}×100＝31%である。

Ⅳ　(地層と岩石－柱状図)

重要 (1)　Aの地表面はDより20m低く，B，CはDより10m低い。高さを合わせて柱状図を書き直すと，ビアリカの化石を含む地層の上側の堆積岩Xの層がAとCではDの地表から25mの位置に，Bでは30mの位置にくる。このことより，不整合Yの下側の地層は西に傾いていることがわかる。しかし，不整合より上の地層では，B，C，Dでれき岩の層が同じ高さなので，水平であることがわかる。

基本 (2)　火山灰が堆積してできた堆積岩を，凝灰岩という。

基本 (3)　ビアリカは新生代に繁栄した巻貝である。

(4)　南北方向には地層の傾きがない。O点はC点より標高が10m高いので，O点の地表から18m下の地層はCの柱状図の地下5～10mの間に相当する。これは泥岩層である。

(5)　AからBまでに凝灰岩層は5m深くなっているので，その距離の2倍のEでは10m深くなる。Aの凝灰岩層が標高75m付近なので，Eでは65m付近となり，Eの表面の高さが70mなので，地下5mの部分に凝灰岩層がある。その下は，断層やしゅう曲がないので，Aと同じ地層の積み重なりとなる。

★ワンポイントアドバイス★

グラフから読み取って考えさせたり，グラフを書かせたりする問題が多い。また計算問題にやや難しい問題が出題される。類題の演習をしっかりと行いたい。

＜社会解答＞

Ⅰ (1) 十和田 (2) (緯度) 40 (都市) ア (3) 白神山地 (4) イ
(5) 地熱 (6) F (7) ① ウ ② ア (8) ア

Ⅱ (1) エ (2) ウ (3) ア (4) アフガニスタン (5) ア (6) カ

Ⅲ (1) エ (2) ア (3) エ (4) エ (5) イ (6) イ→エ→ア (7) イ
(8) 元寇 (9) 雪舟 (10) 下剋上

Ⅳ (1) a 鹿鳴館 b 陸奥宗光 c 小村寿太郎 (2) エ (3) ウ (4) イ
(5) イ (6) ウ (7) ウ (8) ウ

Ⅴ (1) エ (2) エ (3) エ (4) ウ (5) エ (6) イ (7) ウ
(8) ア (9) ア (10) ア

Ⅵ (1) イ (2) イ (3) ア (4) エ (5) ウ

○推定配点○

Ⅰ 各2点×9((2)完答) Ⅱ 各2点×6 Ⅲ 各2点×10 Ⅳ 各2点×10
Ⅴ 各2点×10 Ⅵ 各2点×5 計100点

＜社会解説＞

Ⅰ (日本の地理ー地形，諸地域の特色，産業，環境問題)

(1) 十和田湖は，青森県と秋田県の県境にあり，外輪山に囲まれた高地のカルデラ湖で，周囲の長さは約46kmと広大で，最深部は327mと日本3位の深さである。

(2) 略地図の十和田湖の南に位置する緯線は，秋田県にある八郎潟干拓地を通る北緯40度線である。ロンドン，ベルリンは北緯40度より北に位置し，メキシコシティは南に位置する。

(3) 日本初及び東北地方唯一の世界自然遺産に登録された白神山地は，青森県と秋田県の県境にまたがる標高200～1250mの山岳地帯であり，冷温帯性のブナの森が途切れなく広範囲に残された貴重な山域である。

(4) 西洋ナシ，おうとう(さくらんぼ)は山形県，りんごは青森県が，生産量全国1位である。みかん生産量は，1位和歌山県，2位静岡県，3位愛媛県である。

(5) 略地図中の▲は，国立公園周辺にある地熱発電を示している。その近くには，温泉や活火山も位置している。

(6) 東日本大震災の津波で大事故を起こした福島第一原子力発電所は，福島県の太平洋岸に位置しているので，略地図ではFが正解である。

重要 (7) 東北地方には，秋田竿灯や青森ねぶたや仙台七夕など多くの祭りがある。現在では観光の要素が強くなっているが，これらの祭りの中には，きびしい自然環境の中で，豊作への願いや感謝を表すものが多くある。

(8) 東北地方は，7地方区分の中では，人口減少率は最も大きい。仙台空港の利用客数は中部空港よりも少ないので，イは誤り。半導体を製造する工場は東北自動車道付近に進出しているので，ウは誤り。東北地方の耕地面積は大きいほうであるため，エも誤りとなる。

Ⅱ（地理一世界の地形，諸地域の特色，産業）

(1)　マダガスカル，スリランカはインド洋，ニュージーランドは大平洋，キューバはカリブ海にある島国である。カリブ海は大西洋の付属海なので，エが適当でない。

やや難　(2)　東経40度から西経80度というと，経度差は240度である。経度15度の距離は約1687.5km，時差は1時間である。したがって，240度÷15＝16，1687.5km×16＝27000kmとなり，ウが正解となる。

(3)　南シナ海は太平洋，ペルシャ湾とアラビア海はインド洋，それぞれの付属海である。ギニア湾は大西洋の付属海であるので，アが適当でない。

(4)　同時多発テロの実行者ビン・ラディンは，当時のアフガニスタンのタリバン政権保護下にあるイスラーム過激派組織アルカイダ(国際テロ組織でもある)の総帥であった。

(5)　アの火山はキリマンジャロ山(ケニア山)でケニアにある。したがって，アがケニアである。イはベトナム，ウはインド，エはオーストラリアである。

(6)　米の生産量(1位中国，2位インド，3位インドネシア)，漁業生産量(1位中国，2位インドネシア，3位インド)，粗鋼生産量(1位中国，2位インド，3位日本)である。

Ⅲ（日本と世界の歴史一政治外交史，社会経済史，文化史，日本史と世界史の関連）

(1)　年表中Aの時期は9世紀の終わりから11世紀の初めであり，主に10世紀の期間である。渤海が契丹に滅ぼされたのは926年で10世紀である。したがって，エが正解となる。唐が滅んで元が統一したのではないので，アは文章そのものが誤り。新羅の朝鮮半島統一は，676年で7世紀であるので誤り。三つの王国を統一して琉球王国ができたのは，14世紀であるから，ウも誤りである。

(2)　年表中Bの時期は11世紀から13世紀後半の頃までである。十字軍の遠征が始まったのは1096年で11世紀末期であり，アが正解となる。明，朝鮮の建国は14世紀であるので，イ，ウは誤り。ムハンマドがイスラム教を起こしたのは7世紀であるから，エも誤りとなる。

(3)　年表中Cの時期は15世紀後半ごろから16世紀までである。ルターの宗教改革が始まったのは1517年で16世紀となり，エが正解である。アメリカ独立戦争と『法の精神』発表は18世紀であるからイ，ウは誤り。クリミア戦争は19世紀に起こっているので，アも誤りとなる。

(4)　徳川綱吉が将軍であった元禄時代に，名誉革命(1688～89年)が起きている。したがって，エが正解となる。

(5)　松平定信の寛政の改革の時期に，フランス革命(1789年)が勃発している。したがって，イが正解となる。

(6)　ラクスマンの根室来航(1792年)は年表中Fの時期に当てはまらない。イ：大塩の乱(1837年)→エ：蛮社の獄(1839年)→ア：南京条約(1842年)である。

(7)　794年桓武天皇は，都を現在の京都市に移した。この都を平安京という。藤原道長の望月の歌は彼の権力の強さを物語っている。

基本　(8)　文永の役と弘安の役の2度の元の来襲を元寇といっている。

(9)　雪舟は守護大名大内氏の援助で，中国にわたって，多くの絵画技法を学び，帰国してから，日本の水墨画を完成させた。

(10)　当時，下剋上の風潮が広がって，守護大名の地位をうばって実権をにぎったり，守護大名が成長したりして，戦国大名が各地に登場した。

Ⅳ（日本の歴史一政治外交史，社会経済史，日本史と世界史の関連）

基本　(1)　国際社交場である鹿鳴館では，舞踏会などが行われていた。1894年陸奥宗光は領事裁判権を撤廃した。1911年小村寿太郎は関税自主権を回復した。

(2)　当時の通商条約では日露間の国境は画定していないので，エは誤りとなる。

(3)　岩倉使節団の行路は最初にアメリカに行っているので，ウは誤りとなる。

(4)　大隈重信，政府を辞めさせられた後，立憲改進党を立ち上げたが，初の政党内閣は組閣していない。

(5)　当時のイギリスは，ロシアの南下政策に対抗するために，日本を利用しようとする意図があった。

重要 (6)　大津事件では，大審院の児島惟謙は，政府の圧力に屈せず，被告に無期懲役の判決を下し，「司法権の独立」を守った。

(7)　ウはポーツマス条約の内容である。

(8)　ウはポーツマス条約の内容としては，誤りである。国後島・択捉島は現在でもロシアが不法占拠している北方領土の一部である。

Ⅴ　(公民－国際政治，憲法，政治のしくみ，経済生活，日本経済，その他)

(1)　主権国家間の紛争は国際司法裁判所によって解決する。アは，国際連合による介入は認められているため，誤り。イは領土が領域の誤り。ウは排他的経済水域は，領海を含む200海里の範囲であるから，誤りとなる。

(2)　自由で平等な権利は，フランス人権宣言の第1条に明記されている。権利章典は王権と議会の関係や法の尊重が明確に定められている。したがって，議会の同意や議会の承認という言葉がないアは誤りとなる。アメリカ独立宣言は，イギリス国王の権限によって，法律とその効力を停止することに抗議しているのではなく，イギリス本国が新しい税を課し，反対運動を弾圧したことに抗議しているので，イも誤りである。ウはマグナカルタではなく，アメリカ独立宣言の説明であるので，誤りとなる。

(3)　ルソーは人民主権を「社会契約論」で主張した。三権分立はモンテスキューがとなえたので，アは誤り。抵抗権はロックの思想であるので，イは誤り。ロックはイギリスの思想家であるので，ウも誤りとなる。

(4)　財産権の保障(第29条)は，自由権の中の経済活動の自由に属する。教育を受ける権利(第26条第1項)は社会権に属する。請願権(第16条)は参政権に属する。裁判を受ける権利(第32条)は，請求権に属する。

(5)　エは「その後10年を経過した後」という箇所が誤りとなる。

(6)　法律案の議決に関しては衆議院が出席議員の3分の2以上の多数で再可決したときに法律となるので，イは誤りである。

(7)　ウは，「地方から国へ税源を移譲すること」という箇所が誤りである。

(8)　イは満30歳が満25歳の誤り。ウ，エはともに任期6年が，任期4年の誤りとなる。

(9)　地方議員・首長の解職は，最終的には住民投票を行い，その結果，過半数の同意が必要となる。

(10)　国税における割合は，直接税がかなり高い。その直接税は，所得税，法人税のほかに相続税も含まれている。

Ⅵ　(公民－経済生活，国際経済，その他)

(1)　消費者保護の観点から，訪問販売や電話勧誘などで商品を購入した場合，8日以内であれば，売買が成立した後でも買い手側から無条件に契約を取り消すことができるクーリング・オフ制度がある。

(2)　配当とは，利潤の一部を，株主が受け取るものである。

(3)　クラウドファンディング(crowdfunding)とは群衆(crowd)と資金調達(funding)を組み合わせた造語である。ベンチャー企業とは，新しい技術やアイデアを使って，消費者や他の事業者にサービスを提供したり商品を販売したりする企業である。

やや難 (4)　マイクロクレジットとは，貧しい人々に対し無担保で小額の融資を行う貧困層向け金融サービスのことである。フェアトレード(Fair Trade：公平貿易)とは，発展途上国でつくられた 農作物や製品を適正な価格で継続的に取引することより，生産者の生活を支える貿易のありかた である。

(5)　非正規労働者の割合は1990年以降増え続けているが，2020年には5割は超えていない。

★ワンポイントアドバイス★

Ⅲ(7)　平安遷都の前に都を長岡京に移した経緯がある。道長の望月の歌は「この世をば，わが世とぞ思う，望月の，欠けたることも，無しと思えば」である。

Ⅲ(10)　応仁の乱以後の下剋上の時代を戦国時代といっている。

＜国語解答＞

一　問一　a　比較　b　新鮮　c　控(えて)　d　手応(え)　e　窓辺　問二　イ
問三　A　ウ　B　ア　問四　オ　問五　(例)　意識して勉強しないと，ことばの力は身につかないということ。　問六　i　イ　ii　程度の高い　問七　イ

二　問一　(1)　オ　(2)　イ　(3)　ウ　問二　ウ　問三　エ　問四　理詰め
問五　ア　問六　イ　問七　(例)　普段の関係から考えると，ルーティンについて説明してくれるとは思わなかったから。　問八　イ

○推定配点○

一　問一・問三　各2点×7　問五　9点　問七　7点　他　各5点×4

二　問一　各3点×3　問七　9点　問八　7点　他　各5点×5　計100点

＜国語解説＞

一　(論説文—要旨，内容吟味，文脈把握，漢字の書き，接続語の問題，脱語補充，品詞・用法)

問一　a 「比較」は「比格」とする誤りが多い。「比」の訓は「くら-べる」。「比肩」「無比」などの熟語がある。「較」も，くらべるという意味がある。「較」の熟語は「比較」くらいなので覚えてしまおう。　b 「鮮」は，つくりを「半」と誤らないようにする。「鮮」の訓は「あざ-やか」。「生鮮」「鮮明」などの熟語がある。　c 「控」の音は「コウ」。「控除」「控訴」などの熟語がある。「控え室」「控えめ」などの語も覚えておこう。　d 「手応え」は「手答え」とは書かない。この「応え」は，他から与えられた作用・刺激に対する反応。　e 「辺」の音は「ヘン」，訓は「あた-り・べ」。「窓辺」は訓＋訓の熟語。「辺」を「べ」と読むのは「海辺」がある。

やや難 問二　(1)「丁寧に」は，形容動詞「丁寧だ(です)」の連用形。(2)「まさに」は，疑いない様子を表す副詞。まちがいなく，確かに，全くなどの意味で使われる。　(3)「頃には」の「に」は，時間を示す格助詞。

基本 問三　A 「もちろん」は，言うまでもなく，無論の意味。前に述べたことを，明らかなこととして受ける言い方。　B 「つまり」は，前に述べたことを言い換えたり要約したりするときに用いる。「スーツやドレス」を「普段とは違う種類」と言い換えている。

問四　人が国語という教科にどういう期待をしているのかが，不思議だということ。なぜ不思議か

というと，期待していることが想定通りにいかないからだ。国語の授業は繰り返し行われているのに，国語を学習する方法がうまくいかず「ことばの力を育てていない」から不思議に思うのである。

重要 問五　問四でとらえたように，筆者は国語の授業が「ことばの力を育てていない」ことを問題だと考えている。そして，それは「子どもたちが，勉強の場面で本気になってことばをつかっていない」からだと考えている。そのことを説明するために，ラジオ体操の体験談を述べている。「それと同じこと」とあるのは，ラジオ体操も国語の勉強も同じだということ。筆者が述べようとしているのは，「ラジオ体操も，勉強も，ちゃんと意識してやらないと無駄が多い(＝身につかない)という」ことである。

問六　ｉ　筆者は「本当に自分のものになっていることばが，最も確かに思考を支えてくれます」と述べている。そして，それを続く段落で「私のことばの世界」と表現して，「具体的に言えば豊かな語彙を擁して強靭かつ多彩であってほしい」，「日々の暮らしから抽象的思考までをカバーできるようなことばの力」，「『どこへ出ても恥ずかしくない普段着を持つ』ということになる」と説明している。「抽象的思考」は「複雑で難しいこと」とも言えるので，イが当てはまる。

ⅱ　ｉでとらえた国語力を子どもたちに付けた人物として，筆者の「中学時代の恩師である国語教師，大村はま」が紹介されている。大村はまの実践を具体的に紹介したあとに，「程度の高いことを，こなれたやさしいことばで語る」と語り方の様子を述べている。

重要 問七　「日々の暮らしから抽象的思考までをカバーできるようなことばの力」とあるが，それを「わたしたちが暮らしていくために自然に身についている『普段着』のことば」とは説明していない。「普段着」という比喩は，特別な「よそいき」と対比させて，どこへ出ても恥ずかしくないいつも使っていることばという意味を表している。それが，「日々の暮らしから抽象的思考までをカバーできるようなことば」ということではない。　ア　問五でとらえた内容と一致する。
ウ　問六のⅱでとらえた大村はまの語り方の様子を述べた部分のあとの段落で述べている内容と一致する。　エ　第二段落の「小学校高学年に入った頃……複雑な思考を進めるためのことばの力を十分に持っていない，という子どもが出てきます」と一致する。　オ　最後の段落の「ことばというものが信頼できるもの……ことばが好きな集団ができると，国語力が育つ土壌がまずできたことになります」と一致する。

二　(小説―情景・心情，内容吟味，文脈把握，脱語補充，語句の意味)

やや難 問一　(1)「助け船を出す」は，人が困っているときに力や知恵を貸すこと。受川に不機嫌になられて困っている雨夜を酒井が助けている。　(2)「眉をひそめる」は，心配事などのために，また，他人のいまいましい言動にふれて，顔をしかめるの意味。酒井は，受川の発言を不愉快に思っている。　(3)「馬が合わない」は「馬が合う」を打ち消す言い方。「馬が合う」は，気が合うの意味。その打ち消しだから，好みや考え方が合わず，付き合いにくいの意味。雨夜が受川と合わないというのである。

基本 問二　【文章Ⅰ】は受川の視点から描かれているので，受川の心情表現を追っていく。「俺はぎくりとして立ち止まった」，「いきなりなんだよ，と思って目を白黒させる」，「若干不機嫌な声を出すと」，「なんとなくわかってきた。こいつら，二人とも俺のスタートを見ていたのだ」とある。ウの，驚き→不満→理解があてはまる。

問三　「なんでだろう」のあとに，理由を考えている描写がある。「さっき雨夜に余計なアドバイスしちまったせいかな」「過去最高に長くしゃべったな，あいつと。フツーにしゃべれんじゃんと思った」とあり，そして「イチニツイテ」というスターターの声に，「いかん，集中集中」と我に返っている受川の姿が描かれている。しかし，再び雨夜との会話を思い出し，さらに「なんで今，兄貴の言葉を思い出すんだよ」と兄のことにまで連想が及んでいる。これにあてはまるのは，エ。

問四　［　A　］には受川の言葉があてはまる。その前の受川の言葉を聞いて雨夜は，「知識を持っている」「研究熱心なタイプだと思ったことはなかった」「でも本人もさっきぼそっと言っていたな」と反応している。つまり，【文章Ⅰ】の受川の会話から，知識があって研究熱心な様子に対応する言葉を探す。すると，「理詰め」（＝理屈だけでおしとおすこと）が見つかる。

問五　同じ場面の受川と雨夜の様子を【文章Ⅰ】では，「俺はぶすっとして答える。雨夜は急に俺との気まずさを思い出したみたいに目を泳がせて」と描写している。傍線②の直前では「受川の声に，やや強い苛立ちがこもった」とある。「目を泳がせる」は，困ったりとまどったりして視線が定まらない様子。受川の走りまで評価してしまって，受川が苛立った様子を見せたので，「少し調子に乗りすぎたかな」と雨夜は困惑しているのである。

問六　受川のアドバイスに対して雨夜が思い，考えたことは最後の二つの段落に書かれている。受川のアドバイスを「そうだろうか」と疑問に思いながらも，「でも，試してみたいと思った。受川が今言ってくれたこと。あまり，自分でもきちんと考えたことがなかったこと。スタートが苦手な理由。僕は自分の走りを，全然わかっていなかったのかもしれない」とあるのと合うのは，イ。

重要　問七　同じ場面を【文章Ⅱ】ではどのように描写しているかに注目する。「受川とは，入部当初からあまり馬が合わない」，「彼はきっと僕が嫌いだ」，「説明してくれるとは思わなかったので，少し驚いた」とある。雨夜は，受川は自分を嫌っていると思っているから，説明してくれたことが意外だったのである。そのことを，雨夜の立場でまとめればよい。解答の要素としては，「関係はよくない」「ルーティンについて説明してくれるとは思わなかった」の二点を盛り込むと解答例のようになる。

重要　問八　イの内容は，問四でとらえたような受川の態度に合致する。兄を強く意識していることは，【文章Ⅰ】に「その原動力（＝練習の原動力）がたぶん兄だった……というのは黙っておく」，「――星哉は一走向いてそうだもんな。なんで今，兄貴の言葉を思い出すんだよ」とある。　ア　受川は「うるせえよ。俺だって緊張くらいするわ」と言っているので合わない。　ウ　問六でとらえたように，雨夜は受川のアドバイスを「そうだろうか」と疑問に思いながらも，試そうとしている。「尊敬して，真摯に学ぼうとしている」とあるのとは合わない。「真摯」は，まじめでひたむきな様子，心をこめて物事に取り組む様子。　エ　これも問六に関連する。「頭から否定されて，戸惑ってしまった」「悩んでいる」が合っていない。　オ　酒井は受川について「図太いの。性格悪いの」とからかうような口調で話し，受川が反発すると「ニヤニヤしている」とある。雨夜についても「雨夜，苦手なんだってさ，スタート。緊張するからって」と他人事といった口調である。受川と雨夜の「ぎくしゃくした関係をなんとか取り持とうと努力している」という発言は合わない。

★ワンポイントアドバイス★

論説文は，筆者の考えと具体例の関係，比喩の意味などをとらえて，筆者の考えや考えの理由を正確に読み取ろう。小説は，二つの文章の関連をとらえ，比較しながら心情や心情の理由，場面の様子，人物像などを読み取っていこう。

MEMO

大切なことはメモしておこうネ！

2021年度

入　試　問　題

2021
年
度

2021年度

名古屋高等学校入試問題

【数　学】　(50分)　　＜満点：100点＞

【注意】　◎円周率はπとします。

Ⅰ　次の問いに答えよ。

⑴　$\frac{1}{2}\times(-2)^3-\frac{1}{15}\times(-3)^2\div(-0.3)$ を計算せよ。

⑵　$a^2+b^2+2ab-c^2$ を因数分解せよ。

⑶　$\frac{\sqrt{30-2n}}{2}$ が自然数になるような，自然数 n の値をすべて求めよ。

⑷　図のように，四角形ABCDは正方形，△AEDは正三角形で，Fは辺ABと直線CEの交点である。$\angle x$ の大きさを求めよ。

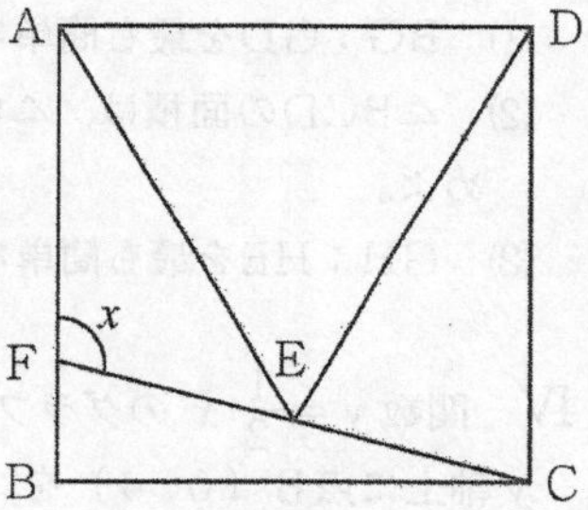

⑸　AD＝CD＝1㎝，BC＝2㎝，∠ADC＝∠BCD＝90°，AD∥BCの台形ABCDがある。この台形を，辺CDを軸として1回転させてできる立体の体積を求めよ。

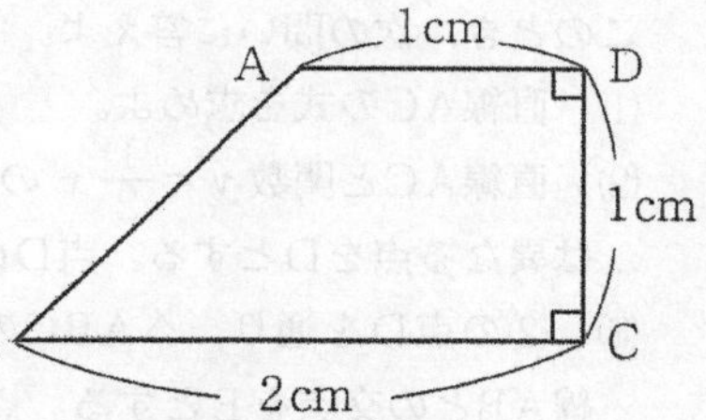

⑹　1個のさいころを2回投げる。1回目に出た目の数をa，2回目に出た目の数をbとするとき，2直線 $y=\frac{a}{b}x$，$y=3x+1$ が交わる確率を求めよ。

⑺　関数 $y=ax+2$ について，xの変域が $-4\leqq x\leqq 6$ のとき，yの変域は $0\leqq y\leqq b$ であった。このとき，a，bの値を求めよ。ただし，$a<0$とする。

⑻　右の表はある中学3年生男子20人の体重のデータを整理した度数分布表である。表の中の50kg以上55kg未満の相対度数が0.25のとき，度数a，bの値を求めよ。

階級（kg） 以上 未満	度数（人）
35～40	2
40～45	a
45～50	4
50～55	b
55～60	3
60～65	2
合計	20

Ⅱ　縦30m，横50mの長方形の土地がある。図のように，縦と横に等しい幅の道を作り，残りの斜線部分を畑とする。次の問いに答えよ。

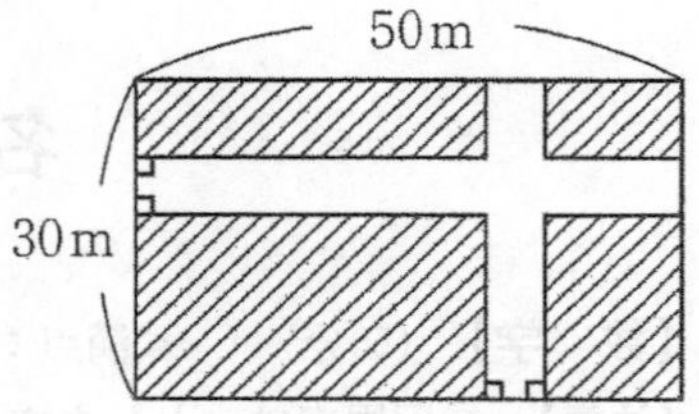

⑴　道の幅が10mのとき，畑の面積を求めよ。

⑵　畑の面積がもとの土地の面積の$\frac{3}{4}$倍になった。このときの道の幅を求めよ。（解答用紙に求め方も書くこと。）

Ⅲ　図のように，平行四辺形ABCDの辺BC上に点Eをとり，さらに辺CD上にBD∥EFとなる点Fをとる。線分AEと線分BD，BFとの交点をそれぞれG，Hとする。△ABGの面積が6で，△ADGの面積が9である。次の問いに答えよ。

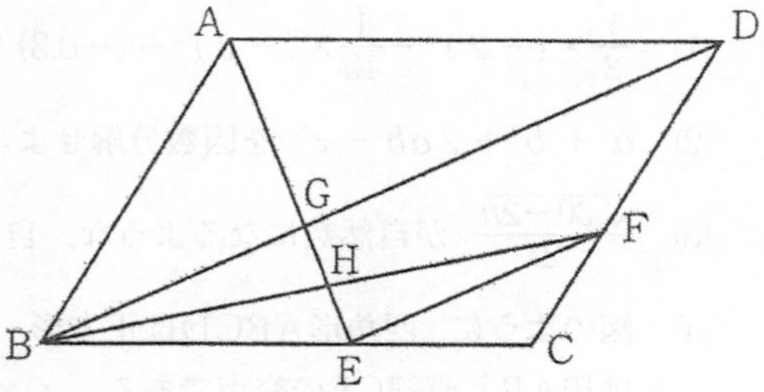

⑴　BG：GDを最も簡単な整数比で表せ。

⑵　△BCDの面積は，△CEFの面積の何倍か求めよ。

⑶　GH：HEを最も簡単な整数比で表せ。

Ⅳ　関数$y=\frac{1}{2}x^2$のグラフ上に点A（2，2）をとる。また，y軸上に点B（0，4）を，x軸上に点C（−2，0）をとる。このとき，次の問いに答えよ。

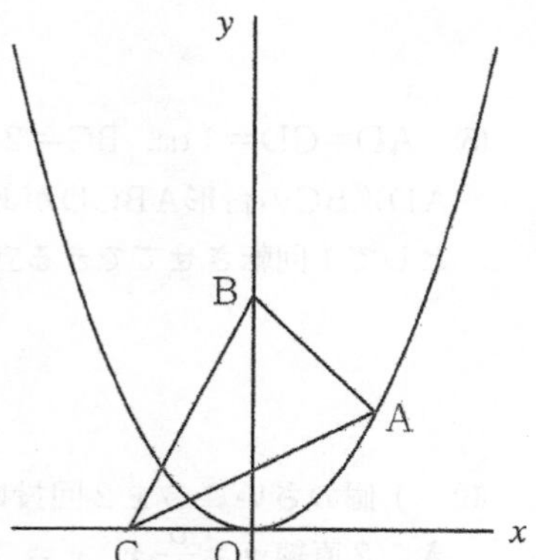

⑴　直線ACの式を求めよ。

⑵　直線ACと関数$y=\frac{1}{2}x^2$のグラフとの交点のうち，Aとは異なる点をDとする。点Dの座標を求めよ。

⑶　⑵の点Dを通り，△ABCの面積を2等分する直線と直線ABとの交点をEとする。点Eの座標を求めよ。

Ⅴ　図のように，円Oの周上に4点B，C，D，Eがこの順にあり，線分BCは円Oの直径である。半直線CBと半直線DEの交点をAとし，OB＝BA＝4㎝，AE＝EDとする。次の問いに答えよ。

⑴　線分BEの長さを求めよ。

⑵　△BCEの面積を求めよ。

⑶　四角形BCDEの面積は，△ABEの面積の何倍か求めよ。

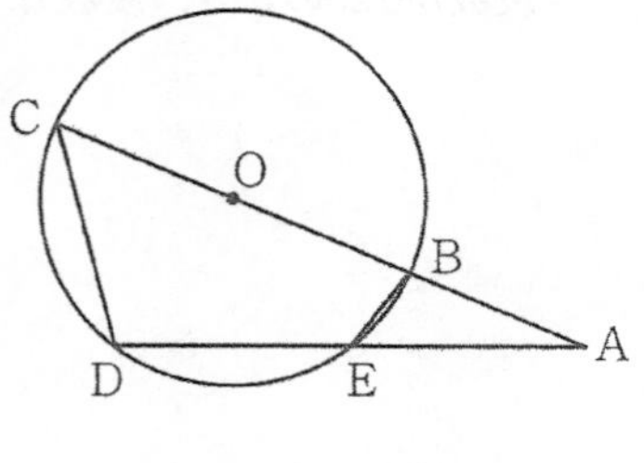

【英　語】（50分）　＜満点：100点＞

Ⅰのリスニング問題は試験開始から数分後に行う。それまで他の問題を解いていること。

Ⅰ【リスニング問題】放送をよく聞いて，下の問いに答えよ。英語は２度読まれる。

Part 1　これから放送する英語とそれに関する質問を聞いて，質問の答えとして最も適当なものをそれぞれア～ウから選んで答えよ。

1　ア　In Ghana.　イ　In America.　ウ　In California.

2　ア　For more than ten years.
　イ　In October.
　ウ　The southeast of the United States.

3　ア　Many photographs in a little field.
　イ　In the sky.
　ウ　A huge field.

Part 2　Listen to the answer.　What was the question? (Write five words or more.)

【メモ】

1 ____________________

2 ____________________

3 ____________________

Part 3　これから放送する４つの英単語を聞いて，１つだけ特徴の異なるものを選んで答えよ。また，その単語を選んだ理由を解答欄の右側に５語以上の英語で答えよ。

例　Pink／White／Cloudy／Green

例　Cloudy	例　Cloudy is not a color.

【メモ】

1 ____________________

2 ____________________

3 ____________________

< Listening Script >

Part 1

Hello, everyone. My name is Kofi. I was born in Ghana. I'm a junior high school student in New York, America. I've lived in the United States for more than ten years. Last fall, we went to California on a school trip. California is a region in the southwest of America. It has been popular among tourists for a long time because the amusement parks are very interesting. On the trip, we enjoyed many activities. My favorite activity was a mountain bike tour. We rode a mountain bike through the forest. It was very exciting.

We went to a vast field at night to see the stars in the sky. Fortunately, the weather was very good. I could take a lot of photographs. This trip has become the best memory of my school days so far.

Questions

1 Where does Kofi go to school?
2 When did Kofi visit California?
3 Where did he go to see the stars?

Part 2

1 My violin is made from dark wood.
2 No, I'm not interested in robots.
3 In Japanese we say *ogenki desuka*.

Part 3

1 September / Thursday / November / August
2 Basketball / Soccer / Stadium / Baseball
3 Chinese / Canada / Brazil / Australia

Ⅱ 次のA，Bの問いに答えよ。

[A] 次の対話文はハロウィンパーティー（10月31日）で，セイジとケンが偶然出会ったときの会話です。以下を読んで，あとの地図を見ながら問いに答えよ。

Seiji : I went to Kyoto with my family during summer vacation. How was your summer?

Ken : Not so good. I wasn't able to go anywhere.

Seiji : That's too bad. So what did you do?

Ken : Well, I read some books, played video games, and did my homework. I spent a lot of time at home. How was Kyoto?

Seiji : I enjoyed it very much. There are many sightseeing places in Kyoto. I like the city, and I go there every summer. Have you ever been to Kyoto?

Ken : Only one time. I went to Kyoto and Nara on a school trip when I was an elementary school student. I visited some temples and shrines in both cities. I especially liked Kiyomizu Temple and Horyuji Temple. We also saw Kinkakuji Temple. It's a beautiful gold building, but we were not able to go inside. The trip was fun for me and it was the best memory of my elementary school days.

Seiji : That's great. I went to Ise on my elementary school trip because I lived in Osaka. When I lived there, I often went to Kyoto on the weekend with my family.

Ken : Oh, you know Kyoto very well. How long did you stay in Kyoto this summer?

Seiji : Just two days. I found a good hotel along *Shijo-dori Street. Our hotel was near a station and a restaurant. It was my first time to stay there.

Ken : Did you go there by bus from Kyoto Station?

Seiji : No, I took a train. The train always comes *on time. It only took eight minutes to get to the hotel from Kyoto Station. We went north and got off at the second station. The hotel was just across the road.

Ken : That's so convenient. Were there any famous sightseeing places around there?

Seiji : *Kyoto Imperial Palace was only two stations away. Many Japanese *emperors lived there a long time ago. Now it is like a very big park.

Ken : I've never heard of it. I didn't go there on my school trip.

Seiji : I had a plan to look at the university which my brother will go to from next spring. So I got off at Marutamachi Station on the south side of the palace, went across the street and walked north through to the university. However, I made a big mistake. It was the wrong place. The university my brother will go to is 2.5 kilometers east of the Imperial Palace. It took me about thirty minutes to walk there.

Ken : Wow! I'm sure it was really hot.

【注】 Shijo-dori Street：四条通り　on time：時間通りに　Kyoto Imperial Palace：京都御所
emperor：天皇

⑴ What did Seiji do when he was a child?

ア He found a good hotel near a station.

イ He often visited Kyoto.

ウ He went to Ise many times.

エ He made a great memory on his school trip.

⑵ Which place did Ken not see on his school trip?

ア Horyuji Temple.　　イ Kiyomizu Temple.

ウ Kinkakuji Temple.　　エ Kyoto Imperial Palace.

⑶ Where is the hotel that Seiji stayed at? Choose from M to T.

(4) Where is Marutamachi Station? Choose from A to L.

(5) Where is the university which Seiji's brother is going to study at? Choose from M to T.

〈Sightseeing MAP in Kyoto〉

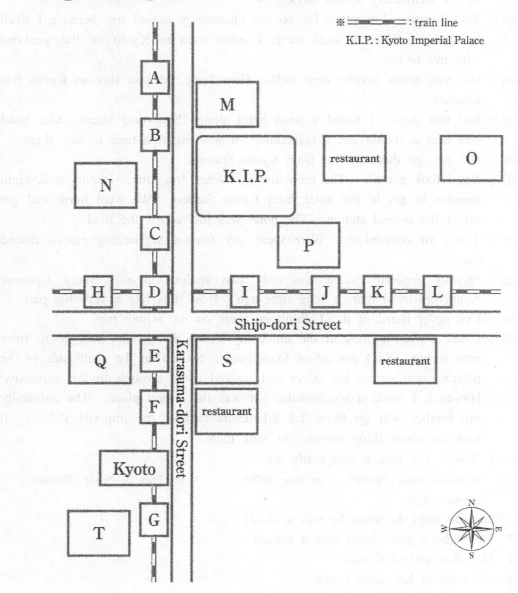

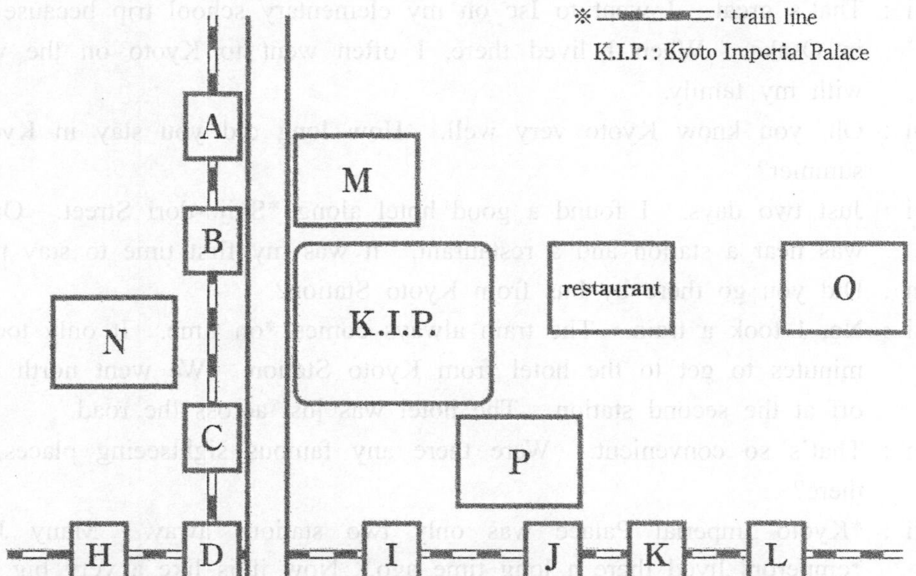

B 次の対話文は初詣の帰り道でセイジとケンが久しぶりに出会った時の会話です。以下を読んで，あとの広告・配置図を見ながら問いに答えよ。

Seiji : Hey, Ken. Long time no see.

Ken : Yes. It's colder now than when we last met.

Seiji : That's right. Do you remember we talked about my brother's university?

Ken : Yes. Your brother was always kind to me when I visited your house. How is everything going?

Seiji : Well, I've been very busy helping him to prepare for his new life. My family went to Kyoto again to find a place for him to live.

Ken : I see. It's important to find a good place. Have you found anywhere yet?

Seiji : Yes, but it wasn't easy. Of course, it is better to live near the university, a station and some shops, but such a place is very expensive. We found a place by the station along Shijo-dori Street, but there aren't any shops near there. When my brother moves there, he will be able to get to the university by bike in fifteen minutes. And it is not too expensive.

Ken : That sounds OK. It will be better for his health to go to the university by bike. Has he bought anything for his place yet?

Seiji : Yes. It costs a lot to buy many things such as a desk, a bed and a TV. It took us a long time to find nice things for my brother. At first, we looked at many shops and department stores, but we couldn't find anything good. However, we realized that there are many online stores with good products and lower prices.

Ken : That's right, but it's sometimes difficult to see exactly what you are buying.

Seiji : I know what you mean, but we were able to get all the things my brother needed on one website. This website had a special sale for new students.

Ken : That's wonderful. Now you have to decide where he will put his new things in his room.

Seiji : We've already decided. Actually, I have the plan here in my pocket. Do you want to see it?

Ken : OK. Please show me.

Seiji : At first, he wanted to put the TV on the right side of the room near the window. However, the light from the window made it difficult to see. So we moved it nearer to the door. Then we put the desk near the window. We also talked for a long time about where to put his books. He has a big case for them. My parents and I thought he should put it beside his desk, so he could easily find his books when he is studying. However, he said that he wanted to read in bed and then put the books back before he went to sleep.

Ken : That's an interesting idea. But are you sure he is going to do any studying?

Seiji : I hope so. My parents said it's very expensive to send him to university.

NEWSTUDENTLIFE.COM

The best website to start your new student life!

Are you moving away from home for the first time? We sell all the things you need at the best prices. We have a 10% *discount if you buy two products and you can receive 20% off the price when you buy three products. Maybe the best choice for you is to buy from one of our 30% discount sets. There are four sets to choose from. Please take a look!

① *bike, *refrigerator, TV and computer*

② *sofa, refrigerator, TV and bed*

③ *bike, refrigerator, TV and bed*

④ *sofa, refrigerator, TV and computer*

Price bike : 10,000 yen　refrigerator : 18,000 yen　sofa : 20,000 yen
computer : 24,000 yen　TV : 18,000 yen　bed : 8,000 yen

【注】 discount : 割引　refrigerator : 冷蔵庫

〈Seiji's brother's room〉

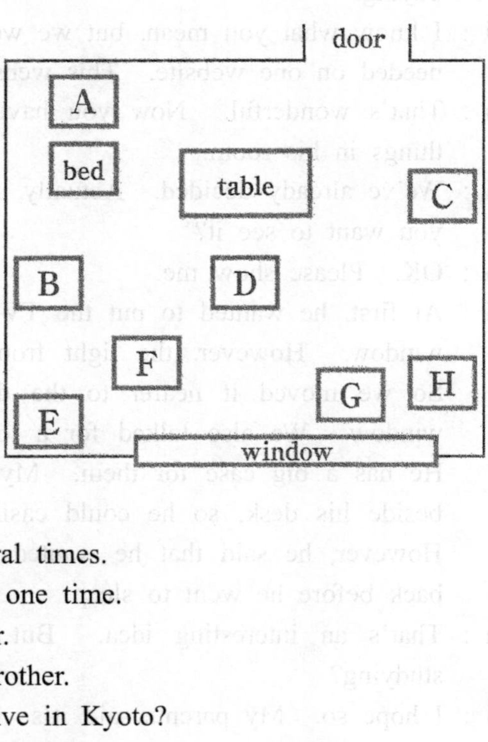

(1) Which of these is true?

ア Ken has met Seiji's brother several times.

イ Ken has met Seiji's brother only one time.

ウ Ken has never met Seiji's brother.

エ Ken has never heard of Seiji's brother.

(2) Where is Seiji's brother going to live in Kyoto?

ア Near the university which he is going to.

イ Near shops and a station.
ウ Near shops.
エ Near a train station.

(3) Where is Seiji's brother going to put the TV?
ア B　イ C　ウ G　エ H

(4) Where does Seiji's brother want to put his books?
ア A　イ D　ウ E　エ F

(5) If Seiji's brother buys a computer, a TV and a bed, how much will it cost?
ア 45,000 yen　イ 40,000yen　ウ 35,000 yen　エ 10,000 yen

(6) If Seiji's brother buys the set including a bike, a TV and a bed, how much will it cost?
※ including：～を含む
ア 44,000 yen　イ 37,800 yen　ウ 28,800 yen　エ 25,200 yen

Ⅲ 次の英文を読んで，あとの問いに答えよ。

Many years ago, I tried to teach my grandmother how to play the game ①(call) "② Spot the difference" in the newspaper. I thought the rules were simple and clear enough, but she kept ③(point) out what was the same between the two pictures. She said she could enjoy it more when she ④(find) the same points than when she ④(find) the differences. That says a lot about my grandma.

There are many people in the world who spend too much time thinking about the differences between us. They like to show others how these differences are bad. I saw one such person on the Internet — a Japanese YouTuber. In a video he made of himself, he *expressed his *racist views of black people. He often makes videos sharing his racist views, and ⑤(many ／ about ／ how ／ with ／ people ／ I'm ／ worried ／ agree) him. He makes his videos in English. He uses titles to catch people's attention. He may know that in English his video can be understood all around the world. This probably helps increase the number of people who watch his videos and his *income. Sending messages and clicking '(⑥)' to this YouTuber's videos only gives him what he wants. He doesn't *deserve your clicks or attention.

On the other hand, there are a lot of videos that share positive messages with people. The title of one such video is "Love Has No Labels". It was made by an American *NGO. It shows friends, *couples and families celebrating love and friendship by kissing, hugging and dancing with each other from behind an "⑦ X-ray" screen. Instead of showing their faces and bodies, the screen showed only a picture of their moving *bones. When they appeared from behind the screen, they were people of different ages, *religions, colors and *genders. The video shows us that we are the same though we look different — we're all human.

Maybe that's what my grandma was telling me. It is easy to find the differences, but we can understand each other by seeing what's the same.

【注】 express：～を表現する　racist view：人種差別的考え　income：収入
deserve ～：～に値する　NGO：非政府組織　couple：恋人　bone：骨　religions：宗教
gender：性別

【出典】「同じものを見ること（Seeing the same by Samantha Loong）」
The Japan Times ST オンライン http://st.japantimes.co.jp/essay/?p=ey20180615
より出題のため一部改変

⑴ ①・③・④の語を最も適した形の英語１語に変えよ。

⑵ 下線部②について本文に合うように，以下の説明の空所に適切な日本語をそれぞれ５文字以内で答えよ。

説明：
"Spot the Difference" とは（　　）を見比べて，（　　）を見つけるゲームだが，筆者の祖母は（　　）を見つけて楽しんだ。

⑶ 下線部⑤を意味が通るようにならべかえよ。

⑷ （⑥）に入れるのに最も適当な英語１語を答えよ。

⑸ 下線部⑦とは何か，日本語で簡潔に説明せよ。

Ⅳ 次の対話を読んで，文脈に合うように空所①～③にそれぞれ解答欄に合う英語を答えよ。ただし（　）内に語（句）が指定されている場合はそれを用いること。

Yuji：Nagoya High School students are famous for being able to study hard and play sports well.

Daisuke：Yes, I'm thinking of joining the baseball club. Have you decided which club to join yet?

Yuji：Not yet. [⑴(members, there)] in the baseball club?

Daisuke：Quite a lot. About 50 members.

Yuji：Wow! That's a lot. I'm interested in baseball, but they practice early in the morning, don't they? I live far away from the school. [⑵(hard, for)], so I'm thinking I'll join a different club.

Daisuke：What are you talking about? You can get up early if you really want to play baseball.

Yuji：You are right. I'll think about it.

Daisuke：That's great. Why don't you come with me to see the baseball practice next Saturday?

Yuji：That sounds good. [⑶(where, practice)]?

Daisuke：Yes. They practice at a park near the Yada River.

Yuji：Is the park near the school?

Daisuke：Yes, it is. Let's meet at Sunadabashi Station at nine o'clock.

【理　科】（40分）　＜満点：100点＞

Ⅰ　エタンC_2H_6 30ｇと酸素112ｇの混合気体を完全燃焼させ，乾燥剤を用いて水を除いたところ，44.8Ｌの二酸化炭素が残った。ただし，この場合の完全燃焼とはエタンと酸素が全部なくなり，二酸化炭素と水のみになった燃焼のことをいう。次の問いに答えよ。

⑴　エタンの完全燃焼を表す化学反応式を答えよ。

⑵　１個のエタン分子を完全燃焼させると二酸化炭素分子が何個できるか。

⑶　200個のエタン分子を完全燃焼させるには何個の酸素分子が必要か。

⑷　水素原子１個の質量をｍ［ｇ］，炭素原子１個の質量を12ｍ［ｇ］とすると酸素分子１個の質量は何ｇか。ｍを使って表せ。

⑸　この完全燃焼によって生じた水は何ｇか。

⑹　この完全燃焼によって生じた二酸化炭素の密度［ｇ/Ｌ］を小数第３位を四捨五入して小数第２位まで答えよ。

Ⅱ　次の問いに答えよ。

問１　下図のように凸レンズの前に長さ３㎝のろうそくを立てて，スクリーンにろうそくの像がはっきり映るときのろうそくから凸レンズまでの距離ｘ，凸レンズからスクリーンまでの距離ｙ，実像の長さｚを測定した。以下の問いに答えよ。

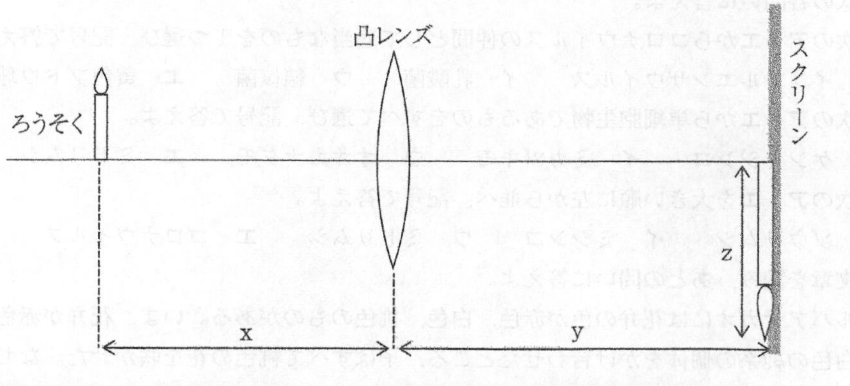

⑴　ｘ＝10㎝のときｚ＝３㎝になった。この凸レンズの焦点距離は何㎝か。

⑵　ｘとｙの長さの比が２：１になった。このときスクリーンに映る像の長さはろうそくの長さの何倍になるか。また，このときｘの長さは何㎝か。

問２　次のページの図のようにガラス板（灰色部分）の垂直な２面に鏡①，②を置き，空気中の点Ｘからガラス中にレーザー光を入射した。図の実線の矢印は，空気中でのレーザー光の進み方を模式的に示したものである。なお，鏡①，②の鏡面に沿ってｘ軸，ｙ軸をそれぞれ設定し，２つの鏡の接点を原点とする。点Ｘの位置は座標（ｘ，ｙ）＝（３，９）と表され，ガラス板は０≦ｘ≦14，０≦ｙ≦６の領域に置かれている。あとの問いに答えよ。

⑴　異なる物質の間を光が斜めに入射するとき，その境界で光の進行方向が変化する。この現象を何というか。漢字で答えよ。

⑵　点Ｘから点Ｉ（5，6）の方向に進んだ光は，ガラスの中を通って鏡①に反射し，ガラス上面

で進行方向が変わり，再び空気中に出ていく。このとき図中の点Y（11, 9）に光が進んだとすると，光は鏡①（y＝0）上のどの点で反射したか。また反射した後，ガラス上面（y＝6）上のどの点で進行方向が変わったか。座標（x，y）で答えよ。

⑶　点Xから点Ⅱ（1，6）の方向に進んだ光は，点Yの位置を左右のどちらに何目盛移動した点に進むか。

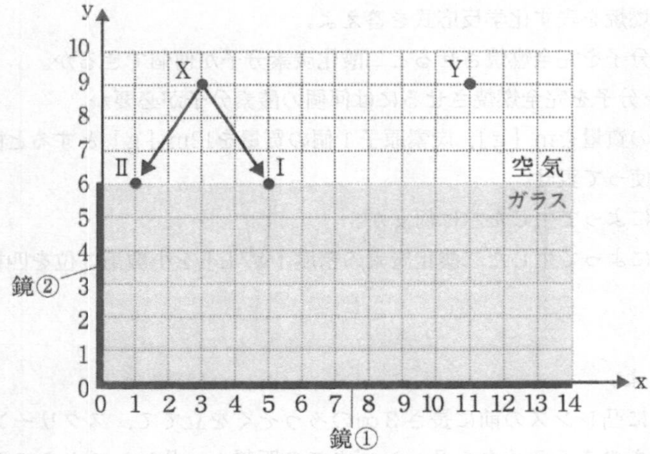

Ⅲ　次の問いに答えよ。

問１　次の各問いに答えよ。

⑴　次のア～エからコロナウイルスの仲間として適当なものを１つ選び，記号で答えよ。

ア　インフルエンザウイルス　　**イ**　乳酸菌　　**ウ**　結核菌　　**エ**　黄色ブドウ球菌

⑵　次のア～エから単細胞生物であるものをすべて選び，記号で答えよ。

ア　ケンミジンコ　　**イ**　ミカヅキモ　　**ウ**　オオカナダモ　　**エ**　ミドリムシ

⑶　次のア～エを大きい順に左から並べ，記号で答えよ。

ア　ゾウリムシ　　**イ**　ミジンコ　　**ウ**　ミドリムシ　　**エ**　コロナウイルス

問２　文章を読み，あとの問いに答えよ。

マルバアサガオには花弁の色が赤色，白色，桃色のものがある。いま，花弁が赤色の純系の個体と白色の純系の個体をかけ合わせたところ，子はすべて桃色の花を咲かせた。なお，マルバアサガオは１つの個体から100粒の種子が得られるものとする。赤色の遺伝子をR，白色の遺伝子をｒとしてあとの問いに答えよ。

⑴　赤色の純系の遺伝子の組み合わせがＲＲであるとき，子の桃色の花の遺伝子の組み合わせを答えよ。

⑵　桃色の個体を自家受粉させ，子を得た。子の個体に現れる花の色の比はどのようになるか。例にならって最も簡単な整数比で答えよ。

例　赤色：白色：桃色＝１：２：３

⑶　赤色，白色，桃色の花弁をつける個体の種子をそれぞれ３粒，４粒，５粒用意した。これらをまいて育てて花を咲かせ，自家受粉を行って種子を得た。これらの種子をまいて育てたとき，咲いた花の色の比はどのようになるか。⑵と同様の形式で答えよ。ただし，１粒の種子は成長すると１つの個体になるものとする。

問３　次の表は名古屋市内における新型コロナウイルスの新規陽性者数を週ごとに集計したものである。なお，感染経路不明者とは，新規陽性者のうち，感染経路が不明の者のことである。陽性率とは，検査実施人数のうち新規陽性者数の割合を百分率で示したものである。

週	期間	新規陽性者数	感染経路不明者数	検査実施人数	陽性率
第１週	2/17～23	10	0	55	18.2%
第２週	2/24～3/1	15	2	61	24.6%
第３週	3/2～8	39	3	128	30.5%
第４週	3/9～15	32	1	249	12.9%
第５週	3/16～22	12	2	392	3.1%
第６週	3/23～29	7	1	A	2.5%
第７週	3/30～4/5	29	15	294	9.9%
第８週	4/6～12	45	19	348	12.9%
第９週	4/13～19	45	18	343	13.1%
第10週	4/20～26	31	8	297	10.4%
第11週	4/27～5/3	5	2	251	2.0%
第12週	5/4～10	2	2	181	1.1%
第13週	5/11～17	3	0	244	1.2%
第14週	5/18～24	0	0	149	0.0%
第15週	5/25～31	0	0	143	0.0%
第16週	6/1～7	1	0	167	0.6%
第17週	6/8～14	4	2	187	2.1%
第18週	6/15～21	6	1	187	3.2%
第19週	6/22～28	0	0	188	0.0%
第20週	6/29～7/5	1	1	140	0.7%
第21週	7/6～12	5	2	204	2.5%
第22週	7/13～19	69	31	471	14.6%
第23週	7/20～26	262	170	875	B
第24週	7/27～8/2	616	370	1689	36.5%
第25週	8/3～9	519	339	2297	22.6%
第26週	8/10～16	299	158	1973	15.2%
第27週	8/17～23	249	127	1160	21.5%
第28週	8/24～30	104	51	832	12.5%

（名古屋市ホームページより）

⑴　Ａ，Ｂにあてはまる数字を答えよ。なお，Ａは整数，Ｂは小数第２位を四捨五入して小数第１位まで答えよ。

⑵　表中のデータから考えられることとして適当なものを次の**ア**～**オ**から２つ選び，記号で答えよ。

ア　２月17日から４月26日までの期間では，感染経路不明者数は，新規陽性者数の半数をこえていない。

イ　陽性率が30％をこえた３月２日から３月８日までの期間では，検査実施人数が128名しかいないため，仮に1000名程度の検査を実施していた場合，感染者が300名を上回る可能性が高い。

ウ　４月16日から５月25日まで発令された緊急事態宣言で国民が活動自粛を行ったことは，感染者を低減させる上で効果があった。

エ　新規陽性者数のうち感染経路不明者数の割合が最も高いのは８月３日から８月９日までの期間である。

オ　検査実施人数が400名をこえた場合，陽性率は必ず10％以上になっている。

Ⅳ　地震に関する次の文章を読み，あとの問いに答えよ。

地震は，大きく分けて（　①　）の運動によって起こるものと，火山の運動によって起こるものの２種類に分けられる。どちらの地震も，波によってゆれが伝わる。特に（①）の運動によって起こる地震の場合，２種類の波によって地震が伝わる。１つは小さなゆれである（　②　）を伝える波（Ｐ波），もう１つは大きなゆれである（　③　）を伝える波（Ｓ波）である。Ｐ波のほうがＳ波よりも伝わる速さが大きく，Ｐ波が伝わってからＳ波が伝わるまでの小さなゆれが続く時間を（　④　）という。（④）は一般的に震源からの距離に比例して長くなる。地震のゆれの大きさは震度，規模はマグニチュードで表される。

ある地震がＡ，Ｂ，Ｃの３つの地点で観測された。その観測データは下の表のようであった。また，Ａ地点の震源からの距離は60kmであることが分かっている。

地点	観測データ
Ａ地点	６時２５分４２秒に小さいゆれが起こり，それは５秒間続いた。
Ｂ地点	６時２５分５０秒に小さいゆれが起こり，それは９秒間続いた。
Ｃ地点	６時２６分１１秒に大きいゆれが起こった。

Ａ地点とＢ地点の観測データを比較すると，Ｂ地点は震源から（　⑤　）km 離れたところにあることが分かる。よって，Ｐ波の速さは（　⑥　）km/秒，Ｓ波の速さは（　⑦　）km/秒と求めることができる。またＣ地点の観測データから，Ｃ地点は震源から（　⑧　）km 離れたところにあることが分かる。

⑴　文章の①～⑧にあてはまる語句もしくは数値を答えよ。ただし，震源からこれらの地点までの地盤はほぼ均一で，地震波の到達にかかる時間と震源からの距離は正比例するものとする。

⑵　この地震の発生時刻を答えよ。

⑶　震度やマグニチュードについて述べた以下のア～オの文章のうち，誤っているものをすべて選び，記号で答えよ。

ア　震度は震度０から震度７までの10段階で表される。

イ　マグニチュードが大きくなると観測される地震の震度は必ず大きくなる。

ウ　マグニチュードが１大きくなると地震の規模は約32倍になる。

エ　震度７を観測する地震は，2011年の東北地方太平洋沖地震以降起こっていない。

オ　震源に近い地点の震度よりも遠い地点の震度が大きくなることがある。

【社　会】（40分）　　＜満点：100点＞

【注意】◎教科書中に漢字で書かれている語句は，全て漢字で答えなさい。

I　次の文章を読み，以下の設問に答えよ。

昨年より，全世界で①新型コロナウイルス感染者および死亡者が爆発的に増加し，世界の人々の生活と生存が脅かされてきた。とくに②アメリカ，ブラジル，インドなどでは，未曾有の事態となっている。

ところで，このような感染症の拡大は，さまざまなことをわれわれ人類に警告しているようである。第一に，われわれの生活と産業に必要なものを，③海外に過剰に依存することの危うさである。感染の爆発的な拡大とともに，海外からの輸出入が減少し，食料の輸出を制限する国も現れた。さらに国境をまたいだ人々の往来が激減し，ビジネスや④観光などの産業に大きな影響を及ぼしている。インターネットの普及により，遠距離の通信が容易になったとはいえ，モノやヒトの流れの滞りが与えた打撃は甚大であった。

第二に，われわれ人類が⑤環境の破壊をすすめ，従来ふみ込まなかった地域にまで大きく進出したことなどにより，未知のウイルスや細菌に感染する危険が増大してきたことである。

第三に，⑥都市への過度な人口集中が，感染の危険性を高めていることである。感染の爆発的な拡大は，各国の都市を中心に広がってきた。そして，都市に居住する貧困層への保健・医療体制の整備は遅れ，新たな格差を広げているなどの問題も発生している。

(1)　下線部①について，新型コロナウイルスの感染症は，中国の武漢から広まったとされるが，武漢の位置を下図中のア～エから選び，記号で答えよ。

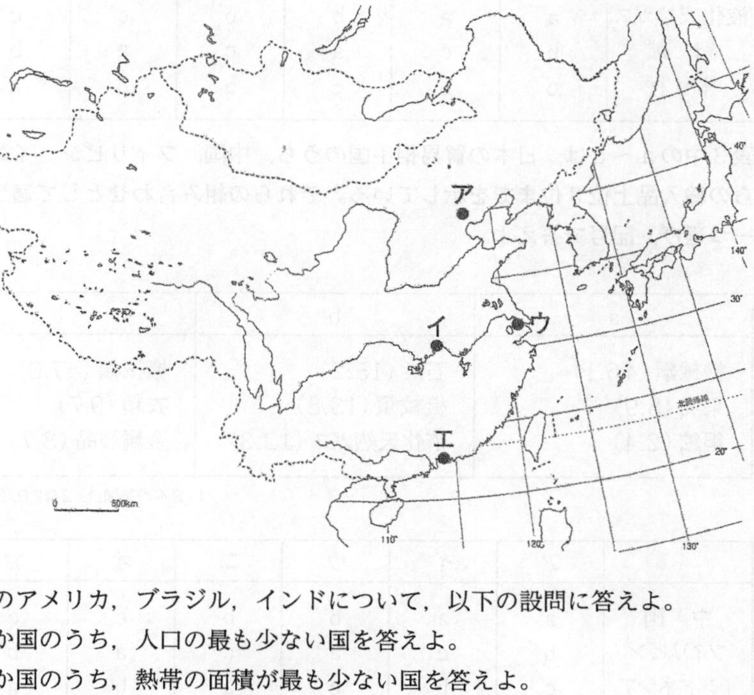

(2)　下線部②のアメリカ，ブラジル，インドについて，以下の設問に答えよ。

ｉ．この３か国のうち，人口の最も少ない国を答えよ。

ⅱ．この３か国のうち，熱帯の面積が最も少ない国を答えよ。

⑶　下線部③について，以下の設問に答えよ。

ｉ．次の表１は，日本の輸入品のうち，大豆・とうもろこし・鉄鉱石の輸入先上位３か国を示している。表中の空欄にはすべて同じ国が入る。その国名を答えよ。

表1　　（%）

大豆	とうもろこし	鉄鉱石
アメリカ（70.6）	アメリカ（69.3）	オーストラリア（51.6）
[　　　　]（14.0）	[　　　　]（28.2）	[　　　　]（28.2）
カナダ（13.7）	アルゼンチン（1.4）	カナダ（7.7）

（『日本国勢図会』2020/21より作成）

ii．次の表２中のａ～ｃは，日本の輸入品のうち，液化天然ガス，銅鉱，木材のいずれかの輸入先上位３か国を示している。それらの組み合わせとして適当なものを，ア～カから一つ選び，記号で答えよ。

表2　　（%）

a	b	c
チリ（39.0）	カナダ（24.0）	オーストラリア（40.4）
オーストラリア（19.6）	アメリカ（17.5）	カタール（11.7）
ペルー（14.3）	ロシア（14.2）	マレーシア（11.3）

（『日本国勢図会』2020/21より作成）

	ア	イ	ウ	エ	オ	カ
液化天然ガス	a	a	b	b	c	c
銅　鉱	b	c	a	c	a	b
木　材	c	b	c	a	b	a

iii．次の表３中のａ～ｃは，日本の貿易相手国のうち，中国，フィリピン，インドネシアのいずれかからの輸入品上位３位までを示している。それらの組み合わせとして適当なものを，ア～カから一つ選び，記号で答えよ。

表3　　（%）

a	b	c
機械類（46.1）	石炭（15.2）	機械類（47.0）
果実（8.9）	機械類（13.8）	衣類（9.7）
銅鉱（2.4）	液化天然ガス（12.3）	金属製品（3.7）

（『日本国勢図会』2020/21より作成）

	ア	イ	ウ	エ	オ	カ
中　国	a	a	b	b	c	c
フィリピン	b	c	a	c	a	b
インドネシア	c	b	c	a	b	a

⑷　下線部④について述べた次の文章中の空欄ａ～ｃに，適当な語を入れよ。ただし，国名は略称でもよい。

2019年に日本を訪れた外国人観光客数は，およそ3200万人であった。最も多かったのは（　ａ　）からの観光客で，全体のおよそ30％にあたる，およそ959万人であった。かれらの多くは日本製の日用品を大量に買い求め，日本側に大きな売り上げをもたらしてきた。第２位は（　ｂ　）で，およそ17.5％（558万人），そして台湾15.3％（489万人），ホンコン7.2％（229万人）と続く。

多様な文化を持つ観光客を受け入れるため，国内の施設・設備の充実も図られている。たとえば，ムスリムのために，空港に礼拝のための部屋が設けられたり，イスラーム法で認められた（　ｃ　）フードとよばれる食品を提供する店なども増えてきた。

しかし，新型コロナウイルスの感染拡大により，2020年度は訪日外国人観光客数が激減し，観光産業は大きな痛手を被っている。一日もはやい感染症の終息が望まれる。

（日本政府観光局［JNTO］資料による）

⑸　下線部⑤について，以下の設問に答えよ。

ⅰ．地球環境問題について述べた文として適当なものを，**ア**～**エ**から一つ選び，記号で答えよ。

ア　アマゾン川流域では，降水量が多いため，酸性雨の影響による森林破壊が広範囲に広がっている。

イ　サハラ砂漠南縁の地域では，オゾン層破壊の進行による紫外線の増大によって，森林環境に深刻な異変が起きている。

ウ　アルゼンチンでは，タイガとよばれる広大な針葉樹林が，地球温暖化の進行とともに急速に減少している。

エ　ヒマラヤ山脈では，地球温暖化にともなって多くの氷河が後退し，氷河湖の決壊などが懸念されている。

ⅱ．最近，海洋汚染の原因物質として，マイクロプラスチックが取り上げられるが，これについて述べた文として**適当でないもの**を，**ア**～**エ**から一つ選び，記号で答えよ。

ア　マイクロプラスチックとは，５㎜より小さいプラスチックのかけらのことで，広く河川や海洋に広がっている。

イ　プラスチック製品が河川や海洋に流れ込むと，長い年月をへて劣化し，マイクロプラスチックとなって漂い続け，回収が困難となる。

ウ　マイクロプラスチックは素材として有用で，しかも化学変化を起こしにくく，性質が安定しているために，生物に与える危険性は低いと考えられている。

エ　最近では，プラスチック製品に変わる製品の開発や，自然に分解されやすい素材を使った製品の開発が進んでいる。

⑹　下線部⑥について，以下の設問に答えよ。

ⅰ．東京都および大阪府への流入人口が多い府県を示した次のページの表４をみて，表中のａ・ｂに入る県名を答えなさい。ただし，流入人口とは，常住地から通勤（15歳以上）・通学（15歳未満を含む）のために流入してくる人口のことをいう。

表4 (%)

東京都	大阪府
神奈川県（36.8）	［　b　］県（49.9）
［　a　］県（32.2）	奈良県（23.2）
千葉県（24.7）	京都府（14.5）

（『データでみる県勢』2020より作成）

ⅱ．　年齢別人口の割合を示した次の表5中のａ～ｃは，秋田県，東京都，沖縄県のいずれかである。それらの組み合わせとして適当なものを，ア～カから一つ選び，記号で答えよ。

表5 (%)

	0～14歳	15～64歳	65歳以上
a	10.0	53.6	36.4
b	11.2	65.7	23.1
c	17.0	61.4	21.6

（『データでみる県勢』2020より作成）

	ア	イ	ウ	エ	オ	カ
秋田県	a	a	b	b	c	c
東京都	b	c	a	c	a	b
沖縄県	c	b	c	a	b	a

ⅲ．　産業別人口構成を示した次の表6中のａ～ｃは，愛知県，高知県，沖縄県のいずれかである。それらの組み合わせとして適当なものを，ア～カから一つ選び，記号で答えよ。

表6 (%)

	第1次産業	第2次産業	第3次産業
a	2.1	32.7	65.3
b	4.0	15.4	80.7
c	10.2	17.4	72.3

（『データでみる県勢』2020より作成）

	ア	イ	ウ	エ	オ	カ
愛知県	a	a	b	b	c	c
高知県	b	c	a	c	a	b
沖縄県	c	b	c	a	b	a

Ⅱ 次の文章A～Eを読んで，あとの問いに答えよ。

A 「歴史の父」と呼ばれるヘロドトスが著した『歴史』に①紀元前5世紀のペルシア戦争が記述されている。次の文章は，ペルシア王クセルクセス1世が，ギリシアに攻め込むにあたり，彼のもとに亡命している元スパルタ王デマラトスに，ギリシア方の軍はどれほど抵抗するか尋ねたときの，デマラトスの答えである。

「彼らは自由であるとはいえ，いかなる点においても自由であると申すのではございません。彼らは法（ノモス）と申す主君を戴いておりまして，彼らがこれを怖れることは，殿の御家来が殿を怖れるどころではないのでございます。」

『ヘロドトス　歴史　下』松平千秋訳　岩波文庫岩波書店　1972年　P69

デマラトスの（つまりヘロドトスの）言葉に従うなら，ペルシアを「人による統治」，ギリシアを「法による統治」として対比できる。「ギリシア＝法による統治」として有名な出来事は，「毒杯を仰ぐソクラテス」ではないだろうか。敵対者たちの画策でいわれなき死刑判決を受けるも，悪法も法なりと判決を受容して自ら毒杯を仰いで亡くなった哲学者の行為を指している。「ペルシア＝人による統治」と描写しているが，決して法がなかったわけではない。「目には目を歯には歯を」で知られる，原型のまま現存する物としては世界最古の法である（　a　）法典は，ペルシア帝国のあった②メソポタミアのバビロン第1王朝のものである。

さて，ペルシア戦争は「人による統治」のペルシア軍が，「法による統治」であるギリシア軍に，最後には敗れて撤退する結果となった。人類の歴史全体を象徴するようなエピソードである。

⑴　下線部①に関連して，紀元前5世紀は，日本列島ではまだ縄文文化の時代であった。縄文文化に関して述べた次の文X・Yについて，その正誤の組み合わせとして正しいものを，下のア～エから一つ選び，記号で答えよ。

X　人々は竪穴住居に暮らし，互いに協力してナウマン象などを狩猟していた。

Y　集落の周囲に形成された貝塚からは青銅製の鏃が見つかっている。

ア　X正　Y正　　**イ**　X正　Y誤　　**ウ**　X誤　Y正　　**エ**　X誤　Y誤

⑵　下線部②に関連して，メソポタミアとならぶ古代文明にエジプトがあるが，ヘロドトスはまた，『歴史』の中で，「エジプトはナイルのたまもの」と紹介している。エジプトに関して述べた次の文a～dについて，正しいものの組み合わせを，下のア～エから一つ選び，記号で答えよ。

a　エジプトでは，楔形文字が使用されていた。

b　エジプトでは，象形文字が使用されていた。

c　エジプトでは，太陽暦が使われていた。

d　エジプトでは，太陰暦が使われていた。

ア　a，c　　**イ**　a，d　　**ウ**　b，c　　**エ**　b，d

B 「人による統治」として思い浮かぶのは，ヨーロッパ絶対王政の時代である。まず，16世紀のイギリス。③スペインの無敵艦隊を破り海洋帝国イギリスの地位を確立した（　b　）が全盛時代を築いた。続いて，17世紀のフランス。親政と中央集権化による王権強化を進め，「朕は国家なり」の言葉で有名なフランス王（　c　）の時期が全盛時代である。絶対王政を支えた思想として，王権神授説が知られる。国王の権力は神によって与えられたもので人民は絶対的に服従しなければならないとされた。国王が聖職者の手によって戴冠されて祝福を受ける戴冠式のありかたは，国王の権力が神によって与えられたことを表している。

宗教的な力を背景に人が支配する形は，日本列島においても見られる。有名なのは弥生時代の終わりに出現した④邪馬台国の女王卑弥呼であろう。シャーマンとして神の声を人々に伝えた政治であったと伝えられている。

ヨーロッパに目を戻そう。絶対王政を支えた王権神授説は，イギリスにおいてもフランスにおいても，⑤市民革命によって崩され，次第に議会王政に移行していった。

⑶ （ｂ）（ｃ）に入る語句の組み合わせとして正しいものを，次のア～エから一つ選び，記号で答えよ。

ア ｂ：エリザベス１世　ｃ：ルイ14世
イ ｂ：ルイ16世　ｃ：ヘンリー８世
ウ ｂ：ルイ14世　ｃ：エリザベス１世
エ ｂ：ヘンリー８世　ｃ：ルイ16世

⑷ 下線部③に関連して，スペインはポルトガルとともに大航海時代の中心的存在であった。大航海時代の事績に関して述べた次の文Ｘ・Ｙと，それに該当する語句ａ～ｄとの組み合わせとして正しいものを，下のア～エから一つ選び，記号で答えよ。

Ｘ　アフリカ南端の喜望峰に到達し，インド航路を開いた。
Ｙ　南アメリカ南端の海峡を航行し，大西洋と太平洋をつなぐ航路を開いた。
ａ　コルテス　ｂ　バスコ＝ダ＝ガマ　ｃ　コロンブス　ｄ　マゼラン

ア Ｘ－ａ　Ｙ－ｃ　**イ** Ｘ－ａ　Ｙ－ｄ　**ウ** Ｘ－ｂ　Ｙ－ｃ　**エ** Ｘ－ｂ　Ｙ－ｄ

⑸ 下線部④に関連して，邪馬台国や卑弥呼に関して述べた次の文ａ～ｄについて，正しいものの組み合わせを，下のア～エから一つ選び記号で答えよ。

ａ　邪馬台国は，30カ国ほどの小国の連合体であった。
ｂ　邪馬台国は，ヤマト政権の別名で，日本列島のほぼ全域を支配していた。
ｃ　卑弥呼は，中国の魏と外交を行っていた。
ｄ　卑弥呼は，中国の後漢と外交を行っていた。

ア ａ，ｃ　**イ** ａ，ｄ　**ウ** ｂ，ｃ　**エ** ｂ．ｄ

⑹ 下線部⑤に関連して，市民革命に影響を与えた思想に関して述べた次の文Ｘ・Ｙと，それに該当する語句ａ～ｄとの組み合わせとして正しいものを，下のア～エから一つ選び，記号で答えよ。

Ｘ『法の精神』を著して，三権分立を説いた。
Ｙ『社会契約論』を著して，フランス革命に影響を与えた。
ａ　ホッブズ　ｂ　モンテスキュー　ｃ　ルソー　ｄ　ロック

ア Ｘ－ａ　Ｙ－ｃ　**イ** Ｘ－ａ　Ｙ－ｄ　**ウ** Ｘ－ｂ　Ｙ－ｃ　**エ** Ｘ－ｂ　Ｙ－ｄ

Ｃ「法による統治」における法の制定は，支配者が一方的に制定して上から示す法，今日のように選挙によって選ばれた代表が議会で制定する法などに分類できる。

支配者が一方的に制定して上から示す法には，律令や，近世の諸法，天皇の名によって制定され，議会をへずに発布された大日本帝国憲法などがある。

日本最初の体系的な法制度である律令は，（　d　）の律令をモデルに，日本独自の内容を加えて成立した。律は今日の（　e　）にあたり，令は行政組織・官吏の勤務規定や人民の租税・労役などの規定である。⑥律令制度は，長く日本の政治の基本とされた。

中世から戦国時代の動乱をへて，数百年ぶりに統一政権を打ち立てて近世を開いたのは，⑦豊臣秀吉であった。続いて，二百数十年にわたる政権を打ち立てたのが⑧徳川将軍による江戸幕府である。

(7)　（d）（e）に入る語句の組み合わせとして正しいものを，次のア～エから一つ選び，記号で答えよ。

ア　d：唐　e：民法　　**イ**　d：明　e：民法

ウ　d：唐　e：刑法　　**エ**　d：明　e：刑法

(8)　下線部⑥に関連して，日本における法制度の変遷を述べた文a～cについて，古いものから年代順に正しく配列したものを，下のア～カから一つ選び，記号で答えよ。

a　十七条の憲法が制定された。

b　大宝律令が制定された。

c　墾田永年私財法が制定された。

ア　a→b→c　　**イ**　a→c→b　　**ウ**　b→a→c

エ　b→c→a　　**オ**　c→a→b　　**カ**　c→b→a

(9)　下線部⑦に関連して，豊臣秀吉の事績を述べた文a～cについて，古いものから年代順に正しく配列したものを，下のア～カから一つ選び，記号で答えよ。

a　刀狩令を出した。

b　太閤検地を開始した。

c　文禄・慶長の役を起こし，朝鮮国を侵略した。

ア　a→b→c　　**イ**　a→c→b　　**ウ**　b→a→c

エ　b→c→a　　**オ**　c→a→b　　**カ**　c→b→a

(10)　下線部⑧に関連して，江戸幕府の将軍について述べた文として正しいものを，次のア～エから一つ選び，記号で答えよ。

ア　徳川家光は，参勤交代を制度化するなどして，支配体制を確立した。

イ　徳川綱吉は，享保の改革を実施して，成果を上げた。

ウ　徳川家治は，田沼意次を老中に登用して，寛政の改革を進めた。

エ　徳川慶喜は，王政復古の大号令を発して，政権を朝廷に返上した。

D　古代と近世に挟まれた中世は，統一政権によらず，当事者たちが何事も実力によって決着をつけていた時代である。紛争事は，当事者間で衆議を尽くし，それでも解決できないときは武力に訴えたのである。そう，中世は⑨「武者の世」であった。

⑩平安時代の中頃から，地方で力を持ち始めた武士は，朝廷の軍事貴族を棟梁に仰ぎ，武士団を形成していった。朝廷や貴族たちは，彼らを侍として奉仕させ，宮中の警備に用いたり，追捕使や押領使に任命して治安維持を担当させるなど，法によらず実力によって解決する社会へと次第に変化していった。

兵乱の絶えなかった中世では，紛争を解決するために，合議によって朝廷の律令とは性格を異にする法が作られた。その結果，御家人の合議を原則とする執権政治において，鎌倉幕府の法が制定された。⑪室町幕府もまた，有力守護大名の合議による運営がなされた。鎌倉末期から南北朝期に，各地に形成された村落共同体においても，村民の合議によって村の掟が作られ，また⑫室町時代以降活発となる一揆においても合議に基づく法が作られていった。

⑾　下線部⑨に関連して，「武者の世」を開いたとされるのは，1156年に起きた，京都を戦火に巻き込んだ保元の乱であった。この兵乱に関係した人物として正しいものを，下のア～エから一つ選び，記号で答えよ。

ア　源義家　　イ　源義経　　ウ　平将門　　エ　平清盛

⑿　下線部⑩に関連して，平安時代に起きた兵乱を述べた文ａ～ｃについて，古いものから年代順に正しく配列したものを，下のア～カから一つ選び，記号で答えよ。

ａ　前九年合戦において，源頼義が，安倍頼時を滅ぼした。
ｂ　治承・寿永の乱において，源頼朝が，鎌倉に本拠を定めた。
ｃ　承平・天慶の乱において，源経基が，藤原純友を討った。

ア　ａ→ｂ→ｃ　　イ　ａ→ｃ→ｂ　　ウ　ｂ→ａ→ｃ
エ　ｂ→ｃ→ａ　　オ　ｃ→ａ→ｂ　　カ　ｃ→ｂ→ａ

⒀　下線部⑪に関連して，南北朝・室町時代から戦国時代の法について述べた文として正しいものを，次のア～エから一つ選び，記号で答えよ。

ア　醍醐天皇は，建武式目を定めて，建武の新政を行った。
イ　室町幕府は，鎌倉幕府の法である御成敗式目を廃して，新しく法を制定した。
ウ　室町幕府は，宋との間に己酉約条を結んで，日宋貿易を開始した。
エ　戦国大名は，領国支配のために，分国法と呼ばれる法を制定するなどした。

⒁　下線部⑫に関連して，室町時代の一揆に関して述べた次の文Ｘ・Ｙと，それに該当する語句ａ～ｄとの組み合わせとして正しいものを，下のア～エから一つ選び，記号で答えよ。

Ｘ　京都の土倉・酒屋など高利貸し業者を襲撃して，徳政を要求した。
Ｙ　本願寺派の勢力が中心となって，守護富樫政親を倒して，約百年間自治を行った。

ａ　正長の土一揆　　ｂ　播磨の土一揆　　ｃ　山城の国一揆　　ｄ　加賀の一向一揆

ア　Ｘ－ａ　Ｙ－ｃ　　イ　Ｘ－ａ　Ｙ－ｄ　　ウ　Ｘ－ｂ　Ｙ－ｃ　　エ　Ｘ－ｂ　Ｙ－ｄ

Ｅ　明治維新によって始まった日本の近代は，中央集権化を進め，⑬上からの改革を指向する政府と，政治参加を求め，衆議による国づくりを指向する民権派とのせめぎ合いの歴史であった。民権派がよりどころとしたものの一つが，「広ク会議ヲ興シ万機公論ニ決スベシ」と宣言された（　ｆ　）であった。また，民権運動に思想的バックボーンを与えたのが，⑭ヨーロッパの近代思想であった。

下からの政治参加を求める民権派に対し，上からの改革を進める政府の重要な成果は，もちろん，（　ｇ　）が中心となって制定された⑮大日本帝国憲法と議会制度であった。以後，日本は，⑯選挙によって選ばれた議員からなる議会と，政府の対立・協調のバランスによって国政が決する立憲国家となった。それは，天皇の名によって，上から制定された憲法に基づき，選挙によって国民が下から政治に参加するという，アンビバレントな体制であった。

国民の名によって制定された憲法に基づく，一定の年齢以上の全ての国民に選挙権が認められた，国民主権による今日の民主主義が実現するのは，第二次大戦後を待たねばならなかった。

⒂　（ｆ）（ｇ）に入る語句の組み合わせとして正しいものを，次のア～エから一つ選び，記号で答えよ。

ア　ｆ：五箇条の御誓文　ｇ：大隈重信　　イ　ｆ：五榜の掲示　ｇ：大隈重信

ウ　ｆ：五箇条の御誓文　ｇ：伊藤博文　　エ　ｆ：五榜の掲示　ｇ：伊藤博文

⒃　下線部⑬に関連して，明治政府による改革に関して述べた文ａ～ｃについて，古いものから年代順に正しく配列したものを，下のア～カから一つ選び，記号で答えよ。

ａ　賠償金を基礎として，金本位制度を確立した。

ｂ　鹿鳴館を建設するなど，欧化政策を進めた。

ｃ　富岡製糸場を設立するなど，殖産興業を進めた。

ア　ａ→ｂ→ｃ　イ　ａ→ｃ→ｂ　ウ　ｂ→ａ→ｃ

エ　ｂ→ｃ→ａ　オ　ｃ→ａ→ｂ　カ　ｃ→ｂ→ａ

⒄　下線部⑭に関連して，明治時代における，ヨーロッパ近代思想の紹介に関して述べた次の文Ｘ・Ｙと，それに該当する語句ａ～ｄとの組み合わせとして正しいものを，下のア～エから一つ選び，記号で答えよ。

Ｘ『社会契約論』を訳し，新思想を紹介した。

Ｙ『学問のすゝめ』などを著し，積極的に西洋の文化を紹介した。

ａ　植木枝盛　ｂ　中江兆民　ｃ　福沢諭吉　ｄ　新島襄

ア　Ｘ－ａ　Ｙ－ｃ　イ　Ｘ－ａ　Ｙ－ｄ　ウ　Ｘ－ｂ　Ｙ－ｃ　エ　Ｘ－ｂ　Ｙ－ｄ

⒅　下線部⑮に関連して，大日本帝国憲法や日本国憲法に関して述べた次の文ａ～ｄについて，正しいものの組み合わせを，下のア～エから一つ選び，記号で答えよ。

ａ　大日本帝国憲法では，議院内閣制がとられていた。

ｂ　日本国憲法では，議院内閣制がとられている。

ｃ　大日本帝国憲法で定められた臣民の義務は，納税と兵役であった。

ｄ　日本国憲法で定められた国民の義務は，納税と兵役である。

ア　ａ，ｃ　イ　ａ，ｄ　ウ　ｂ，ｃ　エ　ｂ，ｄ

⒆　下線部⑯に関連して，日本における選挙制度の変遷に関して述べた次の文Ｘ・Ｙと，その時期に該当する年号ａ～ｄとの組み合わせとして正しいものを，下のア～エから一つ選び，記号で答えよ。

Ｘ　納税条件が廃止され，満25歳以上の男子に選挙権が認められた。

Ｙ　満18歳以上の男女に選挙権が認められた。

ａ　明治　ｂ　大正　ｃ　昭和　ｄ　平成

ア　Ｘ－ａ　Ｙ－ｃ　イ　Ｘ－ａ　Ｙ－ｄ　ウ　Ｘ－ｂ　Ｙ－ｃ　エ　Ｘ－ｂ　Ｙ－ｄ

Ⅲ　次の文章を読み，以下の設問に答えよ。

国会は①日本国憲法第41条において，「国権の最高機関」としての地位におかれて，「唯一の立法機関」として法律の制定を行う。また②その他にも権能がいくつか与えられている。このことにより，国政全般を統制できる地位におかれていることを理解することが出来る。

また国会の構成を見てみると，衆議院と参議院の③二院制が採られている。④参議院については，政党による政治が進むにつれて存在意義を疑問視する意見もある。

憲法第65条において「行政権は，内閣に属する」とされている。行政権の行使に関しては，内閣は国会に対して連帯して責任を負うとされており，その存立が⑤国会の信任に基づいていることを意味している。

20世紀以降は，政府の役割は増大し，行政権が優越する⑥行政国家化が進んだ。背景には，⑦社会保障の拡充等により，福祉国家化が進展し，事務処理等の複雑化などが理由の一つとしてあげられる。

憲法76条において，司法権は，⑧最高裁判所及び下級裁判所に属するとされており，法に基づく⑨裁判を通じて，国民の権利を保障していくことが求められている。そのためにも，裁判官は，自らの良心に従い，国民から直接的に影響を受けることなく職権を行使しなければならない一方で，司法権も国民主権の下，国民の信託によるものであるため，国民の民主的統制に服する。

(1)　下線部①に関する記述として適当なものを次のア～エから一つ選び，記号で答えよ。

ア　皇位については世襲ではなく，皇室典範によって決められると明記されている。

イ　内閣総理大臣その他の国務大臣は，文民でなければならないと明記されている。

ウ　衆議院，参議院はどのような場合であっても会議を公開しなければならないと明記されている。

エ　憲法改正について，各議院の総議員の３分の２以上の賛成をもって決定すると明記されている。

(2)　下線部②について，国会の権能について述べた文として，**適当でないもの**を次のア～エから一つ選び，記号で答えよ。

ア　予算の審議・議決をする場合は，必ず先に衆議院に提出しなければならない。

イ　条約を締結する場合には，事前に国会での承認が必要となる。

ウ　裁判官の罷免に関わる判断を行うため，国会は弾劾裁判所を設置する。

エ　国会会期中に国会議員は，不逮捕特権が与えられている。

(3)　下線部③について，衆議院と参議院の第一党が異なっている状態のことを何というか答えよ。

(4)　下線部④について，参議院の意義を述べた文として，**誤っているもの**を次のア～エから一つ選び，記号で答えよ。

ア　地方議会を代表する立場である。　　　**イ**　良識の府として慎重な審議を行う。

ウ　国民の意見をより多く反映させる。　**エ**　衆議院を抑制，補完する。

(5)　下線部⑤について，我が国の議院内閣制とは直接的に結びつかないものを，次のア～エから一つ選び，記号で答えよ。

ア　衆議院での不信任案の可決，もしくは信任案が否決され，10日以内に衆議院が解散されない場合，内閣は総辞職しなければならない。

イ　内閣総理大臣は，国務大臣を任命する。但し，その過半数は，国会議員でなければならない。

ウ　衆議院，参議院はそれぞれ国政調査権を有しており，国政に関する調査を行うことができる。

エ　内閣総理大臣は，国会議員の中から国会の議決で，これを指名する。

(6)　下線部⑥について，2000年以降の我が国の行政改革について述べた文として，**誤っているもの**を次のページのア～エから一つ選び，記号で答えよ。

ア　縦割り行政による弊害を排除することなどを目的として中央省庁再編が行われ，1府22省庁から1府12省庁へ再編された。

イ　国民利便の向上，経済の活性化等を目的として郵政民営化がスタートした。

ウ　国家公務員法が改正され，国家公務員が利害関係のある企業や団体に，天下りをすることが厳しく規制された。

エ　3公社（日本電信電話公社，日本国有鉄道，日本専売公社）の民営化がなされた。

(7)　下線部⑦に関連する文章について，正しいものを次のア～エから一つ選び，記号で答えよ。

ア　公的扶助とは，国民が毎月保険料を支払うことで生活が苦しくなった際に給付を受ける仕組みで，健康保険などがその一例である。

イ　介護保険制度とは，20歳以上の人が加入し，訪問介護や介護福祉施設サービスなどが必要になったとき社会全体で支える仕組みである。

ウ　すべての国民は，国民健康保険に加入し，医療費の一部負担で医療が受けられる。

エ　国民年金制度とは，20歳以上60歳未満のすべての人が加入し，65歳以上になった人が給付をうけられる制度である。

(8)　下線部⑦に関連して，国民所得にしめる租税負担と社会保障負担額の割合を何というか漢字五字で答えよ。

(9)　下線部⑧に関連して，裁判所について述べた文として**誤っているもの**を次のア～エから一つ選び，記号で答えよ。

ア　最高裁判所の長官は，内閣の指名に基づいて，天皇が任命する。

イ　下級裁判所の裁判官は，最高裁判所の指名した者の名簿によって，内閣が任命する。

ウ　最高裁判所は，長官を含め15名の裁判官で構成される。

エ　下級裁判所のうち，地方裁判所は全国8か所に置かれている。

(10)　下線部⑨について，日本では三審制が採用されているが，そのことについて述べた文として正しいものを次のア～エから一つ選び，記号で答えよ。

ア　請求額が140万円以下の民事裁判や罰金以下の刑罰にあたる罪などの刑事裁判の第一審の裁判を行うのは，家庭裁判所である。

イ　上告とは，第一審の判決に対しての不服申し立てを第二審の裁判所にすることをいう。

ウ　控訴とは，第二審の判決に対しての不服申し立てを第三審の裁判所にすることをいう。

エ　抗告とは，裁判所の決定・命令に対しての不服申し立てを上級の裁判所にすることをいう。

Ⅳ

次のページの(1)～(5)のことがらについて述べた文A・Bの正誤の組み合わせを判断し，解答例にしたがって記号で答えよ。

《解答例》
・A, Bどちらとも正しい場合・・・・・・・・・・・・ア
・Aが正しく, Bは誤りである場合・・・・・・・・・イ
・Aが誤りであり, Bは正しい場合・・・・・・・・・ウ
・A, Bどちらとも誤りである場合・・・・・・・・・エ

(1) 労働について

A 労働基準法では，労働時間は１日８時間及び週40時間までとの定めがあり，少なくとも週２日の休日を取得させなければならない。

B ワーク・ライフ・バランスを実現するためには，非正規雇用の割合を増やし，長時間労働を改善することが求められる。

(2) 金融について

A お金を融通することを金融といい，企業などが銀行などを通じて資金を集めることを直接金融という。

B 2008年にアメリカ大手投資銀行が経営破綻したことをきっかけに世界金融危機が発生し，世界中の株価が急落した。翌年の日本の経済成長率はマイナスを記録した。

(3) 景気について

A 物価とは，さまざまな商品の価格の合計を平均したものである。好況期には，消費が活発に行われるため市場における資金量が減ることになり，物価は下落することになる。

B 不況の際には，市場における資金量を増やす必要があるため，日本銀行は銀行に国債などを売ることで銀行の資金量を増やし，企業への貸し出しを増やす。

(4) 貿易について

A GATTの基本原則は「自由・多角・無差別」であった。このうち「多角」とは，多国間交渉を行い問題を解決していくことを意味する。

B EPA（経済連携協定）とは，特定の国や地域同士で貿易や投資を促進するため，「関税の撤廃・削減」，「サービス業を行う際の規制緩和や撤廃」などを目指す協定である。

(5) エネルギーについて

A 2011年東京電力福島原子力発電所事故の教訓に学び，原子力の安全管理等の目的で原子力規制委員会が設立された。

B SDGsの目標のうち，エネルギーに関しても目標の１つに数えられている。SDGsとは，2015年国連サミットで採択された2030年までに持続可能でよりよい世界を目指す国際目標のことをいう。

ア【文章１】は、似たような内容を繰り返すことで内容を強調し、読者の印象に残るように配慮をしている。

イ【文章１】は、自己の考えを分析的に説明することで、読者が主張を理解しやすいように工夫している。

ウ【文章１】は、体言止めを利用することによって、読者にその語句および内容を印象付けようとしている。

エ【文章２】は、具体的な発言形式の表現を用いることによって、話題や論点をわかりやすく示している。

オ【文章２】は、他人の言動や主張を引用することによって、筆者の主張に権威を持たせようとしている。

二　※問題に使用された作品の著作権者が二次使用の許可を出していないため、問題を掲載しておりません。

（出典：（小川 糸『ツバキ文具店』））

問四　――①「免疫」とあるが、その説明として最も適当なものを、次の**ア**～**オ**から一つ選び、記号で答えよ。

ア　合理的と思われることにも疑いを向けて、不合理なことを見抜くこと。

イ　科学には限界があり、必ず良い点と悪い点があることを理解すること。

ウ　ある問題について確実な解答が得られないときは、結論を急がないこと。

エ　不合理なものを知る経験を重ね、それに対処する方法を身につけること。

オ　合理的なことと、不合理なことの区別を明確にできるようになること。

問五　――②「二分法的思考」とあるが、筆者の考えをまとめた左の文章について以下の問いに答えよ。

二分法的思考は、ある物事を（Ａ）で捉えようとするものであり、それは二つの考え方の間（グレーな領域）にある（Ｂ）の可能性を考えないことにもつながることから、問題点の多い思考法と言える。二分法的思考に陥らず、科学について正しく思考するためには、科学の営みとはグレーな領域において、少しでも良い方向に進むためのものであるということを理解する必要がある。

（１）（Ａ）に入れるのに最も適当なものを、次の**ア**～**オ**から一つ選び、記号で答えよ。

ア　自然科学　**イ**　脱中心化　**ウ**　固定観念

エ　合理主義　**オ**　二項対立

（２）（Ｂ）に入れるのに最も適当な語句を本文中から六字で抜き出せ。

問六　――③「科学と疑似科学の間にすっぱりと線を引くことはおそらくできない」とあるが、その理由として最も適当なものを、次の**ア**～**オ**から一つ選び、記号で答えよ。

ア　科学と疑似科学の線引きはそもそも無意味なことであって、それは科学と疑似科学には特徴上、方向性の違いがあり、単純には比較対照ができないもの同士であるから。

イ　科学と疑似科学の関係は、色の白と黒の関係に似ており、表面的には全く正反対の性質を持ちつつも、その根底には同質性が備わっており、区別できるものではないから。

ウ　科学と疑似科学の区分は明確にできるものではなく、科学を取り巻く状況によって疑似科学が科学の特徴を備えていくことがあれば、科学が疑似化していくこともあるから。

エ　科学と疑似科学の間には、科学者に代表される人間が介在するものであり、人間の主観的な判断によってあるひとつの事実が科学的にも疑似科学的にも解釈できるから。

オ　科学と疑似科学の差は、人間の欲望や心のゆらぎに密接に絡んでくるものであり、一人一人の人間の心のあり方によって生じてくるもので本来的には同様のものだから。

問七　【文章１】【文章２】を踏まえて、科学と向き合う際にとるべき態度を、七十字以内で説明せよ。

問八　本文の表現上の特徴の説明として**適当でないもの**を、次のページの**ア**～**オ**から一つ選び、記号で答えよ。

「科学」と「疑似科学」という二分法もくせ者です。この二つの間にきっぱりと線を引こうという試みを科学哲学者はずっとやってきましたが、これまでに得られた結論は、③科学と疑似科学の間にすっぱりと線を引くことはおそらくできない、というものです。しかし、これは、いわゆる「科学」も「疑似科学」も同じだ、進化論も創造科学も同等で区別はない、ということを意味しません。白からグレーを経て黒へとだんだん変わっていく明るさの帯を考えてみてください。ここまでが白で、ここから黒、という線を引くことはできません。でも、白と黒が同じ、ということはないでしょう。

ようするに「科学」と「疑似科学」は方向を表している、と考えたらどうでしょうか。疑似科学扱いされていた分野が科学の方向に動くこともあります。一九世紀末から二〇世紀にかけて、心理学は物理学をお手本にすることでそのような動きを追求してきました。また、正統的な科学だと思われていた分野でも、政治や社会の状況により、そこに属する科学者が疑似科学の方向にぶれてしまうこともあります。どんなとき科学はd病むのか、この科学はeケンゼンだろうか、ということを検討するにはこの二分法はジャマだ、と私は考えています。

さらに付け加えるなら、現実的に事故が起こってしまった今となっては、「原発推進派」「反原発派」という二分法の問題点も明らかになってきたように思われます。原子力発電をどうするかという問いへの答えとしては、「これまで通り推進」と「現在動いている原子炉を全て止めて廃炉にする」の両極端の間に、無数の選択肢があります。たとえば「核燃料サイクルだけはやめよう」とか「新しく建設するのはやめよう」などなど。これらを「原発推進派」「反原発派」に色分けしてしまうことはどう考えても不毛でしょう。

これらの二分法思考に共通しているのは、科学が、グレーな領域で少しずつマシな方向に進むものだということを見失っている点です。このことを忘れないことが、科学についてマトモに思考するための第一歩です。（戸田山和久『「科学的思考」のレッスン』）

（注）※第三種ニセ科学…シロクロが明確につけられず、はっきりとした答えが存在しない問題であるにもかかわらず、簡単に答えを決めつけて、思考停止の状態になり、「研究」と「実証」をやめてしまった科学。
※リスク…危険性。

問一 〜〜〜a〜eの漢字をひらがなに、カタカナは漢字に直せ。

問二 ——i・iiの語句の本文中における意味として最も適当なものを、次の**ア**〜**オ**からそれぞれ一つずつ選び、記号で答えよ。

i リテラシー
ア ある分野に関する能力　**イ** 読解と表現をする能力
ウ ある分野における制度　**エ** ある分野に関する技術
オ ある分野における精神

ii ナンセンス
ア 見当違いであること。　**イ** 愚かであること。
ウ 無意味であること。　**エ** 判断力がないこと。
オ 見分けられないこと。

問三 [Ⅰ]、[Ⅱ] に入れるのに最も適当なものを、次の**ア**〜**オ**からそれぞれ一つずつ選び、記号で答えよ。

ア だから　**イ** たとえば　**ウ** あるいは
エ しかし　**オ** ところで

育することだ。現代の学校教育においては、合理的な内容は教えているけれど、不合理についてはまったく教えない。これは非常に危険なことである。本来なら、不合理なものをあえて見せて、「なぜこれは不合理なのか」ということを考える力を身に付ける必要があるのだ。合理的なものばかり教えていると、正しいことにしか対応できない人間に育ってしまう。つまり、不合理も教えておかないと、ニセ科学に出会ったときに対処の仕方がわからなくなってしまうのである。そういう意味では、不合理への①免疫を今のうちにつけておくことが肝要だ。

それから、先ほど述べた予防措置原則。特に※第三種ニセ科学のように、確実な答えが得られていないような問題に関しては、何よりも安全を最優先させる。そういう考え方の軸を持って、性急に事を運ばないということが大事である。

最後に、科学者の見分け方というのを教えておきたい。科学者にもいろいろなタイプがある。○○博士などの肩書きを持った人もたくさんいる。その肩書きの部分を信用するのはiiナンセンスだというのは言うまでもない。信用すべきは、「科学はここまでしかわかっていない」というふうに、限界をきちんと述べる人。それから、プラスにはマイナスが、コインに裏表があるように、必ずいい点があれば、悪い点がある。どんなにいい薬でも副作用というものが存在するのである。その効能と同様、弊害をきちんと告げる科学者なら信用することだ。

科学を含め、この世のあらゆる事柄には、良い点、悪い点が同時に存在する。その点をきちんと理解したうえで、どちらを選ぶか自分の頭で考える。そういう訓練を身につけておけば、ニセ科学にはまらないはずだ。

（池内了『それは、本当に「科学」なの？』）

【文章2】

「事実か、さもなければ理論か」というような②二分法的思考は危険だという指摘は、科学にまつわる他のさまざまな二分法的思考にも当てはまります。「危険」と「安全」が良い例でしょう。「きわめて安全」から「きわめて危険」まで、なだらかにつながっている※リスクを危険と安全の二つにスッパリ分けて、ここまでは安全だがここからは全て危険になる、という二分法的な考え方はとてもマズいということです。

リスクというのは、そういうふうに安全と危険にきれいに分かれるものではありません。安全と危険の間に広がるグレーな領域で、どのようにリスクを減らすか、あるいはどのようにいろんなリスクの取捨選択を行うかが大事なのですが、安全と危険の二分法的思考はそのせっかくの頭の働かせどころを見えなくしてしまいます。「○○ベクレルの放射線量が検出されたこのホウレンソウを食べて良いんですか、いけないんですか？　どっちなのか専門家ははっきり言ってください」と言う人は、この二分法的思考に絡《から》め取られています。

科学は、「そのホウレンソウを食べるリスクはゼロではありません。だから食べずにすむなら食べないに越したことはありませんが、そのおかげで栄養が偏《かたよ》ったり、農家が困ったりするのもリスクです。どっちのリスクを避けるのかをよく考えてください」としか言えません。

つまり、科学や技術があくまでもグレーな領域でものを言う営みだということを知っていれば、「あんたがどっちか決めてくれ」とは言わないはずなのです。科学がどのような営みであるのかを理解することが重要だ、ということです。

（中略）

【国語】（五〇分）〈満点：一〇〇点〉

一【文章1】・【文章2】を読んで、後の問いに答えよ。なお、本文は問題の都合上途中を省略した部分がある。（字数制限のある問題は句読点・記号等も一字に数える。）

【文章1】

なぜニセ科学がこんなにも世の中に広がっているのか。

その一つとして、科学に対する極端な態度がある。すなわち、科学をaシンコウするか、科学を否定するか。科学の力を信じるあまり、道理もわからず丸ごと飲み込んでしまう場合と、科学への不信や不満が高じて、道理から目をb背けてしまう場合。この両者は、まったく正反対のように見えて、実は非常によく似ている。どちらも批判の目を欠くことによって、科学的思考から遠ざかってしまうのだ。

それから、二つ目が観客民主主義というもの。小泉内閣が発足した当時、「劇場型政治」という言葉が流行《はや》ったが、ニセ科学の蔓延《まんえん》はまさしくそれに当たる。現代人は他人に「お任せ」してしまう発想が非常に強い。例えば、「テレビで放送されていたから〇〇は効き目がある」「専門家も同じことを言っていたから安心」という発想はその典型だ。［　Ⅰ　］、他人任せで自分の考えを放棄してしまったら、それがどんな内容でも科学ではなくなる。常に自分で考える姿勢が不可欠。

三つ目は、科学iリテラシーの欠如。すなわち科学の知識やcキハンが欠けている。これは同時に、懐疑精神が欠如しているという意味でもある。何度も述べているように、科学者ほど疑ぐり深い人間はいないのである。科学者ほど自分の科学について疑い続けている人間はいない。なぜならば、疑い続けていくことが科学にとって最も大事だからである。

四つ目に、時間が加速していることが挙げられる。現代人はどんどん忙しくなっているが、その結果、早く結論を出したがる傾向を持ってしまった。例えばある事件で容疑者が捕まったとき、その容疑の真偽にかかわらず、早く犯人だと断定してほしいという気持ちがどうしても生じる。そうすることによって安心したいのだ。つまり、一刻も早く結論を得ようとして、簡単に安易な結論に飛びついてしまうのである。時間が加速されているとはそういうことだ。これは非常にまずいことだ。私たちは時間をもっと無駄に使うことが必要ではないかと思う。君たち若い世代には、まだまだ時間がたくさんあるはずだ。性急すぎる判断で取り返しのつかないことを招く前に、ちょっと立ち止まって考えてみてほしい。

そして最後に、欲望の爆発。人間は利益や便利さ、豊かさというものをとめどもなく求めてしまう。実は、こういう欲望を爆発させているのは、高度成長期に生きてきた僕たちみたいな中年世代なのだ。君たち若い世代のほうが、例えば環境に対する配慮ということを早い段階から考え始めている。［　Ⅱ　］、この部分に関しては特に君たちに期待している。過剰な欲望に惑わされることなく、この社会を科学的なまなざしで見つめてほしい。

おそらくニセ科学は今後も廃れない。それは、ここまで述べてきたように、人間の欲望や心のゆらぎに密接に絡《から》みついているからである。しかし、その処方箋《せん》ならいくつか提案することができる。

中でも最も大切なのは、「なぜ？」という、懐疑の精神をしっかり教

MEMO

大切なことはメモしておこうネ！

2021年度

解 答 と 解 説

《2021年度の配点は解答欄に掲載してあります。》

＜数学解答＞

Ⅰ　(1)　-2　(2)　$(a+b+c)(a+b-c)$　(3)　$n=7,\ 13$　(4)　$\angle x=105°$

(5)　$\frac{7}{3}\pi\,(\mathrm{cm}^3)$　(6)　$\frac{17}{18}$　(7)　$a=-\frac{1}{3},\ b=\frac{10}{3}$　(8)　$a=4,\ b=5$

Ⅱ　(1)　800(m²)　(2)　求め方　解説参照　答　5(m)

Ⅲ　(1)　2：3　(2)　9(倍)　(3)　6：5

Ⅳ　(1)　$y=\frac{1}{2}x+1$　(2)　$D\left(-1,\ \frac{1}{2}\right)$　(3)　$E\left(\frac{2}{3},\ \frac{10}{3}\right)$

Ⅴ　(1)　2(cm)　(2)　$2\sqrt{15}\,(\mathrm{cm}^2)$　(3)　5(倍)

○推定配点○

Ⅰ　各5点×8　Ⅱ　(1)　5点　(2)　求め方・答　各5点×2　Ⅲ～Ⅴ　各5点×9

計100点

＜数学解説＞

Ⅰ　(数式の計算，因数分解，平方根の性質，正方形・正三角形と角，回転体の体積，確率，1次関数のグラフと変域，資料の整理)

基本　(1)　$\frac{1}{2}\times(-2)^3-\frac{1}{15}\times(-3)^2\div(-0.3)=\frac{1}{2}\times(-8)-\frac{1}{15}\times9\div\left(-\frac{3}{10}\right)=-4-\frac{3}{5}\times\left(-\frac{10}{3}\right)=-4+2=-2$

基本　(2)　$a^2+b^2+2ab-c^2=(a^2+2ab+b^2)-c^2=(a+b)^2-c^2=\{(a+b)+c\}\{(a+b)-c\}=(a+b+c)(a+b-c)$

重要　(3)　$\frac{\sqrt{30-2n}}{2}=\frac{\sqrt{2}\sqrt{15-n}}{2}$より，$\frac{\sqrt{30-2n}}{2}$が自然数となるには$15-n$が$15-n=2a^2$($a$は自然数)の形で表される数になることが必要である。$15-n=2\times1^2$のとき$n=13$　$15-n=2\times2^2$のとき$n=7$　$15-n=2\times3^2$のとき$n=-3$　よって，自然数nの値は$n=7,\ 13$

(4)　△AEDは正三角形なので∠ADE＝60°となり，∠CDE＝∠CDA－∠ADE＝90°－60°＝30°　また，四角形ABCDは正方形なのでAD＝CD，△AEDは正三角形なのでAD＝EDとなることからCD＝EDとなり，△CDEはCD＝EDの二等辺三角形である。このとき，∠DCE＝(180°－∠CDE)÷2＝(180°－30°)÷2＝75°　さらに，AB//DCより平行線の錯角は等しいので∠DCE＝∠BFE＝75°　よって，$\angle x$＝∠AFE＝180°－∠BFE＝180°－75°＝105°

重要　(5)　直線ABと直線CDの交点を点Pとすると，AD//BCより平行線の同位角は等しいので∠PAD＝∠PBC，∠PDA＝∠PCBとなり，2組の角がそれぞれ等しいので△ADP∽△BCPとなる。このとき，PD：PC＝AD：BC＝1：2となることから，△ADPはPD＝1cm，∠ADP＝90°の直角三角形となる。よって，辺CDを軸として台形ABCDを1回転させてできる立体は，辺PCを軸として△BCPを1回転させてできる立体から，辺PDを軸として△ADPを1回転させてできる立体を除いた図形となるので，体積は$2\times2\times\pi\times2\times\frac{1}{3}-1\times1\times\pi\times1\times\frac{1}{3}=(8-1)\times\pi\times\frac{1}{3}=\frac{7}{3}\pi\,(\mathrm{cm}^3)$

重要 (6)　2直線$y=\frac{a}{b}x$と$y=3x+1$が交わるには，2直線が平行でないこと，すなわち$\frac{a}{b}\neq3$となることが必要となる。ここで，a，bの組を$(a,\ b)$のように表すと，$\frac{a}{b}=3$となるのは$(3,\ 1)$，$(6,\ 2)$の2組であり，1個のさいころを2回投げたときの目の数の出方は全部で$6\times6=36$(通り)なので，2直線が交わる確率は$\frac{36-2}{36}=\frac{34}{36}=\frac{17}{18}$

重要 (7)　1次関数$y=ax+2$において$a<0$なので，この関数のグラフはxが増加するとyが減少する直線となり，2点$(-4,\ b)$，$(6,\ 0)$を通る。このとき，$y=ax+2$に$x=-4$，$y=b$を代入して$b=-4a+2$…①　$y=ax+2$に$x=6$，$y=0$を代入して$0=6a+2$より$a=-\frac{1}{3}$…②　①に②を代入して$b=-4\times\left(-\frac{1}{3}\right)+2=\frac{4}{3}+\frac{6}{3}=\frac{10}{3}$　よって，$a=-\frac{1}{3}$，$b=\frac{10}{3}$

(8)　表中の50kg以上55kg未満の相対度数が0.25，度数の合計が20であることから，$b=20\times0.25=5$　さらに，$2+a+4+b+3+2=20$となることから，$b=5$を代入して$a+16=20$より，$a=4$　よって，$a=4$，$b=5$

Ⅱ　(図形の面積，2次方程式の利用)

基本 (1)　長方形の土地から道を除いた畑の面積は，縦20m，横40mの長方形の面積に等しいので，畑の面積は$20\times40=800(\text{m}^2)$

重要 (2)　道の幅をx(m)$(0<x<30)$とすると，畑の面積は縦$30-x$(m)，横$50-x$(m)の長方形の面積と等しい。さらに，畑の面積がもとの土地の面積の$\frac{3}{4}$倍になったので，$(30-x)(50-x)=30\times50\times\frac{3}{4}$　$1500-80x+x^2=1125$　$x^2-80x+375=0$　$(x-5)(x-75)=0$　$x=5,\ 75$　ここで$0<x<30$なので$x=5$　よって，道の幅は5(m)

Ⅲ　(平行四辺形，相似の利用，面積比)

基本 (1)　△ABGと△ADGは底辺が同じ直線BD上にあり同じ頂点Aを持つ三角形なので，△ABGと△ADGの面積の比は底辺の長さの比BG：GDに等しく，BG：GD＝△ABG：△ADG＝6：9＝2：3

重要 (2)　△ADGと△EBGにおいて，AD//BCより平行線の錯角は等しいので∠GAD＝∠GEB，∠GDA＝∠GBEとなり，2組の角がそれぞれ等しいので△ADG∽△EBG　ここで(1)よりBG：GD＝2：3すなわちGD：GB＝3：2なので，AD：EB＝GD：GB＝3：2　このときAD＝BCなので，BC：EC＝BC：BC－EB＝AD：AD－EB＝3：3－2＝3：1　さらに△BCDと△ECFにおいて，BD//EFより平行線の同位角は等しいので∠DBC＝∠FEC，∠BDC＝∠EFCとなり，2組の角がそれぞれ等しいので△BCD∽△ECF　よって，△BCD：△ECF＝BC^2：EC^2＝3^2：1^2＝9：1となり，△BCDの面積は△ECFすなわち△CEFの9倍となる。

重要 (3)　(1)よりBG：GD＝2：3なので，BG：BD＝BG：BG＋GD＝2：2＋3＝2：5＝6：15…①　(2)より△BCD∽△ECFかつBC：EC＝3：1なので，BD：EF＝BC：EC＝3：1＝15：5…②　①，②よりBG：BD：EF＝6：15：5　ここで△GBHと△EFHにおいて，BD//EFより平行線の錯角は等しいので∠GBH＝∠EFH，∠BGH＝∠FEHとなり，2組の角がそれぞれ等しいので△GBH∽△EFH　このとき，GH：EH＝GB：EF＝6：5となるので，GH：HE＝6：5

Ⅳ　(2次関数と図形の融合問題)

基本 (1)　直線ACは点A$(2,\ 2)$，点C$(-2,\ 0)$を通るので，傾きは$\frac{0-2}{-2-2}=\frac{1}{2}$となる。ここで直線ACの

式を$y=\frac{1}{2}x+k$（kは定数）とおいて$x=2$，$y=2$を代入すると，$2=\frac{1}{2}\times2+k$となり，$k=1$　よって，直線ACの式は$y=\frac{1}{2}x+1$

重要　(2) 点Dは関数$y=\frac{1}{2}x^2$…①と直線$y=\frac{1}{2}x+1$…②の交点なので，①と②を連立方程式として解き，yを消去して$\frac{1}{2}x^2=\frac{1}{2}x+1$　$x^2=x+2$　$x^2-x-2=0$　$(x-2)(x+1)=0$　$x=2,\ -1$

このとき点Dのx座標は-1となる。さらに②に$x=-1$を代入して$y=\frac{1}{2}\times(-1)+1=\frac{1}{2}$　よって，点Dの座標はD$\left(-1,\ \frac{1}{2}\right)$

やや難　(3)　△EDAと△ECAは，底辺が同じ線分AC上にあり同じ頂点Eを持つ三角形なので，面積比は底辺の長さの比AD：ACに等しく，△EDA：△ECA＝AD：ACすなわち$\frac{\triangle EDA}{\triangle ECA}=\frac{AD}{AC}$…①となる。また，△ECAと△ABCは，底辺が同じ線分AB上にあり同じ頂点Cを持つ三角形なので，面積比は底辺の長さの比AE：ABに等しく，△ECA：△ABC＝AE：ABすなわち$\frac{\triangle ECA}{\triangle ABC}=\frac{AE}{AB}$…②となる。

ここで，①と②の左辺どうし，右辺どうしをかけると$\frac{\triangle EDA}{\triangle ECA}\times\frac{\triangle ECA}{\triangle ABC}=\frac{AD}{AC}\times\frac{AE}{AB}$　$\frac{\triangle EDA}{\triangle ABC}=\frac{AD\times AE}{AC\times AB}$となるので，△EDA：△ABC＝(AD×AE)：(AC×AB)…③　次に，点A，B，Dのそれぞれを通りx軸に垂直な直線とx軸の交点を点A_x，B_x，D_xとすると，点A_xのx座標は2，点B_xのx座標は0，点D_xのx座標は-1となる。同様に，点Eを通りx軸に垂直な直線とx軸の交点を点E_xとし，点E_xのx座標をt（tは定数）とすると，直線AA_x//直線BB_x//直線DD_x//直線EE_xとなり，平行線で区切られた線分の比は等しいので，AB：AC＝A_xB_x：A_xC＝$(2-0)$：$\{2-(-2)\}$＝2：4＝1：2よりAC＝2AB…④　AD：AC＝A_xD_x：A_xC＝$\{2-(-1)\}$：$\{2-(-2)\}$＝3：4よりAD＝$\frac{3}{4}$AC＝$\frac{3}{4}\times$2AB＝$\frac{3}{2}$AB…⑤　AE：AB＝A_xE_x：A_xB_x＝$(2-t)$：$(2-0)$＝$(2-t)$：2よりAE＝$\frac{2-t}{2}$AB…⑥　ここで，③に④，⑤，⑥を代入して△EDA：△ABC＝(AD×AE)：(AC×AB)＝$\left(\frac{3}{2}\text{AB}\times\frac{2-t}{2}\text{AB}\right)$：(2AB×AB)＝$\left\{\frac{3(2-t)}{4}\text{AB}^2\right\}$：$2\text{AB}^2$＝$\{3(2-t)\}$：8…⑦　さらに，直線DEが△ABCの面積を二等分するとき△EDA：△ABC＝1：2なので，⑦より$\{3(2-t)\}$：8＝1：2　$6(2-t)=8$　$12-6t=8$　$6t=4$　$t=\frac{2}{3}$　このとき，点Eのx座標は$\frac{2}{3}$　次に，直線ABは点A(2，2)，点B(0，4)を通るので，傾きが$\frac{4-2}{0-2}=-1$，切片が4となり，直線ABの式は$y=-x+4$となるので，$x=\frac{2}{3}$を代入して$y=-\frac{2}{3}+4=\frac{10}{3}$より，点Eの$y$座標は$\frac{10}{3}$　よって，点Eの座標はE$\left(\frac{2}{3},\ \frac{10}{3}\right)$

V　(円の性質，中点連結定理，三角形の面積比)

基本　(1)　OB＝BAより点Bは線分OAの中点であり，AE＝EDより点Eは線分DAの中点であるので，△AODにおいて中点連結定理より，BE＝$\frac{1}{2}$ODとなる。ここで，線分ODは円の半径なのでOD＝OB＝4より，BE＝$\frac{1}{2}\times4=2$(cm)

重要 (2) △BCEにおいて，半円の弧に対する円周角の大きさは90°なので$\angle BEC=90^\circ$となることから，△BCEは$\angle BEC=90^\circ$の直角三角形である。ここで$BC=2OB=2\times4=8$　(1)より$BE=2$なので，三平方の定理により$CE^2=BC^2-BE^2=8^2-2^2=64-4=60$となり，$CE=\sqrt{60}=2\sqrt{15}$　よって，$\triangle BCE=BE\times CE\div2=2\times2\sqrt{15}\div2=2\sqrt{15}(\mathrm{cm}^2)$

やや難 (3) △ABEと△AODにおいて，点Bは線分AOの中点，点Eは線分ADの中点なので，中点連結定理によりBE//ODとなり，平行線の錯角は等しいことから$\angle ABE=\angle AOD$，$\angle AEB=\angle ADO$　このとき2組の角がそれぞれ等しいので△ABE∽△AODとなり，$\triangle ABE:\triangle AOD=1^2:2^2=1:4$　よって△ABE：四角形OBED＝△ABE：(△AOD－△ABE)＝1：(4－1)＝1：3…①　次に，△ABEと△DBEは底辺が同じ線分AD上にあり同じ頂点Bを持つ三角形どうしなので，△ABEと△DBEの面積の比は底辺の長さの比AE：EDに等しく，△ABE：△DBE＝AE：ED＝1：1となり，①より△ABE：△OBD＝△ABE：(四角形OBED－△DBE)＝1：(3－1)＝1：2…②　さらに，△OBDと△OCDは底辺が同じ線分BC上にあり同じ頂点Dを持つ三角形どうしなので，△OBDと△OCDの面積の比は底辺の長さの比OB：OCに等しく，△OBD：△OCD＝OB：OC＝1：1＝2：2…③　よって，①，②，③より△ABE：四角形OBED：△OBD：△OCD＝1：3：2：2となるので，△ABE：四角形BCDE＝△ABE：(四角形OBED＋△OCD)＝1：(3＋2)＝1：5となり，四角形BCDEの面積は△ABEの面積の5倍となる。

★ワンポイントアドバイス★

全般的に標準レベルの解法・知識を堅実に利用することが求められている。飛び抜けた発想力を必要とする問題ではなく，例題の延長線上にあるような応用問題を数多く解いて準備しよう。時間を効率よく使って解くことも必要。

＜英語解答＞

Ⅰ　Part1　(1) イ　(2) イ　(3) ウ　Parr2　(1) What is your violin made from?

(2) Are you interested in robots?

(3) How do you say, "How are you?" in Japanese?

Part3　(1) Thursday / Thursday is not a month.

(2) stadium / A stadium is not a sport.　(3) Chinese / Chinese is not a country.

Ⅱ　A　(1) イ　(2) エ　(3) S　(4) C　(5) O

B　(1) ア　(2) エ　(3) イ　(4) ア　(5) イ　(6) イ

Ⅲ　(1) ① called　③ pointing　④ found

(2) ("Spot the Difference" とは)2枚の絵[写真](を見比べて，)違い(を見つけるゲームだが，筆者の祖母は)同じ箇所[点](を見つけて楽しんだ。)

(3) I'm worried about how many people agree with　(4) like[good / great / nice]

(5) (表情や体を映す代わりに)骨が動く様子を見せるもの[レントゲン]

Ⅳ　(1) How many members are there (in the baseball club?)

(2) It's hard for me to get up early

(3) Do you know where they practice(?)

○推定配点○

Ⅰ・Ⅱ　各3点×20　Ⅲ・Ⅳ　各4点×10　計100点

＜英語解説＞

Ⅰ　リスニング問題解説省略。

Ⅱ　(会話文：要旨把握，内容吟味)

A　(全訳)　セイジ：夏休み中に家族と京都に行きました。夏はどうだった？

ケン　：そんなに良くなかったよ。私はどこにも行けなかった。

セイジ：それは残念だね。それで，あなたは何をしたの？

ケン　：えぇっと，本を読んだり，テレビゲームをしたり，宿題をしたよ。家で多くの時間を過ごしたんだ。京都はどうだったの？

セイジ：とても楽しかったよ。京都には多くの観光スポットがあるんだ。街が好きで，毎年夏にそこに行くよ。京都に行ったことがある？

ケン　：一度だけ。小学生の頃，修学旅行で京都と奈良に行ったんだ。両方の都市のいくつかの寺院や神社を訪問したよ。特に清水寺や法隆寺が気に入ったよ。金閣寺も見たな。美しい金の建物だけれど，中に入ることができなかったんだ。旅行は楽しかったし，小学生の最高の思い出です。

セイジ：それは素晴らしいね。大阪に住んでいたので，小学校の修学旅行で伊勢に行ったよ。そこに住んでいたとき，週末は家族と一緒に京都によく行ったんだ。

ケン　：京都をよく知っているんだね。この夏，京都にどのくらい滞在したの。

セイジ：たった2日だよ。四条通り沿いの良いホテルを見つけたんだ。ぼくたちのホテルは駅とレストランの近くにあったよ。そこに滞在するのは初めてでした。

ケン　：京都駅からバスで行ったの？

セイジ：いいえ，電車に乗ったんだ。列車はいつも時間通りに来るしね。京都駅からホテルまでは8分ほどしかかからなかったよ。ぼくたちは北に行き，2番目の駅で降りたんだ。ホテルは道路の向こう側にあったよ。

ケン　：とても便利だね。その周りに有名な観光地はあったの？

セイジ：京都御所はほんの2駅先だったんだ。多くの日本の天皇はずっと前にそこに住んでいたよ。今では非常に大きな公園のようだった。

ケン　：それを聞いたことがないな。修学旅行でそこへ行かなかったんだ。

セイジ：ぼくは，兄が来年の春から行く大学を見る予定があったんだ。それで，御所の南側にある丸太町駅で降りて，通りを横切って北に歩いて大学に行ったよ。でも，ぼくは大きな間違いをしたんだ。それは間違った場所だったよ。ぼくの兄が行く大学は御所の2.5キロ東だったんだ。歩くのに30分ほどかかったよ。

ケン　：うわー！きっと本当に暑かったと思うよ。

基本 (1)「セイジは子どものとき，何をしたか」大阪に住んでいたので，週末は家族と一緒によく京都に行ったとある。

基本 (2)「ケンは修学旅行中どの場所を見なかったか」京都御所へは修学旅行で行かなかったとある。

(3)「セイジが泊まったホテルはどこか。MからTまでで選びなさい」四条通り沿いでレストランの近くなので，Sが適切。

(4)「丸太町駅はどこか。AからLまでで選びなさい」御所の南側にあり，通りを横切って北に歩いていける駅はCである。

(5)「セイジの兄が勉強する予定の大学はどこか。MからTまでで選びなさい」御所の東側にあるのはOである。

B　(全訳)　セイジ：やぁ，ケン。ひさしぶり。

ケン　：うん。ぼくたちが最後に会ったときよりも寒くなっているね。
セイジ：そうだね。ぼくたちが兄の大学について話したことを覚えている？
ケン　：うん。きみの家を訪れたとき，お兄さんはいつもぼくに親切にしてくれた。どんな調子なの？
セイジ：まあ，彼の新しい生活の準備を手伝ってとても忙しいよ。家族で彼が住む場所を見つけるために再び京都に行ったんだ。
ケン　：なるほど。良い場所を見つけることが重要だもんね。もうどこかで見つけたの？
セイジ：うん，でも簡単ではなかったんだ。もちろん，大学や駅，お店の近くに住む方が良いんだけれど，そのような場所は非常に高いんだ。四条通り沿いの駅のそばの場所を見つけたけれど，近くに店はまったくなかったよ。兄がそこへ引っ越すと，15分で自転車で大学に行けるんだ。そして，あまり高価ではないしね。
ケン　：それはいいね。健康のために自転車で大学に行く方が良いね。彼はもう自分の場所のために何かを買ったの？
セイジ：うん。机，ベッド，テレビなど多くの物を買うのに費用がかかるよ。兄のために素敵なものを見つけるのに長い時間がかかったんだ。最初は多くのお店やデパートを見たけれど，何も見つからなかったんだ。でも，良い商品と低価格のオンラインストアが多いことがわかったよ。
ケン　：そうだね，でも何を買っているのか正確に見ることは難しい場合があるよね。
セイジ：何を言いたいのかわかるよ，でも兄が必要としていたものをあるウェブサイトで手に入れることができたんだ。このウェブサイトは，新入生のための特別販売をしていたんだよ。
ケン　：それは素晴らしいね。きみは彼が部屋に新しいものを置く場所を決定する必要があるね。
セイジ：もう決めたよ。実は，ここのポケットに計画が入っているんだ。見たい？
ケン　：うん。見せてよ。
セイジ：最初は窓の近くの部屋の右側にテレビを置きたかったんだ。でも，窓からの光で見えにくいんだ。だから，ドアの近くに移動したよ。それから机を窓の近くに置いたんだ。また，彼の本をどこに置くかについて長い間話しあったよ。彼は本のために大きなケースを持っている。両親とぼくは机の横にそれを置くべきだと考えたんだ。彼が勉強中に簡単に本を見つけることができるようにね。でも，彼はベッドで読んでから，寝る前に本を元に戻したいと言うんだよ。
ケン　：それは面白い考えだね。でも，彼は本当に勉強をするつもりなの？
セイジ：そう願っているよ。両親は，彼を大学に行かせるのは非常にお金がかかると言っているんだ。

(1)　「これらのどれが真実か」 ケンがセイジの家を訪れたとき，セイジの兄はいつも親切にしてくれたとあるので，数回会ったことがあると判断できる。

(2)「セイジの兄は京都のどこに住む予定か」 四条通り沿いの駅のそばで，近くに店はまったくない場所に住む予定である。

(3)　「セイジの兄はテレビをどこに置くつもりか」 ドアの近くとあるので，Cが適切である。

(4)　「セイジの兄は本をどこに置きたいと思っているか」 セイジの兄はベッドで本を読んでから，寝る前に本を戻したいと考えているので，ベッドのそばのAが適切。

重要 (5)　「セイジの兄がコンピュータとテレビとベッドを買ったら，いくらかかるか」 コンピュータとテレビとベッドで合計50,000円かかるが，3つの製品を選ぶと20％割引なので，40,000円となる。

重要 (6)　「セイジの兄が自転車とテレビとベッドを含むセットを買ったら，いくらかかるか」 自転車とテレビとベッドを含むセットは③である。合計54,000円かかるが，セットは30％割引となるため，37,800円となる。

Ⅲ　(長文読解問題・説明文：語句補充[分詞，動名詞]，語句整序[間接疑問文]，要旨把握，内容吟味)

(全訳)　何年も前に，私は祖母に新聞で「②間違い探し」と①呼ばれるゲームのやり方を教えようとした。私はルールが単純で明確だと思ったが，彼女は2枚の写真の間で何が同じか③指摘し続けた。彼女は，違いを④見つけたときよりも同じ点を④見つけたときのほうが楽しむことができると言った。それは私の祖母についての多くのことを語っている。

世界には，私たちの間の違いを考えるのに多くの時間を費やす人がたくさんいる。彼らは，違いがいかに悪いかを他の人に示すのが好きだ。私はインターネット上でそのような人を見た―日本のYouTuberだ。彼自身が作ったビデオでは，彼は黒人に対する人種差別的な考えを表明した。彼はしばしば人種差別的な考えを共有するビデオを作り，そして⑤私は何人の人々が彼に同意するのか心配だ。彼は英語でビデオを作る。彼はタイトルを使って人々の注目を集めている。彼は英語で彼のビデオが世界中で理解されることを知っているかもしれない。これはおそらく彼のビデオを見る人の数と彼の収入を増やすのに役立つ。このYouTuberのビデオにメッセージを送信したり，「⑥いいね」をクリックしたりすると，望むものだけが表示される。彼はあなたのクリックや注意に値しない。

一方，前向きなメッセージを人と共有する動画も多くある。そのようなビデオのタイトルは「愛にレッテルはいらない」だ。それはアメリカのNGOによって作られた。⑦X線スクリーンの後ろからキスし，抱きしめ，踊り合うことで，愛と友情を祝う友人，恋人，家族を示している。画面には，顔や体を見せる代わりに，動いている骨の写真しか表示されない。彼らが画面の後ろから現れたとき，異なる年齢，宗教，色と性別の人々だった。ビデオは，私たちが異なって見えるが，私たちは同じであることを示している――私たちは皆人間だ。

たぶん，それは私の祖母が私に言っていたものだ。違いを見つけるのは簡単だが，何が同じかを見ることでお互いを理解することができる。

基本　(1)　①　game を修飾する過去分詞の形容詞的用法となる。　③　keep ~ing「~し続ける」
④　過去の文なので，同じ過去形を用いる。

(2)　本来は2枚の絵の間違いを探すゲームだが，筆者の祖母は同じ点を指摘したのである。

(3)　疑問詞が主語の間接疑問文の語順は，〈疑問詞＋動詞〉の語順になるため，how many people agree ~ という語順にする。

やや難　(4)　望むものだけが表示されるためにクリックするものがあてはまる。

重要　(5)　X線によって，顔や体の代わりに，動いている骨しか表示されないのである。

重要　Ⅳ　(条件英作文：不定詞，間接疑問文)

(1)　数を答えているので，〈How many ＋複数名詞~〉を用いて英文を作る。

(2)　野球部は早朝に練習するが，遠くに住んでいるので「私にとって朝早く起きることは難しい」という英文を作る。形式主語を用いて〈It is ~ for 人 to…〉「人が…することは~だ」とすればよい。

(3)　Yes と答えているので，「どこで練習するか知っていますか」という間接疑問文にすればよい。

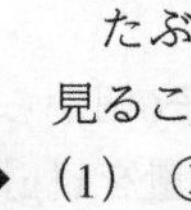

★ワンポイントアドバイス★

読解問題の配点が比較的高くなっている。すばやく処理できるように，過去問や問題集を用いて，数多くの読解問題に触れるようにしたい。

＜理科解答＞

Ⅰ　(1)　$2C_2H_6+7O_2 \rightarrow 4CO_2+6H_2O$　　(2)　2個　　(3)　700個　　(4)　32m
(5)　54g　　(6)　1.96g/L

Ⅱ　問1　(1)　5cm　　(2)　0.5倍$\left[\frac{1}{2}倍\right]$　　15cm　　問2　(1)　屈折
(2)　反射した場所　(7, 0)　　進行方向が変わった場所　(9, 6)　　(3)　左に6目盛

Ⅲ　問1　(1)　ア　　(2)　イ，エ　　(3)　イアウエ　　問2　(1)　Rr
(2)　赤色：白色：桃色＝1：1：2　　(3)　赤色：白色：桃色＝17：21：10
問3　(1)　A　280　　B　29.9%　　(2)　ウ，オ

Ⅳ　(1)　①　プレート　　②　初期微動　　③　主要動　　④　初期微動継続時間
⑤　108　　⑥　6　　⑦　4　　⑧　156　　(2)　6時25分32秒　　(3)　イ，エ

○推定配点○
Ⅰ　(2)，(3)　各2点×2　　他　各4点×4　　Ⅱ　問2　(1)　1点　　(2)　各3点×2
他　各4点×4　　Ⅲ　問1，問2(1)　各2点×4　　他　各4点×5
Ⅳ　(1)①，②，③，④　各2点×4　　他　各3点×7　　計100点

＜理科解説＞

Ⅰ　(化学変化と質量―燃焼反応)

重要　(1)　エタンは完全燃焼すると二酸化炭素と水になる。

基本　(2)　化学反応式の係数比は，反応物と生成物の数の比をしめす。エタンと二酸化炭素の数の比が2：4なので，1個のエタン分子が完全燃焼すると2個の二酸化炭素分子が発生する。

(3)　(2)と同様に，200個のエタン分子を安全燃焼させるのに必要な酸素分子をx個とすると，2：7＝200：x　x＝700個。

重要　(4)　30gのエタンと112gの酸素がちょうど反応する。エタン分子は炭素原子2個と水素原子6個からできるので，エタン分子1個の質量は12m×2＋m×6＝30m[g]になる。酸素分子1個の質量をx[g]とすると，2個のエタン分子と7個の酸素分子が反応するので，質量比は2×30m：$7x$＝30：112　x＝32m　酸素分子1個の質量は32m[g]である。

やや難　(5)　酸素分子は酸素原子2個からできるので，酸素原子1個の質量は16m[g]になる。水分子(H_2O)1個の質量は18m[g]になる。エタン2分子から水が6分子できるので，30gのエタンが完全燃焼すると生じる水の質量をy[g]として，30：y＝2×30m：6×18m　y＝54[g]である。

(6)　反応物の質量の和と生成物の質量の和が等しいので，発生する二酸化炭素の質量は30＋112－54＝88[g]である。このとき二酸化炭素の体積は44.8Lなので，密度は88÷44.8＝1.964≒1.96g/Lになる。

Ⅱ　(光と音の性質―凸レンズ)

重要　問1　(1)　物体と像の大きさが同じになるとき，凸レンズの焦点距離は物体からレンズまでの距離の半分になる。焦点距離は10÷2＝5(cm)である。

やや難　(2)　物体と像の比率は$\frac{y}{x}$になる。x：y＝2：1なので，像の長さはろうそくの長さの$\frac{1}{2}$倍になる。また，物体からレンズまでの距離がx(cm)，レンズから像までの距離がy(cm)，焦点距離がf(cm)とすると，$\frac{1}{x}+\frac{1}{y}=\frac{1}{f}$の関係が成り立つ。これをレンズの式という。ここで$x$：$y$＝2：1なので

$x=2y$となり，f＝5cmより$\dfrac{1}{2y}+\dfrac{1}{y}=\dfrac{1}{5}$　$y=\dfrac{15}{2}$(cm)　よって$x=15$(cm)

問2　(1)　異なる物質の間を光が斜めに入射するとき，その境界で光が曲がる現象を屈折という。

(2)　ガラスの中を進む光は鏡で反射する。このとき入射角と反射角は同じになる。光が鏡で反射する点はXYの中間になり，(7，0)で反射する。空気からガラスに入射するときとガラスから空気に出てゆくとき光の進路は対称に進むので，ガラス上面の(9，6)で屈折しYに達する。

(3)　点Ⅱ(1，6)で屈折する光が鏡②の(0，3)で反射され，鏡①の(1，0)で反射され，ガラスの上面(3，6)で屈折し(5，9)に達する。この点は点Yから左に6目盛の位置である

Ⅲ　(生殖と遺伝―マルバアサガオの遺伝)

問1　(1)　コロナウィルスはウィルスであり，インフルエンザウィルス以外は細菌である。

基本　(2)　単細胞生物はミカズキモ，ミドリムシである。

(3)　大きい順に，ミジンコ＞ゾウリムシ＞ミドリムシ＞コロナウィルスである。

重要　問2　(1)　赤色の親からRの遺伝子が，白色の親からrがやってきて組み合わされ，Rrの遺伝子の組み合わせになる。このとき花の色は桃色になる。それで，赤色の親と白色の親から生まれる子はすべて桃色になる。

重要　(2)　同じ花の花粉がめしべに受粉することを自家受粉という。桃色の親の遺伝子の組み合わせはRrなので，これが受粉するときRとrに分かれて受粉し，RR，Rr，rrの3種類の遺伝子の組み合わせの子ができる。RRは赤色，Rrは桃色，rrは白色になる。その比率は赤色(RR)：白色(rr)：桃色(Rr)＝1：1：2になる。

やや難　(3)　赤色どうしの受粉では子はすべて赤色になる。白色同士でも子はすべて白色になる。桃色どうしでは，(2)より赤色(RR)：白色(rr)：桃色(Rr)＝1：1：2になる。3個の赤色の種子からは3個の赤色の花が，4個の白色からは4個の白色の花が，5個の桃色の花からは$\dfrac{5}{4}$の赤色，$\dfrac{5}{4}$の白色の花と$\dfrac{10}{4}$の桃色の花が生じる。このとき赤色：白色：桃色の比は，$\dfrac{17}{4}:\dfrac{21}{4}:\dfrac{10}{4}$となり簡単な整数比にすると，17：21：10になる。

問3　(1)　A　A人の検査実施者のうち7人が新規感染者であり，その比率は2.5％である。よってA＝7÷0.025＝280(人)　B　875人の検査実施者のうち262人が新規感染者であり，その比率は(262÷875)×100＝29.94≒29.9(％)である。

(2)　ア　3/30～4/5の週に感染経路不明者数が新規感染者数の51.7％に達している。　イ　検査実施人数と陽性率は必ずしも正確に比例するとは言えない。　ウ　正しい。　エ　5/4～10は感染経路不明者数が新規陽性者数の100％を占めている。　オ　正しい。

Ⅳ　(大地の動き・地震―地震波)

基本　(1)　①～④　地震はプレートが動くことで起きるものと，火山の活動で起きるものの2つに分けられる。前者は規模の大きい地震になる。地震波には速度が速く揺れの小さいP波と，速度が遅く揺れの大きいS波がある。P波による小さい揺れを初期微動，S波による大きな揺れを主要動という。P波が伝わってからS波が伝わるまでの時間を，初期微動継続時間という。

やや難　⑤　P波の速さをVp(km/s)，S波の速さをVs(km/s)とし，震源からB地点の距離をx(km)とする。$\dfrac{\text{震源からの距離}}{\text{S波の速度}}-\dfrac{\text{震源からの距離}}{\text{P波の速度}}$＝初期微動継続時間という関係が成り立つ。これを大森公式という。A地点における初期微動継続時間は5秒，B地点における初期微動継続時間は9秒なので，$\dfrac{60}{\text{Vs}}-\dfrac{60}{\text{Vp}}=5$，$\dfrac{x}{\text{Vs}}-\dfrac{x}{\text{Vp}}=9$より，$\dfrac{1}{\text{Vs}}-\dfrac{1}{\text{Vp}}=\dfrac{5}{60}$なので，$x=108$km。B地点は震源から108kmの距離

になる。

⑥　P波がA地点に到達するのにかかる時間は$\frac{60}{Vp}$(秒)，B地点では$\frac{108}{Vp}$(秒)で，この差が8秒なので，$\frac{108}{Vp}-\frac{60}{Vp}=8$より，Vp＝6km/s

⑦　同様に，S波がA地点に到達するのにかかる時間は$\frac{60}{Vs}$(秒)，B地点では$\frac{108}{Vs}$(秒)で，この差が12秒なので，$\frac{108}{Vs}-\frac{60}{Vs}=12$より，Vs＝4m/sである。

⑧　A地点にS波が到達したのが6時25分47秒で，C地点にS波が到達したのが6時26分11秒なので，S波が来るまでに24秒かかっている。よって，震源からC地点までの距離をy(km)とすると，$\frac{y}{4}-\frac{60}{4}=24$より，y＝156kmである。

(2)　A地点にP波が到達したのが6時25分42秒で，震源からAまでの距離が60kmなのでP波が到達するまでに60÷6＝10秒かかるので，地震が発生したのは6時25分32秒である。

(3)　イ　震源からの距離や岩石の硬さの違いなどにより，必ずしもマグニチュードが大きいほど震度が大きいとは言えない。　エ　2016年4月16日に起きた熊本地震では，震度7を観測した。

★ワンポイントアドバイス★

グラフから読み取って考えさせたり，グラフを書かせたりする問題が多い。また計算問題にやや難しい問題が出題される。類題の演習をしっかりと行いたい。

＜社会解答＞

Ⅰ　(1)　イ　(2)　i　ブラジル　ii　アメリカ　(3)　i　ブラジル　ii　オ　iii　オ　(4)　a　中国　b　韓国　c　ハラル[ハラール]　(5)　i　エ　ii　ウ　(6)　ia　埼玉　ib　兵庫　ii　ア　iii　イ

Ⅱ　(1)　エ　(2)　ウ　(3)　ア　(4)　エ　(5)　ア　(6)　ウ　(7)　ウ　(8)　ア　(9)　ウ　(10)　ア　(11)　エ　(12)　オ　(13)　エ　(14)　イ　(15)　ウ　(16)　カ　(17)　ウ　(18)　ウ　(19)　エ

Ⅲ　(1)　イ　(2)　イ　(3)　ねじれ国会　(4)　ア　(5)　ウ　(6)　エ　(7)　エ　(8)　国民負担率　(9)　エ　(10)　エ

Ⅳ　(1)　エ　(2)　ウ　(3)　エ　(4)　ア　(5)　ア

○推定配点○

Ⅰ　各2点×15　Ⅱ　各2点×19　Ⅲ　(3)・(8)　各3点×2　他　各2点×8

Ⅳ　各2点×5　計100点

＜社会解説＞

Ⅰ　(地理―(日本)人口，交通，産業，(世界)人口・気候・地形，産業，貿易，環境問題)

(1)　新型コロナウィルスの発症地とされる武漢は，長江(揚子江)中流の内陸部に位置している。

(2)　i　国別世界の人口順(国際連合統計2019年)は，1位中国，2位インド，3位アメリカ合衆国，

4位インドネシア，5位パキスタン，6位ブラジルとなっている。参考までに，日本は11位である。 ii　ブラジルは赤道が通過していて，熱帯の面積は1番多い。インドは赤道の近くにあり南部を中心に熱帯の面積は2番目に多い。アメリカ合衆国は，ハワイ諸島とフロリダ半島が部分的に熱帯に属するが，その他に，熱帯はほとんどない。

(3)　i　大豆，とうもろこしは輸入先は，ともに，1位アメリカ，2位ブラジルである。鉄鉱石の輸入先は，1位オーストラリア，2位ブラジルである。ブラジルは歴史的にみて日本からの移住者も多く，日本の友好国となっている。　ii　液化天然ガスの輸入先1位はオーストラリア，銅鉱の輸入先1位はチリ，木材の輸入先1位はカナダである。オーストラリアやカナダは日本の友好国として有名である。　iii　日本は，インドネシアからは，かつては1次産品を輸入していたが，最近は機械類を中心に輸入している。フィリピンからは，石炭，機械類，液化天然ガスなどを輸入している。中国からは機械類を中心に衣類などを多く輸入している。

重要　(4)　日本を訪れる観光客は，地域別でみるとアジアからが最も多い。特に中国，韓国，台湾が多い。「ハラルフード」とは，イスラーム教(ムスリム)の戒律によって食べることが許された食べ物のことである。イスラーム教では「食べてよいもの」と「食べてはいけないもの」が細かく定められている。全面的に禁じられている代表的なものは，「豚肉」と「アルコール」である。

(5)　i　地球温暖化の影響の一つとして，ヒマラヤ山脈の氷河が溶け出し，氷河湖の決壊などが起きていることがあげられる。アは，アマゾン川流域の森林破壊の原因は，酸性雨ではなく伐採や火災などなので誤り。イは，サハラ砂漠南縁で起きているのは，オゾン層の破壊ではなく砂漠化であるので誤り。ウは，タイガが広がっているのは主に北半球の冷帯地域なので誤りとなる。 ii　マイクロプラスチックは，環境中に存在する微小なプラスチック粒子であり，近年，特に海洋汚染の原因物質として大きな問題になっている。海洋生物がマイクロプラスチック自体と，それに付着した有害物質を摂取し，生物濃縮によって海鳥や人間の健康にも影響することが懸念されている。これらのことから考察すると，選択肢の中では，ウの「生物に与える危険性は低い」という箇所が誤りとなる。

重要　(6)　i　東京都への流入人口が多い県は，1位神奈川県，2位埼玉県，3位千葉県，4位茨城県，5位栃木県である。大阪府への流入人口の多い県は，1位兵庫県，2位奈良県，3位京都府，4位滋賀県である。　ii　0～14歳を年少人口，15～64を生産年齢人口，65歳以上を老年人口として区別する。各人口の割合を考察すると，年少人口が1番多いのは沖縄県，少ないのが秋田県である。生産年齢人口が1番多いのは東京都，少ないのが秋田県である。老年人口が1番多いのは秋田県，少ないのが沖縄県である。　やや難　iii　3県の第2次産業の割合が最も高いのは愛知県である。これは自動車とその関連産業などの影響である。3県の第3次産業の割合が最も高いのは沖縄県である。これは観光業などの影響である。3県の第一次産業の割合が最も高いのは高知県である。これは，野菜の促成栽培などの影響である。

Ⅱ　(日本と世界の歴史―政治・外交史，社会・経済史，文化史，日本史と世界史の関連)

(1)　ナウマン象は，旧石器時代にいたのでXは誤り。青銅器は，弥生時代のものなのでYも誤りとなる。

(2)　楔形文字が使用されていたのはメソポタミアであるのでaは誤り。エジプトでは太陽暦が使われていたのでdは誤りとなる。

(3)　エリザベス1世は，1588年スペインの無敵艦隊の襲撃を退けて，国威を高めた。内政面では，中産階級を積極的に登用し，困難な社会情勢に多くの立法をもって対処した。ルイ14世は，内政，外交に自ら積極的に統治し，彼の「朕は国家なり」という言葉は，絶対王政のあり方を示す言葉としてよく知られている。彼の統治の根拠は王権神授説にあった。

(4) 15世紀末に，ポルトガルのバスコ・ダ・ガマがアフリカの南端部の喜望峰を回って，直接インドへ行く航路を開いた。西回りでアジアに向かう航海に出たマゼランは，大西洋から太平洋に出る航路を発見した。途中，彼はフィリピンで亡くなったが，1522年に部下たちがスペインに帰り，初めての世界一周の航海となった。

基本 (5) 邪馬台国は，ヤマト政権とは時代が違うのでbは誤り。卑弥呼が使いを送ったのは，魏であるからdも誤りとなる。

(6) ホッブスの著書は『リバイアサン』，モンテスキューの著書は『法の精神』，ルソーの著書は『社会契約論』，ロックの著書は『市民政府二論』である。

(7) 701年，唐の律令をまねて大宝律令がつくられた。律は現在の刑法にあたり，令は政治を行う上での規定である。この律令という法律に基づいて政治が行われる国家を律令国家という。

(8) 十七条の憲法(604年)→大宝律令(701年)→墾田永年私財法(743年)となる。

基本 (9) 太閤検地(1582年～98年)→刀狩令(1588年)→文禄の役(1592年～93年)・慶長の役(1597年～98年秀吉の死で終結)となる。

(10) 参勤交代のきまりを整えたのは徳川家光である。享保の改革を実施したのは徳川吉宗なので，イは誤り。寛政の改革を実施したのは松平定信なので，ウは誤り。徳川慶喜は大政奉還を行ったので，エも誤りとなる。

(11) 12世紀の中ごろ，院政の実権をめぐる天皇家や藤原氏の争いに動員され，天皇方と上皇方の戦いの中で，天皇方につき勝利をにぎったのが平清盛と源義朝である。

(12) 承平・天慶の乱(10世紀)→前九年合戦(11世紀)→治承・寿永の乱(12世紀)となる。

基本 (13) 戦国大名は領国支配のため，分国法という法律をつくった。その例がいくつか残されている。

(14) 1428年におきた正長の土一揆は，京都の土倉・酒屋などを襲い質物や売買・貸借証文を奪い，中央政界に衝撃を与えた。1488年におきた加賀の一向一揆は，本願寺の蓮如の布教によって広まった浄土真宗の勢力を背景に加賀の門徒が国人と手を結び守護富樫正親を倒したもので，一揆が実質的に支配する本願寺領国が，以後，織田信長に制圧されるまで，1世紀にわたって続いた。

(15) 五箇条の御誓文は，「人々の意見を広く集め」，「世論に基づく政治を実現する」，「外国との交際を深めて国家を発展させる」という，新政府の政治方針を内外に明らかにした。伊藤博文は，天皇の相談に答える機関として設置された枢密院において，自らが中心となってつくった憲法草案を審議・修正した。こうして，1889年2月11日，天皇が国民にあたえるという形式で，大日本帝国憲法が発布された。

(16) 殖産興業を進める(1870年代)→欧化政策を進める(1880年代)→賠償金を基礎として金本位制を確立する(1890年代)となる。

(17) 福沢諭吉は，『学問のすゝめ』で，人は生まれながらにして平等であるとの認識を踏まえ，個人の独立がなしえて初めて天下国家の独立も実現させると説いた。中江兆民は，フランスの民権思想を紹介しルソーの『社会契約論』を訳して，東洋のルソーとよばれた。

重要 (18) 日本国憲法では三権分立が確立していて，国会と内閣の関係は議院内閣制である。大日本帝国憲法では，現在の国民は臣民とされ，その義務として納税と兵役が定められている。

(19) 1925年(大正14年)加藤高明内閣の時，満25歳以上の男子全てに選挙権をあたえる初めての普通選挙法が成立した。2015年(平成27年)選挙権年齢が満18歳以上に引き下げられた。

Ⅲ (公民―憲法，政治のしくみ，経済生活，日本経済)

(1) 憲法第5章第66条に「内閣総理大臣その他の国務大臣は文民でなければならない」とある。また，憲法では，皇位については世襲のものであると定められているので，アは誤り。両議院の会議は公開を原則とするが，出席議員の3分の2以上の多数で議決したときは秘密会を開くことができると定められているので，ウは誤り。憲法改正には，国会発議の後，国民投票で過半数の同意が必要と定められているので，エも誤りとなる。

(2)　イは「事前に」という箇所が誤りとなる。アの予算先議権は衆議院にある。ウの弾劾裁判所設置，エの国会議員の不逮捕特権は，いずれも国会の機能として重要なことである。

(3)「ねじれ国会」とは，衆議院では与党が過半数の議席を持っているのに，参議院では野党が議席の過半数を占めいている状態をさす。それは，衆参両議院の第一党が異なっている状態でもある。衆参両院で与党が過半数を占めていれば法案も通しやすいが，ねじれ国会では政権与党が参院で過半数を占めている野党を納得させないと法案は成立しないために，参議院で衆議院と異なる議決が起こりやすくなることが特徴である。

(4)　参議院は，衆議院の行き過ぎをおさえたり，任期が長いためより慎重な審議を行うことで，国民の意見をより多く反映させたりなどの意義があるが，地方議会を代表しているとはいえない。

(5)　衆参両議院は，国政調査権を持ち，政治の実際を調査することができる。証人を議院に呼んで質問したり，政府に記録の提出を要求したりできる。しかし，この権限は，議院内閣制とは直接的に結びつかないものである。

(6)　3公社の民営化は，1980年代なので，エは誤りである。

やや難 (7)　国民年金制度とは，日本国内に住所を持つ20歳以上60未満のすべての者が加入することになっている制度で，この被保険者の種別は，第1号から第3号までの3つの被保険者に分けられている。アは「健康保険」，イは「20歳以上」，ウは「すべての国民」それぞれの箇所が誤りとなる。

やや難 (8)　国民負担率とは，国民所得に対する国民全体の租税負担と社会保障負担の合計額の比率をいう。厳密な定義はないが，国民の公的負担の程度を示すおおよその指標としてよく使われている。

(9)　全国8か所に置かれているのは高等裁判所であるため，エが誤りとなる。

(10)　抗告とは，下級裁判所(「最高裁」以外の裁判所)が下した「決定・命令」に対する不服申し立てである。法が認める場合に限って上級裁判所に審査を求めることができる。アは「家庭裁判所」が「地方裁判所」の誤り，イは控訴のことなので誤り。ウは上告のことなので誤りである。

Ⅳ（公民－経済生活，国際経済，国際政治，その他）

(1)　労働基準法では，少なくとも週1日の休日を取得させなければならないとあるので，Aは誤り。ワークライフバランスでは，労働時間を削減し，仕事と生活を調和させることが大切なので，Bも誤りとなる。

(2)　世界金融危機とは，2007年米国のサブプライムローン問題に端を発する住宅バブルの崩壊から，2008年9月ニューヨーク証券取引所の株価暴落で一気に顕在化して，世界中に広がった金融危機を指す。金融とは，お金を融通することではなく，資金が不足している人と余裕のある人との間で行われる資金の貸し借りをいうので，Aは誤りとなる。

(3)　好況期には物価の上昇がみられるため，Aは誤り。不況の際の日本銀行の金融政策は，銀行の国債を買うことで銀行の資金量を増やすので，Bも誤りとなる。

(4)　GATTは，関税や各種輸出入規制などに関する貿易障壁を取り除き，多国間で自由貿易を維持・拡大するために締結された国際協定で，自由・無差別・多角の3原則により自由貿易を実現しようとするものである。EPAとは，2以上の国(又は地域)の間で，自由貿易協定(FTA)の要素(物品及びサービス貿易の自由化)に加え，貿易以外の分野，例えば知的財産の保護や投資，政府調達，二国間協力等を含めて締結される包括的な協定である。

(5)　2011年，東日本大震災に伴う福島第一原子力発電所事故後に，環境省に新たに外局として，原子力規制委員会が設立された。SDGs(持続可能な開発目標)とは，2001年に策定されたMDGs(ミレニアム開発目標)の後継として定められた「2030年までに持続可能でよりよい世界を目指す国際目標」である。

★ワンポイントアドバイス★

Ⅱ(11)保元の乱のあとの平治の乱では，平清盛が源義朝を破り，平氏政権が確立した。Ⅱ(15)五箇条の御誓文は，明治天皇が公家・大名を率いて神に誓うというかたちで出された。

＜国語解答＞

一　問一　a　信仰　b　そむ　c　規範　d　や　e　健全　問二　i　ア　ii　ウ
問三　Ⅰ　エ　Ⅱ　ア　問四　エ　問五　(1)　オ　(2)　無数の選択肢
問六　ウ　問七　(例)　科学に対して極端な態度をとるのではなく，科学の特徴を理解した上で，他人に判断を任せず主体的に何を選択するのかを考えて向き合う態度。
問八　オ

二　問一　X　ア　Y　ウ　問二　a　イ　b　エ　問三　エ　問四　ア　問五　オ
問六　イ　問七　(例)　清太郎の父親の母親に対する愛情が，父親の亡くなった後も手紙を通じて生き生きと伝わってくるということ。　問八　エ

○推定配点○

一　問一　各2点×5　問二・問三・問五(1)　各3点×5　問七　10点　他　各5点×4
二　問一～問三　各3点×5　問七　10点　他　各5点×4　計100点

＜国語解説＞

一　(論説文一漢字の読み書き，語句の意味，接続語の問題，文脈把握，脱文・脱語補充，表現技法)

問一　a,「シンコウ」には様々な同音異義語があるが，ここではaの後の「科学の力を…飲み込んでしまう」から「信仰」が適当。　b,「背く」とは「反抗する，従わない」こと。　c,「規範」とは「行動や判断の基準となる模範」。　d,「病む」とは「病気になる，心を悩ます」こと。　e,「健全」とは，「すこやかで異常のないさま，偏らず堅実なさま」。

問二　i,「リテラシー」とはもとは読解記述力のことであるが，現代では一般に何かを適切に理解・解釈・分析できる能力のことを指す。ここでは「科学リテラシー」という使われ方をしているので，イではなくアが適当。　ii,「ナンセンス」とは「意味のないこと，ばかげたこと」という意味。

基本　問三　Ⅰ，空欄Ⅰの前では「現代人は他人に…その典型だ」と現代人が他人に「お任せ」する例を挙げ，空欄Ⅰの後では「他人任せで…不可欠」と，他人に「お任せ」する姿勢を批判しているので，逆接のエが適当。　Ⅱ，空欄Ⅱ直前では「君たち…始めている」と若い世代が環境への配慮などを早くから意識していることを示し，空欄Ⅱ直後では「この部分に…期待している」としているため，空欄Ⅱの直前と直後に因果関係がつくられるアが適当。

問四　「免疫」とは，「体内に病原菌や毒素その他の異物が侵入しても，それに抵抗して打ちかつ能力」であり，転じて「物事がたび重なるにつれて慣れること」。ここでは後者の意味で使われているが，「たび重なる」「慣れる」という意味を反映している選択肢はエのみである。また，傍線部①直前の「そういう意味では」はその前の「不合理も…わからなくなってしまう」を指すため，

筆者は不合理についても知るべきという主張をしていると考えられる。

やや難 問五 (1)，傍線部②のあとに「『危険』と『安全』…という二分法的な思考」と「二分法的思考」について具体例を挙げつつ説明されている。言い換えれば0か100かの二つだけで考えるということであり，「二つのもの」に触れているオが適当。 (2)，本文では一貫して二分法的思考の危険性が主張されているが，第七段落に「両極端の間に，無数の選択肢があります」とあることから，設問で取り上げられている文章の「二つの考え方」とは「両極端」と言い換えることができ，その間にあるものとして「無数の選択肢」が適当。

問六 傍線部③直後の「しかし…ないでしょう」および，「ようするに」から始まる第六段落に注目して解答する。 ア，「科学と疑似科学には特長上，方向性の違いがあり」が不適当。そうではなく，筆者は単に考え方の例として「方向を表している，と考えたらどうでしょうか」と紹介しているにすぎない。 イ，「同質性が備わっており」は「いわゆる…同じだ，…区別できない，ということを意味しません」と矛盾するため不適当。 エ，「人間」についてはここでは論点ではないため不適当。そうではなく，考え方が論点になっている。 オ，「本来的には同様のもの」は「いわゆる…同じだ，…区別できない，ということを意味しません」と矛盾するため不適当。

重要 問七 【文章1】第二段落では「科学に対する極端な態度」を批判しているが，これは【文章2】の「二分法的思考」の批判にもつながる。また，【文章1】第三段落では他人任せを批判し，【文章2】全体では科学が二分法思考では対応できないものであることを示している。このことから，「科学に対して極端な態度を取らず」，「科学の特徴(「グレーな領域」について言及してもよい)について理解し」，「自分で考える」の三点が記述できていればよい。

問八 オ，【文章2】では筆者の主張の裏付けのために他人の言動や主張が引用されていることはなく，たとえば「『そのホウレンソウを…考えてください』」などもあくまで想定される例であり，明確な他人の引用ではない。引用というのは，引用元を明示したうえで「〇〇は，『…』のように述べている」などとするものである。

二 (小説一脱文・脱語補充，語句の意味，情景・心情，文脈把握，表現技法)

問一 X，「小雪の舞う」様子にあてはまる表現はアのみである。 イ，何かが滑っていく様子を表現するもの。 ウ，何かが軽く触れて音を立てる様子を表現するもの。 エ，主に雨が降る様子を表現する者。 Y，空欄Y直前の「清太郎さんの字は…そっくりだ」，直後の「相反して，…愛おしさそのものだった」に注目する。「清太郎さんの字」については，「私は，目の前の白川清太郎さんにそっとたずねた」直前に「背筋を伸ばしたようなはっきりとした筆跡の字」と記述がある。また，「相反して」とは「互いに反対の関係にあるさま」。この2点からウが適当。 ア，「背筋を伸ばしたようなはっきりとした筆跡の字」を「まばゆい」と表現するのは不自然である。 イ，字がそもそも「愛くるしい」のであれば，「相反して」につながらない。 エ，「慎ましい」は「遠慮深く，ひかえめなさま」であるが，それでは「背筋を伸ばしたようなはっきりとした筆跡の字」とは言えない。

問二 a，「にわかに」とは「急に，すぐ」という意味。急に降る雨を「にわか雨」と言うことなどから推測できるとよい。 b，「臆面もなく」とは「恥ずかしがったり，気おくれしたりする様子もなく，ずうずうしく」という意味。

問三 傍線部①直後の清太郎さんの発言にある「『どうしても家に帰らせてくれってきかないんですよ』」から，エが適当。 ア，清太郎さんの発言全体から，「うまく表現できず」にいるとは思われないため不適当。 イ，「誤解されそうになり困っている」のであれば，誤解を解くような発言をするのが自然であるが，そのような発言はないため不適当。 ウ，「一途な思いが私にうまく伝わらず」であれば，その一途さを強調するのが自然であるが，清太郎さんは母のことについて説明をしているのみなので不適当。　オ，「母の亡き父への愛情をどう表現していいのかわからず」であれば母の愛情について強調するのが自然であるが，清太郎さんは母のことについて説明をしているのみなので不適当。

やや難　問四　傍線部②直後の「言葉では…滲み出ている」に注目して解答する。　イ，「心の底から安心している」ならば，「目じりに，優しさが滲み出ている」という表現になるのはやや不自然である。安心ということは，何らか母の安全のようなものが確認できてほっとする気持ちと考えられるが，「目じりに，優しさが滲み出ている」からは清太郎さんが微笑んでいることが連想されるため，安心よりも微笑ましさと解釈するのが妥当であるため不適当。　ウ，「驚きと怒り」であれば「目じりに，優しさが滲み出ている」という表現にはつながらず，不適当。　エ，「改めて自分の生い立ちを後悔している」のであれば「目じりに，優しさが滲み出ている」という表現にはつながらず，不適当。　オ，清太郎さんは母に関する説明の中で父について「『あまりいい思い出がありません』」と述べているため，「大好きだった父」とは言えず，不適当。

問五　傍線部③直前に「途中から堪えるような声で一気に言うと」とあるので，清太郎さんは「『だから…秘密の愛だったんでしょう』」という発言の中で，父と母の「秘密の愛」に思いを馳せて涙ぐんだということがわかる。したがってイ・ウ・エのように清太郎さんの感情をネガティブに捉えているものは不適当。次に「私」についてだが，傍線部④の直後で代筆作業の準備にとりかかっていることがわかるため，ア「代筆できるか不安」は不適当。

問六　清太郎さんは「『天国からのおやじの手紙を，かわりに書いてもらえませんか？』」と発言しているので，代筆するのは清太郎さんの父からの手紙であり，父ではない人の代筆をするとしているア・ウ・オは不適当。エは「母親の，…一区切り付けさせてあげること」までは本文中から読み取れないため不適当。「私」の「『お母様は，いつも…待っていらしたんですね』」，「『そして，今もまだ，待っていらっしゃるってことですよね』」からも，清太郎さんは母がずっと待っている父からの手紙を渡してあげたいと思っていると考えられる。

重要　問七　まず「その果汁」が傍線部⑤直前に「愛情という果汁」とあることから「愛情」を指すこと，「今も涸れずに瑞々しさを保っている」は，亡くなった人の手紙という過去のものであっても，愛情が生き生きと，あるいはありありと読み手に伝わってくるということをおさえて記述できていればよい。

基本　問八　ア，「登場人物たちの会話を中心にして」と言うには会話が少ないため不適当。むしろ，主に地の文で状況や心情が説明されていると言ってよい。　イ，例えば「男性に丸椅子を…注いだ」，「しみじみと，…こぼれる。」は主語を明示していないため，「常に主語が明確」とは言えず，不適当。　ウ，「対句法や倒置法」は文中に見られないため不適当。　オ，例えば「男性に丸椅子を…注いだ」，「木のスプーンで葛湯をよく混ぜてから」などは話の展開と直結しないため，「話の展開に必要な内容のみを厳選して表現し」ているとは言えず，不適当。

★ワンポイントアドバイス★

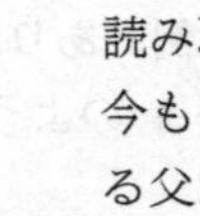

論説文は，各筆者の主張を的確にとらえよう。各筆者がキーワードを何に設定し，それに対してどのような定義や主張を行っているかに注目して読むことが大切だ。小説は，登場人物の言動から心情を把握することを心がけよう。

2020年度

★★★★★★★★★★★★★★★★★★★★★★★

入　試　問　題

2020年度

名古屋高等学校入試問題

【数　学】（50分）　＜満点：100点＞

【注意】 円周率はπとします。

Ⅰ　次の問いに答えよ。

⑴　次の $\square$ に入る式を求めよ。

$4x^2y \times (3y)^2 \div \square = -6xy$

⑵　$x^2 - y^2 + 4y - 4$ を因数分解せよ。

⑶　連立方程式 $\begin{cases} 2x+7y=-9 \\ 4x+2y=3 \end{cases}$ を満たす x，y について，$2x+3y$ の値を求めよ。

⑷　$\sqrt{7x}$ の整数部分が11であるような正の整数 x の値は何個あるか。

⑸　$\frac{12}{5}$と$\frac{9}{16}$のどれをかけても，その積が正の整数となる分数のうちで，最小のものを求めよ。

⑹　右の表は20人の生徒に実施した数学のテストの点数の結果を度数分布表に表したものである。この表から，この20人の点数の平均値を求めよ。

階級（点）	度数（人）
以上 未満	
40～50	3
50～60	3
60～70	6
70～80	5
80～90	2
90～100	1
計	20

⑺　右の図のように，平行な２直線 l，m とAB＝ACである二等辺三角形ABCがある。このとき，$\angle x$ の大きさを求めよ。

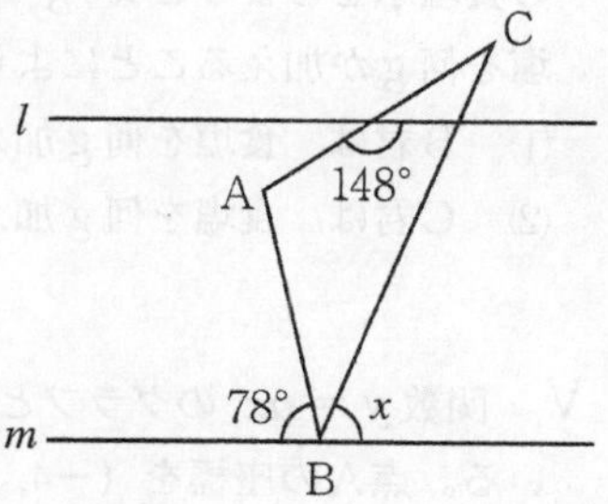

⑻　１辺の長さが４cmの正方形ABCDがあり，曲線（円弧）はA，B，C，Dを中心とする円の一部である。また，曲線は，対角線AC，BDの交点を通る。このとき，図の斜線部の面積を求めよ。

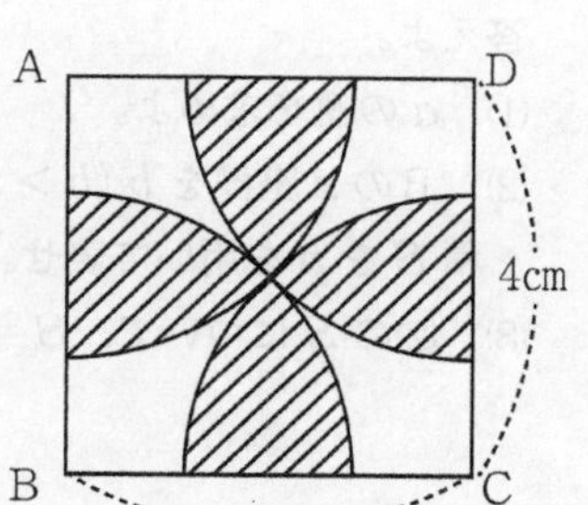

⑼　底面の円の直径が８cm，高さが10cmの円柱の表面積を求めよ。

⑽　右の図のように，1辺が1㎝の正三角形ABCがある。点Pは頂点Aの位置にあり，1枚の硬貨を1回投げるごとに表が出れば2㎝，裏が出れば1㎝だけ，正三角形の辺上をA，B，C，A……の順に動く。1枚の硬貨を4回投げたとき，点Pの最後の位置が頂点Bである確率を求めよ。

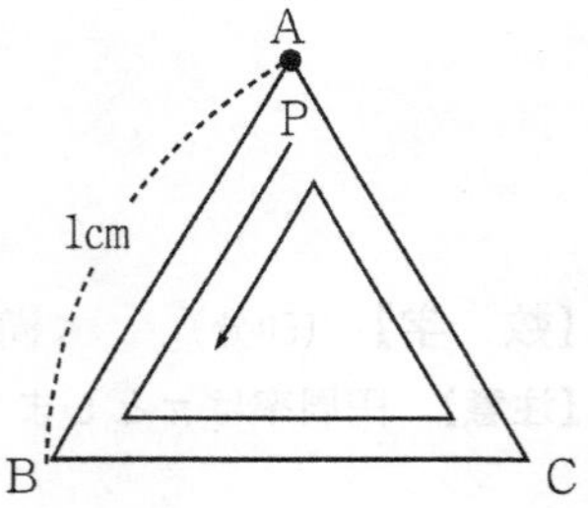

Ⅱ　正方形の縦の長さを5㎝だけ長くし，横の長さを12㎝だけ短くして長方形をつくったところ，その面積はもとの正方形の面積の半分になった。正方形の1辺の長さを求めよ。

（この問題は文字式を利用して解きなさい。解答用紙に解き方，解答を書くこと。）

Ⅲ　直角三角形AEDを点Eが点Aと重なるように2つに折ってできたのが右図の四角形ABCDである。次の問いに答えよ。

⑴　辺CDの長さを求めよ。

⑵　四角形ABCDの面積を求めよ。

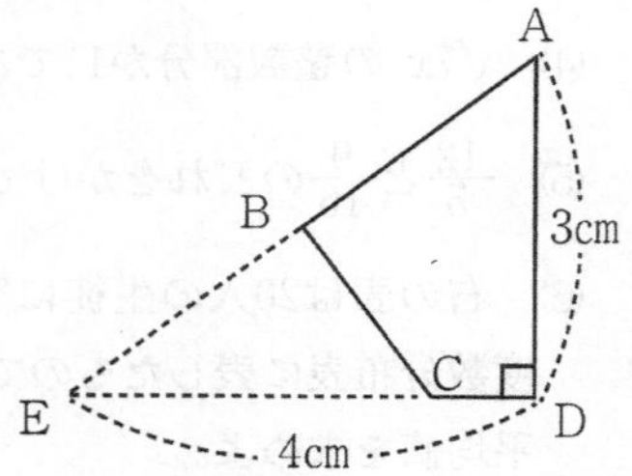

Ⅳ　20％の食塩水300ｇをつくるとき，A君は間違えて水300ｇに食塩60ｇを溶かしてしまった。そこでB君はA君のつくった食塩水に何ｇかの食塩を加えてから，その食塩水を何ｇか捨てて，20％の食塩水をちょうど300ｇつくろうとした。一方，C君はA君のつくった食塩水を何ｇか捨てて，食塩を何ｇか加えることにより，20％の食塩水をちょうど300ｇつくろうとした。次の問いに答えよ。

⑴　B君は，食塩を何ｇ加えようとしたか求めよ。

⑵　C君は，食塩を何ｇ加えようとしたか求めよ。

Ⅴ　関数 $y=ax^2$ のグラフと直線が2点A，Bで交わっている。点Aの座標を（－4，4）とするとき，次の問いに答えよ。

⑴　a の値を求めよ。

⑵　Bの x 座標を b（$b>0$）とするとき，△OABの面積 S を b を用いて表せ。

⑶　⑵の S について，$S=2$ となる b の値を求めよ。

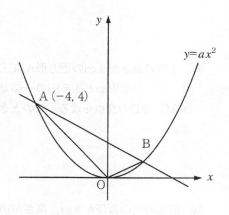

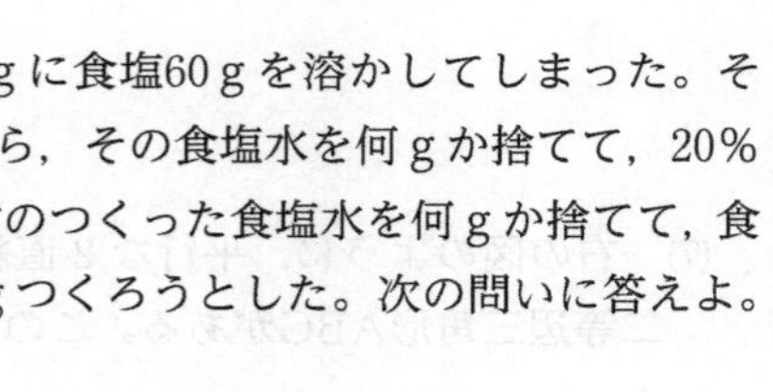

Ⅵ　右の図のような四角形ABCDがある。$\angle \mathrm{BAD}=90^\circ$，$\angle \mathrm{ABD}=60^\circ$，$\angle \mathrm{DBC}=45^\circ$，$\angle \mathrm{BCD}=90^\circ$，AB＝２㎝，点Ｅは対角線AC，BDの交点である。次の問いに答えよ。

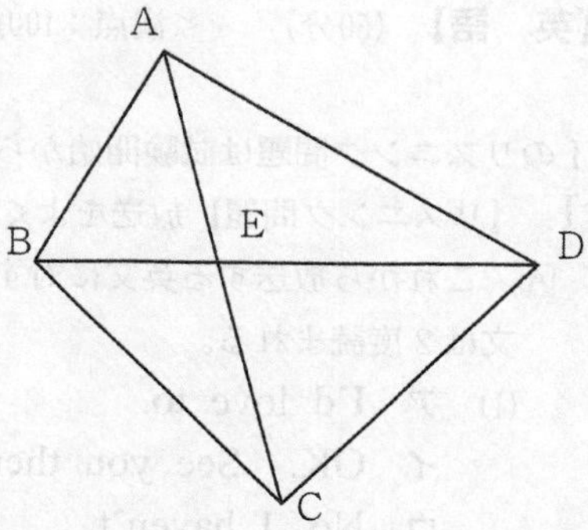

⑴　BCの長さを求めよ。

⑵　∠AEBの大きさを求めよ。

⑶　△ABEと△CDEの面積の比を，最も簡単な整数の比で答えよ。

【英　語】（50分）　＜満点：100点＞

Ｉのリスニング問題は試験開始から数分後に行う。それまで他の問題を解いていること。

Ｉ　【リスニング問題】放送をよく聞いて，下の問いに答えよ。

A　これから放送する英文に対する応答として，最も適するものを下から選んで記号で答えよ。英文は２度読まれる。

(1) ア　I'd love to.
　イ　OK.　See you then.
　ウ　No, I haven't.
　エ　I'm not there.

(2) ア　Yes, would you like to leave a message?
　イ　I'm sorry, he's out.
　ウ　I don't know.
　エ　No, it's OK.

(3) ア　Yes, I am interesting.
　イ　Yes, I like it very much.
　ウ　Yes, I am very interested in them.
　エ　That's true.

(4) ア　I don't know.
　イ　I know what you mean.
　ウ　I don't like shopping.
　エ　More than three hours.

B　これから放送する英文が答えとなるような質問文を考え，英文で答えよ。英文は２度読まれる。

(1) ______________________________

(2) ______________________________

(3) ______________________________

C　これから放送する英語のスピーチを聞いて，下の英文がスピーチの内容に合っていれば○，異なっていれば×，内容にふくまれていない場合には？を書け。英文は２度読まれる。

(1) Michael is talking about school lunch in the USA.
(2) Michael thinks Japanese and American school uniforms are similar.
(3) In Michael's opinion, American students should have school uniforms.
(4) Michael Johnson is American.

< Listening Script >

A

(1) Have you ever been to the Statue of Liberty?
(2) Do you want him to call you back?

(3) Are you interested in robots?
(4) How long is the Amazon?

B
(1) My birthday is on August 22nd.
(2) Yes, I have.
(3) In Japanese we say ‘Arigatou gozaimasu’.

C
Hello, everyone. My name is Michael Johnson. I am going to talk about school uniforms. Many Japanese students wear school uniforms, but most American students do not. I think we should wear school uniforms. I have four reasons for this.
First, having school uniforms saves us money on clothes. Second, if we have school uniforms, we do not have to worry about what to wear every day. Third, when we wear school uniforms, we can feel that we belong to our school. Fourth, if we have younger brothers or sisters they can reuse and recycle our uniform. It is good for the earth. School uniforms are good for students in many ways. I think students in America should wear uniforms too. Thank you for listening to my speech today.

Ⅱ 次のA，Bの問いに答えよ。

A 次の対話を読んで，あとの問いに答えよ。ただし，(3)は7ページの地図を，(4)は8ページの路線図を見て答えること。なお，この対話は東京オリンピック・パラリンピックのマラソン競技の開催地が東京であることを前提としている。

Alex : Satoshi, you look sad. What’s wrong?
Satoshi : I don’t have any tickets for the Tokyo *Olympics and Paralympics in 2020. I can’t enjoy Tokyo 2020. I want to cry!
Alex : That’s too bad. I’ve already done one thing.
Satoshi : Really? What have you done?
Alex : Well, it’s a kind of volunteer work. I just sent my old *cell phone.
Satoshi : How does it become volunteer work?
Alex : Those phones have a little gold in them. The *medals are made of the gold from the used phones. This leads to helping the Earth.
Satoshi : Do you mean the gold medals are recycled products? Great! I want to send mine, too. How can I send it?
Alex : Sorry, but it has already finished.
Satoshi : I’m out of luck. I can’t enjoy Tokyo 2020 at all.
Alex : Don’t worry! I have an idea. I’m planning to walk along the

*marathon course from the start line. It's 42.195 km. It sounds far, but we can do it. There are some sightseeing places along the course. Would you like to come with me?

Satoshi : Yes! It sounds fun.

～ The Next Weekend ～

Satoshi : Alex, please wait..., let's go to the nearest station.

Alex : Come on, Satoshi. We've only walked about one third!

Satoshi : I know, but I can't walk any more.

Alex : OK. Let's go to the Tokyo Tower and take a rest. I'll ask the old man over there how to get to the Tower. (Talking to an old man) Excuse me, could you tell me the way to the nearest station to the Tokyo Tower?

The old man : Sure. That's Shiba Park Station. First, go down this street, turn left at the second corner. Then turn right at the third corner. You will see Asakusa Station on your left. Take the Red Line to Mita Station, and change trains there.

Alex : How many stops is Mita Station from Asakusa Station?

A man : Ten stops.

Alex : Which line should I take from Mita Station?

A man : Take the Blue Line. Shiba Park Station is next to Mita Station.

Alex : Thank you very much.

A man : My pleasure.

【注】 Olympics and Paralympics：オリンピック・パラリンピック　cell phone：携帯電話
medals：メダル　marathon course：マラソンコース

⑴ What did Alex do to enjoy the Tokyo Olympics?
ア He bought some tickets.
イ He sent his old cell phone to make gold medals.
ウ He got his cell phone made from gold medals.
エ He ran the marathon course.

⑵ Where is Asakusa Station on the marathon course?
ア About 3 kilometers from the start.
イ About 15 kilometers from the start.
ウ About 30 kilometers from the start.
エ About 40 kilometers from the start.

⑶ Where was Alex when he asked the old man the way to the Tokyo Tower? Choose from A to E.

⑷ Where is Shiba Park Station? Choose from F to J.

〈Road Map〉

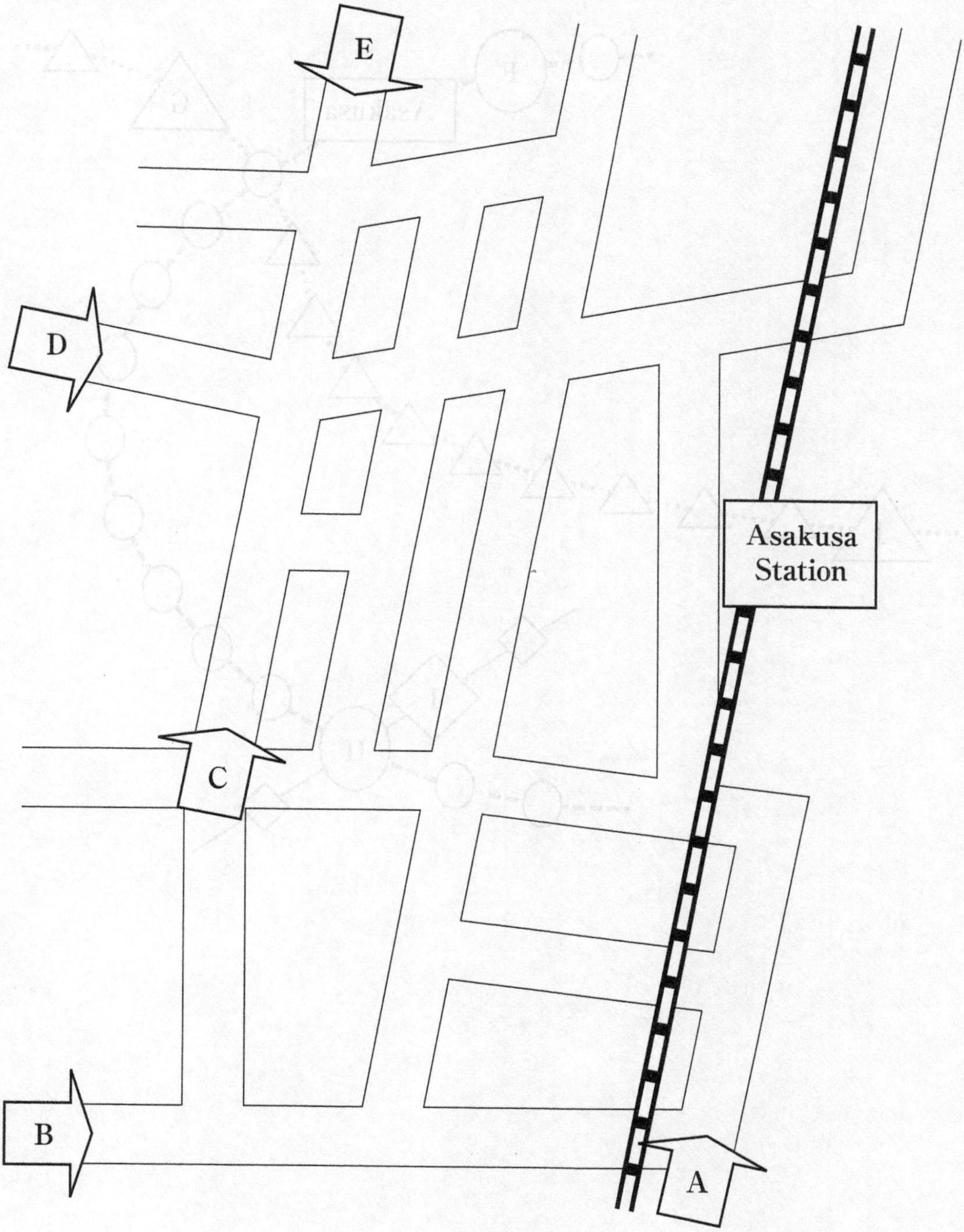

〈Train Station Map〉

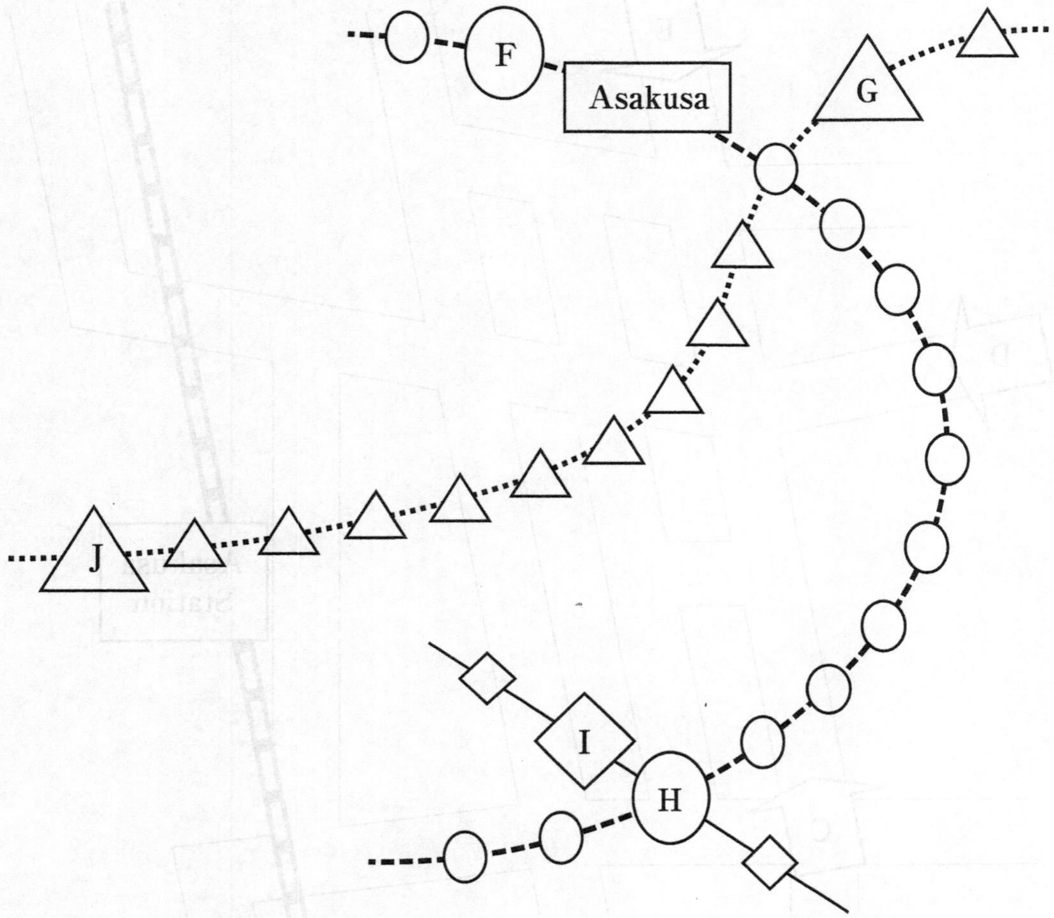

B 次のある店での対話と次のページのその店の商品案内を読んで，下の問いに答えよ。

～ Near Asakusa Station ～

Satoshi : Look. This shop is having a sale.

Alex : Wow, there are lots of Japanese traditional goods. That's a samurai *sword! It's made of wood. Cool! I want it!

Satoshi : Are you going to walk with the sword in your hand?

Alex : Oh. maybe it's not a good idea. Then, how about a Japanese fan called *sensu*? The picture on it looks like *ukiyoe*. My parents like *ukiyoe*. I think they'll like it.

Satoshi : How about that towel? It also has an *ukiyoe* design.

Alex : It's beautiful. I'll take one for each of my parents.

Satoshi : Look at these T-shirts. They have a special design for the *Olympics.

Alex : This T-shirt has *kanji* on it. What does it mean?

Satoshi : It says *Go-rin*. It means five *rings in Japanese. The Olympics is sometimes called *Go-rin* in Japan.

Alex : That's nice. I'll take one too. I want something for my sister too. She would like this Japanese paper, *origami*, but I don't have enough money. I only have 2,700 yen.

Satoshi : If you spend more than 3,000 yen, you can get some origami paper as a present. Shall we *pay for our two T-shirts together?

Alex : Good idea. During the Olympics, let's wear the T-shirts and watch the games in my house.

Satoshi : I'm sure next summer will be wonderful!

【注】 sword：剣，刀　Olympics：オリンピック　rings：輪　pay for ～：～の支払いをする

(1) Which T-shirt does Alex buy?

ア Design A.　イ Design B.　ウ Design C.　エ Design A and C.

(2) If you buy *sensu* as a gift,

ア you can draw a picture by yourself.

イ you can write your name on it.

ウ you can send it from the post office.

エ you can put it in a gift box.

(3) What does Alex get for his parents and his sister?

ア Two Japanese fans and a T-shirt.

イ Two towels and a T-shirt.

ウ Two Japanese fans and origami paper.

エ Two towels and origami paper.

(4) How much does Satoshi pay for his T-shirt?

ア 900 yen.　イ 1,000 yen.　ウ 1,200 yen.　エ 2,000 yen.

Japanese Traditional Goods

On Sale

The Tokyo Olympic and Paralympic games are coming!
Have you prepared to support the Olympic *athletes? Let's enjoy the big event!
We are having a sale! All goods in our shop are at special prices.

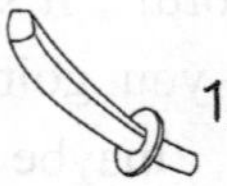

Japanese Sword ~ Cool samurai sword made of wood 1,800 yen
Please be careful how you use this.

T-shirt ~ Special design for Tokyo 2020 1,000 yen
We have three special designs in different sizes. **BUY 2 GET 10% OFF**

Sensu ~ Japanese traditional fan 800 yen
There are many Japanese traditional designs on it, such as kabuki and ukiyoe.
We can prepare a small gift box if you need it.

Tenugui ~ Japanese traditional towel 800 yen
We have various kinds of design. You can use this not only as a towel but also as a picture on the wall.

Origami ~ Japanese traditional art 200 yen
Origami is a kind of Japanese art made with paper.
With the *attached instructions, you can make some animals.

★ **BUY 2 GET 10% OFF** : If you buy two T-shirts, you'll get 10 percent off. You and your friends can *pay together.
★ Special Gift: If you buy goods in our shop for more than 3,000 yen, you can get some origami paper. Have fun with Japanese traditional culture.
★ *All prices include tax.

【注】 athlete：運動選手　attached instructions：付属の説明書　pay：支払う
All prices include tax：全て税込み価格

Ⅲ 次の英文を読んで，あとの問いに答えよ。

Last summer there was a big fire in the rain forest near the Amazon River. A huge area of the forest was lost and a lot of animals that live only in that area died. That forest has (ア) helpful to people around the world for many years because it produces about twenty percent of the world's oxygen. Today we have many *environmental problems. The forest fire will make the problems more serious. On TV, some people were saying, "We have to do something. Burning the forest means burning [　①　]!" It is important for us to protect nature.

The environmental problems are becoming more and more serious. So many countries are thinking about how to solve the problems. One of these problems is plastic *waste. Plastic products, such as plastic *straws and bags, are easy to use, but easy to throw away. *UNEP (The United Nations Environment Program) made a report about plastic waste in 2015. The report says that about half of the plastic waste in the world comes from plastic *packaging and Japan is the second worst country in the world for throwing away a lot of plastic waste.

When we visit the sea, it is easy to find plastic bottles or plastic bags on the beach. This plastic goes into the sea and some of it becomes small pieces (イ) as '*microplastics'. Fish may eat microplastics by mistake and we may eat the fish without knowing it. We are not sure how ②that will influence our body in the future. We haven't found a way to collect microplastics from the sea yet.

In 2018, a dead baby *whale was found on Yuigahama beach in Kanagawa Prefecture. ③(was / little / the whale / fish / eat / too / to), so people were *shocked to find plastic waste in it. They thought this was ④a message from the baby whale. Kanagawa began the 'Zero Plastic Waste' *campaign. Some workers in the prefecture tell people to stop using plastic straws and to recycle plastic products. They also ask people (ウ) the beach to take plastic waste back home. Many convenience stores and restaurants in Kanagawa decided to stop giving plastic straws and bags to customers. The prefecture is trying to *reduce plastic waste to zero by 2030.

Many companies have also started to think about problems with plastic. Convenience stores in Japan will stop giving plastic bags to customers in the near future. We need (エ) our own bag when we go shopping. Some stores said that they would stop using plastic straws in a few years. Some places are trying to use new types of straws that we can reuse. One store has already changed from plastic cups for their small *iced coffee to paper cups. We can drink it from the cup without a straw. This change is going to reduce 542.5 *tons of plastic waste every year.

Now each of us should change our life to save the Earth. Sometimes you may feel it is not always easy, but we only have one Earth.

【注】 environmental：環境の　waste：ゴミ　straw：ストロー
UNEP (the United Nations Environment Program)：国連環境計画
packaging：包装　microplastics：マイクロプラスチック　whale：くじら
shocked：衝撃を受けた　campaign：キャンペーン　reduce：減らす
iced coffee：アイスコーヒー　tons：トン（重さの単位）

(1) 空所ア～エに入る最も適当な語を下から選び，正しい形に変えて書け。ただし，1語とは限らない。

【語群】 take　know　visit　catch　be

(2) 空所①に入る最も適切なものを下から選び，記号で答えよ。

ア plastic waste　イ problems　ウ the Amazon River　エ our future

(3) 下線部②の内容について，30～40字（句読点を含む）の日本語で説明せよ。

(4) 下線部③の（　）内の語句を意味が通るように並べ替え，英文を完成せよ。

(5) 下線部④について，「赤ちゃんクジラ」になったつもりで，具体的なメッセージを4語以上の英文で書け。

(6) 下のア～エの英文が本文の内容に合っていれば○を，異なっていれば×を書け。

ア Japan is the country that throws away the most plastic waste in the world.

イ Fish do not eat microplastics, so it is not necessary to clean the sea.

ウ The 'Zero Plastic Waste' campaign in Kanagawa started before the dead whale was found in 2018.

エ Some companies and stores have already started to reduce plastic waste.

Ⅳ 次の対話を読んで，文脈に合うように空所①～③に適切な英文を書き，対話を完成させよ。ただし，指定された語を必要に応じて適切な形にして用いること。

Takashi : Are you free tomorrow night?

Jane : Yes, why?

Takashi : Do you know that Nagoya High School has a special *telescope? There is a star watching class tomorrow evening.

Jane : It sounds exciting. I'd like to go. [① (start)] ?

Takashi : From seven. We'll be hungry. Let's have dinner before the class.

Jane : Sure. I know two good restaurants near there. One is a curry restaurant and the other is a *pizza restaurant. [② (which / curry / pizza)] ?

Takashi : Pizza sounds great! Then let's meet in front of the school at six.

Jane : [③ (forward / see)] beautiful stars.

【注】 telescope：望遠鏡　pizza：ピザ

【理　科】（40分）　＜満点：100点＞

Ⅰ　同じ濃度の塩化銅水溶液200ｇを入れたビーカーを３個準備し，それらに白金電極と電池と炭素棒を図１のように接続し，電気分解を行った。それぞれに１Ａ，２A，３Aの電流を流しながら，陰極の表面に付着した金属の質量を測定した。その実験結果として，表１，表２，表３が得られた。この実験結果を参考にして，次の問いに答えよ。

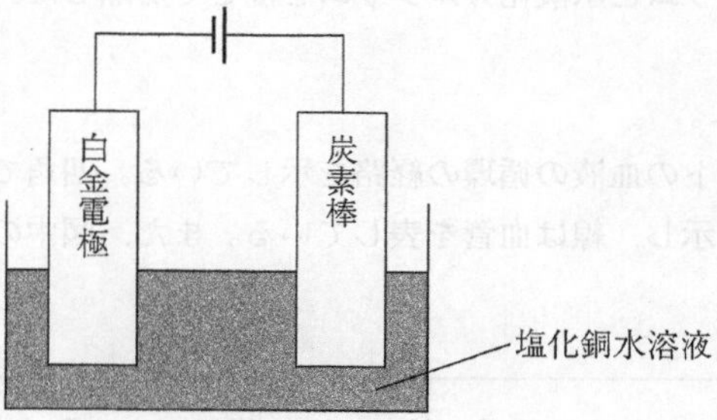

図１

電流を流した時間（分）	30	60	90	120	150	180
陰極の表面に付着した金属の質量（g）	0.6	1.2	1.8	2.4	3.0	3.6

表１　1Aの電流を流した時間と付着した金属の質量の関係

電流を流した時間（分）	30	60	90	120	150	180
陰極の表面に付着した金属の質量（g）	1.2	2.4	3.6	3.6	3.6	3.6

表２　2Aの電流を流した時間と付着した金属の質量の関係

電流を流した時間（分）	30	60	90	120	150	180
陰極の表面に付着した金属の質量（g）	1.8	3.6	3.6	3.6	3.6	3.6

表３　3Aの電流を流した時間と付着した金属の質量の関係

⑴　塩化銅が電離する化学反応式をイオン式を使って書け。

⑵　電流を流し始めたとき，陽極付近で発生する主な気体（分子）は何か。化学式で答えよ。

⑶　電流を流し始めたとき，電池から陰極に電子100個が流れこむと，陰極の表面に付着する金属原子は何個になるか。

⑷　図１と同じ装置を使って，5Aの電流を35分間流したとき，陰極の表面に付着する金属の質量は何ｇになるか。

⑸　電流を流す前の塩化銅水溶液の濃度は何％か。ただし，電流を流したとき，陽極で発生する気体の質量と陰極の表面に付着する金属の質量の比を71：64とする。小数第２位を四捨五入し，小数第１位まで答えよ。

⑹　２Ａの電流を流した実験で，電流を100分間流し続けたとき，陰極付近である気体が発生してい

た。これと同じ気体を発生させるには，どのような実験を行えばよいか。最も適切なものを次のア～オから1つ選び，記号で答えよ。

ア　亜鉛に塩酸を加えた。

イ　石灰石に塩酸を加えた。

ウ　過酸化水素水に二酸化マンガンを加えた。

エ　炭酸水素ナトリウムを加熱した。

オ　塩化アンモニウムと水酸化カルシウムを混ぜて加熱した。

Ⅱ　次の問いに答えよ。

問1　次の図は，ヒトの血液の循環の経路を示している。四角で囲まれた部分はからだの中にあるさまざまな器官を示し，線は血管を表している。また，図中の矢印は，血液の流れる向きを示している。

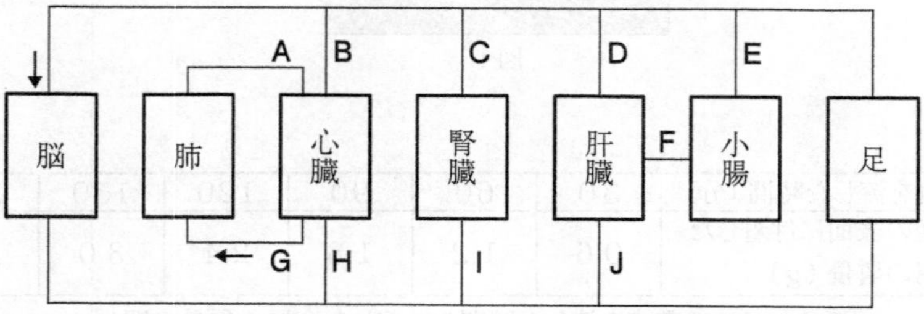

⑴　血管Fの名称を漢字で答えよ。

⑵　心臓は4つの部屋に分かれている。Gの血管がつながっている部屋の名称を漢字で答えよ。

⑶　動脈血が流れる血管をA～Jからすべて選び，記号で答えよ。

⑷　Iの血管を流れる血液は，Cの血管を流れる血液と比べてどのような特徴があるか。句読点を含めて10字以内で答えよ。

問2　エンドウには種子の形が丸いものとしわのあるものがある。いま，それぞれ純系の丸い種子としわのある種子をまいて育て，両者をかけ合わせたところ，できた種子はすべて丸い種子であった。この丸い種子を10粒ほどまいて育て，自家受粉させたところ，いずれの個体からも①丸い種子としわのある種子がおよそ3：1の比で得られた。ここで得られた丸い種子を100粒まいて育て，自家受粉したところ33本の個体からは②丸い種子のみが得られ，67本の個体からは③丸い種子としわのある種子が得られた。なお，エンドウは，1本の個体から約120粒の種子が得られるものとする。種子の形について優性の遺伝子をR，劣性の遺伝子をrとして，以下の問いに答えよ。

⑴　下線部①の種子の中で，遺伝子の組み合わせがRrになるものは全体の何％か。

⑵　下線部②，③の種子の数はそれぞれおよそ何粒になるか。最も近い数字を次のア～コからそれぞれ1つずつ選び，記号で答えよ。

ア	1000粒	**イ**	2000粒	**ウ**	3000粒	**エ**	4000粒	**オ**	5000粒
カ	6000粒	**キ**	7000粒	**ク**	8000粒	**ケ**	9000粒	**コ**	10000粒

Ⅲ　次の問いに答えよ。

問１　ある室内の空気の温度は30℃であった。この空気の露点を測定したところ15℃であった。また，下の表は空気１m^3が含むことのできる水蒸気量を示している。

気温（℃）	0	5	10	15	20	25	30	35	40
飽和水蒸気量（g/m^3）	4.85	6.79	9.39	12.8	17.2	23.0	30.3	39.6	51.1

⑴　この室内の空気の湿度は何％か。小数第１位を四捨五入し，整数で答えよ。

⑵　この室内の空気を容器に0.2m^3とって，その温度を下げていったところ，1.2ｇの水滴が得られた。容器内の空気の温度は何℃か。最も適切なものを次のア～キから１つ選び，記号で答えよ。

ア　0℃　**イ**　5℃　**ウ**　10℃　**エ**　15℃　**オ**　20℃　**カ**　25℃　**キ**　30℃

問２　近年，熱中症の危険度を示す指標として，暑さ指数：WBGT（湿球黒球温度）が用いられることがある。ここでは，WBGT（湿球黒球温度）が次の①の式で求められるものとする。

WBGT（湿球黒球温度）＝0.7×湿球温度＋0.2×黒球温度＋0.1×乾球温度…①

図１は，ある場所Ａに設置された，ある日・ある時刻における乾湿計の一部分を模式的に表している。また，表１は，同じ日・同じ時刻における，表中に示した場所の黒球温度を示している。

場所	黒球温度（℃）
森林の中	25
場所A	28
アスファルトの駐車場	33

表１

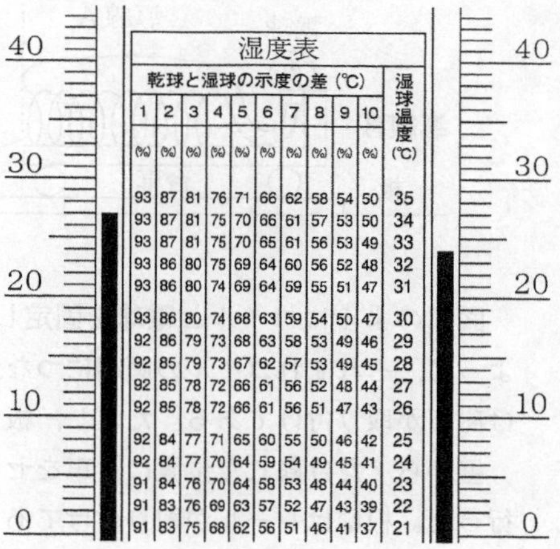

乾球と湿球の示度の差（℃） 1 (%)	2 (%)	3 (%)	4 (%)	5 (%)	6 (%)	7 (%)	8 (%)	9 (%)	10 (%)	湿球温度（℃）
93	87	81	76	71	66	62	58	54	50	35
93	87	81	75	70	66	61	57	53	50	34
93	87	81	75	70	65	61	56	53	49	33
93	86	80	75	69	64	60	56	52	48	32
93	86	80	74	69	64	59	55	51	47	31
93	86	80	74	68	63	59	54	50	47	30
92	86	79	73	68	63	58	53	49	46	29
92	85	79	73	67	62	57	53	49	45	28
92	85	78	72	66	61	56	52	48	44	27
92	85	78	72	66	61	56	51	47	43	26
92	84	77	71	65	60	55	50	46	42	25
92	84	77	70	64	59	54	49	45	41	24
91	84	76	70	64	58	53	48	44	40	23
91	83	76	69	63	57	52	47	43	39	22
91	83	75	68	62	56	51	46	41	37	21

図１

⑴　乾湿計で湿度を測定するためには，湿球温度計の液だめはどのようにしておく必要があるか。最も適切なものを次のア～オから１つ選び，記号で答えよ。

ア　液だめの位置を，乾球温度計の液だめよりも低い位置にしておく。

イ　液だめが容器に入れた水につかるようにしておく。

ウ　液だめが容器に入れたエタノールにつかるようにしておく。

エ　液だめをガーゼでつつみ，そのガーゼが容器に入れた水につかるようにしておく。

オ　液だめをガーゼでつつみ，そのガーゼが容器に入れたエタノールにつかるようにしておく。

⑵　場所Ａの湿度は何％か。整数で答えよ。

⑶　黒球温度は，「黒」が光や熱を最もよく吸収することを利用して，周りの環境から出てくる熱をとらえた温度である。次のア～オの文から，黒球温度の測定方法について説明した文として最も適切なものを１つ選び，記号で答えよ。

ア　温度計に直射日光が当たらないように黒い紙でおおって気温を測定する。

イ　外を黒色に塗った中が空洞の球の中心の温度を測定する。

ウ　温度計内のエタノールを黒鉛に取り換えて気温を測定する。

エ　温度計の液だめの部分を黒色に塗って気温を測定する。

オ　温度計を地面に差し込んで温度を測定する。

⑷　次の表で示した場所**B**，**C**，**D**を，WBGT（湿球黒球温度）が高い順に左から並べよ。ただし，①の式と図１の湿度表を用いよ。

場所	乾球温度（℃）	湿球温度（℃）	黒球温度（℃）	湿度（%）
B	33		34	86
C	30	26	34	
D		26	32	72

Ⅳ　次の問いに答えよ。

図１

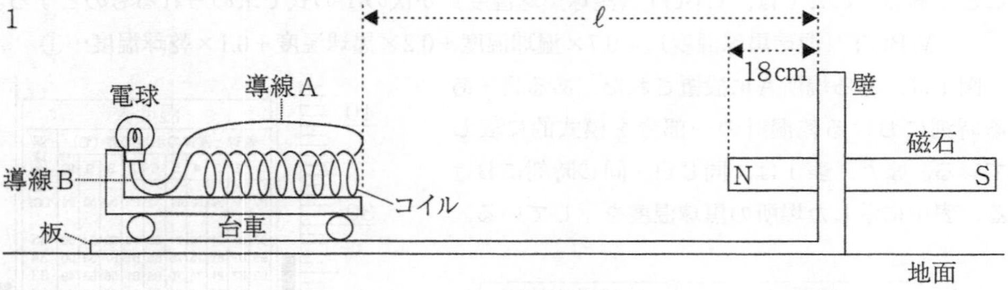

図１のようにコイルと電球を固定した台車が板の上にのっている。電球は２つの導線Ａ，Ｂによって，それぞれコイルの両端につながっている。板の右端には壁が垂直に立ててあり，その壁には磁石が取り付けてある。ただし，板と壁は地面に固定されている。

壁からℓだけ離れた位置に台車をセットし，この台車を右向きに動かして壁に衝突させる実験を行った。板にはレールが取り付けてあり，台車が壁に衝突する際には，磁石のＮ極がコイルの内側に入るように調整してある。なお，壁から突き出した磁石の長さは18㎝である。

【実験１】　台車を秒速10㎝の速さで動かし，衝突までの台車の速さを測定した。台車が動き始めた時刻をｔ＝０とし，縦軸には台車の速さ，横軸には時刻ｔをとりグラフを作成すると，次のグラフ１のようになった。なお，ｔ＝10秒のとき，台車は壁に衝突した。

グラフ１

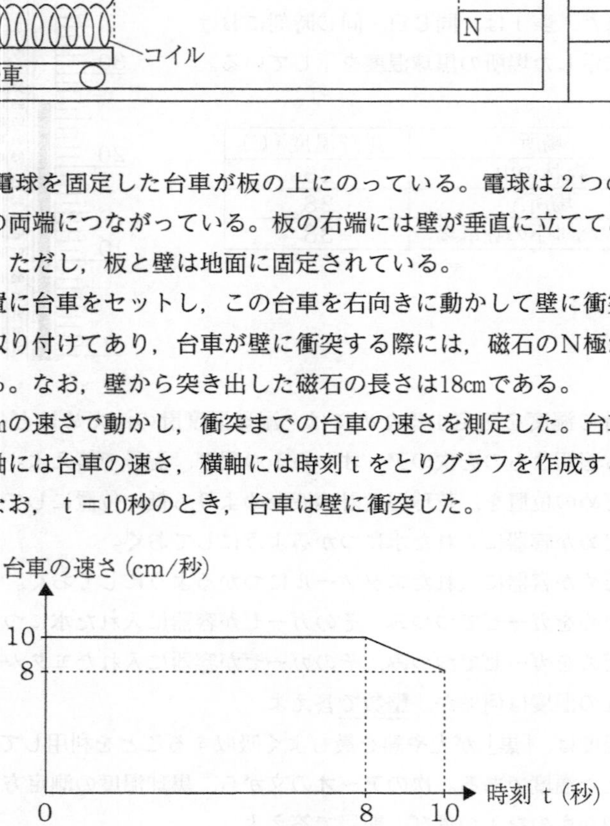

⑴　時刻８≦ｔ≦10の間における台車の平均の速さは，秒速何㎝か。

⑵　ℓ は何cmか。ただし，時刻 $8 \leqq t \leqq 10$ の間に台車が動いた距離は，台車がその区間の［平均の速さ］で運動したと考えることで求められる。

⑶　実験１では台車は衝突前に減速した。これは磁石とコイルが接近した結果，コイルに電流が流れ，さらに磁石とコイルに反発力が生じたためである。このとき，導線Ａを流れる電流の向きはどうなるか。下図の **a**，**b** の記号のどちらかを用いて答えよ。

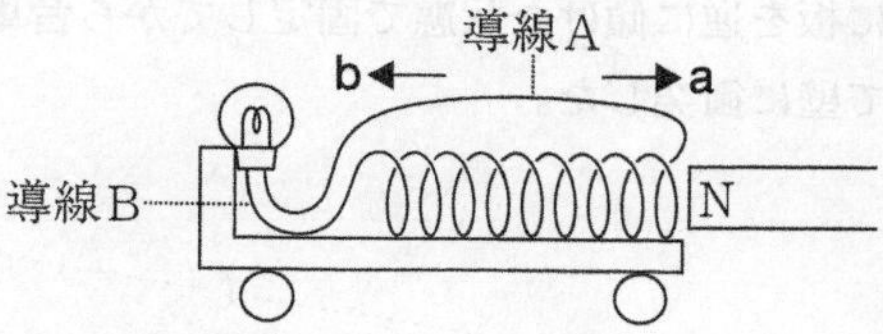

【実験２】　次に前のページの図１での実験用具をそのまま用い，図２のように板を少し傾けた状態で固定し，実験を行った。ただし，今回ははじめに台車を動かさずに，壁から距離 ℓ の地点からそっと放した。台車はゆっくり動きはじめ徐々に速さを増していき，しばらくして壁に衝突した。

　このとき，台車の速さを測定し，グラフを作成すると，グラフ２のようになった。なお，グラフ２の時刻 t_2 において，台車は壁に衝突した。

図２

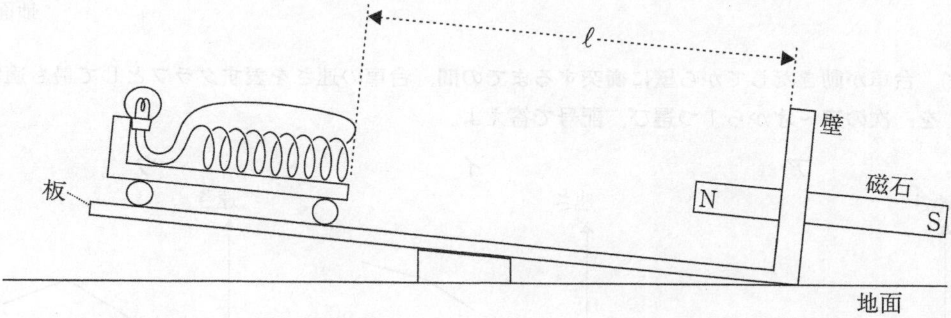

グラフ２

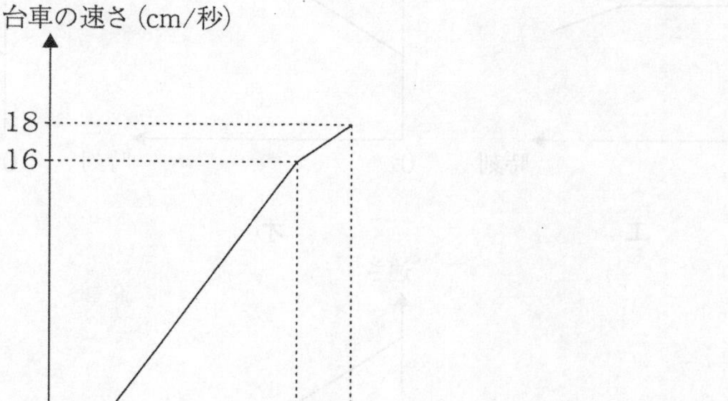

⑷　時刻 t_1 から t_2 の間に台車にはたらく合力についての正しい説明を，次のページの**ア**～**ウ**から１つ選び，記号で答えよ。

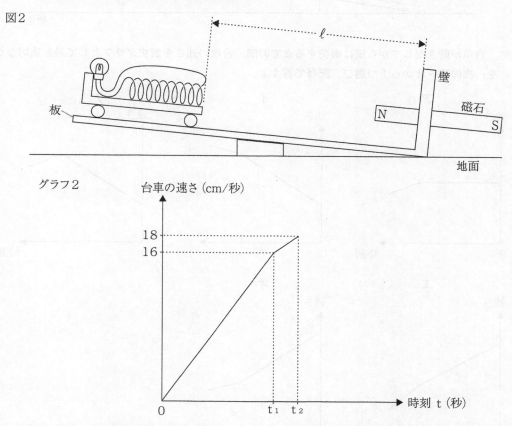

ア　台車にはたらく合力は，斜面に沿って壁のほうを向いている。

イ　台車にはたらく合力は，斜面に沿って壁とは反対のほうを向いている。

ウ　台車にはたらく合力はつり合って０となっている。

(5)　グラフ２における時刻 t_2 は何秒か。小数第３位を四捨五入し，小数第２位まで答えよ。

【実験３】　次に図３のように板を逆に傾けた状態で固定してから台車を動かした。その後，台車は板をのぼっていき，やがて壁に衝突した。

図３

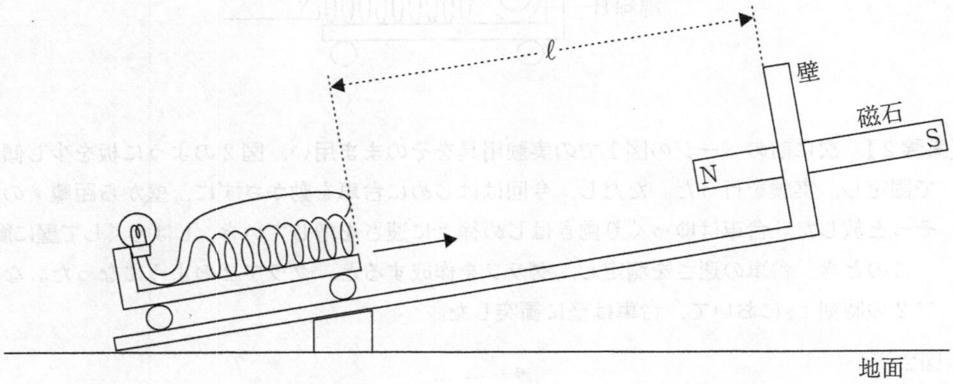

(6)　台車が動きだしてから壁に衝突するまでの間，台車の速さを表すグラフとして最も適切なものを，次の**ア**～**オ**から１つ選び，記号で答えよ。

ア

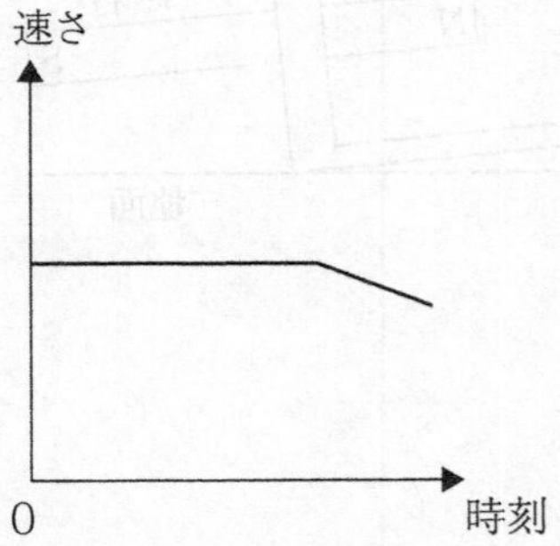

イ

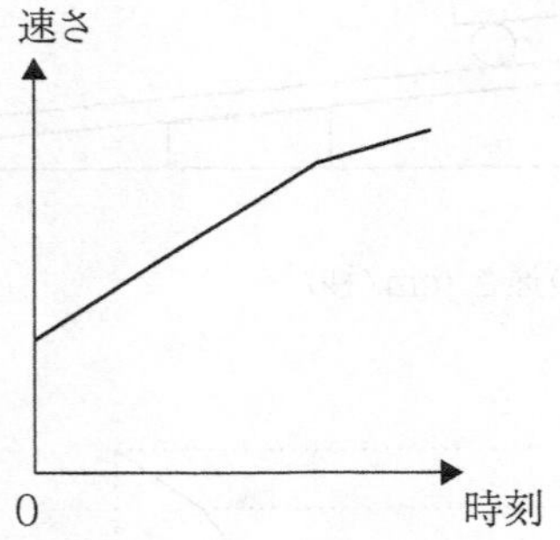

ウ

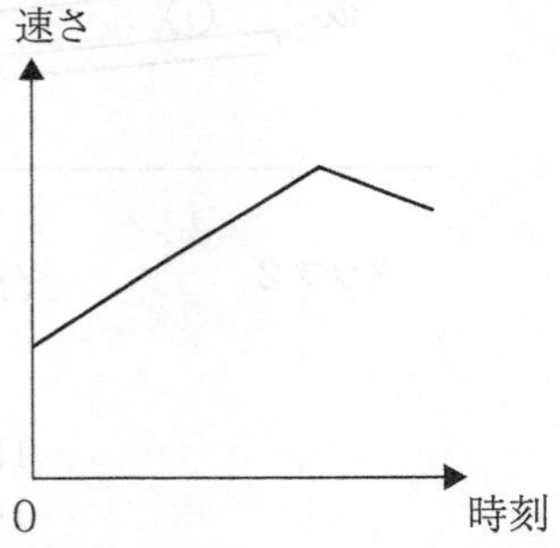

エ

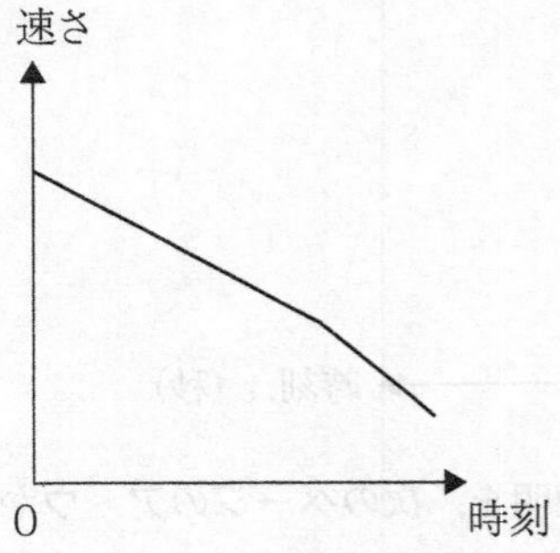

オ

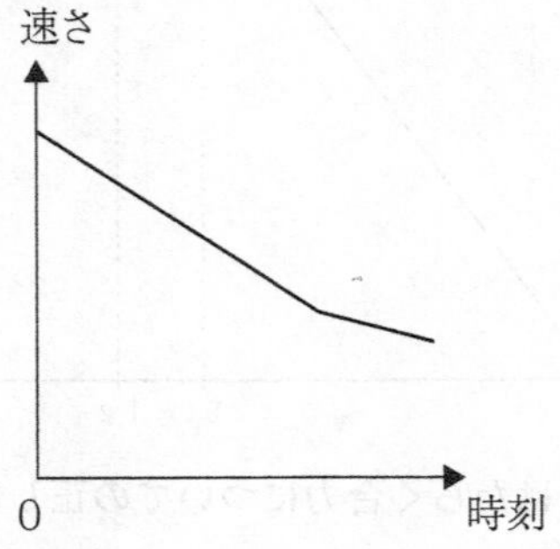

【社　会】（40分）　＜満点：100点＞

【注意】教科書中に漢字で書かれている語句は，全て漢字で答えなさい。

Ⅰ　昨年，ラグビーワールドカップ2019日本大会が開催され，愛知県では表１の試合が行われた。図１中のＡ～Ｇの◯は表１にある日本以外の国・地域のおおよその位置を表している。表１と図１をみて，あとの問いに答えよ。

表１　豊田スタジアムで開催された試合（試合開始時間は日本時間）

開催日	試合開始時間	対戦国		
9/23（月）	19：15	ウェールズ	vs	ジョージア
9/28（土）	18：45	南アフリカ	vs	ナミビア
10/ 5（土）	19：30	日本	vs	サモア
10/12（土）	13：45	ニュージーランド	vs	イタリア（台風のため中止）

図１

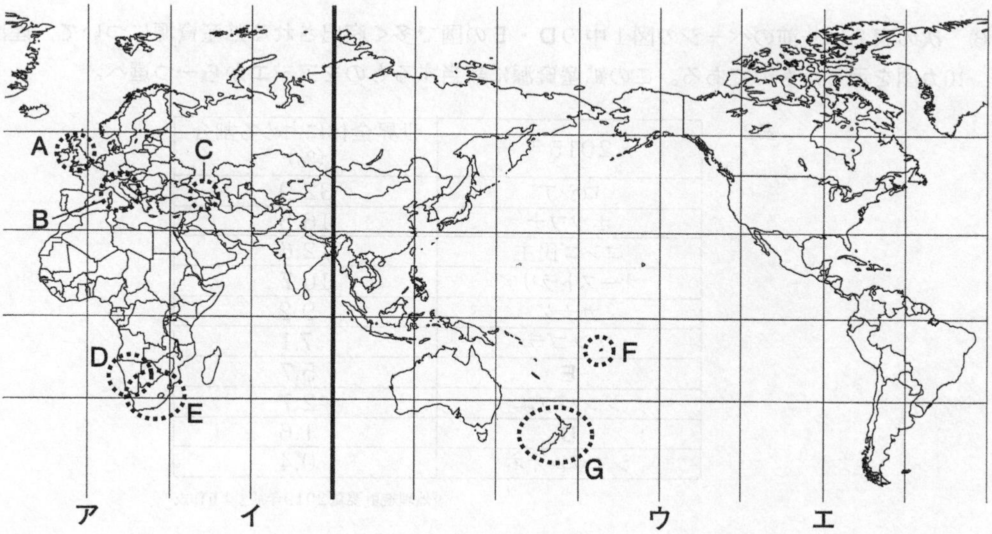

Craftmapより作成（http://www.craftmap.box-i.net/）

⑴　図１中の緯線と経線は等間隔で引かれている。緯線・経線の間隔として適当なものを，ア～エから一つ選べ。

ア　10度　　イ　20度　　ウ　30度　　エ　40度

⑵　図１中の太線の経線と同一円上にある経線を，図１中の経線ア～エから一つ選べ。

⑶　次の選択肢のうち，日本と最も時差が大きい国・地域はどれか。ア～エから一つ選べ。

ア　ウェールズ　　イ　ジョージア　　ウ　南アフリカ　　エ　ニュージーランド

⑷　「ニュージーランドvsイタリア」の試合開始時間は，ニュージーランドの現地時間で何月何日の何時試合開始となるか。ア～エから一つ選べ。ただし，サマータイムは考慮しなくてよい。

ア　10月11日（金）18：45　　イ　10月11日（金）20：45

ウ　10月12日（土）16：45　　エ　10月12日（土）19：45

⑸　次の(あ)～(う)の文章は，図１中のＡ・Ｂ・Ｃの国について述べた文である。Ａ・Ｂ・Ｃと(あ)～(う)

の組み合わせとして適当なものを**ア**～**カ**から一つ選べ。

(あ) 1991年に独立した国で，茶やぶどう，ワインが特産品。2009年には隣国との武力衝突や世界的経済危機の影響でＧＤＰ成長率はマイナスとなったが，近年は持ち直しプラス成長を遂げている。

(い) 産業革命の発祥地で伝統的な工業国であるが，金融・サービス業が高度に発達し，世界の金融市場の中心地のひとつとなっている。

(う) 北部が工業の中心地域で，機械・自動車・鉄鋼などが主な産業であるが，国内に多数の世界遺産をもち，観光業も重要な収入源となっている。近年ではシリアなどからの移民・難民問題が大きな課題となっている。

	ア	イ	ウ	エ	オ	カ
A	(あ)	(あ)	(い)	(い)	(う)	(う)
B	(い)	(う)	(あ)	(う)	(あ)	(い)
C	(う)	(い)	(う)	(あ)	(い)	(あ)

(6) 次の表２は，前のページの図１中の**D**・**E**の国で多く産出される鉱産資源について，産出上位10カ国を示したものである。この鉱産資源に該当するものを**ア**～**エ**から一つ選べ。

表2

2015年	世界全体に占める割合(%)
ロシア	32.9
ボツワナ	16.3
コンゴ民主	12.6
オーストラリア	10.7
カナダ	9.2
アンゴラ	7.1
E	5.7
ジンバブエ	2.7
D	1.6
シエラレオネ	0.4

『地理統計要覧2019年版』より作成

ア ウラン鉱　　**イ** 金鉱　　**ウ** ボーキサイト　　**エ** ダイヤモンド

(7) 次の(あ)～(う)の文章は，図１中の**E**・**F**・**G**の自然環境について述べた文である。図１中の**E**・**F**・**G**と(あ)～(う)の組み合わせとして適当なものを**ア**～**カ**から一つ選べ。

(あ) 火山島を主島とし，海岸にはサンゴ礁が発達している。

(い) 環太平洋造山帯の一部で，北島には火山がある。南島には高峻《こうしゅん》な山脈が走り，氷河地形もみられる。

(う) 中央部には標高1200m以上の高原地帯があり，南東部には古期造山帯，西部には砂漠が広がっている。

	ア	イ	ウ	エ	オ	カ
E	(あ)	(あ)	(い)	(い)	(う)	(う)
F	(い)	(う)	(あ)	(う)	(あ)	(い)
G	(う)	(い)	(う)	(あ)	(い)	(あ)

⑻　次の表３は，19ページの図１中の**Ａ・Ｆ・Ｇ**３カ国のある都市における気温の月別平年値（℃）を表している。表３中の(あ)～(う)と図１中の**Ａ・Ｆ・Ｇ**の組み合わせとして適当なものを**ア～カ**から一つ選べ。

表3

	1月	2月	3月	4月	5月	6月	7月	8月	9月	10月	11月	12月
(あ)	26.9	26.9	27.1	26.9	26.5	26.4	25.8	25.9	26.0	26.5	26.6	26.7
(い)	5.8	6.2	8.0	10.5	13.9	17.0	18.7	18.5	16.2	12.4	8.5	5.7
(う)	17.0	16.6	14.7	11.9	9.0	6.4	5.8	7.2	9.3	11.2	13.4	15.5

『理科年表2019』より作成

	ア	イ	ウ	エ	オ	カ
A	(あ)	(あ)	(い)	(い)	(う)	(う)
F	(い)	(う)	(あ)	(う)	(あ)	(い)
G	(う)	(い)	(う)	(あ)	(い)	(あ)

⑼　次の表４は，図１中の**Ｂ・Ｄ・Ｇ**３カ国のある都市における降水量の月別平年値（㎜）を表している。表４中の(あ)～(う)と図１中の**Ｂ・Ｄ・Ｇ**の組み合わせとして適当なものを**ア～カ**から一つ選べ。

表4

	1月	2月	3月	4月	5月	6月	7月	8月	9月	10月	11月	12月
(あ)	68.7	68.7	50.8	62.2	40.9	23.8	18.8	27.7	73.3	91.7	88.5	91.5
(い)	74.3	96.2	47.0	29.2	4.2	1.0	0.0	0.0	0.7	11.4	19.6	25.7
(う)	36.5	41.2	46.4	42.0	61.4	50.2	65.7	63.4	40.6	48.6	46.8	50.0

『理科年表2019』より作成

	ア	イ	ウ	エ	オ	カ
B	(あ)	(あ)	(い)	(い)	(う)	(う)
D	(い)	(う)	(あ)	(う)	(あ)	(い)
G	(う)	(い)	(う)	(あ)	(い)	(あ)

⑽　次の文章は，ある国の食文化について述べたものである。この文章に該当する国・地域は図１中の**Ａ～Ｅ**のうちどれか。**ア～オ**から一つ選べ。

比較的温暖な気候に恵まれたこの国は，小麦や米の栽培，酪農，果物の栽培，漁業などがそれぞれ盛んで，豊富な食材に恵まれている。ぶどうからつくったワインと，オリーブの実をしぼってつくったオリーブオイルやトマトはこの国の食卓には欠かせない。この国の北部を流れる河川流域は米の一大生産地で，日本に住む我々にもなじみやすい米料理が有名である。

ア　**Ａ**　**イ**　**Ｂ**　**ウ**　**Ｃ**　**エ**　**Ｄ**　**オ**　**Ｅ**

⑾　次のページの写真はラグビーニュージーランド代表が試合前に行う「ハカ」とよばれるものである。これはニュージーランドの先住民の伝統的な踊りで，戦場で敵と対面するときや和平を結ぶときに，一族のプライドをかけて披露する慣わしがあったとされる。このニュージーランドの先住民とは何か。**ア～オ**から一つ選べ。

ア　アボリジニ　**イ**　マオリ　**ウ**　インディオ　**エ**　マサイ　**オ**　サーミ

柏市オールブラックス特設サイトより（https://kashiwa-allblacks.jp/）

⑫　次の写真中央でウェブ・エリス・カップを掲げている選手は，南アフリカ代表のキャプテン，シヤ・コリシ選手である。南アフリカ代表の長い歴史の中で初めて黒人キャプテンとなった選手である。かつて □ と呼ばれる人種隔離政策が行われていた南アフリカでは，このことは歴史的に大きな意義をもっている。

空欄 □ にあてはまる語句を**カタカナ７文字**で答えよ。

中日新聞2019年11月3日朝刊

⑬　次の表５中の**ア**～**エ**は，日本，ジョージア，イタリア，ニュージーランド各国の土地利用状況と就農率を表している。ニュージーランドに該当するものを**ア**～**エ**から一つ選べ。

表５

	耕地率（%）	牧場・牧草地率（%）	森林率（%）	就農率（%）
ア	10.6	1.7	68.5	3.5
イ	30.8	12.5	31.8	3.9
ウ	2.4	38.0	38.6	6.5
エ	6.5	27.9	40.6	41.2

『地理データファイル２０１９年度版』より作成

⒁　次の表6中のア～エは，日本，南アフリカ，イタリア，ニュージーランド各国の主要輸出品と輸出額に占める割合を表している。イタリアに該当するものをア～エから一つ選べ。

表6

ア	(%)	イ	(%)	ウ	(%)	エ	(%)
機械類	25.9	機械類	35.5	酪農品	26.2	自動車	11.1
自動車	8.3	自動車	20.7	肉類	12.8	機械類	8.1
医薬品	5.4	精密機械	5.9	木材	7.6	白金	7.5
衣類	4.7	鉄鋼	4.2	野菜と果実	6.4	鉄鋼	7.1
金属製品	3.9	化学薬品	3.2	機械類	5.0	石炭	6.5

『地理統計要覧2019年版』より作成

⒂　次の文章は，2019年9月26日付の毎日新聞の記事である。文章中の空欄にあてはまる語句を答えよ。

釜石に響いた8歳少年が［　　　］語で歌うウルグアイ国歌　ラグビーW杯

ラグビー・ワールドカップ（W杯）日本大会で，「日本流」のおもてなしが海外選手に感動をもたらした。東日本大震災の被災地，岩手県釜石市で初めて行われた25日のウルグアイ―フィジー戦の試合前に取った少年のある行動が，世界中で話題を呼んでいる。

東京都在住の小学生，青木創太さん（8）はキックオフ前に「マスコットキッズ」として，ウルグアイの選手とともにグラウンドへ入場。ウルグアイの国歌斉唱が始まると，ファンマヌエル・ガミナラ主将から肩に手をかけられ，［　　　］語で一緒に歌い上げた。斉唱後にウルグアイ選手が青木さんの頭をなでる姿は，大会公式ツイッターでも紹介された。

〈中略〉

チームが格上のフィジーを破り，4大会ぶりとなるW杯での勝利を挙げた後，ガミナラ主将は報道陣からの質問が一段落すると，自ら口を開いた。「僕の前にいた少年が国歌を大きな声で一緒に歌ってくれた。こんなサプライズは初めての経験。自分の国にいるようで，本当にうれしかった」。青木さんの行動は今大会初の「番狂わせ」を起こす力になった。

毎日新聞より（https://mainichi.jp/articles/20190926/k00/00m/050/310000c）

Ⅱ　次の文の（　）にあてはまる語句を答え，あとの問いに答えよ。

2019年7月6日，国連教育科学文化機関（ユネスコ）の世界遺産委員会は，世界最大級の墳墓である「仁徳天皇陵古墳」（大仙古墳）を含む「百舌鳥・古市古墳群」（大阪府）の世界文化遺産への登録を決定した。日本では1993年12月，法隆寺地域の仏教建造物（奈良県），（　　A　　）（兵庫県）が世界文化遺産に初めて登録されて以降，今回の登録で世界文化遺産は19件目。世界自然遺産は，1993年に同時登録された（　　B　　）（鹿児島県）と白神山地（青森県，秋田県）のほか，知床（北海道），小笠原諸島（東京都）の4件があり，文化遺産・自然遺産合わせて，日本の世界遺産は23件となった。

1993年秋，テレビでは「そうだ　京都，行こう。」のキャッチコピーで知られるJR東海のテレビコマーシャルが始まった。タイミングとしては京都市と京都府，京都商工会議所を中心に実施された「①平安建都1200年記念事業」に合わせて，JR東海が実施したキャンペーンである。そして翌年，②「古都京都の文化財」として，京都文化圏（京都市・宇治市・大津市）の中から17件の社寺・城が世界遺産（文化遺産）として登録されることとなった。

これ以降，京都市の観光客はうなぎ登りに増え，現在では5000万人を超えて，日本の世界遺産の観光客数としては，圧倒的な人気を誇っている。

(1) 下線部①について，平安京遷都の時の天皇について，正しいものをア～エから一つ選び，記号で答えよ。

ア 794年に大和国の平城京から，山城国の平安京に遷都した。

イ 仏教の力で国家を守ろうと考え，国ごとに国分寺と国分尼寺を建てた。

ウ 国司の不正を取り締まるほか，労役の日数を減らすなど，農民の負担を軽減した。

エ 富本銭を鋳造したり，国史の編集などの事業を行った。

(2) 下線部②について，次の各問いに答えよ。

(a) 平等院鳳凰堂を建てた人物について，正しいものをア～エから一つ選び，記号で答えよ。

ア ４人の娘を天皇のきさきとし，その子を幼いうちから天皇の位につけることによって，朝廷の実権を握った。

イ 太政大臣になり，娘徳子の生んだ子を即位させてその摂政として実権を握った。

ウ 右大臣にまで出世したが，大宰府に左遷されて，そこで亡くなった。

エ ３人の天皇の摂政・関白となったが，娘に皇子が生まれなかったので，実権を失った。

(b) 仁和寺について，正しいものをア～エから一つ選び，記号で答えよ。

ア 清少納言は，『枕草子』の１段「春はあけぼの」で仁和寺の参拝について書いている。

イ 兼好法師は，『徒然草』の第52段で「仁和寺にある法師」について書いている。

ウ 鴨長明は，『平家物語』の中でこの仁和寺のにぎわいについて書いている。

エ 紀貫之は，仁和寺を建立した醍醐天皇の命により『新古今和歌集』を編集した。

(c) 鹿苑寺・慈照寺について，正しいものをア～エから一つ選び，記号で答えよ。

ア 足利義満は，京都の北山に３層からなる金閣を建てた。

イ 足利義満は，京都の東山に２層からなる金閣を建てた。

ウ 足利義政は，京都の北山に２層からなる銀閣を建てた。

エ 足利義政は，京都の東山に３層からなる銀閣を建てた。

(d) 延暦寺は，「日本仏教の母山」とも呼ばれ，多くの僧侶が修業をした場所である。一遍を除く鎌倉新仏教の開祖もみな，延暦寺で修業を行った。鎌倉新仏教の開祖について，正しいものをア～エから一つ選び，記号で答えよ。

ア 法然は，「南無阿弥陀仏」と念仏を唱えるだけで，誰でも極楽浄土に生まれ変われると説き，浄土真宗を開いた。

イ 親鸞は，救いを信じる心を起こすだけで救われると説き，踊念仏による布教を全国で展開した。

ウ 日蓮は，「南無妙法蓮華経」と念仏を唱えれば，人も国家も救われると説いて法華宗を開いた。

エ 中国よりお茶を日本に伝えた栄西は，座禅による修行によって自ら悟りを開こうとした。

(e) 次の文は，東寺（教王護国寺）に関わりの深いある僧侶について書いたものである。(　)にあてはまる語句の正しい組み合わせをア～エから一つ選び，記号で答えよ。

この僧侶は，讃岐国に生まれ，初め大学に学んだが出家して四国の各地で修業をしたのち，804年から806年に遣唐使の船で唐へ渡って仏教を学んだ。帰国後は，（　甲　）宗を開き，高野山に金剛峯寺を建てた。その後，東寺（教王護国寺）を天皇から与えられると，都における（　甲　）宗の道場とし，その東側には庶民教育のための学校を開いた。漢詩文や書道に優れ，唐風の書に優れた人物としても知られ，「（　乙　）にも筆の誤り」ということわざに名を残している。（　丙　）にあてた『風信帖』と呼ばれる手紙が東寺に所蔵されている。

ア 甲 天台　乙 弘法　丙 嵯峨天皇
イ 甲 天台　乙 伝教　丙 最澄
ウ 甲 真言　乙 弘法　丙 最澄
エ 甲 真言　乙 伝教　丙 嵯峨天皇

(f) 天龍寺を建てた足利尊氏に関する次の文を読んで，(　)にあてはまる語句の正しい組み合わせをア～エから一つ選び，記号で答えよ。

鎌倉幕府に対して不満を持つ（　甲　）天皇は，ゆらぎはじめた幕府を倒し，政治の実権を朝廷に取り戻そうと挙兵した。いったんは失敗し，（　甲　）天皇は（　乙　）に追放されたが，まもなく（　乙　）を脱出すると天皇の呼びかけに応じて立ち上がる者がしだいに増え，幕府軍の指揮官であった足利尊氏も幕府に背いて京都の（　丙　）を攻め落とした。また，関東で挙兵した新田義貞もまもなく鎌倉を攻めて北条氏を滅ぼし，1333年，ついに鎌倉幕府は滅亡した。

ア 甲 後鳥羽　乙 隠岐　丙 京都所司代
イ 甲 後鳥羽　乙 讃岐　丙 六波羅探題
ウ 甲 後醍醐　乙 隠岐　丙 六波羅探題
エ 甲 後醍醐　乙 讃岐　丙 京都所司代

(g) 次の文は，二条城について書いたものである。(　)にあてはまる将軍名の正しい組み合わせをア～エから一つ選び，記号で答えよ。

1863（文久３）年，14代将軍徳川（　甲　）の上洛は，３代将軍徳川（　乙　）以来久方ぶりの将軍の上洛であった。1866（慶応２）年には，最後の将軍徳川（　丙　）が二条城で将軍宣下を受けたが，翌年10月には朝廷に政権を返上した。

ア 甲 家茂　乙 秀忠　丙 吉宗　　イ 甲 家茂　乙 家光　丙 慶喜
ウ 甲 斉昭　乙 家光　丙 吉宗　　エ 甲 斉昭　乙 秀忠　丙 慶喜

(h) 清水寺には，角倉船（すみのくらぶね）や末吉船（すえよしぶね）の描かれた絵馬が所蔵されている。これらの絵馬は，貿易商人が安南（ベトナム）やシャム（タイ）など東南アジアとの貿易の成功を感謝して奉納したものである。この貿易を何というか。

(i) 清水寺は，日本漢字検定主催で，その年の世相をイメージする漢字を公募し，最も多かった漢字を「今年の漢字」として発表する場所としても知られている。この企画が始まった1995年は，地下鉄サリン事件などの大きな事件が起こった年である。1995年に選ばれた漢字１文字をア～エから一つ選び，記号で答えよ。

ア「怖」　イ「震」　ウ「恐」　エ「害」

Ⅲ　次の年表を見て，あとの問いに答えよ。

1941年12月　日本海軍が，ハワイ真珠湾の米軍基地を奇襲攻撃した。

〈　A　〉

1945年８月　日本は，ポツダム宣言を受け入れた。…………………………………………a

〈　B　〉

1950年６月　朝鮮戦争が始まった。……………………………………………………………b

〈　C　〉

1956年10月　日本は，日ソ共同宣言に調印した。……………………………………………c

〈　D　〉

1965年６月　日本は，日韓基本条約を締結した。……………………………………………d

⑴　〈A〉の時期に起きたできごとについて，**誤りのあるもの**を**ア**～**エ**から一つ選び，記号で答えよ。

ア　日本軍は，ミッドウェー海戦の勝利までは東南アジア各地や南太平洋の島々を次々と占領したが，それ以降は各地で敗北し，戦況はしだいに不利になっていった。

イ　米軍は，サイパン島を占領すると，ここを拠点として日本の各都市や軍事施設への空襲を展開した。

ウ　米軍が沖縄に上陸し，多くの沖縄県民が激しい戦闘に巻き込まれ，沖縄県民の犠牲者は12万人にも達した。

エ　国内では，広島・長崎に原子爆弾が投下され，甚大な被害がでた。一方で，ソ連はヤルタ会談での取り決めをもとに，日本に宣戦し，満州や朝鮮などに攻め込んだ。

⑵　〈B〉の時期に起きたできごとについて，**誤りのあるもの**を**ア**～**エ**から一つ選び，記号で答えよ。

ア　マッカーサーを最高司令官とする連合国軍総司令部（GHQ）が日本の民主化を推進する政策を実行した。

イ　日本軍は解散させられ，戦争責任者は弾劾裁判にかけられ，処罰された。

ウ　治安維持法は廃止されて政治活動の自由が認められ，満20歳以上の男女に選挙権が与えられた。

エ　労働組合をつくり，ストライキを行う権利を守る労働組合法や，労働条件の最低基準を定めた労働基準法も制定された。

⑶　〈C〉の時期に起きたできごとにあてはまるものを**ア**～**エ**から一つ選び，記号で答えよ。

ア　サンフランシスコ平和条約の調印

イ　中華人民共和国の成立

ウ　キューバ危機

エ　ベトナム戦争

⑷　〈D〉の時期に起きたできごとに**あてはまらないもの**を**ア**～**エ**から一つ選び，記号で答えよ。

ア　日米安全保障条約の改定

イ　東京オリンピックの開催

ウ　東海道新幹線の開通

エ　自由民主党の結成

⑸　年表中ａについて，ポツダム宣言を受け入れた翌日，昭和天皇のラジオ放送で日本の敗戦が国民に伝えられた。この天皇の放送を何というか。

⑹　年表中ｂについて，1953年に休戦協定が結ばれた，北緯38度線付近にある場所を答えよ。

⑺　年表中ｃについて，平和条約の締結を目指したものの，北方領土問題は解決できなかった。日本政府が返還を要求している北方四島とは，歯舞群島・色丹島・択捉島ともう一つは何か。

⑻　年表中ｄ以後のできごとについて，次の甲・乙の文の正誤を判断し，その正しい組み合わせをア～エから一つ選び，記号で答えよ。

甲：田中角栄首相が中国を訪問し，日中平和友好条約に調印して国交を正常化した。

乙：佐藤栄作首相はアメリカと沖縄返還協定を結び，翌年，沖縄の本土復帰が実現した。

ア　甲：正　　乙：正

イ　甲：正　　乙：誤

ウ　甲：誤　　乙：正

エ　甲：誤　　乙：誤

Ⅳ　次の文章を読んで，あとの問いに答えよ。

国民が政治に参加する権利が参政権である。そのうち①選挙権は，国会議員や地方議会の議員，都道府県知事や市（区）町村長を選挙する権利で，2016年から，満18歳以上の全ての国民に認められている。現在では，②国会議員の選挙について，外国からでも投票できるようになっている。選挙に立候補する③被選挙権も，参政権にふくまれる。

また，④憲法改正の国民投票や，⑤最高裁判所裁判官の国民審査などのように，⑥国民が直接決定に参加する権利もある。国や地方の機関に要望をする請願権も，広い意味での参政権の一つと言える。これらの権利は，国民主権を確保し，⑦政治が国民の意思に基づいて行われるようにするために不可欠なものである。

⑴　下線部①について，日本では，1889年に初めて認められたが，その時の条件として最も適切なものをア～エから一つ選び，記号で答えよ。

ア　満30歳以上の男性で直接国税10円以上を納めている者

イ　満30歳以上の男性で直接国税15円以上を納めている者

ウ　満25歳以上の男性で直接国税10円以上を納めている者

エ　満25歳以上の男性で直接国税15円以上を納めている者

⑵　下線部②について，以下の問いに答えよ。

(a)　日本の比例代表制では，ドント式によって各政党の当選人数の決定を行っている。下の表のABCD各政党の得票数について，ドント式で計算し，議員定数７がABCDに割り振られる議席数の組み合わせとして最も適切なものをア～オから一つ選び，記号で答えよ。

政党	A党	B党	C党	D党
得票数	10,000票	8,000票	6,000票	3,500票

ア　A党　5　　B党　1　　C党　1　　D党　0

イ　A党　4　　B党　3　　C党　0　　D党　0

ウ　A党　4　　B党　2　　C党　1　　D党　0

エ　A党　3　　B党　2　　C党　1　　D党　1

オ　A党　3　　B党　3　　C党　1　　D党　0

(b) 現在の参議院議員選挙で行われている全国を一つの単位とする比例代表制では，有権者は投票用紙に何を書いて投票しているのか。最も適切なものをア～オから一つ選び，記号で答えよ。

ア 政党名　　イ 候補者名

ウ 当選を希望する順位　　エ 候補者名および政党名

オ 候補者名または政党名

(3) 下線部③について，満30歳以上が条件となっているものを**すべて選び**，記号で答えよ。

ア 衆議院議員　　イ 参議院議員

ウ 都道府県知事　　エ 都道府県議会議員

オ 市(区)町村長　　カ 市(区)町村議会議員

(4) 下線部④に関する記述のうち，**誤りのあるもの**をア～エから一つ選び，記号で答えよ。

ア 憲法改正手続きを改正する場合にも，現行の憲法改正手続きに従わなくてはならない。

イ 各議院の出席議員の３分の２以上の賛成があれば，国会は憲法改正を発議し，国民に提案することができる。

ウ 国民に発議された憲法改正案は国民投票にかけられるが，国民が承認するには，有効投票の過半数の賛成が必要である。

エ 憲法改正が国会で発議され，国民投票にかけられたことは今まで一度もない。

(5) 下線部⑤についての記述として，最も適切なものをア～エから一つ選び，記号で答えよ。

ア 国民審査に関する手続きその他具体的内容は，裁判所法によって規定されている。

イ 裁判官が任命後初めて受ける国民審査は，任命後に初めて実施される参議院議員通常選挙に際して行われる。

ウ 国民審査において，裁判官は投票者の３分の２が罷免を可とするときに罷免される。

エ これまで，裁判官が国民審査によって罷免された例はない。

(6) 下線部⑥に関連し，国民が裁判に参加する裁判員制度についての記述のうち，**誤りのあるもの**をア～エから一つ選び，記号で答えよ。

ア 裁判員制度は日本の司法制度改革の一環として2009年から開始された。

イ 裁判員は20歳以上の選挙権を有する者の中から抽選で選ばれる。

ウ 裁判員裁判の構成は原則として裁判官３名，裁判員６名である。

エ 国民の心理的負担を避けるため，殺人など重大犯罪を除いた刑事事件が裁判員制度の対象となる。

(7) 下線部⑦に関連し，地方自治では住民による直接請求権が認められている。直接請求権についての記述として最も適切なものをア～エから一つ選び，記号で答えよ。

ア 副知事や副市町村長は，選挙で選ばれていないので，解職請求の対象とならない。

イ 条例の制定の請求には，都道府県で有権者の50分の１以上，市町村では10分の１以上の署名が必要である。

ウ 有権者の一定数から，議会の解散の請求があれば，解散の可否を問う住民投票を実施しなければならない。

エ 監査請求は，住民が直接，内閣総理大臣に対して行う。

V　国民生活と経済に関する，以下の問いに答えよ。

⑴　次の図中（あ）（い）（う）に入れる適切な語句の組み合わせをア～カから一つ選び，記号で答えよ。

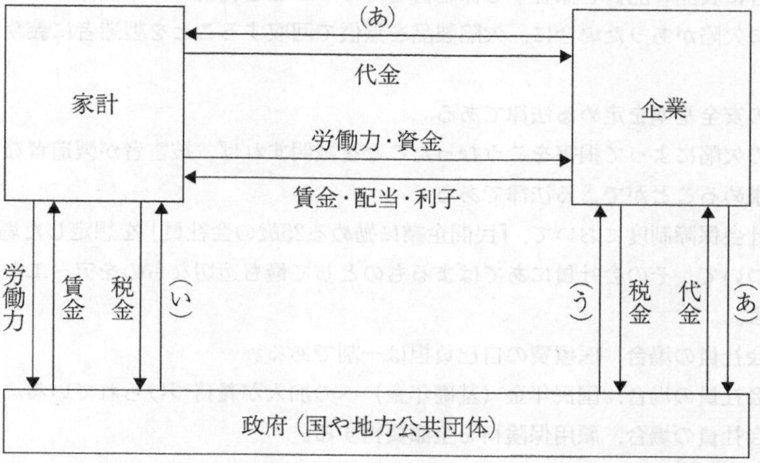

ア　(あ)　財・サービス　(い)　補助金　(う)　土地
イ　(あ)　投資　(い)　社会保障給付　(う)　土地
ウ　(あ)　財・サービス　(い)　補助金　(う)　社会保障給付
エ　(あ)　投資　(い)　社会保障給付　(う)　補助金
オ　(あ)　投資　(い)　補助金　(う)　社会保障給付
カ　(あ)　財・サービス　(い)　社会保障給付　(う)　補助金

⑵　1962年にアメリカのケネディ大統領が明確にした，「消費者の四つの権利」として**誤りのあるもの**はどれか。ア～オから一つ選び，記号で答えよ。

ア　選択する権利　　イ　意見を反映させる権利　　ウ　安全を求める権利
エ　返品する権利　　オ　知らされる権利

⑶　悪質な商法について述べた文として，最も適切なものをア～エから一つ選び，記号で答えよ。

ア　注文していない本など，勝手に商品を送りつけ，断らなければ買ったものとみなして代金を請求することを無料商法という。

イ　商品を買わせると同時に，商品を販売しながら新たな会員を勧誘すると「もうかる」と称して，消費者を販売員にして，会員を増やしながら商品を販売していくことをマルチ商法という。

ウ　駅前などの路上で，アンケート調査を装って近づき喫茶店や営業所に誘い，高額な商品を販売することをアポイントメントセールスという。

エ　電話などで「あなたが選ばれた」「景品が当たった」など「特別である」ことを強調して呼び出し，商品やサービスを契約させることをネガティブ・オプションという。

⑷　クーリング・オフに関する記述として，最も適切なものをア～エから一つ選び，記号で答えよ。

ア　商品の性能や安全性を検査すること
イ　その商品を販売している企業に対して不買運動をすること
ウ　国や企業に食品の安全性を確保する義務を定めた制度
エ　消費者が結んだ契約を一定の条件で解除できる制度

⑸　製造物責任法（PL法）に関する説明として，最も適切なものを**ア**～**エ**から一つ選び，記号で答えよ。

ア　製造者に製品の品質を保証する保証書を付けることを義務づける法律である。

イ　製品に欠陥があった場合に，欠陥製品を無償で回収することを製造者に義務づける法律である。

ウ　製品の安全基準を定める法律である。

エ　製品の欠陥によって損害をこうむったことを証明すれば，被害者が製造者などに対して損害賠償を求めることができる法律である。

⑹　日本の社会保障制度において，「民間企業に勤める25歳の会社員」を想定した場合，次の**ア**～**エ**の記述について，その会社員にあてはまるものとして最も適切なものを**ア**～**エ**から一つ選び，記号で答えよ。

ア　この会社員の場合，医療費の自己負担は一割である。

イ　この会社員の場合，国民年金（基礎年金）への加入が義務づけられている。

ウ　この会社員の場合，雇用保険料を全額負担する。

エ　この会社員の場合，介護保険への加入が義務づけられている。

⑺　消費税の「逆進性」の説明として，最も適切なものを**ア**～**エ**から一つ選び，その記号を答えよ。

ア　所得が大きいほど，消費税負担額が大きくなる。

イ　所得が大きいほど，所得に対する消費税負担額の割合が大きくなる。

ウ　所得が小さいほど，消費税負担額が大きくなる。

エ　所得が小さいほど，所得に対する消費税負担額の割合が大きくなる。

てはまらないものを、次のア～オから二つ選び、記号で答えよ。

ア　作者の姿が見える俳句を選ぶこと。

イ　良いと思っていた俳句を選ぶこと。

ウ　俳句らしくない外来語を避けること。

エ　審査員の評価が心配な俳句を外すこと。

オ　使い古された表現をきらうこと。

問七　――⑤「そう。親父の上生菓子が鯛に化けたわけ」とあるが、その説明として最も適当なものを、次のア～オから一つ選び、記号で答えよ。

ア　自分の家の和菓子屋は、島の人々に高く評価され、豊かな島の生活を創り上げる一つであったことを鯛と上生菓子の話から考えて、誇らしげに述べている。

イ　自分の家の和菓子屋が、島の人々に必要とされている反面、その商いが金銭を介さない、素朴な商いであったことを冷静に分析し、淡々と述べている。

ウ　自分の家の和菓子屋の経営を見た時に、収入はお金ではなく物品であったことに気づいた上に、常に赤字経営であったことを嘆かわしく述べている。

エ　自分の家の和菓子屋の経営の実際は、ほとんどが和菓子と交換のもらいもので成り立つ、こじんまりとした商いであったことについて、自嘲《じちょう》気味に述べている。

オ　自分の家の和菓子屋は、上生菓子を作るぐらい洗練されたものであると思う一方で、それに鯛を持ってくる島の人々の好意に困惑する様子を述べている。

問八　この文章のテーマを八字以内で答えよ。

問九　この文章の表現上の特色として最も適当なものを、次のア～オから一つ選び、記号で答えよ。

ア　登場人物の会話文中に「……」を使用することによって、登場人物の発言に間をおいたり余韻を残したりして、言葉では語りきれない様々な思いを表している。

イ　接続表現を多用することによって、登場人物の心情の移り変わりを明確に伝えており、展開の早い内容を読者にわかりやすく伝えようとしている。

ウ　登場人物の心情の推移を丁寧に表現することによって読みやすくなっており、さらに俳句を出すことによってこの話を格調高くしている。

エ　会話によって過去のできごとを語らせることで、それぞれの場面に奥行きが出て余情が生み出されており、物語の展開が単調にならないようにしている。

オ　情景描写によって心情を暗示することで、主人公の悩む気持ちを間接的に表現しており、揺れ動く主人公の気持ちを読者が想像しやすくしている。

こんなにいいことはないと思っていた。

だが、航太の作る菓子を受け取る人が、いないとなれば……。

おれのポジション。

そのポジションは、誰にも必要とされないものなのかもしれない。

「……進学先はこれから考える。あんまり時間はないって※須賀《すが》には脅かされたけど」

そう言って航太は立ち上がった。みんなに聞いてもらえたら、ちょっとすっきりした。

「とりあえず、今は俳句甲子園、頑張ろう」（森谷明子『南風吹《みなみふ》く』）

（注）※義貞先生…俳句の先生。
　　　※須賀…航太の担任の先生。

問一　～～～a「吟じてみせた」b「こそばゆくなってくる」の本文中における意味として最も適当なものを、次のア～オから一つずつ選び、記号で答えよ。

a「吟じる」

ア　俳句について軽く答える。　**イ**　俳句を黙読する。
ウ　俳句の意味を考える。　**エ**　俳句を紙に記す。
オ　俳句を声に出して読む。

b「こそばゆくなる」

ア　ありがたく思う。　**イ**　ほんのりと嬉《うれ》しくなる。
ウ　褒められててれくさく思う。　**エ**　すっきりとする。
オ　ほがらかになる。

問二　X・Y　にあてはまる最も適当な語を、それぞれ漢字一字で答えよ。

問三　――①「文芸部」とあるが、ここで登場する文芸部員の三年生の名前をすべて抜き出して答えよ。ただし分かるものはフルネームで、分からないものは名字または下の名前だけで良い。

問四　――②「航太はぼんやりしていた」とあるが、その理由は何か。最も適当なものを、次のア～オから一つ選び、記号で答えよ。

ア　面談で初めて大学進学希望を口にしたが、友人たちには知られたくなかったから。

イ　大学に進学することは決めたものの、どの大学を選んだら良いか迷っていたから。

ウ　大学進学を決めたことをほかの文芸部員たちから責められるのが心配だったから。

エ　自分の俳句が選ばれなかったことで、気を遣われそうなのが気がかりだったから。

オ　つい最近まで考えていた、家業の和菓子店を継ぐという将来の夢を見失ったから。

問五　――③「今ここがおれのポジション南風吹く」の俳句について、この句が表わす季節と同じ季節を詠んだ句を、次のア～オから一つ選び、記号で答えよ。

ア　名月を取ってくれろとなく子かな　　小林一茶

イ　赤い椿《つばき》白い椿と落ちにけり　　河東碧梧桐《かわひがしへきごとう》

ウ　鈴虫を聴く庭下駄《げた》の揃《そろ》へあり　　高浜虚子

エ　ひつぱれる糸まつすぐや甲虫《かぶとむし》　　高野素十

オ　花の雲鐘《かね》は上野か浅草か　　松尾芭蕉

問六　――④「安全策」とは、ここではどんなことだと考えられるか。**あ・**

「その単純さが取り柄の小市《おち》航太が、何を悶々《もんもん》としているわけ？」

「いや、別に……」

航太は口ごもったが、結局二人に話す羽目になった。

「そう……。小市堂《おちどう》に未来はないってお父さんに言われたの……」

「実際、なかった。そういう目でうちの商売を考えたことがなかったおれが、ほんと、単細胞の甘ちゃんだったわけ。だってさ、ばあちゃん、病気になる前はちゃんと帳簿や家計簿をつけていたんだけど、それを見ると笑っちゃうほどシンプルなんだぜ」

「シンプル……？」

「入ってくる金も出る金も、少ないの。まず、店のほうはさ、ほんと、微々たる売り上げしかないんだ。毎月の材料費や光熱費を取り除くと、え、これだけ？　って誰でも驚くくらいの額。でも、家計簿と照らし合わせると、うまい具合に生活費やおれにかかる費用で差し引きほぼゼロになる感じ。もっと笑っちゃったのがさ、うち、おれ結構大食いだと思ってたんだけど、毎月の食費、一万円程度なの。三人で」

「私は自分の家の食費を知らないから何とも言えないんだけど、まあ、多くはないんだろうね」

そう言う日向子に、航太は［Y］笑まじりにうなずいた。

「うん。ほとんど米代と調味料代って感じだった。あとはたぶん、魚も果物も、物々交換なんだ。野菜に関してはもらいもののほかにばあちゃんが家庭菜園やってるしさ。結局たいした金を使わないでも飯が食えるんだ」

「はあ……、すごい自給自足だね」

「もっと笑えること教えてやろうか。時々夕食に鯛《たい》の刺身とかが出てきてたけど、今思えばいつも、親父が上生菓子を作る日だった。あ、焼き魚やアラ煮なんかはその翌日にもあったけど」

「はあ……」

もう一度日向子がため息のような返事をした。「それってつまり……」

「⑤そう。親父の上生菓子が鯛に化けたわけ」

「それはそれで、いいじゃないか」

それまで黙っていた恵一が口を挟む。

「そんなこと言ったら、おれのうちだって金を出して食料買ってないのかもしれないぞ。食っている魚は当然市場へ出せない半端ものだし、そう言えばうちも、もらいものは一杯あるな。親父もおふくろも、新鮮なうちにって配りまくってるから、きっとお返しがどっさり来るんだ」

「それでも、動く金の規模が違うよ」

どう言えば恵一にわかるだろう。漁師の家は、たしかに天候に左右される不安定さはあるものの、基本、大儲《もう》けを期待できる。当たれば大金が転がり込む。もちろん、出て行く金のほうも——船の維持費、燃料費、設備費、もろもろ——大きい。何もかもちまちまとしている小市堂とは、スケールが違うのだ。

いつのまにか、二年生二人も遠巻きになって三人の話を聞いていた。

日向子は和彦からペットボトルと財布を受け取りながら言う。

「じゃあ、航太、結局進路はどうするの？　どこの大学に行きたいの？」

ずばりと聞かれた航太は、言葉に詰まる。ちっぽけな島の平凡な航太として、小市堂の作業場が居場所になればいいと思っていた。和菓子は贅沢《ぜいたく》品。その贅沢品を島の人へ届けることを仕事にしたいと。あんなに楽しい美しいものを作って人の生活を豊かにすることができるのなら、

恵一が感心したようにつぶやいたものだ。

やがて、文芸部の三年生は息を切らしてコート脇のベンチに腰を下ろした。球技部の三人は飛び入りの一人をつかまえたままで、またパス練習に戻っている。

「疲れたあ。ねえ、京、和彦、二人で購買部に行って何か飲み物買ってきて。私がおごる」

日向子がそう提案して財布を出したので、あわてて恵一と航太もポケットを探る。二年生二人が仲よく校舎内に消えるのを見送りながら、日向子が言った。

「ねえ、航太、覚えてる？　あんたが地方大会の決勝戦に作った句」

突然だったが、航太は素直に答えた。

「もちろん覚えてるけど？」

③今ここがおれのポジション南風《みなみ》吹く

これが、航太の句だ。試合には使われなかったけど。

「だけど今頃、なんで？」

「『今ここがおれのポジション南風吹く』」

日向子は航太の問いには答えず、そうa吟じてみせた。

「みんなで話し合って、※義貞先生にも意見してもらって、結局航太のこの句、試合には使わないことにしたんだよね」

「うん」

それで当たり前だと思った。自分への迷いを詠んだ日向子の句や、島の高みから見た海を感じさせる和彦の句に比べたら、なんと言うか、幼稚な感じなのは自分でもわかっていたから。

「だけど、あの句、妙に心に残りはしたんだよな」

恵一が、反対側からそう口を挟んだ。「『おれのポジション』って言い方は、たしかにあんまり俳句らしくはないし、『今ここ』っていうのも、なんか、Ｊ-ＰＯＰあたりで使い古されたベタな感じがする。だけど、これを聞いた時、ぱっと、バスケットコートの中でポイントガードを務めている航太の姿が浮かんで、ああ、いいなと思ったのは本当だ。だから迷ったんだが……。あと、正直、審査員にどう評価されるか、読みにくい句だとも思ったしな」

日向子が体を乗り出した。

「うん、そう！　私も、この句は残ったんだよ！　絶対に汗びっしょりかいて大声出して、気持ちよさそうに走ってるんだろうな航太、ってそこまでひとつづきの景が浮かんだの。恵一の言うとおり④安全策を取って、使わずに終わっちゃったけどね。でも、わからないよ？　試合に出したら審査員にすっごい評価してもらえたかもしれないよ？」

二人が口々に言ってくれるのを聞いていると、航太はbこそばゆくなってくる。

「あ、つまり二人とも褒めてくれてるんだと思うけどさ……、でもあれも、ほかに何も浮かばなくて、ただ屋上に立って南風南風、って風を感じようとしていた時に、ああおれ今ここで生きてるんだって、そういうのをふっと感じただけで」

「それがいいの。今ここがおれのいる場所、そう言い切る単純さが航太のいいところじゃない」

そう言った日向子は、まっすぐ航太を見つめた。

ことです。

ウ　Cさん…僕はAさんの言う「書き方」が気になる。たしかに、分かりやすい工夫がされている文章だけど、その工夫により「正しい」と「感じさせる」というのは、この文章の科学の定義からすれば、ちょっとズレていないか。分かりやすい文章やその工夫が、「正しさ」に近づくとは限らないのでは。

エ　Dさん…そうだね。この文章には、疑ってかかったぐらいがよいというのが科学的態度だと書いてあるわけだから。文章の工夫についても、「正しいと感じさせるものである」と一歩引いてみた方が、筆者の考え方には近いよね。分かりやすい文章だからといって、書いてあることの内容の正しさは別だということだね。

オ　Eさん…とすると、多くの人々の様々な視点からこの内容を検証していくなかに、正しさというのが形成されるというのだから、今大勢の人に「正しい」と考えられていても本当に正しいわけではないでしょうね。時代が進んで別の視点が出来たら、その正しさが覆されるかもしれないからね。

二　次の文章を読んで、後の問いに答えよ。（字数制限のある問題は句読点・記号等も一字に数える）

愛媛県の島の分校の高校生である航太《こうた》は、文芸部の部員とともに、五人一組で俳句を創作し、鑑賞し合う俳句甲子園の全国大会への練習にいそしむ一方で、進路に悩んでいた。

結局、次の日の面談で、航太は大学進学希望と初めて口に出した。

これから考えなければいけないことが色々あるらしい。今から準備して合格できそうな大学、そして四年間経済的に続くところを探すこと。学部は先々の就職に有利なように選ぶこと。ちゃんと給料をもらえる会社に就職できるように。

面談のあとで①文芸部の部室に行っても、②航太はぼんやりしていた。

「ほら、航太、いつにもまして腑《ふ》抜け顔じゃない。しゃんとして」

日向子《ひなこ》に叱られても、来島京《くるしまみやこ》が心配そうな視線を送ってきても、エネルギーが湧いてこない。

一番文句を言いそうな恵一《けいいち》が何も言わないのを、不思議に思うことさえなかった。

「ねえ、ちょっとみんなで体を動かしません？」

突然、和彦《かずひこ》がそう言って立ち上がる。「ほら航太先輩、行きますよ。足ももう大丈夫なんでしょ」

相変わらず部員三人の球技部が、校庭でバスケットボールを使ってパス練習をしていた。航太が試合を持ちかけると、すぐに乗ってくる。こっちは文芸部五人のチーム、相手はどこかから友だちを一人引っ張ってきた。

「おれら一応専門だし、野郎四人なんだからいいっすよ、女の子がいるそっちは五人でも」

日向子は、ほとんど戦力にならない。ところが、京が意外に強かった。いや、強いというより、よく走り回るのだ。シュートの精度はそれほどでもないが、とにかくこぼれ球を拾いまくり、ゴールを攻める。

「なんか、色々意外な子だな。本の X のくせして」

観察できるのは、「真空にかなり近い状態では、物体はほとんど同じ速度で落下するようだ」という、いわば eキンジ的な結果だけである。

［ E ］、こうした実験を多くの人が試み、数々の条件下でも同傾向の結果が得られるようになる。次第に精度も高まってくる。高精度になるほど、結果も仮説に近づくようだ。そういった結果を総合して、その仮説がどうやら「正しい」という認識がだんだん生まれてくる。

③そのプロセスが、すなわち「科学」だ。少なくとも、その仮説を信じるとか信じないとか、そういう観察者の精神的な状態には影響されない。

（森　博嗣『科学的とはどういう意味か』）

問一　～～～a～eのカタカナを漢字に直せ。

問二　═══について、⑴文節⑵単語で区切ったときの数を、それぞれ漢数字のみで答えよ。

問三　［A］～［E］にあてはまる最も適当な語を、次の**ア**～**オ**からそれぞれ一つずつ選び、記号で答えよ。

ア　たとえ　**イ**　また　**ウ**　しかし　**エ**　つまり

オ　まして

問四　[X]・[Y]にあてはまる適当な漢字二字の熟語をそれぞれ答えよ。ただし二字の漢字のどちらかに、つくりとして[X]には「見」、[Y]には「攵」を用いること。また、同じ記号の空欄には同じ熟語が入る。

問五　――①「民主主義に類似した仕組み」とあるが、ここでいう「民主主義」であるものとして、最も適当なものを、次の**ア**～**オ**から一つ選び、記号で答えよ。

ア　民衆を苦しめ続けた独裁軍事政権を倒し、民衆主体の新しい政権を打ち立てること。

イ　物事を論理的に考え、常に原因と結果の関係で捉えるというのは正しいということ。

ウ　ある家族の成員の多くが朝食に米食を選ぶので、その家族の朝食は米食となること。

エ　クラスのほとんどが文化祭で模擬店を希望するのに、担任の判断で不可となること。

オ　多数意見で決めるのではなく、少数の意見に耳を添え、全員の意見をまとめること。

問六　――②「不正は混ざる」とあるが、同じ内容を表現した部分を、文中から二十字程度で抜き出し、最初の五字で答えよ。

問七　――③「そのプロセス」とは何のことか。八十字以内で説明せよ。

問八　名古屋高校の生徒がこの文章を読んで話し合った。この文章の内容を**とり違えていると思われる**生徒の意見を、次の**ア**～**オ**から一つ選び、記号で答えよ。

ア　Aさん…まず私はこの文章の書き方に注目しました。この文章では、人々の常識を覆していくように書かれていて、読んでいる方は驚きの連続でした。また、具体例が沢山示されて分かりやすく、そこが読者に自分の主張が正しいと感じさせるように作られていると も思いました。

イ　Bさん…Aさんの「常識を覆す」という部分は、実験をして研究論文を出しただけでは科学的だとは言えないところにも言えますね。それを別の多くの大学の先生が、様々な形で検討した結果、僕たち一般の人間も正しいと信じられる科学的真実が得られるという

この「他者による再現性」を確認するためには、同じ分野の学者、研究者、専門家が相互に情報交換をしなければならない。情報を公開しないと、それを他者が確かめることができない。したがって、秘密裏に行われる研究というのは、結果だけを公開しても「科学」にはならない。

実験をすれば科学的だと勘違いしている人もかなりいるようだ（これについては、学生をタイショウに簡易なアンケートを取ったことがあるが、工学部の学生の7割近くが、科学は実験によって立証されるものだ、と答えた）。TV番組などでよくスタッフが行った実験映像が示されることがあるが、同条件の実験を他者が行って同じ結果が示されなければ、科学的な証明とはいえない。実験というのは、いろいろな要因がcマギれ込むし、また測定にも、実験者の意志がどうしても介入しがちである。

TVでやっていた、新聞に記事が載った、特許が現に取られている、というものであっても、科学的に証明されていると信じることは危険である。TV番組や新聞で報道されることは、誰かが持ち込んだ記事であり、TV局や新聞社はそれを自分たちで検証するわけではない。特許も、特許庁が正しさを確かめているわけではない。いずれも、単に書面を見て特に不自然なところがないか、という大雑把《おおざっぱ》な審査が行われるだけだ。

［　C　］、書物などで個人が書いている内容になると、もうほとんど「正しいかどうか」など問題外である。なかには、引用文献を沢山挙げれば、それだけ信憑性《しんぴょうせい》が増すと勘違いしている人もいる。ちなみに書いておくが、僕は自著で極力引用をしない。「大勢が同じことを主張しているから正しい」「有名な人が言っていることだから正しい」ということはない、と考えているからだ。

そういった本に書かれていることは、一つの観察事例として、心に留めておけば良い。別の道理からそれが正しいと証明されるときもあれば、否定される場合もあるだろう。

もちろん、すべてを自分で確かめられるわけではないので、できるだけ大勢の意見を聞き、情報を沢山集め、吟味したうえで、個人は判断をしなければならない。白黒をはっきり決める必要はない。すべてをそのままデータとして留め、確からしいものから、疑わしいものまで、そのときどきの判断で並べておけば良いだろう。

［　D　］自分の目で見ても、正しいとは限らないのだが、それでも、幽霊やUFOは、今のところ、それを信じない人たちの前で再現されたことがないようである。超能力者は、再現できないときに言い訳をする。「疑っている人間が見ていると能力が発揮できない」といった理屈らしい。超能力も幽霊も、それを信じる人の前でしか起こらない現象だという。そこまでいくと、「信じなければ救われない」という一種の［　Y　］ではないか。

繰り返すが、実験によって確かめることが「科学的」なのではない。たしかに、実験を行って現象を再現する手法は、科学において多用されるが、実験結果は常に正しいわけではない。実験結果は現実であり、明らかに事実だが、条件の設定で勘違いや間違いがあったり、測定やdブンセキにも（人間のやっていることだから）②不正は混ざる。

たとえば、「真空中では、どんな物体も同じ速度で落下する」ことを証明するために実験を行おうとしても、完全な真空を作ることはできないし、また「同じ速度」を厳密に測定することは不可能である。実験で

【国語】（五〇分）〈満点：一〇〇点〉

一 次の文章を読んで、後の問いに答えよ。（字数制限のある問題は句読点・記号等も一字に数える。）

「幽霊だって、UFOだって、自分がこの目で見たら信じるよ」と言う人はとても多い。僕はそれもやはり正しいとは思わない。自分で見たものがそこまで信じられるだろうか？（他人が見た場合よりは、はるかに信じられるが）毎日のように見る夢は、この世に存在するものだろうか。見間違いというのは、普通にあることではないか。

ネス湖の恐竜のように、写真があり、目撃者が大勢いた事例もあった。しかし、あれだって、ある人の悪戯《いたずら》だったことが既に判明している。スプーンを曲げる超能力者がいて、日本人の少年超能力者が話題になったこともあるけれど、これもイカサマだったと判明している。［　A　］、「この目で見た」ものが正しいなんて、とてもいえないのではないか。

昔は写真は真実の証拠だったけれど、捏造《ねつぞう》できることを今では誰もが知っているし、デジタルによる修整も簡単になった。草原や畑に丸い跡を残す、いわゆるミステリィサークルは、宇宙人の仕業なのだろうか？

「そうとしか考えられない」と主張する人もいるけれど、誰だってできることではないか。ピラミッドもモアイ像も、べつに宇宙人の手を借りなくても建設は可能だ。今のところ、これは人間にはとうてい無理だという凄い工作物は、僕が知っている範囲では世界に存在しない。

自分の目で見たからといって考えが変わるわけではない。自分がどう感じようが、［　B　］自分が信じようが信じまいが、科学的か非科学的かの評価には影響しないのである。そもそも、科学は「信じる」ものではない。「正しそうだ」という予測はできるし、研究の当事者ならば、「真実であってほしい」という願望もあるだろう。でも、「正しい」と信じるものではない。信じても、正しさが確かになるわけではないのだ。

では、科学と非科学の境界はどこにあるのだろう？

実は、ここが科学の一番大事な部分、まさにキモといえるところなのである。

答をごく簡単にいえば、科学とは「誰にでも［　X　］ができるもの」である。また、この誰にでも［　X　］できるというステップを踏むシステムこそが「科学的」という意味だ。

ある現象が観察されたとしよう。最初にそれを観察した人間が、それをみんなに報告する。そして、ほかの人たちにもその現象を観察してもらうのである。その結果、同じ現象をみんなが確かめられたとき、はじめてその現象が科学的に「確からしいもの」だと見なされる。どんなに偉い科学者であっても、一人で主張しているうちは「正しい」わけではない。逆に、名もない素人が見つけたものでも、それを他者が認めれば科学的に注目され、もっと多数が確認すれば、科学的に正しいものとなる。

このように、科学というのは①民主主義に類似した仕組みで成り立っている。この成り立ちだけをaコウギに「科学」と呼んでも良いくらいだ。なにも、数学や物理などのいわゆる理系のbタイショウには限らない。たとえば、人間科学、社会科学といった分野も現にある。そこでは、人間や社会をタイショウとして、「他者による再現性」を基に、科学的な考察がなされているのである。

2020年度

解　答　と　解　説

《2020年度の配点は解答欄に掲載してあります。》

＜数学解答＞

Ⅰ　(1)　$(-6xy^2)$　　(2)　$(x+y-2)(x-y+2)$　　(3)　-2　　(4)　3個　　(5)　$\frac{80}{3}$

(6)　66.5点　　(7)　67°　　(8)　$8\pi-16\text{cm}^2$　　(9)　$112\pi\,\text{cm}^2$　　(10)　$\frac{5}{16}$

Ⅱ　20cm　　(解き方)　解説参照　　Ⅲ　(1)　$\frac{7}{8}$cm　　(2)　$\frac{117}{32}\text{cm}^2$

Ⅳ　(1)　15g　　(2)　12g

Ⅴ　(1)　$a=\frac{1}{4}$　　(2)　$\mathrm{S}=\frac{1}{2}b^2+2b$　　(3)　$b=2\sqrt{2}-2$

Ⅵ　(1)　$2\sqrt{2}$ cm　　(2)　75°　　(3)　1：2

○推定配点○

Ⅰ(1)～(5)　各4点×5　他　各5点×5　Ⅱ～Ⅵ　各5点×11　計100点

＜数学解説＞

Ⅰ　(数・式の計算，因数分解，連立方程式，平方根，数の性質，平均値，角度，面積，表面積，確率)

(1)　$4x^2y\times(3y)^2\div\square=-6xy$　　$\square=\dfrac{4x^2y\times(3y)^2}{-6xy}=-\dfrac{4x^2y\times9y^2}{6xy}=-6xy^2$

(2)　$x^2-y^2+4y-4=x^2-(y^2-4y+4)=x^2-(y-2)^2$　　$y-2=\mathrm{M}$とおくと，$x^2-\mathrm{M}^2=(x+\mathrm{M})(x-\mathrm{M})$　　Mを$y-2$にもどして，$x^2-(y-2)^2=\{x+(y-2)\}\{x-(y-2)\}=(x+y-2)(x-y+2)$

(3)　$\begin{cases}2x+7y=-9\cdots①\\4x+2y=3\cdots②\end{cases}$とする。①＋②より，$6x+9y=-6$　　両辺を3で割って$2x+3y=-2$

(4)　$\sqrt{7x}$の整数部分が11となるのは，$11\leqq\sqrt{7x}<12\cdots①$のときである。①は，$\sqrt{121}\leqq\sqrt{7x}<\sqrt{144}$　$121\leqq7x<144$　　$17\frac{2}{7}\leqq x<20\frac{4}{7}$　　だから，$\sqrt{7x}$の整数部分が11であるような正の整数xの値は，$x=18,\ 19,\ 20$の3個である。

(5)　$\frac{12}{5}$と$\frac{9}{16}$のどれをかけても，その積が正の整数となる分数は，分母が12と9の公約数で，分子が5と16の公倍数だから，そのような分数の中で最小のものは，分母が12と9の最大公約数の3で，分子が5と16の最小公倍数の80の$\frac{80}{3}$である。

(6)　$(45\times3+55\times3+65\times6+75\times5+85\times2+95\times1)\div20=1330\div20=66.5$(点)

(7)　右図のように，点Aを通り直線lに平行な直線を引く。平行線の同位角は等しいから，∠DAF＝∠CDE＝180°－∠ADE＝180°－148°＝32°…①　平行線の錯角は等しいから，∠BAF＝∠ABG＝78°…②　①，②より，∠BAD＝∠DAF＋∠BAF＝32°＋78°＝110°　△ABCはAB＝ACの二等辺三角形だから，∠ABF＝$\dfrac{180°-∠BAD}{2}=\dfrac{180°-110°}{2}$＝35°　よって，∠$x$＝180°－78°－35°＝67°

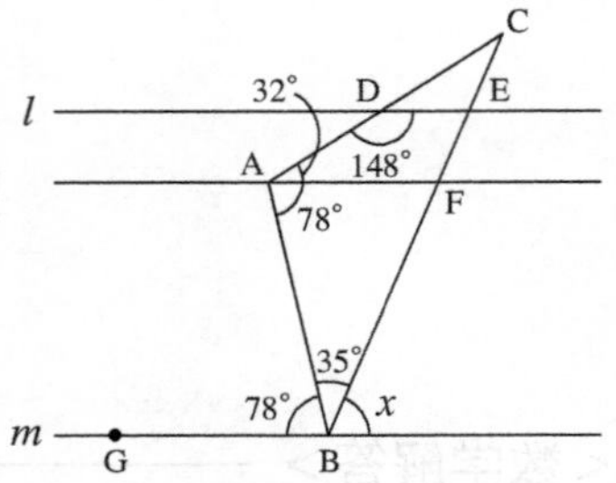

(8)　右図のように，正方形の各頂点A，B，C，Dを通る円を考え，斜線部を8分割したあ～くを，ア～クへ移動して考えると，求める面積は，正方形の各頂点A，B，C，Dを通る円の面積から，正方形ABCDの面積を引いたものに等しい。△ABCは直角二等辺三角形で，3辺の比は1：1：$\sqrt{2}$ だから，AC＝AB×$\sqrt{2}$＝4$\sqrt{2}$ cm　以上より，求める面積は$\pi\times\left(\dfrac{AC}{2}\right)^2-AB^2=\pi\times\left(\dfrac{4\sqrt{2}}{2}\right)^2-4^2=8\pi-16$(cm²)

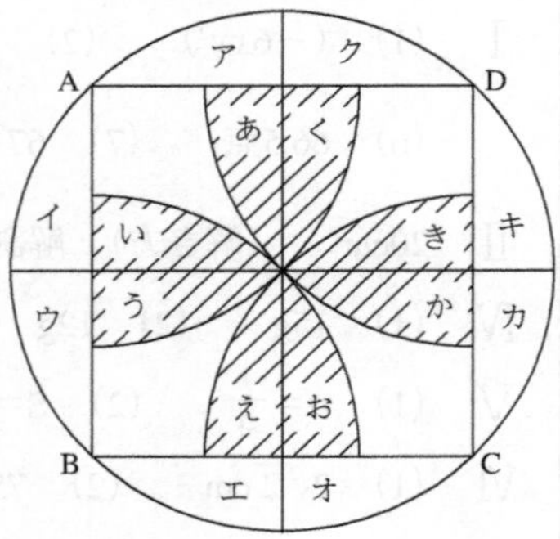

(9)　問題の円柱を展開したときの側面は，縦の長さが円柱の高さと等しい10cm，横の長さが円柱の底面の円の円周の長さに等しい8πcmだから，円柱の表面積は(側面積)＋(底面積)＝10×8π＋π×4^2×2＝112π(cm²)

(10)　1枚の硬貨を4回投げたとき，表と裏の出方は全部で，2×2×2×2＝16(通り)。点Pの移動する最小の長さは4回とも裏が出るときの1＋1＋1＋1＝4(cm)，最大の長さは，4回とも表が出るときの2＋2＋2＋2＝8(cm)だから，16通りのうち，点Pの最後の位置が頂点Bであるのは，移動する長さが4cmと7cmのとき。移動する長さが4cmとなるのは，4回とも裏が出るときの1通り。7cmとなるのは，4回のうちの1回だけ裏が出るときであり，(1回目，2回目，3回目，4回目)＝(裏，表，表，表)，(表，裏，表，表)，(表，表，裏，表)，(表，表，表，裏)の4通りだから，求める確率は$\dfrac{1+4}{16}=\dfrac{5}{16}$

重要　Ⅱ　(方程式の応用)

正方形の一辺の長さを$x$cmとおくと，条件より$x>12$　よって，$x^2=2(x-12)(x+5)$　$x^2-14x-120=0$　$(x+6)(x-20)=0$　$x=-6$，20　$x>12$より　$x=20$

Ⅲ　(平面図形，線分の長さ，面積)

(1)　△AEDで三平方の定理を用いると，AE＝$\sqrt{AD^2+ED^2}=\sqrt{3^2+4^2}=\sqrt{25}$＝5(cm)　点Eが点Aと重なるように2つに折ったということは，△CEBを線分BCを対称の軸として対称移動したということであり，対称移動では，対応する2点を結んだ線分は，対称の軸と垂直に交わり，その交点で2等分されるから，AE⊥BC，AB＝EB＝$\dfrac{AE}{2}=\dfrac{5}{2}$(cm)である。△AEDと△CEBで，∠ADE＝∠CBE＝90°…①　共通な角より，∠AED＝∠CEB…②　①，②より，2組の角がそれぞれ等しいから，△AED∽△CEB　その相似比は，ED：EB＝4：$\dfrac{5}{2}$＝8：5だから，CE＝AE×$\dfrac{5}{8}$＝5×$\dfrac{5}{8}=\dfrac{25}{8}$(cm)　以上より，CD＝ED－CE＝4－$\dfrac{25}{8}=\dfrac{7}{8}$(cm)

(2)　CB＝AD×$\dfrac{5}{8}$＝3×$\dfrac{5}{8}=\dfrac{15}{8}$(cm)より，四角形ABCDの面積は△AED－△CEB＝$\dfrac{1}{2}$×ED×AD－

$\frac{1}{2}\times EB\times CB=\frac{1}{2}\times 4\times 3-\frac{1}{2}\times\frac{5}{2}\times\frac{15}{8}=\frac{117}{32}(cm^2)$

Ⅳ　（食塩水の濃度，方程式の応用）

(1)　B君が加えた食塩の量をxgとする。$60+x=(300+60+x)\times\frac{20}{100}$　$300+5x=360+x$　$x=15$　B君が加えた食塩の量は15gである。

(2)　C君はA君のつくった食塩水をyg捨てて，食塩をzg加えたとすると，食塩水の量の関係から，$300+60-y+z=300$　$y-z=60$…①　また，食塩の量の関係から，$60-\frac{1}{6}y+z=300\times\frac{20}{100}$　$y=6z$…②　②を①に代入して，$6z-z=60$　$z=12$　よって，C君が加えた食塩の量は12gである。

Ⅴ　（図形と関数・グラフ）

基本　(1)　$y=ax^2$は点A$(-4,\ 4)$を通るから，$4=a\times(-4)^2$　$a=\frac{1}{4}$

やや難　(2)　点Bは$y=\frac{1}{4}x^2$上にあるから，そのy座標は$y=\frac{1}{4}b^2$　よって，$B\left(b,\ \frac{1}{4}b^2\right)$　直線ABの傾きは，$\frac{\frac{1}{4}b^2-4}{b-(-4)}=\frac{b^2-16}{4(b+4)}=\frac{(b+4)(b-4)}{4(b+4)}=\frac{b-4}{4}$　直線ABの式を$y=\frac{b-4}{4}+c$とおくと，点Aを通るから，$4=\frac{b-4}{4}\times(-4)+c$　$c=b$　直線ABの式は$y=\frac{b-4}{4}x+b$　また，直線ABとy軸との交点をCとするとC$(0,\ b)$　よって，S$=\triangle OAB=\triangle OAC+\triangle OBC=\frac{1}{2}\times OC\times$（点Aの$x$座標の絶対値）$+\frac{1}{2}\times OC\times$（点Bの$x$座標の絶対値）$=\frac{1}{2}\times b\times 4+\frac{1}{2}\times b\times b=\frac{1}{2}b^2+2b$

(3)　(2)より，S$=2$となるのは，$\frac{1}{2}b^2+2b=2$のときである。これを整理して，$b^2+4b-4=0$　$b=\frac{-4\pm\sqrt{4^2-4\times1\times(-4)}}{2\times1}=\frac{-4\pm\sqrt{16+16}}{2}=\frac{-4\pm4\sqrt{2}}{2}=-2\pm2\sqrt{2}$　$b>0$より，$b=-2+2\sqrt{2}$

Ⅵ　（円の性質，三平方の定理，線分の長さ，角度，面積の比）

基本　(1)　△ABDは30°，60°，90°の直角三角形で，3辺の比は$2:1:\sqrt{3}$だから，BD=2AB=4(cm)
△BCDは直角二等辺三角形で，3辺の比は$1:1:\sqrt{2}$だから，$BC=\frac{BD}{\sqrt{2}}=\frac{4}{\sqrt{2}}=2\sqrt{2}$ (cm)

重要　(2)　直径に対する円周角は90°であることから，∠BAD＝∠BCD＝90°より，4点A，B，C，Dは線分BDを直径とする円の円周上にある。弧ABに対する円周角なので，∠ACB＝∠ADB＝30°
△BCEの内角と外角の関係から，∠AEB＝∠BCE＋∠CBE＝∠ACB＋∠DBC＝30°＋45°＝75°

やや難　(3)　△ABEと△CDEで，弧BCに対する円周角なので，∠BAC＝∠BDCより，∠BAE＝∠CDE…①
弧ADに対する円周角なので，∠ABD＝∠ACDより，∠ABE＝∠DCE…②　①，②より，2組の角がそれぞれ等しいから，△ABE∽△CDE　相似比はAB：DC＝AB：BC＝$2:2\sqrt{2}=1:\sqrt{2}$
相似な図形では，面積比は相似比の2乗に等しいから，△ABE：△CDE＝$1^2:(\sqrt{2})^2=1:2$

★ワンポイントアドバイス★

Ⅴ(2)は直線ABの式をbを用いて表すことを考えてみよう。Ⅵ(2)・(3)は4点A，B，C，Dが1つの円の円周上にあることと，△ABE∽△CDEであることに気付くことがポイントである。

＜英語解答＞

Ⅰ [A] (1) ウ　(2) エ　(3) ウ　(4) ア

[B] (1) (例) When is your birthday?

(2) (例) Have you finished your homework?

(3) (例) How do you say ‘thank you’ in Japanese?

[C] (1) ×　(2) ?　(3) ○　(4) ?

Ⅱ [A] (1) イ　(2) イ　(3) E　(4) I

[B] (1) ウ　(2) エ　(3) エ　(4) ア

Ⅲ (1) ア been　イ known　ウ visiting　エ to take

(2) エ　(3) 間違ってマイクロプラスチックを食べた魚を，人間が知らずに食べること。

(4) The whale was too little to eat fish　(5) (例) Please stop using plastic products.(6語)　(6) ア ×　イ ×　ウ ×　エ ○

Ⅳ ① (例) What time does it start

② (例) Which do you like better, curry or pizza

③ (例) I’m looking forward to seeing

○推定配点○

Ⅰ [B] 各3点×3　他 各2点×8　Ⅱ 各3点×8　Ⅲ (1)・(2)・(6) 各3点×9 他 各4点×3　Ⅳ 各4点×3　計100点

＜英語解説＞

Ⅰ リスニング問題解説省略。

Ⅱ (会話文読解問題：英問英答，要旨把握)

[A] (全訳) アレックス：サトシ，悲しそうだね。どうしたの？

サトシ：2020年の東京オリンピック・パラリンピックのチケットを持ってないんだ。東京2020を楽しめないよ。泣きたいよ！

アレックス：それは残念だね。僕はもうすでに1つ楽しんだよ。

サトシ：本当？　何をしたの？

アレックス：ええと，それは一種のボランティアなんだ。ただ古い携帯電話を送っただけだよ。

サトシ：それがどうボランティアになるの？

アレックス：そういう電話の中には小さい金があるんだ。メダルは中古の電話から取られた金で作られるんだよ。これが地球を救うことにつながる。

サトシ：つまり金メダルはリサイクル製品という意味？　素晴らしいね！　僕も自分のを送りたい。どうやったら送れるの？

アレックス：ごめんね，でももう終わっちゃったんだ。

サトシ　　：運がないな。全然東京2020を楽しめないよ。

アレックス：心配しないで！　考えがあるんだ。僕はスタートラインからマラソンコースに沿って歩くことを計画しているんだ。42.195キロだよ。遠く感じるけど僕らにはできるよ。コース沿いには観光地もある。一緒に行かない？

サトシ　　：うん！　おもしろそうだね。

～次の週末～

サトシ　　：アレックス，待って…，一番近い駅に行こう。

アレックス：おい，サトシ。まだ3分の1しか歩いてないよ！

サトシ　　：わかっているけど，もう歩けないよ。

アレックス：わかった。東京タワーに行って休憩しよう。そこのおじいさんにどうやって東京タワーに行くか聞いてくる。(おじいさんに話しかける)すみません，東京タワーに一番近い駅への行き方を教えていただけませんか。

おじいさん：もちろん。それは芝公園駅だ。まずこの道を行って2つめの角で左に曲がる。そして3つ目の角で右に曲がる。左に浅草駅が見えるよ。レッド線に乗って三田駅まで行き，そこで乗り換える。

アレックス：浅草駅から三田駅までは駅はいくつですか？

男性　　　：10駅。

アレックス：三田駅からどの線に乗ればいいですか？

男性　　　：ブルー線に乗って。芝公園駅は三田駅の次の駅だよ。

アレックス：ありがとうございました。

男性　　　：どういたしまして。

(1)「アレックスは東京オリンピックを楽しむために何をしましたか」 イ「金メダルを作るための古い携帯電話を送った」 3，4つ目のアレックスの発言参照。

重要 (2)「浅草駅はマラソンコースのどこにありますか」 イ「スタートから約15キロ」 おじいさんの発話から今浅草駅のそばにいることがわかり，7つ目のアレックスの発言からまだ3分の1しか歩いていないことがわかる。

(3)「東京タワーまでの行き方をおじいさんに聞いたときアレックスはどこにいましたか。AからEで選びなさい」 おじいさんの発言参照。

基本 (4)「芝公園駅はどこですか。FからJで選びなさい」 おじいさん(男性)の発言を参照。Hが三田駅。

Ⓑ（全訳） ～浅草駅のそば～

サトシ　　：見て。このお店でセールをやっているよ。

アレックス：わあ，日本の伝統的なものがたくさんある。あれは侍の刀だ！　木でできているよ。かっこいい！　欲しい！

サトシ　　：手に刀を持って歩くつもりなの？

アレックス：ああ，それはいい考えじゃないかもね。じゃあ扇子と呼ばれる日本の扇はどうだろう？　扇子の絵は浮世絵みたいだね。僕の両親は浮世絵が好きなんだ。気に入ると思うな。

サトシ　　：あのタオルはどう？　それも浮世絵のデザインだよ。

アレックス：きれいだね。両親に1つずつ買うよ。

サトシ　　：あのTシャツを見て。オリンピックの特別なデザインがされているよ。

アレックス：このTシャツには漢字があるよ。なんという意味？

サトシ　　：五輪って書いてある。これは日本語で5つの輪という意味だよ。オリンピックは日本ではときどき五輪って言われるんだ。

アレックス：いいね。これも1枚買うよ。妹にも何か買いたいな。この日本の紙，折り紙を気に入るだろうな，でもお金がないな。2700円しかないんだ。

サトシ　　：もし3000円以上使ったら折り紙をプレゼントでもらえるよ。僕らのTシャツ2枚を一緒に払おうか？

アレックス：いい考えだね。オリンピックの間にこのTシャツ を着てうちで試合を見ようよ。

サトシ　　：次の夏は素晴らしいものになるに違いないね！

日本の伝統品　セール中

東京オリンピックとパラリンピックがやってきます！

オリンピック選手を応援する準備はできていますか？　この大イベントを楽しみましょう！

只今セール中です！　このお店の全ての物が特別価格です。

日本刀　～　木製のかっこいい侍の刀　1800円

この使い方には気をつけてください。

Tシャツ　～　東京2020特別デザイン　1000円

3つの特別デザインを様々なサイズで用意しています。2枚買えば10%引き

扇子　～　日本の伝統的な扇　800円

歌舞伎や浮世絵などのたくさんの日本伝統デザインがあります。必要であれば小さなギフト用の箱をおつけいたします。

手ぬぐい　～　日本伝統のタオル　800円

様々な種類のデザインがあります。タオルとしてだけでなく壁に飾る絵としても使えます。

折り紙　～　日本の伝統芸術　200円

折り紙は紙でできた日本の伝統芸術の1つです。付属説明書で動物を作れます。

★2枚買ったら10%引き：もし2枚Tシャツを買ったら10%引きになります。あなたと友達で一緒に支払うことができます。

★特別ギフト：当店で3000円以上ご購入の場合，折り紙をプレゼントします。日本の伝統文化でお楽しみください。

★全ての価格は税込みです。

(1)「アレックスはどのTシャツを買いますか」 アレックスの4つ目の発言から5つ目までの2人の会話参照。

(2)「もしプレゼントとして扇子を買うと」 エ「ギフトボックスに入れることができる」 商品案内の扇子の欄の2文目を読む。

(3)「アレックスは両親と妹に何を手に入れましたか」 エ「タオル2枚と折り紙」 サトシ，アレックスの3つ目の発言，5つ目のアレックス，6つ目のサトシの発言参照。

(4)「サトシは自分のTシャツにいくら払いましたか」 ア「900円」 6つ目のサトシの発言で，アレックスのTシャツと一緒に支払おうとしていることがわかる。また，商品広告のTシャツ欄には「2枚買うと10%引き」とあるので，1000円の10%引きは900円となる。

Ⅲ　**(長文読解問題・紹介文：語句補充，語形変化，指示語，語句整序，語句解釈，内容吟味)**

（全訳）　この前の夏にアマゾン川のそばの熱帯雨林で大きな火事がありました。森の広大な範囲が失われ，その地域だけに住んでいる多くの動物が死にました。その森は世界の約20%の酸素を作り出していたので，何年もの間世界中の人々にとってとても助けになって ア います。今私たちは多

くの環境問題を抱えています。この森林火災はこの問題をより深刻なものにするでしょう。テレビでは「何かをしなくてはいけない。森を燃やすことは①私たちの未来を燃やすことを意味する！」と言っている人たちがいました。私たちが自然を守ることが重要です。

環境問題はますます深刻になってきています。それなので多くの国々がこの問題を解決する方法について考えています。これらの問題の1つはプラスチックごみです。例えばプラスチックストローや袋のようなプラスチック製品は使いやすいけれども，捨てやすいのです。UNEP(国連環境計画)は2015年にプラスチックごみについての報告書を作成しました。この報告書によると，世界のプラスチックごみの約半分がプラスチック包装から来ており，多くのプラスチックごみを捨てることで日本は世界で2番目にひどい国でした。

海を訪れると海岸でプラスチックボトルやビニール袋を簡単に見つけることができます。このプラスチックは海に入り，その一部は「マイクロプラスチック」としてイ知られている小さな破片となります。魚が間違えてマイクロプラスチックを食べるかもしれず，私たちはそれを知らずその魚を食べるかもしれません。私たちは②そのことが将来体にどのような影響を与えるのかわかりません。まだ海からマイクロプラスチックを集める方法を見つけていません。

2018年，神奈川県由比ヶ浜海岸で死んだ赤ちゃんクジラが見つかりました。③そのクジラは小さすぎて魚を食べることができなかったので，体の中からプラスチックごみを見つけて人々はとても衝撃を受けました。これは赤ちゃんクジラからの④メッセージだと彼らは思いました。神奈川県は「プラスチックごみゼロ」キャンペーンを始めました。県の職員はプラスチックストローの使用をやめ，プラスチック製品をリサイクルするように人々に言いました。彼らはまた海岸をウ訪れている人たちにプラスチックごみを家に持ち帰るようにも言いました。神奈川の多くのコンビニやレストランはプラスチックストローとビニール袋をお客さんに渡すのをやめることに決めました。この県は2030年までにプラスチックごみをゼロに減らそうとしています。

多くの会社もまたプラスチックの問題について考え始めています。日本のコンビニは近い将来お客さんにビニール袋を渡すのをやめるでしょう。私たちは買い物に行くときに自分の袋をエ持って行く必要があります。数年中にはプラスチックストローを使うのをやめると言っているお店もいくつかあります。私たちが再利用できる新しいタイプのストローを使おうと試みているところもあります。あるお店ではすでに小さい(サイズの)アイスコーヒーのプラスチックコップを紙コップに変更しています。そのコップからストローなしで飲むことができます。この変更のおかげで毎年542.5トンのプラスチックを減らすことができることになっています。

今私たちそれぞれが地球を救うために生活を変えるべきです。ときどきいつも簡単ではないと思うかもしれませんが，地球は1つしかないのです。

(1)　ア　have の後ろに動詞がくる場合は〈have ＋動詞の過去分詞形〉で現在完了形となる。ここでは主語が単数なので has で，後ろに形容詞 helpful「助けになる」が続いているのをヒントにする。現在形ならば That forest is helpful「その森は助けになる」となる文を，現在完了形 That forest has been helpful「その森はずっと助けになっている」という継続の意味にする。be動詞の過去分詞形は been。　イ　動詞の過去分詞形は名詞の前後について「～された」という意味を表す。know の過去分詞は known で known as で「～として知られている」の意味。ウ　動詞のing形は名詞の前後について「～している」の意味を表す。文脈からどんな人たちにリサイクルするように頼んだのかを考える。people visiting the beach で「海岸を訪れている人たち」の意味。　エ　〈need to ＋動詞の原形〉で「～する必要がある」,〈need ＋動詞のing形〉で「～される必要がある」の意味。私たちが袋を持って行くのか行かれるのかを考え to take とする。

(2)　文脈から森が燃えることが悪いことだとわかるので，燃やされて困るものを入れる。

重要 (3)　that は前述された文内容を指すことができる。ここでは1文前のマイクロプラスチックと魚の問題を指している。

(4)〈too ＋形容詞＋ to ＋動詞の原形〉で「とても(形容詞)なので～できない，～するには(形容詞)すぎる」の意味。

(5)　直前で死んだくじらからプラスチックごみが見つかったこと，下線部以降はお店でプラスチック製品を使わないような運動について述べていることをヒントにする。解答例は「プラスチック製品を使うのをやめてください」という意味。

やや難 (6)　ア「日本は世界で一番プラスチックごみを捨てる国だ」(×)　第2段落第6文参照。　イ「魚はマイクロプラスチックを食べないので，海をきれいにする必要はない」(×)　第3段落参照。ウ「神奈川県の『プラスチックごみゼロ』キャンペーンは2018年に死んだクジラが見つかる前に始まった」(×)　第4段落参照。　エ「一部の会社やお店はすでにプラスチックごみを減らし始めている」(○)　第4段落後半，第5段落参照。

基本 Ⅳ　(条件英作文)

タカシ　：明日の夜はひま？
ジェーン：ええ，どうして？
タカシ　：名古屋高校には特別な望遠鏡があるのを知っている？　明日の夜に星の観測授業があるんだ。
ジェーン：わくわくするわね。行きたいわ。①何時に始まるの？
タカシ　：7時から。お腹が空くだろうね。授業の前に夕飯を食べようよ。
ジェーン：ええ，いいわ。そこのそばに2ついいレストランがあるわよ。1つはカレー屋でもう1つはピザ屋よ。②カレーとピザはどっちが好き？
タカシ　：ピザがよさそうだな！　じゃあ学校の前に6時に会おう。
ジェーン：きれいな星③を見るのを楽しみにしているわ。

①　直後に開始時間を答えているので時間を聞いていることがわかる。What time「何時」
②　Which は「どちら」を表す疑問詞で，Which do you like better, A or B? は「AとBどちらが好きですか？」を聞く，よく使われる表現。
③〈be looking forward to ＋動詞のing形〉で「～することを楽しみにしている」の表現。

★ワンポイントアドバイス★

Ⅳの条件英作文は，会話でよく使われる表現が出題されている。最後の問題で時間が足りなくなる可能性があるが，表現を知っていれば時間はかからない問題なので，最初に問題に目を通して時間配分に気をつけて取り組むこと。

＜理科解答＞

Ⅰ　問1　(1)　$CuCl_2 \rightarrow Cu^{2+} + 2Cl^-$　(2)　Cl_2　(3)　50個　(4)　3.5g　(5)　3.8%
(6)　ア

Ⅱ　問1　(1)　肝門脈　(2)　右心室　(3)　A，B，C，D，E　(4)　不要な物質が少ない。
問2　(1)　50%　(2)　②　エ　③　カ

Ⅲ　問1　(1)　42%　(2)　イ　問2　(1)　エ　(2)　77%　(3)　イ　(4)　B→C→D

Ⅳ　(1)　秒速9cm　(2)　98cm　(3)　b　(4)　ア　(5)　11.06秒　(6)　エ

○推定配点○
各4点×25（Ⅱ(3)完答）　計100点

＜理科解説＞

Ⅰ　（電気分解とイオン―中和反応・電気分解）

重要　問1　(1)　塩化銅は水に溶けて，銅イオン(Cu^{2+})と塩化物イオン(Cl^-)に電離する。

(2)　水溶液中に塩化物イオンがあるときは，電気分解により陽極から塩素が発生する。

(3)　陰極では，銅イオンが電子を受け取る反応が起きる。そのイオン反応式は，$Cu^{2+} + 2e^- \rightarrow Cu$であり，流れ込んだ電子と出てくる銅の割合が2：1になる。電子が100個からは銅が50 個出てくる。

(4)　表1～3より，電流の大きさが同じとき，電流を流した時間と陰極に出てくる銅の質量は比例する。また，同じ30分間電気分解したときを比較すると，電気分解の時間が同じでは電流の大きさが出てくる銅の質量に比例する。よって，1Aで30分間電気分解したときと比べると，5Aで35分間電気分解すると出てくる銅の質量は，$0.6\times5\times\frac{35}{30}=3.5$gである。

やや難　(5)　陰極に出てくる銅の最大量は3.6gである。これははじめの塩化銅水溶液中の銅イオンがすべて陰極に出てしまうと，それ以上銅の質量が増えないためである。陽極で発生する塩素の質量と銅の質量の比が71：64なので，3.6gの銅が発生するとき，陽極で発生する塩素は71：64＝□：3.6　□＝3.99gである。これだけの塩素を生じる塩化物イオンが初めの塩化銅の中に含まれていたので，塩化銅中の銅イオンと塩化物イオンの質量の合計が3.6＋3.99＝7.59gである。よって塩化銅水溶液の質量%濃度は，(7.59÷200)×100＝3.79≒3.8%である。

(6)　表2より，電気分解の時間が90分を超えると陰極に出てくる銅の質量が変わらない。銅が出なくなった後は，水素が発生する。選択肢の中で水素発生が起きるのはアである。

Ⅱ　（ヒトの体のしくみ・遺伝―血液の循環・遺伝法則）

基本　問1　(1)　小腸から肝臓に向かう血管を肝門脈という。小腸で吸収された栄養分を多く含む血液が流れている。

基本　(2)　心臓から肺に向かう肺動脈は右心室から出る。

重要　(3)　肺で酸素を受け取り，酸素濃度の高い血液を動脈血という。心臓から各器官に向かう血管が動脈であり，動脈血が流れる。肺に関しては，動脈血は肺静脈(A)を流れる。

(4)　腎臓は血液中の不要物をこしとる働きをする。そのため，Iを流れる血液はCを流れる血液に比べて不要物が少ない。

重要　問2　(1)　①の種子の遺伝子型の比率は，RR：Rr：rr＝1：2：1になる。よって遺伝子の組み合わせがRrになるものは全体の50%である。

(2)　①で得られた丸い種子の遺伝子型はRRとRrの2種類である。33本のRRを自家受粉すると，全て丸い種子になる。1本の個体から120粒の種子が得られるので，②の種子の数はおよそ，33×120＝3960≒4000粒である。Rrを自家受粉すると丸い種子としわのある種子ができる。これより67本の固体の種子の遺伝子型はRrであり，丸い種子としわのある種子が3：1になる。67本の固体からは67×120＝8040粒の種子ができ，そのうち4分の3が丸いので，③の種子の数はおよそ，$8040\times\frac{3}{4}$＝6030≒6000粒である。

Ⅲ（天気の変化―湿度・湿球黒球温度）

重要 問1 (1) 露点が15℃なので，部屋の中の水蒸気量は12.8g/cm^3である。30℃の飽和水蒸気量が30.3g/cm^3なので，部屋の空気の湿度は(12.8÷30.3)×100＝42.2≒42％である。

(2) 0.2m^3で1.2gの水滴が生じたので，1m^3あたりでは1.2÷0.2＝6gの水滴が生じる。部屋の中の水蒸気量が12.8g/cm^3なので，6gの水滴が生じた後には12.8－6＝6.8g/cm^3の水蒸気量になる。このとき飽和水蒸気量になっているので，容器内の温度は5℃である。

問2 (1) 乾湿計の湿球温度計の液だめは，ガーゼで包んでガーゼを容器内の水につける。水の蒸発によって熱が奪われ乾球より低い温度となる。

(2) 左の乾球の温度が27℃，右の湿球の温度が24℃であり温度差が3℃なので，湿度は77％である。

(3) 黒球温度は，外側を黒く塗装した銅の球の内部に温度計を入れて測定した温度のことである。

(4) Bの湿球温度は，乾球温度が33℃で湿度が86％なので，図1より温度差2℃なので31℃とわかる。Cの湿度は湿球温度が26℃，温度差が4℃なので72％である。Dの乾球温度は温度差が4℃になるので30℃である。これらの値を計算式に入れてWBGTを求めると，Bでは31.8，Cでは25.3，Dでは24.9となる。高い順にB→C→Dとなる。

Ⅳ（運動とエネルギー―加速度運動）

(1) 平均速度を求めるには，8秒のときの速度と10秒のときの速度の中間値をとる。(10＋8)÷2＝9cm/秒

重要 (2) 8秒までは10cm/秒の速さで移動し，その後の2秒は9cm/秒で移動するので，lの長さは8×10＋2×9＝98cmである。

(3) コイルが磁石に近づくと，磁石に反発するように磁力線が生じる。図ではコイルの右端から磁力線が出ていく。磁力線の向きと電流の向きは右ねじの進む方向の関係になるので，電流はbの方向に流れる。

(4) t_1からt_2の間も台車は右向きに移動しているので，合力は壁の方に向いている。

やや難 (5) グラフ1より台車の速度が変化しだしたのは，壁から18cmの位置からである。グラフ2でも，加速度が変化しだすのは同じ位置と考えることができるので，t_1～t_2の距離は18cmになる。この間を平均17cm/秒で移動すると，その時の時間は18÷17＝1.058秒になる。また，0秒からt_1秒までの移動距離は80cmであり，この間16÷2＝8cm/秒の平均速度で移動したと考えられるので，かかった時間は80÷8＝10秒である。よってt_2＝10＋1.058＝11.058≒11.06秒である。

(6) 台車の速度は徐々に小さくなる。さらに，磁石の影響を受けると速度の減少の割合は大きくなる。エのグラフで，はじめの直線の傾きは右下がりであり，さらにグラフの傾きの絶対値が大きくなる。

★ワンポイントアドバイス★

グラフから読み取って考えさせたり，グラフを書かせたりする問題が多い。また計算問題にやや難しい問題が出題される。類題の演習をしっかりと行いたい。

＜社会解答＞

Ⅰ　(1)　ウ　(2)　エ　(3)　ア　(4)　ウ　(5)　エ　(6)　エ　(7)　オ
(8)　ウ　(9)　ア　(10)　イ　(11)　イ　(12)　アパルトヘイト　(13)　ウ
(14)　ア　(15)　スペイン

Ⅱ　(A)　姫路城　(B)　屋久島　(1)　ウ　(2)　(a)　エ　(b)　イ　(c)　ア
(d)　エ　(e)　ウ　(f)　ウ　(g)　イ　(h)　朱印船(貿易)　(i)　イ

Ⅲ　(1)　ア　(2)　イ　(3)　ア　(4)　エ　(5)　玉音放送　(6)　板門店
(7)　国後島　(8)　ウ

Ⅳ　(1)　エ　(2)　(a)　エ　(b)　オ　(3)　イ・ウ　(4)　イ　(5)　エ　(6)　エ
(7)　ウ

Ⅴ　(1)　カ　(2)　エ　(3)　イ　(4)　エ　(5)　エ　(6)　イ　(7)　エ

○推定配点○

各2点×50(Ⅳ(3)完答)　　合計　100点

＜社会解説＞

Ⅰ　(地理―ラグビーワールドカップ出場国を切り口にした問題)

(1)　経線アがイギリスを通っていることから経度0度の本初子午線である。また，経線ウの一本西に引かれている経線が経度180度の日付変更線である。これらを併せると，本初子午線から6本目が日付変更線であることになるので，180度÷6＝30度となり，経線・緯線は等間隔で引かれていることから，30度であることがわかる。

重要　(2)　(1)から，太線は東経90度であることがわかる。したがって，同一円上にある経線は西経90度となることから判断する。

やや難　(3)　時差が大きいということは，経度の差が大きいということである。日本標準時子午線が東経135度である。アはA地点で経度0度であることから，差は135度である。イはC地点で東経45度であることから，差は90度である。ウはE地点で東経15度であることから，差は120度である。エはG地点で東経180度であることから，差は45度である。

(4)　(3)からニュージーランドとの経度の差は45度である。経度差45度は時差に直すと，45度÷15度＝3時間となる。ニュージーランドの方が日本より日付変更線に近いことから，10月12日13:45＋3時間＝10月12日16:45となることがわかる。

重要　(5)　Aはイギリス，Bはイタリア，Cはジョージアである。(あ)は1991年に独立とあるので，ジョージアである。(い)は産業革命の発祥地とあるので，イギリスである。(う)は北部が工業の中心地とあるので，イタリアである。

やや難　(6)　Dがナミビア，Eが南アフリカ共和国，1位がロシアであることから判断する。それぞれ産出量1位の国は，ウラン鉱はカナダ，金鉱は中国，ボーキサイトはオーストラリアである。

(7)　Eが南アフリカ共和国，Fがフィジー，Gがニュージーランドである。(あ)はサンゴ礁が発達とあるので，フィジーである。(い)は北と南の二島から成り立つとあるので，ニュージーランドである。(う)は中央部に高原地帯とあるので，カルーと呼ばれる平坦地が広がる南アフリカ共和国である。

(8)　Aがイギリス，Fがフィジー，Gがニュージーランドである。(あ)は一年中暖かいので，熱帯に位置するフィジーである。(い)は四季の巡り方が日本と同じであることから，北半球に位置するイギリスである。(う)は四季の巡り方が日本と逆であることから，南半球に位置するニュージーランドである。

(9)　Bがイタリア，Dがナミビア，Gがニュージーランドである。(あ)は夏場の降水量が少ないことから地中海性気候に属するイタリアである。(い)は年間降水量が少ないことから，乾燥帯砂漠気候に属するナミビアである。(う)は年間降水量がほどほどにあることから，温帯湿潤気候に属するニュージーランドである。

基本　(10)　オリーブオイルが欠かせないとあることから，イタリアであることがわかる。

(11)　ニュージーランドの先住民族とあることから判断する。アはオーストラリア，ウはラテンアメリカ，エはケニアからタンザニアにかけて，オはスカンジナビア半島に住む先住民族である。

重要　(12)　南アフリカ共和国で行われていた，約2割の白人支配層が非白人を差別し，居住地区を限定し，異人種間の結婚を禁止し，参政権も認めないという，人種隔離政策のことである。

(13)　ニュージーランドは羊の数が国民の7倍といわれる数がいることから，牧場・牧草地率が高くなることに注目する。アは森林率が高いことから日本，イは森林率が低いことからイタリア，エは就農率が高いことからジョージアであることがわかる。

(14)　消去法で判断する。機械類の割合が高いイは，日本である。酪農品の割合が高いウは，ニュージーランドである。白金が3位に入っているエは，産出量1位の南アフリカである。したがって，残ったアが，イタリアとなることがわかる。

やや難　(15)　16世紀から19世紀初めにかけて，ウルグアイはスペインの植民地であった。

Ⅱ（歴史ー世界遺産を切り口にした問題）

基本　(A)　1600年に入城した池田輝政が現在の形に改修した城である。その美しさから，別名，白鷺城と呼ばれている。

基本　(B)　樹齢8000年といわれる縄文杉に代表される杉の原生林や，九州最高峰である宮之浦岳に至る過程で亜熱帯から亜寒帯に及ぶ多様な植物が見られるといった貴重な自然が評価されている。

やや難　(1)　桓武天皇が律令制度の立て直し策として，国司の監視をする勘解由使を置き，農民の労役であった国司の下での雑徭の日数を60日から30日に減らしたことから判断する。784年に平城京から長岡京に都を移した後に平安京に遷都していることから，アは誤りである。仏教の力で国を守ろうとしたのは奈良時代の聖武天皇であることから，イは誤りである。富本銭は天武天皇の治世である683年に鋳造されたことから，エは誤りである。

重要　(2)　(a)　平等院鳳凰堂を建てた人物は藤原頼通であることをふまえ，消去法を活用する。4人の娘を天皇の后として朝廷の実権を握ったのは藤原道長であることから，アは誤りである。娘徳子の産んだ子を天皇に即位させたのは平清盛であることから，イは誤りである。朝廷を追われ大宰府に左遷されてそこで亡くなったのは菅原道真であることから，ウは誤りである。

(b)　消去法を活用して，作者と作品名・内容を判断する。『枕草子』の1段は四季の風情について書かれていることから，アは誤りである。『平家物語』の作者ははっきりしておらず，また鴨長明は『方丈記』の作者であることから，ウは誤りである。紀貫之は『古今和歌集』の編者の一人であり，『新古今和歌集』は藤原定家など6人で編集していることから，エは誤りである。

(c)　鹿苑寺金閣は，足利義満が京都の北山に建てた3層からなる建物である。慈照寺銀閣は，足利義政が京都の東山に建てた2層からなる建物である。(d) 消去法を活用して鎌倉新仏教の内容と開祖について判断する。法然が開いたのは浄土宗であることから，アは誤りである。踊念仏は一遍が開いた時宗の特徴であることから，イは誤りである。日蓮が唱えた「南無妙法蓮華経」は題目であることから，ウは誤りである。(e) 高野山金剛峯寺を建てたのは真言宗を日本に伝えた空海である。空海は弘法大師の諡号《しごう》を与えられており，また，書の達人であったことから「弘法にも筆の誤り」ということわざに名を残している。『風信帖』は空海が最澄に宛てて書いたものである。 (f) 1333年に鎌倉幕府が滅亡したとあることから，討幕の中心人物は後醍醐天皇であることがわかる。後醍醐天皇はいったん失敗した後，1332年に隠岐に流されており，その後1333年に隠岐を脱出し討幕を果たしている。また，鎌倉幕府は朝廷を監視するために京都に六波羅探題を設置していた。(g) 徳川幕府の歴代将軍は，3代徳川家光，14代徳川家茂，15代徳川慶喜である。(h) 豊臣秀吉が始め，江戸時代初めにかけて全盛となり，朱印が押されている貿易許可証を持った船による貿易であったことから朱印船貿易と呼ばれている。貿易の拠点として，東南アジア各地に日本町がつくられていた。 (i)「今年の漢字」は，日本漢字能力検定協会のキャンペーンとして1995年から始められたものである。地下鉄サリン事件が世界に震撼と衝撃を与えたこと，阪神淡路大震災や金融機関の倒産による社会不安の拡大などが選出理由であった。

Ⅲ (歴史―太平洋戦争以降の日本に関する問題)

基本 (1) 日本軍はミッドウェー海戦で大敗を喫していることから，アは誤りである。

基本 (2) 太平洋戦争の戦争責任者がかけられた裁判は，極東国際軍事裁判(東京裁判)であることから，イは誤りである。

やや難 (3) アは1951年，イは1949年，ウは1962年，エは1955年から1975年である。

やや難 (4) アは1960年，イは1964年，ウは1964年，エは1955年である。

(5) 天皇の肉声が玉音と言われていたことに由来するものである。

(6) 朝鮮戦争の停戦を監視するために，中立国監督委員会と軍事停戦委員会が設置されている。

重要 (7) 北方領土の中では，択捉島に次いで面積2位の島である。

重要 (8) 田中角栄首相が1972年9月に中国を訪問して国交正常化を果たした際に調印したのは日中共同声明であり，日中平和友好条約は1978年に福田赳夫首相が調印していることから，甲は誤りである。佐藤栄作首相は1971年に沖縄返還協定に調印し，1972年5月に沖縄返還が実現していることから，乙は正しい。

Ⅳ (公民―政治のしくみ・選挙・裁判などに関する問題)

基本 (1) 第1回衆議院議員総選挙時の選挙権の条件である。この条件を満たしていたのは，国民の約1.1%しかいなかったため，後に選挙権拡大を求める普通選挙運動が起きることとなった。

重要 (2) (a) ドント式とは，各政党の得票を整数で割った商を比較して，大きい順に定数まで議席を配分する方法である。各政党の商を求めると，A党は10000，5000，3333，2500…，B党は8000，4000，2667，2000…，C党は6000，3000，2000，1500…，最後にD党は3500，1750，1167，875…，である。大きい順に7位まで順位をつけると，10000，8000，6000，5000，4000，3500，3333，となるので，獲得議席数は，A党3名，B党2名，C党1名，D党1名となることがわかる。 (b) 参議院議員選挙の比例代表制は，非拘束名簿式で行われる。有権者は候補者名か政党名を記入し，各政党は候補者名と政党名の投票を合計した数を得票として議席配分が行われる。その後，政党内で候補者は得票の多い順に獲得した議席数分の当選者が誕生することとなる。

基本 (3) 公職選挙法第10条の規定である。ア・エ・オ・カの被選挙権は，満25歳以上である。

重要 (4) 日本国憲法第96条には，憲法改正の発議には各議院の総議員の3分の2以上の賛成が必要であると規定されているので，イは誤りである。

やや難 (5)　弾劾裁判での罷免はあるが，国民審査で裁判官が罷免されたことは2020年以前に一度もない。国民審査は，日本国憲法第79条及び最高裁判所裁判官国民審査法に基づいて行われることから，アは誤りである。国民審査は衆議院議員総選挙に際して行われることから，イは誤りである。国民審査による罷免は投票者の過半数で可となることから，ウは誤りである。

(6)　裁判員裁判の対象となる裁判は，地方裁判所で行われる殺人・放火などの重大事件の第一審であることから，エは誤りである。

やや難 (7)　地方自治法の規定から判断する。有権者の3分の1以上の署名を選挙管理委員会に提出することで，地方議会解散の可否を問う住民投票が実施されるとあることから，ウは正しい。副知事や副市長村長といった主要な職員の解職請求もできることから，アは誤りである。条例の制定の請求は，都道府県・市町村共に有権者の50分の1以上の署名が必要であることから，イは誤りである。監査請求は監査委員に対して行われることから，エは誤りである。

Ⅴ（公民―国民生活と経済に関する問題）

(1)　代金とあることから提供されているのは財・サービスである。家計が負担する税金は様々な形で利用されるが，社会保障として家計に給付される。企業が負担する税金は様々な形で利用されるが，補助金として企業に給付されることがある。

やや難 (2)　アメリカのケネディ大統領が提唱したのは，安全である権利・知らされる権利・選択できる権利・意見を反映させる権利である。

やや難 (3)　会員が新規会員を勧誘しその新規会員がさらに別の新規会員を勧誘する連鎖によって拡大する販売形態である。無限に連鎖が続くことはありえないので，必ず破綻する仕組みである。アはネガティブオプション，ウはキャッチセールス，エはアポイントメントセールスである。

(4)　消費者を保護するために，訪問販売や電話勧誘販売，宅地建物取引，ゴルフ会員権契約などを対象として，契約解除が可能となる制度である。

(5)　民法では，損害賠償を求める場合は加害者の故意・過失を立証する責任は原告側にあるとされている。しかし，製品の欠陥などを素人である消費者が立証することは困難であることから，消費者保護の観点に立って，製造業者等に損害賠償責任を負わせることとした法律である。

やや難 (6)　国民年金は，20歳以上の国民に加入義務がある。医療費の自己負担は3割であることから，アは誤りである。令和元年度における雇用保険料の負担割合は，労働者が1000分の3，事業主が1000分の6であることから，ウは誤りである。介護保険は40歳で加入となることから，エは誤りである。

(7)　全員が同じ税率で負担することから，実際に納める税金が所得に占める割合は，低所得者ほど高くなる点に注目する。

★ワンポイントアドバイス★

各分野の基本知識を習得することは大切であるが，記号選択の問題が多数であることから，選択肢を絞り込むためには消去法を活用することが重要である。

＜国語解答＞

一　問一　a　広義　b　対象　c　紛(れ)　d　分析　e　近似　問二　(1)　二　(2)　六　問三　A　エ　B　イ　C　オ　D　ア　E　ウ　問四　X　再現　Y　宗教　問五　ウ　問六　実験者の意　問七　(例)　実験結果が常に正しいわけではないが，数々の条件下で同傾向の結果が得られるようになると，次第に精度も高まり，結果が仮説に近づくことで，「正しい」と認識されること。(80字)　問八　イ

二　問一　a　オ　b　ウ　問二　X　虫　Y　苦　問三　小市航太，日向子，恵一　問四　オ　問五　エ　問六　ア・イ　問七　エ　問八　自分の居場所(6字)　問九　ア

○推定配点○

一　問一～問四　各2点×14　問七　10点　他　各5点×3

二　問一・問二・問六　各2点×6　問八　10点　他　各5点×5(問三完答)　計100点

＜国語解説＞

一　(論説文―大意・要旨，内容吟味，文脈把握，指示語の問題，接続語の問題，脱文・脱語補充，漢字の読み書き，文と文節)

問一　a　一つの言葉のもつ意味が幅広い範囲を持つときの広い範囲でとらえた意味。対義語は「狭義」。　b　働きかける目標となるもの。同音異義語の「対照」「対称」と区別する。　c　音読みは「フン」で，「紛糾」「紛失」などの熟語がある。　d　複雑な事柄を細かな要素に分けて構成などを明らかにすること。「析」を使った熟語は，他に「解析」「透析」などがある。　e　非常に似通っていること。「似」を使った熟語は，他に「酷似」「類似」などがある。

問二　(1)　文節は「信じなければ／救われない」と区切る。「なけれ」と「ない」は，ともに打消しの意味を表す助動詞であることに注意する。　(2)　単語は「信じ　なけれ　ば　救わ　れ　ない」と六つに区切る。「れ」は可能の意味を表す助動詞「れる」の未然形。

問三　A　同じ段落の「ネス湖の恐竜」と「少年超能力者」が「イカサマだった」という前の例を受けて，後で「『この目で見た』ものが正しいなんて，とてもいえない」と言い換えているので，説明の意味を表す語があてはまる。　B　前の「自分がどう感じようが」に，後で「自分が信じようが信じまいが」と並べて述べているので，並立の意味を表す語があてはまる。　C　直前の段落で「TVでやっていた，新聞に記事が載った……というものであっても，科学的に証明されていると信じることは危険」と述べ，後で「書物などで個人が書いている内容になると……『正しいかどうか』など問題外である」と述べているので，程度の著しい例を先に挙げ，それ以外の場合では言うまでもない，という気持ちを表す語があてはまる。　D　直後の「自分の目で見ても」の「ても」に呼応する語を考える。仮定の事柄が成立しても結果が変わらないことを意味する語があてはまる。　E　直前の段落の「実験で観察できるのは……キンジ的な結果だけである」に対して，後で「こうした実験を多くの人が試み……その仮説がどうやら『正しい』という認識がだんだん生まれてくる」と相反する内容を述べているので，逆接の意味を表す語があてはまる。

問四　X　「科学とは」どのようなものかを述べている部分。「誰にでも」を直後の段落で「他者が」に置き換えて「他者が認めれば……科学的に正しいものとなる」と説明し，さらに「このように」で始まる段落で「他者による再現性」と言い換えている。ここから，適当な二字の熟語を抜き出す。　Y　直前の「信じなければ救われない」を言い換えると，「信じると救われる」となる。人々に信じることを求めるのは何かを考える。

基本 問五　――①を含む文の冒頭に「このように」とあるので，その直前の内容に着目する。「多数が確認すれば……正しいものとなる」とあり，多数派の意見が尊重されることを「民主主義に類似した仕組み」としている。多数派の意見が尊重される事例を述べているものを選ぶ。

問六 「測定やブンセキ」における「不正」について述べている部分を探す。「実験をすれば」で始まる段落に「測定にも，実験者の意志がどうしても介入しがちである」とあり，ここから「不正は混ざる」に相当する部分を抜き出す。

やや難 問七 「プロセス」は，手順や過程のこと。同じ段落の「こうした実験を多くの人が試み，数々の条件下でも同傾向の結果が得られるようになる。次第に精度も高まってくる。高精度になるほど，結果も仮説に近づくようだ……その仮説がどうやら『正しい』という認識がだんだん生まれてくる」を簡潔にまとめ直す。「こうした実験」は，一つ前の段落の実験のことを指し，それは結果が常に正しいわけではないというものなので，この内容を加える。

重要 問八　最終段落に「その仮説を信じるとか信じないとか，そういう観察者の精神的な状態には影響されない」とあるので，「多くの大学の先生が，様々な形で検討した結果，僕たち一般の人間も正しいと信じられる科学的真実が得られる」というBさんの意見は，この文章の内容をとり違えていると思われる。

二 **(小説―主題・表題，情景・心情，内容吟味，文脈把握，語句の意味，ことわざ・慣用句，表現技法)**

基本 問一　a 「吟じる」には，詩歌や俳句を作るという意味の他に，詩歌に節をつけて歌うという意味がある。ここでは，直前で日向子が『今ここが……』の俳句を声に出して読んでいることから判断する。b 「こそばゆい」は，くすぐられたようなむずむずした感じを言う。恵一と日向子の二人に口々に俳句を褒められている航太の心情を想像する。

問二　X　思いがけず「ゴールを攻める」京に対して述べている部分。「本の［X］」で，読書ばかりしている人という意味になる語が適当。　Y　後の会話の内容から，「［Y］笑まじりに」で，自分の家庭状況をこっけいに思いながらしかたなく笑う，という意味になる語が適当。

問三　本文の前半に「文芸部五人のチーム」とあり，その前に「航太」「日向子」「来島京」「恵一」「和彦」の五人の名前が挙がっている。「やがて，文芸部の三年生は」で始まる段落で「京，和彦，二人で……飲み物買ってきて」と日向子が言った後「二年生二人が仲よく校舎内に消える」とあるので，三年生は「京」と「和彦」以外の三人。後の日向子の会話に「その単純さが取り柄の小市航太が，何を悶々としているわけ？」から，航太の名字が読み取れる。

やや難 問四　本文前の説明に，航太は「進路に悩んでいた」とあるのを確認する。直前の段落で「これから考えなければいけないことが色々あるらしい。今から準備して合格できそうな大学……ちゃんと給料をもらえる会社に就職できるように」と航太の悩みが述べられており，その後日向子に悩みを聞かれた場面で，航太は小市堂に未来はないと父親から言われたと告げている。その小市堂について，本文の後半で「ちっぽけな島の平凡な航太として，小市堂の作業場が居場所になればいいと思っていた……あんなに楽しい美しいものを作って人の生活を豊かにすることができるのなら，こんなにいいことはないと思っていた」と航太の心情が述べられており，ここから，航太が「ぼんやりしていた」本当の理由を読み取る。

問五　――③の句の季語は「南風」で，季節は夏。同じ季節を詠んだ句は，「甲虫」という季語があるエ。アの季語は「名月」で，季節は秋。イの季語は「椿」で，季節は春。ウの季語は「鈴虫」で，季節は秋。オの季語は「花の雲」で，季節は春。

問六 「安全策」は，問題が起こらないようにする無難なやり方のこと。直前に「恵一の言うとおり」とあるので，恵一の発言に着目する。航太の俳句を「俳句らしくはない」「使い古されたべタな感じがする」「審査員にどう評価されるか，読みにくい」という理由で，選ばなかったことを「安全策」と言っている。したがって，「航太の姿が浮か」び「ああ，いいなと思った」航太の俳句を選ぶことは，「安全策」にあてはまらない。

問七　前後の航太の発言「入ってくる金も出る金も，少ないの。まず，店のほうはさ，ほんと，微々たる売り上げしかないんだ」「あとはたぶん，魚も果物も，物々交換なんだ」から，航太の家の和菓子屋の経営は，ほとんどが物々交換で成り立つこぢんまりとしたものであったことがうかがえる。——⑤は，航太がそのような小市堂の経営を自嘲気味に述べたもの。

やや難　問八　本文の前半では，小市堂の作業場が居場所になればいいと思っていた航太が，父親に小市堂に未来はないと言われて悶々とする様子が描かれている。そんな航太に対して，日向子と恵一が『今ここがおれのポジション南風吹く』という航太の句を褒め，本文後半では，航太は「おれのポジション」について思いをはせている。ここから，この文章のテーマは「おれのポジション」，つまり「自分の居場所」であると読み取る。

重要　問九　日向子が「その単純さが取り柄の小市航太が，何を悶々としているわけ？」と航太に尋ねている場面に着目する。この後の会話は，航太の悩みを日向子と恵一が聞くというもので，「……」が使用されている。三人がそれぞれの立場で様々な思いをもって話していることが読み取れる。

★ワンポイントアドバイス★

論説文でも小説でも，本文と選択肢を丁寧に読み合わせて確実に得点を重ねていくことを心がけよう。80字の記述解答も，どの内容を書けばよいのかあらかじめ方針を決めてから書き出そう。

MEMO

大切なことはメモしておこうネ！

解答用紙集

○月×日　△曜日　天気（合格日和）

◆ご利用のみなさまへ

＊解答用紙の公表を行っていない学校につきましては、弊社の責任において、解答用紙を制作いたしました。

＊編集上の理由により一部縮小掲載した解答用紙がございます。

＊編集上の理由により一部実物と異なる形式の解答用紙がございます。

人間の最も偉大な力とは、その一番の弱点を克服したところから生まれてくるものである。　――カール・ヒルティ――

東京学参株式会社

名古屋高等学校　　2024年度

◇数学◇

※ 130%に拡大していただくと，解答欄は実物大になります。

	(1)	(2)	
I		$x=$	$y=$
	(3)	(4)	(5)
		$x=$	$z=$
	(6)	(7)	(8)
		$\angle x=$　　　　°	

	(1)	(2)	(3)
II	cm^2	cm	$a=$

	(1)	(2)	
III	$a=$	①	②

	(1)	
IV	(証明) △BDCと△DECについて， 共通な角であるから，∠BCD＝∠DCE……①	
	(2)	(3)
	EC＝	△ABC：△DEF＝　　　：

	(1)	(2)
V	→ 　　→	cm^3

名古屋高等学校　2024年度　　◇英語◇

※ 104％に拡大していただくと，解答欄は実物大になります。

Ⅰ	Part 1	(1)		(2)		(3)		(4)		(5)
	Part2	(1)		(2)		(3)		(4)		(5)
	Part3	(1)		(2)		(3)		(4)		(5)

Ⅱ	A	(1)		(2)		(3)		(4)		
	B	(1)		(2)		(3)		(4)		(5)

Ⅲ	(1)	A	B	
		C		
	(2)		(3)	
	(4)			
				ことを期待している。
	(5)	They (　　　)(　　　)(　　　)(　　　) bigger in the future.		

Ⅳ	A	1		2		3	
	B	1		2		3	
	C	If I go to study abroad in the future,					

名古屋高等学校　2024年度　◇理科◇

※ 132%に拡大していただくと，解答欄は実物大になります。

Ⅰ

(1)	(2)	(3)		
		陽子の数	電子の数	中性子の数
		個	個	個

(4)			(5)
①		②	
気体	液体	g	

Ⅱ

問1					
(1)	(2)		(3)	(4)	
				①	②
g/cm^3	記号	%			

問2	
(1)	(2)
kg	m

Ⅲ

問1				
(1)				(2)
a		b		

(3)				(4)
試験管		理由		

問2	
(1)	(2)

(3)							
A		B		C		D	

(4)	(5)

Ⅳ

問1						
(1)						(2)
A		B		C		

問2			
(1)	(2)	(3)	(4)
	右の枠に記入		

問2

(2)

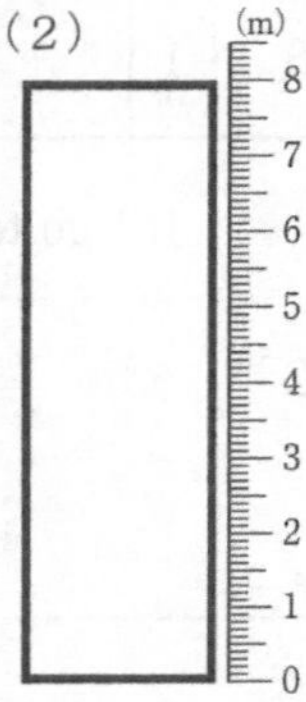

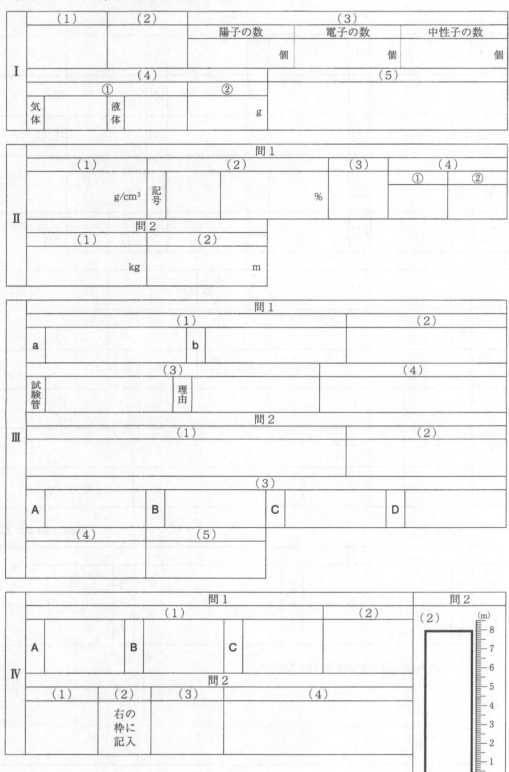

名古屋高等学校　2024年度　◇社会◇

※ 105％に拡大していただくと，解答欄は実物大になります。

Ⅰ

(1)	(2)	(3)	(4)

(5) a	(5) b	(6) a	(6) b

(7) a	(7) b	(7) c	(7) d	(7) e

(8) a	(8) b	(9)

Ⅱ

(1)	(2)	(3)	(4)	(5)	(6)

(7)	(8)	(9)	(10)

Ⅲ

(1)	(2)	(3)	(4)	(5)

(6)	(7)	(8)	(9)

Ⅳ

(1)	(2)	(3)	(4) 思想家	(4) 著作物

(5)	(6)	(7)	(8)	(9)	(10)

Ⅴ

(1)	(2)	(3)	(4)	(5)

◇国語◇

名古屋高等学校　２０２４年度

※１４９％に拡大していただくと，解答欄は実物大になります。

一

問一　a　b　c　d　e

問二　問三　問四

問五　問六

問七

問八　問九

二

問一　(1)　(2)　(3)

問二

問三　問四　問五　問六

問七　(1)　(2)

名古屋高等学校　2023年度　◇数学◇

※ 132%に拡大していただくと，解答欄は実物大になります。

Ⅰ	(1)	(2)	(3)
	(4) 中央値　点	範囲	(5) $\angle x =$ °
	(6)	(7)	(8) $x =$

Ⅱ	(1)	(2)	
	$y =$	Aさん 分速　m	Bさん 分速　m

Ⅲ			
(1)			
(2)			

Ⅳ	
(1)	(2)
(3) (求め方)	(答え) $a =$
(4) $b =$	

Ⅴ	(1)	(2)	
	$\overset{\frown}{BC} : \ell =$	半径　cm	面積　cm^2

名古屋高等学校　2023年度

◇英語◇

※ 106%に拡大していただくと，解答欄は実物大になります。

I	Part 1	(1)		(2)		(3)		(4)	
	Part 2	[A]	(1)		(2)		(3)		
		[B]	(　　　　) → (　　　　) → (　　　　)						

II	[A]	(1)		(2)		[B]	(1)		(2)		(3)
	[C]	(1)		(2)		(3)					

III	(1)		(2)	
	(3)	20		
	(4)			
	(5)	20 / 30		
	(6)			

IV	A	(1)		(2)		(3)		(4)	
	B	(1)		(2)		(3)		(4)	

I think that in the future,

名古屋高等学校　2023年度

◇理科◇

※ 132％に拡大していただくと，解答欄は実物大になります。

Ⅰ

問1	
（1）	
①	②

問1
（2）
→

問1	問2	
（3）	（1）	（2）

問2
（3）
→

問2
（4）
→ →

Ⅱ

（1）	（2）	（3）
Ω	V	V

（4）	（5）
倍	Wh

（6）		（7）
位置 と	W	W

Ⅲ

問1			
（1）	（2）	（3）	（4）

問2			
（1）		（2）	（3）
あ	い		

Ⅳ

問1			問2	
（1）	（2）	（3）	（1）	（2）

問3				
（1）			（2）	
A	B	C	浜名湖 mm	宍道湖 mm

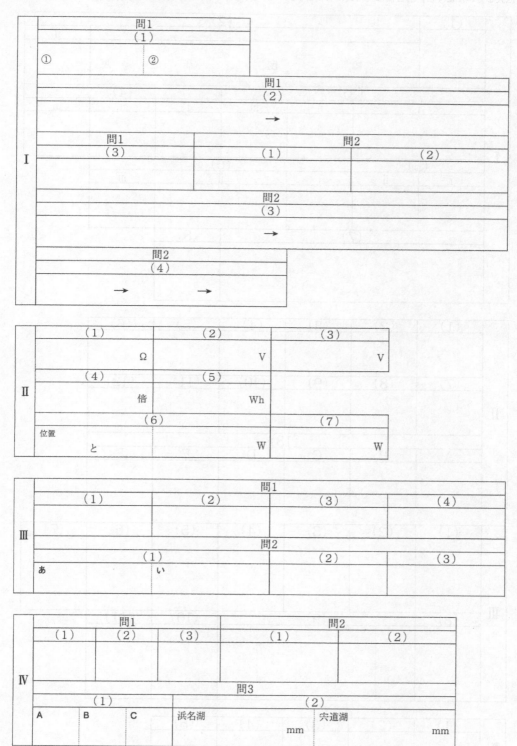

名古屋高等学校　2023年度

◇社会◇

※ 128％に拡大していただくと，解答欄は実物大になります。

Ⅰ

(1)	(2)				
	i				ii
	緯	度	経	度	

(3)			(4)		
i	ii	iii	i	ii	iii

(5)		(6)		
i	ii	i	ii	iii

(7)	(8)

Ⅱ

(1)	(2)	(3)	(4)	(5)	(6)

(7)	(8)	(9)	(10)	(11)	(12)

(13)					
A	B	C	D	E	F

Ⅲ

(1)	(2)	(3)	(4)	(5)	(6)	(7)

(8)	(9)	(10)	(11)

Ⅳ

(1)	(2)	(3)	(4)	(5)

◇国語◇

名古屋高等学校　2023年度

※152%に拡大していただくと、解答欄は実物大になります。

一

問一　a　b　c（る）　d　e

問二

問三　(2)（A）（B）　(3)（A）（B）　(4)（A）（B）

問四

問五

問六

問七

問八　と考える点で、他者の支配につながる危険をはらんでいます。

問九

二

問一　(1)　(2)

問二

問三

問四

問五

問六

問七

問八

問九

名古屋高等学校　2022年度

◇数学◇

※ 132%に拡大していただくと，解答欄は実物大になります。

I	(1)		(2)	$x=$ ，$y=$	(3)	$a=$ ，$b=$
	(4)		(5)	$\angle x=$ °	(6)	通り
	(7)	$n=$				

II	(1)		(2)	C（ ， ）
	(3)		(4)	

III	(1)	(g)	(2)	(g)	(3)	$x=$

IV	(1)	(証明)△ABCと△AEDにおいて		
	(2)	cm	(3)	cm

V	(1)		(2)	
	(3)		(4)	

名古屋高等学校　2022年度　◇英語◇

※ 106％に拡大していただくと，解答欄は実物大になります。

I	Part 1	(1)		(2)		(3)		(4)	
	Part 2	[A] (1)		(2)		(3)			
		[B]	(　　) → (　　) → (　　) → (　　)						

II	[A]	(1)		(2)		[B]	(1)		(2)		(3)	
	[C]	(1)		(2)		(3)						

III	(1)	(　　), (　　)	(2)	
	(3)	40　45		
	(4)		(5)	

IV	(1)	?
	(2)	?

V	I (think / don't think) that learning a foreign language in high school is important.

名古屋高等学校　　2022年度

◇理科◇

※ 135％に拡大していただくと，解答欄は実物大になります。

Ⅰ

(1)

(2) →

(3)

(4)

(5)

(6) g／cm³

Ⅱ

(1)

(2)

(3) (b) (c)

(4)

(5) (e) (f) (g) (h)

Ⅲ

問1

(1) ① ② ③

(2) 名称 記号

(3) 記号

問2

(1) 1 2

(2) 3 記号

(3) ① ％ ② ％

Ⅳ

(1) 不整合Yの上　不整合Yの下

(2)

(3)

(4)

(5)

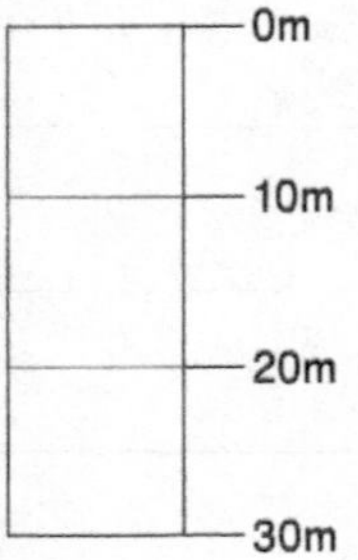

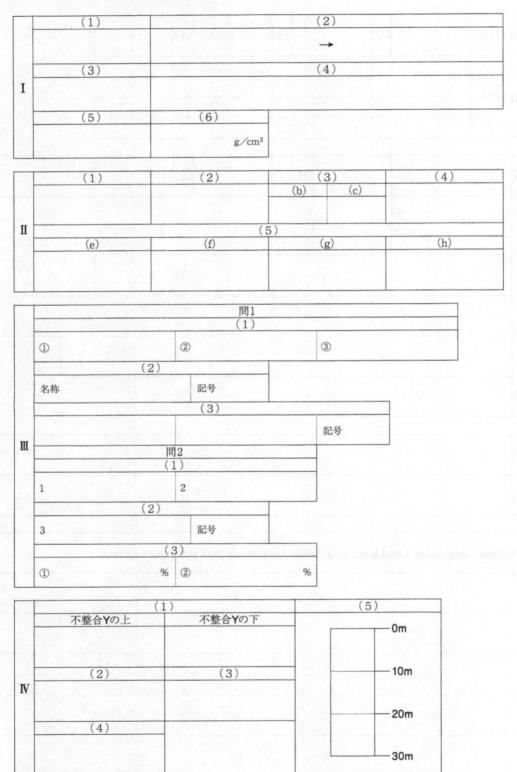

名古屋高等学校　2022年度　◇社会◇

※ 105％に拡大していただくと，解答欄は実物大になります。

Ⅰ

(1)
湖

(2)			
緯度	北緯　　度	都市	

(3)	(4)

(5)	(6)

(7)				(8)
①		②		

Ⅱ

(1)	(2)	(3)	(4)

(5)	(6)

Ⅲ

(1)	(2)	(3)	(4)	(5)

(6)	(7)	(8)
→ →		

(9)	(10)

Ⅳ

(1)		
a	b	c

(2)	(3)	(4)	(5)	(6)	(7)	(8)

Ⅴ

(1)	(2)	(3)	(4)	(5)

(6)	(7)	(8)	(9)	(10)

Ⅵ

(1)	(2)	(3)	(4)	(5)

◇国語◇

名古屋高等学校　２０２２年度

※ １４９％に拡大していただくと，解答欄は実物大になります。

一

問一　a　b　c（えて）　d（え）　e

問二

問三　A　B

問四

問五

問六　i　ii

問七

二

問一　(1)　(2)　(3)

問二

問三

問四

問五

問六

問七

問八

名古屋高等学校　2021年度　　◇数学◇

※ 127%に拡大していただくと，解答欄は実物大になります。

Ⅰ	(1)		(2)		(3)	$n=$
	(4)	$\angle x=$ °	(5)	cm^3	(6)	
	(7)	$a=$ ，$b=$	(8)	$a=$ ，$b=$		

Ⅱ	(1)	m^2
	(2)	答　m

Ⅲ	(1)	:	(2)	倍	(3)	:

Ⅳ	(1)		(2)	D（　，　）	(3)	E（　，　）

Ⅴ	(1)	cm	(2)	cm^2	(3)	倍

名古屋高等学校　2021年度　　◇英語◇

※ 108%に拡大していただくと，解答欄は実物大になります。

I	Part 1	(1)		(2)		(3)	
	Part 2	(1)					
		(2)					
		(3)					
	Part 3	(1)					
		(2)					
		(3)					

II	A	(1)		(2)		(3)		(4)		(5)			
	B	(1)		(2)		(3)		(4)		(5)		(6)	

III	(1)	① 　　③ 　　④
	(2)	“Spot the Difference”とは　　　　を見比べて，　　　　を見つけるゲームだが，筆者の祖母は　　　　を見つけて楽しんだ。
	(3)	him.
	(4)	
	(5)	

IV	(1)	____ ____ ____ ____ ____ in the baseball club?
	(2)	____ ____ ____ ____ ____ ____ ____ ____
	(3)	____ ____ ____ ____ ____ ____ ____ ?

名古屋高等学校　2021年度　◇理科◇

※108％に拡大していただくと，解答欄は実物大になります。

Ⅰ	（1）	（2）	（3）
	→	個	個
	（4）	（5）	（6）
	g	g	g/L

Ⅱ	問1		
	（1）	（2）	
	cm	倍	cm
	問2		
	（1）	（2）	（3）
		反射した場所 （　，　） ／ 進行方向が変わった場所 （　，　）	に　目盛

Ⅲ	問1			問2
	（1）	（2）	（3）	（1）

Ⅲ	問2	
	（2）	（3）
	赤色 ： 白色 ： 桃色＝　：　：	赤色 ： 白色 ： 桃色＝　：　：

Ⅲ	問3	
	（1）	（2）
	A　B　％	

Ⅳ	（1）		
	①	②	③
	④	⑤	⑥
	⑦	⑧	
	（2）	（3）	
	時　分　秒		

名古屋高等学校　2021年度

◇社会◇

※ 110%に拡大していただくと，解答欄は実物大になります。

Ⅰ

(1)	(2)	
	i	ii

(3)		
i	ii	iii

(4)		
a	b	c

(5)	
i	ii

(6)			
i a　県	i b　県	ii	iii

Ⅱ

(1)	(2)	(3)	(4)	(5)
(6)	(7)	(8)	(9)	(10)
(11)	(12)	(13)	(14)	(15)
(16)	(17)	(18)	(19)	

Ⅲ

(1)	(2)	(3)	(4)	(5)
(6)	(7)	(8)	(9)	(10)

Ⅳ

(1)	(2)	(3)	(4)	(5)

2021年度

名古屋高等学校

※154%に拡大していただくと、解答欄は実物大になります。

◇国語◇

一

問一 a b（けて） c d（む） e

問二 i ii

問三 Ⅰ Ⅱ

問四

問五 (1) (2)

問六

問七

問八

二

問一 X Y

問二 a b

問三

問四

問五

問六

問七

問八

名古屋高等学校　2020年度　◇数学◇

※138%に拡大していただくと，解答欄は実物大になります。

Ⅰ	(1)		(2)		(3)	
	(4)	個	(5)		(6)	点
	(7)	°	(8)	cm^2	(9)	cm^2
	(10)					

Ⅱ		答	cm

Ⅲ	(1)	cm	(2)	cm^2

Ⅳ	(1)	g	(2)	g

Ⅴ	(1)	$a=$	(2)	$S=$	(3)	$b=$

Ⅵ	(1)	cm	(2)	°	(3)	:

※117％に拡大していただくと，解答欄は実物大になります。

Ⅰ	A	(1)		(2)		(3)		(4)
	B	(1)						
		(2)						
		(3)						
	C	(1)		(2)		(3)		(4)

Ⅱ	A	(1)		(2)		(3)		(4)
	B	(1)		(2)		(3)		(4)

Ⅲ	(1)	ア		イ				
		ウ		エ				
	(2)							
	(3)	30		40				
	(4)							
	(5)							
	(6)	ア		イ		ウ		エ

Ⅳ	①	?
	②	?
	③	beautiful stars.

※109％に拡大していただくと，解答欄は実物大になります。

Ⅰ			
（1）			（2）
→			
（3）	（4）	（5）	（6）
個	g	%	

Ⅱ				
問１				
（1）	（2）	（3）		
（4）				
問２				
（1）	（2）			
	②	③		
%				

Ⅲ			
問１		問２	
（1）	（2）	（1）	（2）
%			%
問２			
（3）	（4）		
	→ →		

Ⅳ		
（1）	（2）	（3）
秒速　cm	cm	
（4）	（5）	（6）
	秒	

名古屋高等学校　2020年度　◇社会◇

※117％に拡大していただくと，解答欄は実物大になります。

Ⅰ

(1)	(2)	(3)	(4)	(5)	(6)	(7)

(8)	(9)	(10)	(11)	(12)

(13)	(14)	(15)

Ⅱ

(A)	(B)	(1)	(2)		
			(a)	(b)	(c)

(2)					
(d)	(e)	(f)	(g)	(h)	貿易 (i)

Ⅲ

(1)	(2)	(3)	(4)	(5)

(6)	(7)	(8)

Ⅳ

(1)	(2)		(3)	(4)	(5)	(6)	(7)
	(a)	(b)					

Ⅴ

(1)	(2)	(3)	(4)	(5)	(6)	(7)

◇国語◇

名古屋高等学校　２０２０年度

※１５３％に拡大していただくと、解答欄は実物大になります。

一

問一　a　b　c　（れ）　d　e

問二　(1)　(2)

問三　A　B　C　D　E

問四　X　Y

問五

問六

問七

問八

二

問一　a　b

問二　X　Y

問三

問四

問五

問六

問七

問八

問九

東京学参の
中学校別入試過去問題シリーズ

＊出版校は一部変更することがあります。一覧にない学校はお問い合わせください。

東京ラインナップ

あ　青山学院中等部(L04)
麻布中学(K01)
桜蔭中学(K02)
お茶の水女子大附属中学(K07)
か　海城中学(K09)
開成中学(M01)
学習院中等科(M03)
慶應義塾中等部(K04)
啓明学園中学(N29)
晃華学園中学(N13)
攻玉社中学(L11)
国学院大久我山中学
（一般・CC）(N22)
（ＳＴ）(N23)
駒場東邦中学(L01)
さ　芝中学(K16)
芝浦工業大附属中学(M06)
城北中学(M05)
女子学院中学(K03)
巣鴨中学(M02)
成蹊中学(N06)
成城中学(K28)
成城学園中学(L05)
青稜中学(K23)
創価中学(N14)★
た　玉川学園中学部(N17)
中央大附属中学(N08)
筑波大附属中学(K06)
筑波大附属駒場中学(L02)
帝京大中学(N16)
東海大菅生高中等部(N27)
東京学芸大附属竹早中学(K08)
東京都市大付属中学(L13)
桐朋中学(N03)
東洋英和女学院中学部(K15)
豊島岡女子学園中学(M12)
な　日本大第一中学(M14)
日本大第三中学(N19)
日本大第二中学(N10)
は　雙葉中学(K05)
法政大学中学(N11)
本郷中学(M08)
ま　武蔵中学(N01)
明治大付属中野中学(N05)
明治大付属八王子中学(N07)
明治大付属明治中学(K13)
ら　立教池袋中学(M04)
わ　和光中学(N21)
早稲田中学(K10)
早稲田実業学校中等部(K11)
早稲田大高等学院中学部(N12)

神奈川ラインナップ

あ　浅野中学(O04)
栄光学園中学(O06)
か　神奈川大附属中学(O08)
鎌倉女学院中学(O27)
関東学院六浦中学(O31)
慶應義塾湘南藤沢中等部(O07)
慶應義塾普通部(O01)
さ　相模女子大中学部(O32)
サレジオ学院中学(O17)
逗子開成中学(O22)
聖光学院中学(O11)
清泉女学院中学(O20)
洗足学園中学(O18)
捜真女学校中学部(O29)
た　桐蔭学園中等教育学校(O02)
東海大付属相模高中等部(O24)
桐光学園中学(O16)
な　日本大中学(O09)
は　フェリス女学院中学(O03)
法政大第二中学(O19)
や　山手学院中学(O15)
横浜隼人中学(O26)

千・埼・茨・他ラインナップ

あ　市川中学(P01)
浦和明の星女子中学(Q06)
か　海陽中等教育学校
（入試Ⅰ・Ⅱ）(T01)
（特別給費生選抜）(T02)
久留米大附設中学(Y04)
さ　栄東中学（東大・難関大）(Q09)
栄東中学（東大特待）(Q10)
狭山ヶ丘高校付属中学(Q01)
芝浦工業大柏中学(P14)
渋谷教育学園幕張中学(P09)
城北埼玉中学(Q07)
昭和学院秀英中学(P05)
清真学園中学(S01)
西南学院中学(Y02)
西武学園文理中学(Q03)
西武台新座中学(Q02)
専修大松戸中学(P13)
た　筑紫女学園中学(Y03)
千葉日本大第一中学(P07)
千葉明徳中学(P12)
東海大付属浦安高中等部(P06)
東邦大付属東邦中学(P08)
東洋大附属牛久中学(S02)
獨協埼玉中学(Q08)
な　長崎日本大中学(Y01)
成田高校付属中学(P15)
は　函館ラ・サール中学(X01)
日出学園中学(P03)
福岡大附属大濠中学(Y05)
北嶺中学(X03)
細田学園中学(Q04)
や　八千代松陰中学(P10)
ら　ラ・サール中学(Y07)
立命館慶祥中学(X02)
立教新座中学(Q05)
わ　早稲田佐賀中学(Y06)

公立中高一貫校ラインナップ

北海道　市立札幌開成中等教育学校(J22)
宮　城　宮城県仙台二華・古川黎明中学校(J17)
市立仙台青陵中等教育学校(J33)
山　形　県立東桜学館・致道館中学校(J27)
茨　城　茨城県立中学・中等教育学校(J09)
栃　木　県立宇都宮東・佐野・矢板東高校附属中学校(J11)
群　馬　県立中央・市立四ツ葉学園中等教育学校・
市立太田中学校(J10)
埼　玉　市立浦和中学校(J06)
県立伊奈学園中学校(J31)
さいたま市立大宮国際中等教育学校(J32)
川口市立高等学校附属中学校(J35)
千　葉　県立千葉・東葛飾中学校(J07)
市立稲毛国際中等教育学校(J25)
東　京　区立九段中等教育学校(J21)
都立大泉高等学校附属中学校(J28)
都立両国高等学校附属中学校(J01)
都立白鷗高等学校附属中学校(J02)
都立富士高等学校附属中学校(J03)
都立三鷹中等教育学校(J29)
都立南多摩中等教育学校(J30)
都立武蔵高等学校附属中学校(J04)
都立立川国際中等教育学校(J05)
都立小石川中等教育学校(J23)
都立桜修館中等教育学校(J24)
神奈川　川崎市立川崎高等学校附属中学校(J26)
県立平塚・相模原中等教育学校(J08)
横浜市立南高等学校附属中学校(J20)
横浜サイエンスフロンティア高校附属中学校(J34)
広　島　県立広島中学校(J16)
県立三次中学校(J37)
徳　島　県立城ノ内中等教育学校・富岡東・川島中学校(J18)
愛　媛　県立今治東・松山西中等教育学校(J19)
福　岡　福岡県立中学校・中等教育学校(J12)
佐　賀　県立香楠・致遠館・唐津東・武雄青陵中学校(J13)
宮　崎　県立五ヶ瀬中等教育学校・宮崎西・都城泉ヶ丘高校附属中学校(J15)
長　崎　県立長崎東・佐世保北・諫早高校附属中学校(J14)

公立中高一貫校「適性検査対策」問題集シリーズ

総合編　作文問題編　資料問題編　数と図形編　生活と科学編　実力確認テスト編

私立中・高スクールガイド
THE《ザ》 私立
私立中学＆高校の学校生活がわかる！

〈ダウンロードコンテンツについて〉

本問題集のダウンロードコンテンツ、弊社ホームページで配信しております。現在ご利用いただけるのは「2025年度受験用」に対応したもので、**2025年3月末日**までダウンロード可能です。弊社ホームページにアクセスの上、ご利用ください。

※配信期間が終了いたしますと、ご利用いただけませんのでご了承ください。

高校別入試過去問題シリーズ

名古屋高等学校　2025年度

ISBN978-4-8141-3046-7

[発行所] 東京学参株式会社
〒153-0043　東京都目黒区東山2-6-4

書籍の内容についてのお問い合わせは右のQRコードから　⇒

※書籍の内容についてのお電話でのお問い合わせ、本書の内容を超えたご質問には対応できませんのでご了承ください。

2024年7月4日　初版